공무원 국어
고전시가 총정리

고전시가 왕

정호
국어

오직 공무원을 위한
고전시가 수험서

고전시가 왕

공무원 국어 고전시가 총정리

4판 1쇄 2025년 4월 10일

편저자_ 문정호
발행인_ 원석주
발행처_ 하이앤북
주소_ 서울시 영등포구 영등포로 347 베스트타워 11층
고객센터_ 02-6332-6700
팩스_ 02-841-6897
출판등록_ 2018년 4월 30일 제2018-000066호
홈페이지_ army.daebanggosi.com

ISBN_ 979-11-6533-565-6

정가_ 23,000원

공무원 시험을 준비하기 위한 수험서는 효율성이 중요합니다. 최근 공무원 국어 시험에는 지문이나 보기가 출제되는 문제의 수가 늘고 있습니다. 특히 문학 작품을 다양하게 출제하면서 수험생은 지문을 읽고 해석하는 능력이 필요하게 되었습니다. 작품 중에서도 고전시가는 수험생들이 어렵게 생각하는 영역입니다. 고전시가를 어렵게 생각하는 수험생들이 더 효율적이고 확실하게 고전시가를 학습할 수 있도록 도움을 주기 위하여 이 교재를 집필하게 되었습니다.

문학 고전시가는 현재의 국어와 다른 모습이기 때문에 시구를 해석하고 이해하는 과정이 필요합니다. 또한 고대 시기부터 개화기 이전 근대 시기까지 문학사(文學史)의 흐름을 이해하며 시기별로 작품을 공부해야 합니다. 이 책은 먼저 문학사를 이해하고, 각 시기별로 정리된 작품을 공부하도록 구성하였습니다. 그리고 시기별·작품별로 최근의 기출문제까지 모두 수록하였으므로 이론과 함께 실전에 대비할 수 있습니다. 또한 모든 작품의 현대어 해석을 함께 제시하여 고전시가를 처음 공부하는 수험생도 누구나 쉽고 효율적으로 공부할 수 있도록 교재를 집필했습니다.

이 책을 더 효율적으로 공부하려면 다음과 같은 방법으로 학습하기를 권합니다.

① 교재의 차례와 '고전시가 문학사' 내용을 비교하며 전체적인 흐름을 살펴본다.
② 각 시대별 고전시가의 주요 장르가 무엇이었는지 확인한다.
③ 시대와 고전시가 장르의 특징을 함께 정리하고, 각 작품을 해석한다.
④ 작품을 바탕으로 출제한 기출문제를 공부한다.
⑤ 해당 강의를 듣고 궁금한 사항을 해결한다.

'하이클래스군무원' 홈페이지(army.daebanggosi.com)에 오시면 이 책에서 다루고 있는 작품 중 몇몇 중요 작품을 설명한 무료 강의를 들을 수 있으며 이와 관련된 다양한 자료도 받을 수 있습니다.

고전시가 때문에 걱정이 많으십니까? 걱정은 어린 아이와 같아서 내버려 두면 쑥쑥 자라 있습니다. 걱정은 이 교재로 끝내고, 합격의 미래를 꿈꾸시기 바랍니다.

항상 나만을 사랑하는 가족들을 생각합니다. 그리고 사랑하는 사람을 생각합니다.

월계동에서
문 정 호 씀

Point 1 공무원 시험을 위한
'고전시가(古典詩歌)' 교재

많은 수험생들이 공무원 시험을 준비하면서 '수학능력시험 국어 교재' 또는 '고등학교 문학 자습서'로 공부를 해야 하는 어려움이 있습니다. 문학 작품이 교재가 다르다고 하여 바뀌는 것은 아니므로 크게 문제가 되지는 않습니다. 다만 공무원 수험생들을 위해 더 특화된 교재가 필요하다고 판단하여 제작하게 된 교재입니다. 공무원 시험에 필요한 지식은 더 추가하였고, 수학능력시험을 위한 사고력 문제는 삭제하였습니다.

Point 2 공무원 시험 기출을 분석한 교재

공무원 시험에 출제된 '고전시가'를 분석하여 그 내용을 교재에 다양하게 활용하였습니다. 여기서 기출을 활용했다는 것은, 단순히 기출문제를 수록한 것만을 의미하지 않습니다. 여러 직렬의 다양한 기출문제를 분석하고, 이에 따라 정리해 두어야 할 지식들을 함께 수록했습니다. 공무원 시험 준비만을 위한 고전시가 공부에 중점을 두었습니다.

Point 3 반드시 공부해야 할 작품, 추가하여 더
알아두어야 할 작품

교재의 목차에 수록된 작품은 '반드시 공부해야 할 작품'입니다. 시험을 준비하는 수험생을 위한 필수 작품이기 때문에 자세히 공부해야 합니다. 그리고 '단원 개요'에 수록된 작품은 '추가하여 더 알아두어야 할 작품'입니다. 교재에 고전시가의 모든 작품을 다 수록할 수는 없으므로 추가하여 알아두어야 할 작품을 따로 정리해 놓았습니다. 더 알아두어야 할 작품의 공부는 간단한 인터넷 검색만으로도 가능하도록 정리가 잘 되어 있습니다.

Point ④ 작품별 기출문제

작품별 기출문제를 수록했습니다. 예전의 문제부터 최근의 문제까지 작품별로 확인할 수 있도록 정리했습니다. 기출문제 중에서 필요한 것들을 골라내는 일은 수험생이 할 수 없습니다. 교재의 도움을 받아 보다 쉽고 편리하게 공부할 수 있습니다.

Point ⑤ 교재를 사용하는 방법

① 교재의 목차를 확인하고, '고대~근대'의 고전시가 문학사를 인식한다.
② 장르별(시대별) 주요 문학 작품을 목차를 통해 확인한다.
③ '단원 개요'를 반드시 읽는다.
④ '단원 개요'에 정리되어 있는 추가 작품들을 확인하여 학습 계획을 세운다.
⑤ '원문'과 '해석'(또는 주석)을 비교하며 작품을 해석하도록 노력한다.
⑥ 작품별 기출문제를 풀고, 기출문제의 선택지와 해설의 내용도 함께 정리한다.

Point ⑥ 홈페이지를 통한 질문과 답변

교재의 내용이 제대로 이해가 되지 않는다면 질문과 답변의 과정을 거쳐야 합니다.
홈페이지(army.daebanggosi.com)를 통해 저자에게 질문을 하고 그에 대한 답변을 얻을 수 있습니다.

Point ⑦ 수험생의 합격을 위해 도움을 주는 교재

축구, 마라톤 등 달리기를 해야 하는 운동선수는 바닥이 불편함을 탓할 수 없습니다. 바닥을 곱게 다지려 한다면 언제 경기가 끝날 지 알 수가 없기 때문입니다. 이런 경우는 신발의 깔창을 바꾸면 됩니다. 이 책은 공무원 시험이라는 경기를 뛰는 수험생이 보다 편안하고 안정적으로 합격선까지 달릴 수 있도록 많은 노력을 들인 교재입니다. 이 책이 여러분의 꿈을 이루는 데 도움이 되기를 바랍니다.

목차

고전시가 문학사

고대

고대 한역시
① 우리말로 불리다가 한문으로 기록
② 신라의 부전 가요인 '도솔가'
③ 가사명과 곡조명: 공무도하가(공후인), 정읍사(아롱곡), 정과정
   (삼진작), 가시리(귀호곡), 사모곡(엇노리)

구지가	1. 작가: 구간(九干) 등
	2. 특징: 의식요, 노동요, 주술적
	3. 이두식 표기: 龜何(구하: 거북아)
황조가	1. 작가: 유리왕
	2. 주제: 연인을 잃은 슬픔
	3. 표현: 우의적 수법, '翩翩'의성어
공무도하가	1. 작가 – 가사명(백수광부의 처)
	– 곡조명(곽리자고의 처)
	2. 주제: 이별의 정한
	(가시리, 서경별곡, 송인, 진달래꽃)
	3. 정서: 한과 체념의 정서

　정읍사, 해가

향가
① 민요 정착 향가: 구전의 과정 → 향찰로 기록
   예 서동요, 풍요, 헌화가, 처용가 등
② 개인 창작 향가: 창작과 함께 향찰로 기록
   예 제망매가, 찬기파랑가
③ 10구체 향가 – 4(기)＋4(서)＋2(결) / 낙구
   　　　　　　 – 시조의 3장과 첫구 3글자에 영향

4구체	서동요, 풍요, 헌화가, 도솔가
8구체	처용가, 모죽지랑가
10구체	제망매가(월명사), 찬기파랑가(충담사), 안민가(충담사), 천수대비가, 원왕생가, 혜성가(융천사) 등
참요	서동요(동요), 계림요, 완산요, 목자요
여성적	천수대비가
유교적	안민가
의식요	제망매가
주술적	도솔가, 처용가, 원가, 혜성가
추모	찬기파랑가, 제망매가, 모죽지랑가

④ 삼대목(三代目) 편찬

한시

| 최치원 | 추야우중, 제가야산독서당 |
| 을지문덕 | 여수장우중문시 |

고려

고려가요
① 고려속요 → 경기체가
② 교술민요 → 가사
③ 민요 → 향가 → 속요 → 시조
④ 서정 갈래: 속요, 시조
　　교술 갈래: 경기체가, 가사

고려속요(서민적, 민요)
① 구전되다가 조선 성종에 이르러 기록(한글)
② 〈악장가사〉, 〈악학궤범〉, 〈시용향악보〉
③ 3·3·2조, 3음보, 후렴구
④ 동동, 쌍화점, 만전춘별사, 정석가,
　 가시리, 정읍사, 서경별곡, 청산별곡,
　 이상곡, 상저가, 엇노래

경기체가(사대부)
① 객관적인 교술장르＋주관적 정서(서정)
② '한문＋이두'의 현토체 형식
③ '한림별곡'은 '한문＋국문'
④ 한림별곡(제유), 관동별곡(안축)

고려의 시조
① 고려 중엽 발생 → 고려말 형식적 완성
② 정형시: 정제되고 절제된 형식미
③ 처음에는 창곡으로 불리다가
　　　 → 조선 후기에는 가곡으로 발전
④ 고려 시조 탄로가, 회고가, 단심가 등
⑤ 시조의 형식적 기원: 정읍사, 10구체 향가
⑥ 다정가(이조년), 탄로가(우탁)
　 하여가(이방원), 단심가(정몽주)
　 이존오, 이색

한시
동명왕편(이규보), 사리화(이제현),
부벽루(이색)

조선 전기	조선 후기

악장
① 정치적 목적과 의식으로 발생
② 조선 건국의 정당성, 육조(六祖)의 위업

한시체	납씨가, 문덕곡, 정동방곡, 근천정, 봉황음
경기체가체	상대별곡, 화산별곡
속요체	신도가, 감군은
신체	용비어천가, 월인천강지곡

조선의 시조
① 평시조, 연시조, 사설시조, 엇시조
② 연시조의 발생

강호사시가	맹사성	강호한정. 전 4수
어부가	이현보	'어부사시사'에 영향
도산십이곡	이황	언지(言志), 언학(言學)
고산구곡가	이이	학문. 전 10수
훈민가	정철	유교적. 전 16수
영매가	안민영	매화를 노래. 전 8수

③ 가단의 형성, 시조집의 편찬

청구영언	김천택. 영조(1728). 곡조별
해동가요	김수장. 영조(1763). 작가별
가곡원류	박효관 · 안민영. 고종(1876). 곡조별
고금가곡	송계연월옹. 영조(1764). 주제별
병와가곡집	이형상. 정조(?). 곡조별

윤선도의 시조

오우가	어부사시사
연시조(서사+五友) 1수: 서사, 다섯 벗 소개 2수: 水. 구름과 바람 대조 3수: 石. 꽃 · 풀과 대조 4수: 松. 절개 5수: 竹. 절개. 변치 않음 6수: 月. 과묵함	① 고려 → 이현보 → 윤선도 　(어부가) (어부가) (어부사시사) ② 계절별로 각 10수(총 40수) ③ 평시조의 형식+후렴구 ④ 초장과 중장 사이의 후렴구 　중장과 종장 사이의 후렴구

사설 시조
① 평민의식↑　산문정신↑
② 시조의 전체 3장 중 2장 이상이 길다. 산문화
③ 솔직함. 대담함. 반어와 풍자, 해학미

가단과 시조집
중인 이하의 가객 동호인. 시조창의 발달

경정산가단	영조 때. 김천택, 김수장
승평계	고종 때. 박효관, 안민영

가사
① 구비문학+교술문학+경기체가의 붕괴 → 가사 발생　　② 운문(서정)+산문(교술)
② 최초의 가사: 상춘곡(정극인)　　④ 3 · 4조, 4 · 4조, 4음보, 연속체
③ 운문에서 산문으로 넘어가는 과도기　　⑥ 시조와 함께 조선 시대를 대표하는 문학(시가)

조선 전기 가사	조선 후기 가사
주로 사대부, 정격 가사, 양반들의 유교적 이념, 안빈낙도, 강호한정	양반+평민+여성, 변격 가사, 현실 체험, 풍자, 한탄 등

	조선 전기 가사	조선 후기 가사
은일가사	상춘곡(정극인), 면앙정가(송순)	고공가(허전), 고공답주인가(이원익), 태평사(박인로), 선상탄(박인로) 누항사(박인로), 농가월령가(정학유), 일동장유가(김인겸), 만언사(안조환) 봉선화가(미상), 북천가(김진형), 연행가(홍순학), 용부가(미상)
유배가사	만분가(조위)	
기행가사	관서별곡(백광홍), 관동별곡(정철).	
연군가사	사미인곡(정철), 속미인곡(정철)	
내방가사	규원가(허난설헌)	

민요
① 구비 전승　　② 민중적
② 논매기노래, 시집살이노래, 정선아리랑

잡가
① 조선 후기 하층 계급의 소리꾼　　② 4 · 4조 4음보
③ 맹꽁이타령, 유산가, 적벽가, 육자배기, 새타령 등

Part 1
고대가요

고대의 문화와 문학

(1) 개관

① 기간: 삼국 시대 이전

② 배경: 우리 겨레가 한반도에 정착하여 수렵과 농경 생활을 하던 시기이다. 이 시기에는 자연 현상을 신화적(神話的)으로 해석하여 모든 것을 초자연적인 절대자에게 의존하였다. 이에 따라 나타난 것이 제천 의식(祭天儀式)으로 초자연적 존재에 대한 경외와 공포가 드러나 있으며, 음악·무용·시가의 종합 예술 형태로 향유되었다.

③ 특징: 고대 문학은 제의 형식에서 행해진 집단 가무에서 싹텄다. 이 시기에 행해진 제천 의식은 국중 대회의 형태로 이루어졌는데, 유명한 국중 대회로는 부여의 영고(迎鼓), 고구려의 동맹(東盟), 동예의 무천(舞天), 마한의 오월제·시월제이다. 이러한 집단 가무는 문학의 모태가 되는 원시 종합 예술(原始綜合藝術, ballad dance)의 형태이며, 건국 서사시로서 신화(神話)가 불렸을 것으로 추정된다.

(2) 개인적 서정시의 태동과 고대 가요

① 고대 가요의 기원: 고대 가요는 시가와 무용과 음악이 한데 어울린 원시 종합 예술의 형태에서 발생하였다. 부여의 영고, 동예의 무천, 고구려의 동맹, 그리고 삼한의 제천 의식을 통해 이루어진 가무와 음주의 습속에서 고대 가요의 원천을 찾을 수 있다.

② 고대 가요의 전개: 원시 종합 예술에서 떨어져 나온 시가는 구전(口傳)의 형태로 전승되면서 구비 문학을 이루고, 문자를 갖게 된 후 그것이 문헌에 정착됨으로써 배경 설화를 포함한 한역가(漢譯歌)로 오늘날까지 전해진다. 〈구지가〉, 〈공무도하가〉, 〈황조가〉는 노랫말이 남아 있는 고대의 작품으로, 우리 노래의 기본 형식을 갖추고 있다. 고대 가요는 집단적 가무의 의식요(儀式謠)에서 개인적이고 서정적인 노래로 자연스럽게 넘어갔을 것이라고 생각된다.

③ 현전 작품

작품	작자	연대	내용	출전
공무도하가 (公無渡河歌)	백수광부의 아내	고조선	물에 빠져 죽은 남편의 죽음을 애도함	해동역사
구지가 (龜旨歌)	구간(九干) 등	신라 유리왕 19년 (A. D. 42)	수로왕의 강림을 기원함	삼국유사
황조가 (黃鳥歌)	유리왕	고구려 유리왕 (B. C. 17)	실연(失戀)의 슬픔을 노래함	삼국사기
정읍사 (井邑詞)	백제 행상인의 아내	백제	행상 나간 남편의 안전을 기원. 현전하는 유일한 백제 가요	악학궤범
해가 (海歌)	강릉 백성들	신라 성덕왕	납치된 수로 부인을 구출하기 위해 부른 주술적 노래	삼국유사

④ 배경 설화와 제목만 전하는 작품

작품	내용
내원성가(來遠城歌)	항복해 온 오랑캐를 내원성에 정착시켜, 성 이름을 내원성이라 하고 이 노래를 지었다고 한다.
명주가(溟洲歌)	공부하러 강릉에 갔던 한 청년이 그곳 처녀와 헤어진 뒤 기적적으로 다시 만난 것을 노래하였다.
지리산가(智異山歌)	구례현(求禮縣)의 한 여인이 남편이 있으므로 임금의 입궁 명령에 응할 수 없음을 노래했다.
선운산가(禪雲山歌)	장사(長沙) 사람이 부역에 나갔다가 오래도록 돌아오지 않자, 그 아내가 선운산에 올라가 부른 노래이다.
도솔가(兜率歌)	민속 환강(民俗歡康)을 노래하였다. 향가의 모태이며, 우리나라 최초의 정형시로 본다.
치술령곡(鵄述嶺曲)	박제상의 아내가 치술령에서 남편을 기다리다가 죽은 슬픈 사연을, 후인들이 애도하며 부른 노래이다.
목주가(木州歌)	목주에 사는 한 효녀가 불렀다는 효심의 노래. '사모곡(思母曲)'과 관련이 있다고 보는 견해가 있다.

Check 문제

01 고대 가요의 특성과 거리가 먼 것은?
① 모두 집단 창작되었다.
② 제의 형식의 집단 가무에서 싹텄다.
③ 구비 전승되다가 한역되어 문헌에 남게 되었다.
④ 집단적이고 서사적인 예술 형태에서 개인적이고 서정적인 시가로 분리·발전하였다.

[정답] ①

풀이 모든 고대 가요가 집단 창작의 결과는 아니다. 〈구지가〉는 집단 창작이라고 보아야 하지만, 〈황조가〉는 개인(유리왕)의 창작물이다.

02 고대 가요에 대한 설명으로 적절하지 않은 것은?
① 본래의 모습을 구체적으로 알 수 없다.
② 주술(呪術) 또는 제의(祭儀) 중심의 생활상을 반영한다.
③ 노래로 전해지다가 문헌에 기록으로 남게 되었다.
④ 시가 문학과 서사 문학이 완벽히 분리되었음을 보여 준다.

[정답] ④

풀이 고대 서정 가요는 배경 설화와 함께 전하고 있는데, 이는 시가 문학과 서사 문학이 완전히 분리되지 않았음을 의미한다.

03 한국 문학의 범주에 포함되지 않는 것은?
① 중국 사신들이 우리나라에 대해 지은 한시
② 노래로 불리다 글로 채록된 판소리
③ 한자의 음과 훈을 빌려 표기한 향가
④ 전(前) 세대에서 다음 세대로 구비 전승된 민요

[정답] ①

풀이 한국 문학은 한국인 작자가 한국인 수용자를 상대로 한국어로 창작한 문학을 그 대상과 범위로 하지만, 국문 문학에는 향찰 등 차자(借字) 표기도 포함된다.

구지가(龜旨歌)

작자미상

龜何龜何(구하구하)	거북아 거북아
首其現也(수기현야)	머리를 내밀어라.
若不現也(약불현야)	내밀지 않으면
燔灼而喫也(번작이끽야)	구워서 먹으리라.

● 배경 설화 ●

후한 광무제(光武帝) 18년, 즉 신라 유리왕 즉위 19년(A.D. 42) 3월 계욕일(액을 없애기 위하여 물가에서 목욕하며 노는 날)이다. 그 곳 북쪽의 구지에서 뭔가 부르는 수상한 소리가 났다. 무리 2, 3백명이 그곳 구지봉에 모여들었다. 사람의 말소리 같은 것이 들렸다. 그러나 그 소리를 내는 자의 형상은 보이지 않고 소리만 나고 있을 뿐이다. 소리는 이렇게 물었다. "이곳에 사람이 있는가 없는가?" 구간들은 응답했다. "우리들이 있다." 소리는 또 물어 왔다. "내가 있는 곳이 어디인가?" 그들은 응답했다. "구지봉이다." 소리는 또 말했다. "황천(皇天)에서 나에게 명하길 이곳에 임하여 나라를 세우고 임금이 되라고 하셨다. 그래서 이곳에 내려왔다. ㉠ 너희들은 모름지기 봉우리 위의 흙을 파면서 이렇게 노래하라. (생략) ㉡ 이 노래를 외치며 춤을 추어라. 그러면 곧 대왕을 맞아 너희들은 기뻐 날뛰게 될 것이다." 구간들은 그 말대로 모두 기쁘게 노래 부르고 춤추었다. 노래하고 춤춘 지 얼마 되지 않아, 그들은 우러러 머리 위를 바라보았다. ㉢ 자색 줄이 하늘에서 드리워져 땅으로 닿아 왔다. 줄 끝을 찾아보았더니 붉은 보에 싸인 금합이 매달려 있었다. ㉣ 해같이 둥근 황금 알 여섯 개가 들어 있었다. 사람들은 모두 놀라고 기뻐했다. 그리고 그 알들을 향해 수없이 절들을 했다. 조금 있다 도로 보에 싸서 아도간의 집으로 가져갔다. 탑상에다 놓아두고 무리들은 각기 흩어졌다. 10여 일 후에 하늘에서 내려온 황금 알 여섯이 사람으로 변하여 그중의 한 사람이 처음으로 나타났다고 하여 휘(諱)를 수로(首露)라 하고, 나라를 대가락(大駕洛) 또는 가야국(伽倻國)이라고 불렀으니, 곧 육가야(六伽倻)의 하나이고, 나머지 다섯 사람도 다섯 가야(伽倻)의 주인이 되었다.

〈삼국유사(三國遺事)〉

☞ '㉠~㉣'에서 짐작할 수 있는 내용

　㉠ 집단가무의 형태. 또한 노동요의 성격을 가졌다고 볼 수 있다.

　㉡ 영신군가(迎神君歌)로서의 주술요. 집단 의식요임을 알 수 있다.

　㉢ 천손 하강 신화

　㉣ 생(卵生) 신화

☞ ㉡에서 알 수 있는 고대인의 의식

　군중의 합창에는 주술력, 마력이 있어서 소원을 성취할 수 있다고 생각하였다.

⮞ 천손 강림 신화

　신화의 내용으로 보아 김수로왕 신화는 '천손(天孫) 하강(下降)'의 구조를 취하고 있다.
　(이와 같은 신화 – 단군신화, 동명성왕신화, 김알지신화, 박혁거세신화)

주제

임금(수로왕)의 강림을 기원

제목

배경설화와 관련하여 여러 가지 별칭이 있다. → 영신군가(迎神君歌), 영신가, 가락국가

구성

행	내용	형식
1행	거북의 존재에 대한 환기	환기
2행	명령	명령
3행	조건적인 가정	가정
4행	요구를 거절할 경우를 대비한 위협	위협

표현상의 특징

요구와 위협의 구조

명령 어법으로 바라는 바를 직접적으로 드러내고 있다. 또한 말을 듣지 않으면 구워 먹는다고 하여, 위협적인 수단으로 소망의 간절함을 표현하고 있다.

배경 설화와 관련된 작품 이해

(1) **이 노래를 부른 궁극적인 목적**

　통치자의 강림을 바라는 가야인의 집단적 소원을 성취하기 위하여
　① 이런 시적 화자의 소망이 단적으로 나타난 행 – 2행
　② 소망을 이루고자 하는 표현 형태 – 위협(협박)
　③ 위협이 가장 강하게 드러난 시구 – '구워 잡아 먹으리라'는 4행

(2) '거북'과 '머리'의 상징성

'거북'은 소원을 들어주는 신령한 존재, 주술적인 대상이거나 신군(神君), 왕을 의미하는 것이 적절하다. 또한 사람에게서 머리가 가장 중요한 부분이듯이 '머리'는 '생명의 근원'으로 새로운 생명의 탄생을 원하거나, '우두머리', '왕', '수로'를 의미한다고 본다.

◆━ 문학사적 의의 ━◆

현전하는 가장 오래된 집단적 무요(舞謠), 주술성을 지닌 가장 오래된 노동요(勞動謠)

주술이란 화자가 청자의 태도 변화를 강력히 요구하는 성격을 지닌 언어이다. 따라서 주술요란 노래에 주술적인 힘이 있어 이러한 노래를 부르면 악귀가 물러간다든가, 천우신조(天佑神助)가 일어난다고 믿고 부르는 노래를 말한다.

➕ 참고   〈해가(海歌)〉 또는 〈해가사〉

龜乎龜乎出水路(구호구호출수로)	거북아, 거북아, 수로를 내 놓아라.
掠人婦女罪何極(약인부녀죄하극)	남의 아내를 빼앗은 죄가 크도다.
汝若悖逆不出獻(여약패역불출헌)	네가 만약 어기고 바치지 않으면,
入網捕掠燔之喫(입망포략번지끽)	그물로 잡아서 구워 먹으리라.

(1) 배경설화

신라 성덕왕 때에 순정공이 강릉 태수로 부임하는 도중 임해정이란 곳에서 점심을 먹고 있었는데, 불현듯 해룡이 나타나 그의 아내 수로 부인의 미모를 탐내 바닷속으로 납치해 가는 것이었다. 공이 어찌할 바를 모르고 있는데 그때 한 노인이 나타나 말하기를, "옛날 말에 여러 입은 쇠도 녹인다 하니 이제 바닷속의 물건인데 어찌 여러 입을 두려워하지 않으랴? 경내의 백성을 모아 노래를 지어 부르고 막대로 언덕을 치면 부인을 찾을 수 있으리라." 하였다. 이에 공이 그 노인의 말대로 하였더니 용이 부인을 받들고 나와 도로 내놓았다 한다.

(2) '해가'를 부른 목적

해룡에게 빼앗긴 수로부인을 되찾기 위함

(3) '구지가'와 '해가'의 공통점과 차이점

소원을 빌어서 성취한 점, 집단가무라는 점, 주술성이 강한 점, 요구와 위협의 구조로 된 점은 같으나, 구지가가 왕의 강림을 바라는 사회적, 집단적인 소망을 담은 것임에 비하여, 해가는 '수로부인의 귀환'이라는 개인적 소망을 달성하기 위한 것이며 재액(災厄: 지앙과 액운)을 당한 뒤 이를 극복하기 위한 주술요이다.

01 다음 시가의 전개 방식으로 옳은 것은? [2017. 국가직 9급]

> 龜何龜何
> 首其現也
> 若不現也
> 燔灼而喫也
>
> – 〈구지가〉 –

① 요구 – 위협 – 환기 – 조건
② 환기 – 요구 – 조건 – 위협
③ 위협 – 조건 – 환기 – 요구
④ 조건 – 요구 – 위협 – 환기

[정답] ②

풀이 '거북아 거북아(환기) – 머리를 내어 놓아라(요구) – 만약 머리를 내어 놓지 않으면(조건) – 구워서 먹으리 (위협)'의 순서로 전개되어 있다.

02 발상과 표현이 '구지가'와 유사한 것은? [2007. 법원직]

① 철호야! 나 좀 도와 줘, 빵 사줄게.
② 애야! 그 쪽은 안돼, 왼쪽으로 가야지.
③ 비나이다, 비나이다, 일월성신께 비나이다.
④ 이봐! 빨리 보내. 안 보내? 당신하고 거래 끊을 거야.

[정답] ④

풀이 〈구지가〉는 명령과 위협으로 목적을 성취하려 한다. ④ 역시 협박과 위협이 사용되었다.

03 '구지가'와 〈보기〉의 '해가'에 대한 비교가 적절하지 않은 것은? [2013. 법원직]

> ■ 보기 ■
>
> 龜乎龜乎出首露(구호구호출수로) 거북아, 거북아, 수로를 내놓아라.
> 掠人婦女罪何極(약인부녀죄하극) 남의 아내 앗았으니 그 죄가 얼마나 큰가?
> 汝若悖逆不出獻(여약패역불출헌) 네 만약 거스르고 내놓지 않는다면
> 網捕掠燔之喫(입망포략번지끽) 그물로 너를 잡아서 구워 먹으리라.

① '구지가'와 '해가'에서 '거북'은 주술을 통해 성취될 시적 화자의 소망을 듣는 존재이다.
② '구지가'와 '해가'는 집단적으로 요구하는 노래이기 때문에, '거북'은 부정적인 성격을 지니고 있다.
③ '구지가'와 '해가'는 '초자연적 존재에 대한 호명 → 소원의 표출(요구) → 위협'의 구조를 취하고 있다.
④ '해가'는 '구지가'와 다르게 초자연적 존재의 비도덕적 행위를 지적하며 '요구의 이유'를 제시하고 있다.

[정답] ②

풀이 〈구지가〉에서 '거북'은 신령스러운 존재이다. 부정적인 성격을 지녔다고 볼 수 없다.

04 이 시에 대한 설명으로 가장 옳지 않은 것은? [2020. 서울시 9급]

① 향가 발생 이전의 고대시가이다.
② 환기, 명령, 가정의 어법을 지닌 주술적 노래이다.
③ 음악, 시가, 무용이 모두 어우러진 종합 예술의 성격을 띠고 있다.
④ 고조선 곽리자고의 아내 여옥이 지었다고 전해지는 순수 서정시가이다.

[정답] ④

풀이 ④는 〈공무도하가(公無渡河歌)〉에 대한 설명이다.

공무도하가(公無渡河歌)

고대가요

백수광부(白首狂夫)의 처(妻)

公無渡河(공무도하)	임이여 물을 건너지 마오
公竟渡河(공경도하)	임은 그예 물을 건너시네
墮河而死(타하이사)	물에 빠져 돌아가시니
當奈公何(당내공하)	가신 임을 어이할꼬

배경설화

고조선의 진졸(津卒: 각 진영의 병졸) 곽리자고가 새벽에 일어나 배를 저어 가는데, 머리가 하얗게 센 미친 사람(백수광부)이 머리를 풀어헤치고 술병을 들고 물속으로 들어갔다. 뒤따르는 그의 아내가 말려도 미치지 못하여 결국 그 늙은이는 물에 빠져 죽었다. 이에 그의 아내는 가지고 있던 공후(箜篌: 현악기)를 타며 노래를 불렀는데, 이 노래가 매우 슬펐다. 노래를 마치고 나서 그 아내도 물에 몸을 던져 죽었다. 곽리자고가 집에 돌아와서 그의 아내 여옥(麗玉)에게 말하였더니, 여옥은 그 말을 듣고 슬퍼하며 공후를 가지고 그 소리를 본받아 타니, 듣는 사람마다 눈물을 흘리며 슬퍼하였다. 그 소리를 이웃에 사는 여용(麗容)에게 가르쳐 주고, 널리 퍼지게 하였으니, 이를 '공후인(箜篌引)'이라 불렀다.

주제

남편의 죽음을 애도함.

특징

- 고대문학이 집단적 서사 가요(구지가)에서 개인적 서정 가요(황조가)로 옮겨가는 시기의 작품으로, 배경설화가 있는 삽입가요이다.
- 고조선의 노래로 우리나라 최고(最古)의 서정시

기	물을 건너지 말기를 바람, 애원	임과의 이별
승	기어이 건너감, 초조	
전	임의 죽음, 비애, 절망	임을 잃은 슬픔
결	사별의 슬픔, 탄식, 체념	

중심 소재 '물'의 의미

먼저, 물은 떠나려는 이와 붙잡으려는 이, 죽은 이와 살아있는 이를 갈라놓는 것으로, 헤어짐의 의미를 가진다. 여기서는 남편이 물에 빠져 죽고 아내는 그걸 말리지 못하고 있었으므로 물은 '죽음'을 뜻한다. 그런데, 아내가 남편을 따라 물에 빠져 죽었으므로 물속에서 다시 만날 수 있다. 남편의 뒤를 따르는 것은 곧 그에 대한 사랑이기 때문에 물은 '헤어짐, 죽음'뿐만 아니라 '사랑, 만남'이란 의미를 동시에 지닐 수 있다.

백수광부와 아내에 대한 다양한 해석

먼저 백수광부는 신화적 존재이고 아내는 현실적 존재로 보는 견해가 있다. 백수광부의 죽음은 신화적 질서가 흔들리면서 새로운 질서가 나타나는 상황을 보여 준다는 해석이다. 또한 백수광부와 아내를 모두 무당으로 보고 무당이 의식을 수행하는 과정에서 죽음을 맞이하는 것으로 해석하기도 한다. 머리를 풀어 헤치고 술병을 들고 미치광이짓을 하며 강물로 뛰어드는 비상식적인 행동은 접신(接神)을 한 무당의 모습이기 때문이다.

'當奈公何(당내공하)'에 드러난 화자의 심리

'當奈公何'는 "가신 임을 어이할꼬"로 해석한다. 이 마지막 행은 화자의 심리가 집약적으로 제시된 구절이다. 화자의 만류에도 불구하고 물에 빠져 죽은 임에 대한 비통하고 애절한 슬픔의 마음을 "어이할꼬"라는 체념적 말투를 통해 드러냈다. 〈청산별곡〉의 "내 엇디 ᄒ리잇고", 〈처용가〉의 "아ᅀᅡ늘 엇디ᄒ릿고", 시조에서 자주 보이는 '무슴하리오" 등으로 계승되는 우리 시가 문학의 전통적 표현이다.

01 이 시에 대한 설명으로 가장 적절한 것은? [2013. 지방직 7급]

① 이 작품의 제목은 '공무도하가'이고 악곡명은 '귀호곡'이다.
② 이 작품은 민요조의 율격을 바탕으로 하고 있다.
③ 이 작품에서의 '물'은 죽음과 격리의 의미를 가진다.
④ 이 작품은 우리나라 최초의 집단 서사시이다.

[정답] ③

[풀이] 〈공무도하가〉에서 '물'의 이미지는 사랑과 이별, 죽음 등으로 변용된다.

[오답] ① '귀호곡'은 고려가요 〈가시리〉의 악곡명이다.
② 민요조의 율격이란 주로 3음보와 4음보에 맞춰 우리의 정서를 표현한 율격을 말한다. 이 작품은 원문이 한문인 4구체의 한역 시가이므로, 민요조의 율격이라는 설명은 적절하지 않다.

02 이 시에 대한 설명으로 가장 옳은 것은? [2019. 서울시 9급 추가]

① 황조가와 더불어 현존하는 우리나라 최고(最古)의 서사시다.
② 한시와 함께 번역한 시가가 따로 전한다.
③ '물'의 상징적 의미를 따라 시상을 전개하고 있다.
④ 몇 번을 죽어도 충성의 마음이 변치 않음을 노래하고 있다.

[정답] ③

[풀이] 이 시는 물에 빠져 죽은 임에 대한 슬픔을 주제로 한다. 1행의 '물'은 '사랑', 2행의 '물'은 '이별', 3행의 '물'은 '죽음'을 상징한다. 결국, 이 작품은 '물'의 상징적 의미를 따라 시상을 전개하고 있다.

[오답] ① 〈황조가〉와 더불어 현존하는 우리나라 최고(最古)의 서정시다.
② 이 작품은 한시가 아니며, 번역 시가가 따로 전하는 것도 아니다. 이 작품은 한역 시가이며, 한역(漢譯) 시가는 원래 우리말로 지은 시가를 한문으로 번역해 기록한 것을 말한다. 〈공무도하가〉는 고조선 때의 가요이며, 진나라 때 최표의 《고금주(古今注)》에 노래의 유래가 전하며, 조선 한치윤이 《해동역사》에 설화와 가사가 함께 전하는 한역 시가이다.

황조가(黃鳥歌)

고대가요

유리왕

翩翩黃鳥(편편황조)	펄펄 나는 꾀꼬리는
雌雄相依(자웅상의)	암수 서로 정다운데
念我之獨(염아지독)	외로울사 이내 몸은
誰其與歸(수기여귀)	뉘와 함께 돌아갈꼬

배경설화

(유리왕) 3년 7월에 골천에 머무는 별궁을 지었다. 10월에는 왕비 송씨가 죽었다. 왕은 다시 두 여자를 후실로 얻었는데 한 사람은 화희라는 골천 사람의 딸이고, 또 한 사람은 치희라는 한나라 사람의 딸이었다. 두 여자가 사랑 다툼으로 서로 화목하지 못하므로 왕은 양곡(凉谷)에 동궁과 서궁을 짓고 따로이 머물게 했다.

그 후 왕이 기산에 사냥을 가서 7일 동안 돌아오지 않았는데 두 여자가 싸웠다. 화희가 치희에게 "너는 한나라 집안의 종으로 첩이 된 사람인데 왜 이리 무례한가?"라고 하면서 꾸짖어 말했다. 치희는 부끄럽고 분하여 집으로 돌아가 버렸다. 왕은 이 말을 듣고 말을 채찍질하며 쫓아갔으나 치희는 성을 내며 돌아오지 않았다. 왕이 어느 날 나무 밑에서 쉬며 꾀꼬리들이 날아 모여듦을 보고 느끼는 바가 있어 이를 노래하였다.

특징 이별을 소재로 한 개인적인 서정시(집단적인 서사 문학에서 개인적인 서정 문학으로 넘어가는 단계의 노래)

구성

기(1구)	가볍게 노는 꾀꼬리(암수)	선경(先景)
승(2구)	꾀꼬리의 정다운 모습	
전(3구)	홀로 외로운 화자의 모습	후정(後情)
결(4구)	이별의 슬픔과 고독	

표현상의 특징

꾀꼬리(자연물)의 정다운 모습과 시적 화자 자신의 처지를 대비하여(대조) 임을 잃은 외로움을 효과적으로 나타낸 객관적 상관물이다. 화자의 주관적인 감정을 직접 드러내지 않고, 객관적인 대상을 동원하여 화자의 심리를 표현할 때 사용되는 소재를 '객관적 상관물'이라고 한다.

- 작자와 연대가 뚜렷한 최고(最古)의 개인적 서정시
- 집단 가요에서 개인적 서정시로 넘어가는 과도기적 노래

Check 문제

01 '꾀꼬리'가 지닌 의미를 말한 것으로 적절하지 않은 것은?

① 실연의 슬픔을 깨닫게 하는 존재
② 욕망 달성의 대상
③ 잃어버린 사랑을 자각하게 하는 대상
④ 시적 화자의 처지를 비추어 주는 매개물

[정답] ②

풀이 꾀꼬리는 실연의 아픔을 겪은 화자와 대조되는 소재이다. 화자의 욕망과 관련이 없다.

02 〈보기〉의 작품들을 시대순으로 바르게 나열한 것은?   [2019. 서울시 7급 추가]

┌─ 보기 ─

(가) 雨歇長堤草色多
　　送君南浦動悲歌
　　大同江水何時盡
　　別淚年年添綠波

(나) 생사의 길은 / 여기 있으니 두려워하고 / 나는 간다는 말도 / 못다 이르고 가느냐 / 어느 가을 이른 바람에 / 여기 저기 떨어지는 나뭇잎처럼 / 한 가지에 나고 서도 / 가는 곳을 모르는구나 / 아으, 미타찰(彌陀刹)에 만날 나 / 도(道) 닦아 기다리리.

(다) 翩翩黃鳥
　　雌雄相依
　　念我之獨
　　誰其與歸

(라) 이화우(梨花雨) 훗뿌릴 제 울며 잡고 이별(離別)흔 님 / 추풍(秋風) 낙엽(落葉)에 저도 날 생각 눈가 / 천리(千里)에 외로운 꿈만 오락가락 흐노매

① (가) ─ (다) ─ (나) ─ (라)　　　　② (가) ─ (다) ─ (라) ─ (나)
③ (다) ─ (가) ─ (나) ─ (라)　　　　④ (다) ─ (나) ─ (가) ─ (라)

[정답] ④

풀이 (다) 유리왕, 〈황조가〉: 고대시가. 유리왕 3년.
　　(나) 월명사, 〈제망매가〉: 향가. 신라 경덕왕(8세기).
　　(가) 정지상, 〈송인〉: 한시. 고려 인종(12세기).
　　(라) 계랑, 〈이화우 훗뿌릴 제〉: 시조. 조선(16세기)
　　이들을 문학사적 순서로 배열하면 '고대가요 – 향가 – 한시 – 시조'이므로 (다) – (나) – (가) – (라)의 순서가 올바르다.

03 이 작품의 시상 전개 방식으로 적절하지 않은 것은?

[2009. 국가직 7급]

① 대조를 통해 시상을 전개하고 있다.
② 기승전결의 시상 전개 방식을 보이고 있다.
③ 선경후정의 시상 전개 방식을 보이고 있다.
④ 근경에서 원경으로 시선을 이동하면서 전개하고 있다.

[정답] ④

풀이 이 작품은 선경 후정의 시상 전개 방식을 보이고 있다. 그렇지만 시선의 이동에 따른 구성 방식은 보이지 않는다.

04 다음 글의 내용과 관련이 없는 작품은?

[2015. 지방직 7급]

> 우리 선인들은 말에는 신성하고 예언적인 힘이 있는 것으로 생각하였다. "말이 씨가 된다"거나 "귀신 듣는 데 떡 말 말라"라는 속담이 그러한 예다. 머릿속으로 생각만 하는 것은 괜찮더라도 일단 말로 표현하게 되면 그 말은 예언적이거나 주술적인 힘을 발휘한다고 보았던 것이다. 우리 문학사에서 언어가 힘을 지녔다는 생각을 반영하는 작품이 적지 않은 것도 바로 그러한 생각에서 비롯되었다.

① 거북아, 거북아 / 머리를 내밀어라. / 내어놓지 않으면 / 구워서 먹으리.
② 포롱포롱 나는 저 꾀꼬리 / 암수 서로 의지하고 있네 / 외로울사 이 내 몸은 / 그 누구와 함께 돌아갈꼬.
③ 거북아 거북아, 수로를 내놓아라. / 남의 아내를 앗은 죄, 그 얼마나 큰가? / 네가 만일 어기어 내놓지 않으면, / 그물로 잡아 구워 먹으리.
④ 동경 밝은 달에 / 밤들이 노니다가 / 들어 자리를 보니 / 다리가 넷이러라. / 둘은 내해였고 / 둘은 누구핸고 / 본디 내해다마는 / 빼앗은 것을 어찌하리오.

[정답] ②

풀이 제시문의 내용과 관련된 작품은 언어가 예언적·주술적 힘을 지녔다는 생각을 반영한 것이다. ②의 〈황조가〉는 개인적 슬픔을 읊은 서정시로 제시문의 내용과 관련이 없다.

오답 ① 〈구지가〉: 상대를 위협하여 자신의 소망을 이루는 주술적 방식.
③ 〈해가〉: 잡혀간 수로 부인을 찾기 위해 주술적 성격을 지닌 무요.
④ 〈처용가〉: 향가. 축사(逐邪)와 벽사진경(辟邪進慶)의 노래.

정읍사(井邑詞)

행상인의 아내

(前 腔)	둘하 노피곰 도두샤	(전 강)	달이여 높이 높이 돋으시어
	어긔야 머리곰 비취오시라		멀리 멀리 비추어 주소서
	어긔야 어강됴리		어긔야 어강됴리
(小 葉)	아으 다롱디리	(소 엽)	아으 다롱디리
(後腔全)	져재 녀러신고요	(후강전)	시장에 가 계신가요
	어긔야 즌 딕를 드딕욜셰라		진 데를 디디실까 두렵습니다.
	어긔야 어강됴리		어긔야 어강됴리
(過 編)	어느이다 노코시라	(과 편)	어느 곳에든 놓고 오십시오
(金善調)	어긔야 내 가논 딕 졈그룰셰라	(금선조)	내 님 가는 데 저물까 두렵습니다.
	어긔야 어강됴리		어긔야 어강됴리
(小 葉)	아으 다롱디리	(소 엽)	아으 다롱디리

▶ 前腔, 小葉, 後腔全, 過編, 金善調: 곡조 이름
▶ 어긔야, 어강됴리, 다롱디리: 뜻이 없는 감탄구
▶ 져재: 저자에, 시장에
▶ 즌 딕: 진 데, 위험한 곳
▶ ~ㄹ셰라: ~할까 두렵다.

배경설화

정읍은 당시 전주에 속해 있던 마을이다. 이 고을 사람이 행상을 떠나 오래도록 돌아오지 않으므로, 그 아내가 산 위의 바위에 올라 남편이 간 곳을 바라보며, 남편이 밤길을 오다가 해를 입지나 않을까 염려하여 고개에 올라 달에 의탁하여 이 노래를 불렀다. 세상에 전하기를, 오른 고개에 아내의 망부석(望夫石)이 있다 한다.

주제

남편이 무사히 돌아오기를 기원함.

특징

현전하는 유일한 백제 노래이며, 한글로 전하는 가장 오래된 노래이다.

➕ 참고   백제 가요 〈숙세가(宿世歌)〉

2000년 충남 부여 능산리 고분 옆 절터에서 23개의 목간이 발굴되었고, 여기서 현존하는 유일한 백제 가요로 알려진 〈정읍사〉보다 먼저 이두로 쓰인 〈숙세가〉가 발견되었다. 이에 "유일한 백제 가요"라는 설명에 대한 이견이 있다.(2015년 서울시 7급 문제에 출제. 32쪽 참고)

宿世結業	전생에서 맺은 인연으로
同生一處	이 세상에 함께 태어났으니
是非相問	시비를 가릴 양이면 서로에게 물어서
上拜白來	공경하고 절한 후에 사뢰러 오십시오

• 주제: 전생의 인연을 소중히 여기고 서로 공경할 것.

▶ 구성 ◀

기(1구~4구)	천지신명에게 기원함.
서(5구~7구)	남편의 안위를 걱정함.
결(8구~11구)	남편의 편안함을 간절히 바람.

→ 여음을 제외하면 2음보 1구씩 모두 6구로 되어 있다. 2구를 1장으로 묶으면 3장 6구가 되어 시조 형식의 연원으로 보기도 한다.

돌하/노피곰도드샤/머리곰/비취오시라//   ⇨ 초장
져재/녀러신고요/즌딕롤/드딕욜셰라//   ⇨ 중장
어느이다/노코시라/내가논딕/졈그롤셰라//   ⇨ 종장

▶ 내용 분석 ◀

(1) '달'의 상징적 의미

  ① 광명: 남편의 귀갓길과 아내의 마중길, 나아가서 그들의 인생 행로의 어둠을 물리치는 광명의 상징('즌 딕'와 대조를 이룸)

  ② 천지신명: 밤의 어둠을 밝혀주고, 남편을 편안하게 해 주기를 바라는 기원의 대상

(2) '내 가논 딕'의 상징적 의미

  ① 남편의 귀갓길

  ② 아내의 마중길

  ③ 부부의 인생 행로

(3) '즌 딕'의 상징적 의미

  '돌'과 대조를 이룬다. 위험과 유혹을 상징하며 어둠의 이미지이다.

01 이 노래에서 남편의 안위(安危)를 걱정하는 마음이 가장 간절하게 느껴지는 구절은?

① 비취오시라   ② 녀러신고요
③ 드디욜셰라   ④ 노코시라

[정답] ③

02 '노피곰, 머리곰'이 작품 의미 구성에 기여하는 역할을 바르게 나타낸 것은?

① 답답한 심정   ② 시의 음악성
③ 외로움 호소   ④ 강렬한 소망

[정답] ④

풀이 '노피곰, 머리곰'의 '곰'은 강조의 접미사이다. 남편이 무사하게 귀환하길 소망하는 아내의 심정이 담겨 있다.

03 이 시에 대한 설명으로 적절하지 않은 것은?

① 시각적인 이미지의 대립 구조가 나타난다.
② 후렴구를 제외한 나머지 구절을 배열하면 시조의 형식과 유사하다.
③ 후렴구의 감탄사 '아으'를 통해 시적 화자의 고통스러운 마음을 드러내고 있다.
④ 접미사 '-곰'을 사용하여 남편이 있는 곳까지 달빛이 비치기를 바라는 화자의 마음을 강조 하고 있다.

[정답] ③

풀이 후렴구는 음악에 맞추기 위한 뜻이 없는 구절이기 때문에, 후렴구를 통해 화자의 정서를 드러낸다는 내용은 적절하지 않다.

04 이 노래에 대한 설명으로 알맞지 않은 것은?   [2009. 법원직]

① 남편의 무사 귀가를 바라는 여인의 간절함을 담은 노래이다.
② 여음을 제외하면 전체가 3장 6구로 되어 있어 평시조의 형태와 유사하다고 볼 수 있다.
③ '밝음'과 '어두움'을 대비하는 표현 기법을 사용하였다.
④ 이 작품에서 쓰이는 여음구는 화자의 정서를 진솔하게 드러내는 역할을 한다.

[정답] ④

풀이 이 작품에서 쓰이는 여음구는 특별한 뜻은 없고, 음악적인 효과만을 나타낸다.

05 고전시가의 하나인 〈정읍사〉에 대한 설명으로 옳지 않은 것은?   [2011. 서울시 9급]

① 백제 시대에 창작된 것으로 알려졌다.
② 행상 나간 남편의 무사 귀환을 빌고 있다.
③ 한글로 기록된 가장 오래된 가요다.
④ 주술성을 지녀 집단적으로 불렸다.
⑤ 고려 시대 속요로 불렸다.

[정답] ④

풀이 이 작품에는 주술성이 없고 집단적으로 불리지도 않았다. 참고로, 〈구지가(龜旨歌)〉는 주술적이며 집단 적이다.
• 주술적(呪術的): 초자연적 존재나 신비적인 힘을 빌려 길흉을 점치고 회복을 비는 일

[06~07] 다음 글을 읽고 물음에 답하시오.

[2021. 소방직]

(가) 들하 노피곰 도두샤
어긔야 ⊙ 머리곰 비취오시라
어긔야 어강됴리
아으 다롱디리
ⓒ 져재 녀러신고요
어긔야 즌 디룰 드디욜셰라
어긔야 어강됴리
어느이다 ⓒ 노코시라
어긔야 내 가논 디 ⓒ 져그룰셰라
어긔야 어강됴리
아으 다롱디리

　　　　　　　　　　　　　　 —작자 미상, 〈정읍사(井邑詞)〉—

(나) 가시리 가시리잇고 나눈
ᄇ리고 가시리잇고 나눈
위 증즐가 대평셩디(大平盛代)

날러는 엇디 살라 ᄒ고
ᄇ리고 가시리잇고 나눈
위 증즐가 대평셩디(大平盛代)

잡ᄉ와 두어리마ᄂᆞᆫ
선ᄒ면 아니 올셰라
위 증즐가 대평셩디(大平盛代)

셜온 님 보내읍노니 나눈
가시눈 듯 도셔 오쇼셔 나눈
위 증즐가 대평셩디(大平盛代)

　　　　　　　　　　　　　　 —작자 미상, 〈가시리〉—

06 ⊙~ⓒ에 대한 의미로 옳지 않은 것은?

① ⊙: '멀리멀리'라는 의미이다.
② ⓒ: '전쟁터'라는 의미이다.
③ ⓒ: '놓으십시오'라는 의미이다.
④ ⓒ: '저물까 두렵다'라는 의미이다.

[정답] ②

풀이 '져재'는 '시장(市場)'에로 해석하고, 여기서 '져자'는 '시장'으로 해석한다. 곡조 명칭 '후강전(後腔全)'의 마지막 글자 '전(全)'과 '져재'를 붙여 '전 져재'로 읽는다면 '전주 시장에'로 해석될 수도 있다(정읍은 당시 전주에 속해 있던 마을). '전쟁터'로 해석할 수는 없다.

오답 ① '노피곰'과 '머리곰'에 있는 '곰'은 강조를 나타내는 접미사 이다. '머리곰'은 '멀리멀리'로, '노피곰'은 '높이높이'로 해석할 수 있다.

07 (가)와 (나)에 대한 설명으로 옳은 것은?

① (가)는 대상에 대한 원망과 비판이 담겨 있다.

② (나)는 4음보 율격을 기본으로 분연체를 이룬다.

③ (가)는 떠난 임과의 대화를 통해 정서를 고조하고 있다.

④ (나)는 이별의 정한을 담고 있는 민요적 시가이다.

[정답] ④

풀이 〈가시리〉는 이별의 정한을 주제로 담고 있는 고려 속요이다. 〈가시리〉에 나타나는 3음보 운율은 민요적 율격으로 볼 수 있다.

오답 ① (가)는 행상 나간 남편의 안전을 기원하고 있다. 원망과 비판과는 관련이 없다.

② (나)는 '가시리/가시리/있고'로 끊어서 3음보 율격이 나타난다. 그러나 〈가시리〉는 4개 연으로 구성된 분연체는 맞다.

③ (가)는 행상 나간 남편을 기다리는 아내의 독백이다.

Memo

Part 2
향가

서동요(薯童謠)

헌화가(獻花歌)

모죽지랑가(慕竹旨郞歌)

처용가(處容歌)

원왕생가(願往生歌)

제망매가(祭亡妹歌)

찬기파랑가(讚耆婆郞歌)

안민가(安民歌)

(1) 향가란

① 향가는 신라 가요이며 우리의 문자가 없던 시대에 향찰로 표기된 노래이다.

② 삼국 통일 이후 신라의 고유한 문화적 성격을 한반도 전역에 확대시키면서 민족 문학으로서의 개성을 뚜렷이 형상화한 귀중한 문화적 양식이다.

③ 이 양식은 신라 유리왕 때의 도솔가에서 그 근원을 찾을 수 있다.

④ 이 시기의 향가는 민족의 노래로 널리 향수되면서 신라인들은 이 향가를 통해 그들의 슬기와 기상을 나타내었다.

(2) 현전하는 향가 작품의 내용과 작가

작품명	작자	연대	형식	내용
서동요	백제 무왕	진평왕 (579~632)	4구체	서동이 선화공주를 사모하여 아내로 맞기 위해 아이들에게 부르게 한 동요. 참요적 성격
풍요	만성 남녀	선덕여왕 (632~637)	4구체	양지가 영묘사 장육존상을 주조할 때 장안의 남녀들이 진흙을 나르며 불렀다는 노동요
헌화가	실명 노인	성덕왕 (702~737)	4구체	소를 몰고 가던 노인이 수로부인에게 꽃을 꺾어 바치며 불렀다는 노래. 민요
도솔가	월명사	경덕왕 19년(760)	4구체	두 개의 해가 나타나므로 괴변을 없애기 위하여 부른 산화공덕(散花功德)의 노래. 일명 산화가(散花歌). 주술적 노래
모죽지랑가	득오	효소왕 (692~702)	8구체	죽지랑을 사모하며 부른 만가(輓歌). 추모가
처용가	처용	헌강왕 5년(879)	8구체	아내를 침범하는 역신에게 관용을 베풀어 역신을 감복시키는 주술적인 노래. 축사의 노래
혜성가	융천사	진평왕	10구체	이 노래를 지어 내침한 왜구와 큰 별을 범한 혜성을 물리쳤다는 축사의 노래
원왕생가	광덕	문무왕 (661~681)	10구체	죽음을 맞이하게 되어 극락왕생을 바라는 불교신앙의 노래
원가	신충	효소왕 원년(737)	10구체	효소왕이 약속을 지키지 않으매 노래를 지어 잣나무에 붙였다는 주술적 노래. 10구체이지만 8구만 전함
제망매가	월명사	경덕왕	10구체	죽은 누이를 추모하여 제를 올리며 부른 노래. 일명 위망매영제가(爲亡妹營齋歌)
안민가	충담사	경덕왕	10구체	군(君), 신(臣), 민(民)이 해야 할 바를 나타낸 유교적 성격을 지닌 치국의 노래. 치세안민(治世安民)의 노래를 지으라는 왕의 요청을 받고 지음.
찬기파랑가	충담사	경덕왕	10구체	기파랑을 찬양하여 부른 노래. 추모가. 문답식으로 된 최초의 노래
천수대비가	희명	경덕왕	10구체	희명이 실명한 아들을 위해 부른 노래. 분황사 관음보살에게 아들이 눈을 뜨게 해 주기를 빈 불교적 기원의 노래
우적가	영재	원성왕 (789~789)	10구체	영재가 대현령에서 도둑을 만나 도둑을 회개시킨 설도의 노래

(3) 향가의 정의

① **좁은 의미**: 사뇌가로서 삼국통일(6세기)부터 고려 중기인 13세기까지 존재한 문학
② **넓은 의미**: 기원전 후기부터 있었던 노래로서 중국 한시에 대한 우리나라의 가요
  ※ **사뇌가**: 10구체의 향가를 가리키는 말로 향가라는 한자어 명칭이 생기기 전에 이미 있었던 것으로 보임.
  ※ **향찰**: 한자의 음과 훈을 빌려 우리말 문장 전체를 그대로 적던 향가식 표기 방법

Check 문제

01 향가의 특징으로 적절하지 않은 것은? [2013. 기상직 9급]

① 6세기 경 신라에서 발생하여 고려 초까지 향유되었던 서정문학의 장르이다.
② 현전하는 4구체 향가에는 도솔가, 서동요, 헌화가, 풍요가 있다.
③ 작자는 화랑, 승려 등 주로 당대의 지배층이며 특히 화랑의 작품이 14수에 이를 정도로 가장 많았다.
④ 한자의 음과 훈을 빌려 문장 전체를 적은 신라 시대의 우리말 표기법인 향찰로 표기하였다.

[정답] ③
[풀이] 작자는 화랑, 승려 등 주로 당대의 지배층이다. 하지만 화랑의 작품이 14수인 것은 아니다. 참고로, 향가는 25수이며 《삼국유사》에 14수, 《균여전》에 11수가 실려 전한다.

02 다음 중 향가에 대한 설명으로 잘못된 것은? [2013. 서울시 7급]

① 현전하는 향가 중 〈혜성가(彗星歌)〉는 최초의 작품으로 8구체 형식을 취하고 있다.
② 충담사는 10구체 향가인 〈안민가(安民歌)〉와 〈찬기파랑가(讚耆婆郎歌)〉를 남겼다.
③ 각간 위홍과 대구 화상이 역대의 향가를 모은 〈삼대목(三代目)〉이 있었다는 것은 《삼국사기》의 기록을 통해 알 수 있다.
④ 《균여전(均如傳)》에서는 향가가 '삼구육명(三句六名)' 형식으로 짜여 있다고 한다.
⑤ 〈원왕생가(願往生歌)〉와 〈천수대비가(千手大悲歌)〉는 불교 신앙의 향가이다.

[정답] ①
[풀이] 현전하는 최초의 향가는 4구체인 〈서동요(薯童謠)〉이지만, 융천사의 〈혜성가(彗星歌)〉를 향찰로 기록된 가장 오래된 향가로 보기도 한다. 참고로, 융천사의 〈혜성가(彗星歌)〉는 10구체 향가이므로 ①은 적절하지 않다.
[오답] ④ '삼구육명(三句六名)'은 3장 6구 또는 3장 6음절을 뜻하는 말이며, 10구체 향가의 독특한 시형을 설명하는 표현이다.

03 신라의 향가가 아닌 것은? [2015. 서울시 7급]

① 천수대비가   ② 헌화가
③ 처용가   ④ 숙세가

[정답] ④
[풀이] 〈숙세가(宿世歌)〉는 신라의 향가가 아니라 백제의 시가이다. 2000년 충남에서 발견되었으며, 〈정읍사〉와 함께 백제의 시가로 인정되고 있다. 참고로, 〈숙세가〉는 이두로 기록되어 있고, 〈정읍사〉는 구전되다가 한글로 기록되었다.
[오답] ① 천수대비가(千手大悲歌): 희명이 쓴 10구체 향가.
② 헌화가(獻花歌): 견우노인이 쓴 4구체 향가.
③ 처용가(處容歌): 처용이 쓴 8구체 향가.

서동요(薯童謠)

善化公主(선화공주)니믄
눔 그스지 얼어두고
맛둥바울
바밋 몰 안고가다

선화 공주님은
남 몰래 사귀어(통정하여)두고,
맛둥(薯童)도련님을
밤에 몰래 안고 간다.

▸ 얼어: 정을 통하여, 혼인하여
▸ 밤: 사람(男子)이란 뜻
▸ 몰: 몰래

▸ 맛둥바울: 마 파는 아이, 서동.
▸ 안고가다: 실현되지 않은 일의 현재형 표현

배경설화

　제30대 무왕의 이름은 장(璋)이다. 어머니가 홀로 되어 집을 서울 남쪽 못가에 짓고 살았는데 못에 있는 ㉠ 용과 교통하여 그를 낳았다. 어릴 때 이름은 서동이며, 도량이 한없이 넓었다. 항상 마를 캐고 팔아서 생업으로 삼았으므로 사람들이 그런 이름을 지은 것이다. 신라 진평왕의 셋째 공주 선화가 아름답기 짝이 없다는 말을 듣고 머리를 깎고 서울로 왔다. 마를 동네 아이들에게 주자 여러 아이들이 가까이 따랐다. 이내 노래를 지어 여러 아이들에게 부르게 하였다.

　동요가 장안에 퍼져 궁중까지 알려지니 모든 신하들이 간청하여 공주를 먼 곳에 귀양보내게 되었다. 공주가 떠나려 할 때 왕후가 순금 한 말을 주어 보냈다. 공주가 귀양가는 길에 서동이 나와서 절을 하고 모시고 가겠다 하였더니, 공주는 그가 어디에서 온 사람인지 알지는 못하지만 공연히 미덥고 즐거웠다. 그래서 따라가다가 상통하게 되었다. 그런 뒤에 서동의 이름을 알고 동요의 내용이 맞다고 하여 함께 백제로 가서 어머니가 준 금을 내놓으며 이것으로 생활하자 하였다. 서동이 크게 웃으며 "이것이 무엇이냐?" 하니 공주는 "황금인데 백 년 동안 부자로 살 수 있을 것입니다." 하였다. 서동은 그 말을 듣고 "내가 어려서 마를 캐던 곳에는 이것이 진흙처럼 쌓여 있다." 하였다. 공주가 듣고 깜짝 놀라 "이것은 천하의 보배인데 당신이 금이 있는 곳을 알았으니 이 보배를 우리 부모의 궁전으로 보내는 것이 어떠합니까?" 하였다. 서동이 "좋다." 하고 금을 모았는데 그것이 산처럼 쌓였다. 용화산 사자사 지명법사 머무는 곳에 가서 금을 보낼 계책을 물으니 "금만 가져오라"고 하여 공주는 편지를 쓰고 금을 법사에게 가져다 주었다. 법사는 신통한 힘으로 하룻밤에 신라 궁중으로 실어다 놓았다. 진평왕이 그 신통한 변화를 이상히 여겨 더욱 존경하고 항상 서신으로 안부를 물었고, 서동은 이로 인해서 인심을 얻어 ㉡ 왕위에 오르게 되었다.

　하루는 무왕이 부인과 사자사에 가려고 용화산 밑 큰 못가에 이르자 미륵삼존이 못에서 나타나 수레를 멈추고 경의를 표하였다. 부인이 왕에게 "이곳에 큰 절을 세우는 것이 소원입니다." 하니, 왕이 허락하였다. 지명법사에게 나아가 못을 메울 일을 묻자 법사는 신통한 힘으로 산을 무너뜨려 하룻밤 사이에 못을 메워 평지를 만들었다. 이에 미륵삼회를 법상으로 하여 전, 탑, 낭, 무를 각각 세 곳에 세우고 절 간판을 미륵사(국사에는 왕흥사라 했다)라 하였는데, 진평왕은 많은 공인들을 보내어 도왔다. 지금도 그 절이 있다. (삼국사에는 법왕의 아들이라 하고 여서는 과부의 아들이라 하니 확실치 않다.)
• ㉠과 ㉡은 〈서동요〉의 신화적 성격을 알려준다. 그러나 〈서동요〉에는 '위기 극복 과정'이 없다.

내용

선화공주와 서동이 비밀스런 관계라는 내용

주제

연정, 결혼 계략, 선화 공주의 비행 풍자, 선화공주와 서동의 은밀한 사랑

전개

• 1, 2행: 시상의 발상 → 원인
• 3, 4행: 서동과의 밀애 → 결과

특징

• 현전하는 가장 오래된 향가
• 민요가 4구체 향가로 정착된 작품
• 향가 중 유일한 동요
• 남을 모함하는 참요(讖謠: 시대적 상황이나 정치적 징후 따위를 암시하는 민요)의 성격

01 노래의 성격으로 바른 것은?

① 유희요(遊戲謠)　　　　　　　　② 노동요(勞動謠)

③ 선동적인 민요(民謠)　　　　　　④ 참요(讖謠)

[정답] ④

풀이 '참요(讖 참서 참, 謠 노래 요)'는 시대적 상황이나 정치적 징후 따위를 암시하는 민요를 뜻한다. 신라의 멸망과 고려의 건국을 암시한 〈계림요〉, 조선의 건국을 암시한 〈목자요(木子謠)〉, 미나리와 장다리로 인현 왕후와 장 희빈을 관련지어 노래한 〈미나리요〉 따위가 여기에 속한다.

02 다음 중 한 문헌에 있는 것끼리 묶은 것은?　　　　　　　　　　　　[2003. 서울시 9급]

① 〈구지가〉 − 〈공무도하가〉　　　　② 〈황조가〉 − 〈정읍사〉

③ 〈황조가〉 − 〈서동요〉　　　　　　④ 〈구지가〉 − 〈서동요〉

⑤ 〈공무도하가〉 − 〈정읍사〉

[정답] ④

풀이 〈구지가〉와 〈서동요〉는 《삼국유사》, 〈공무도하가〉는 《해동역사》, 〈황조가〉는 《삼국사기》, 〈정읍사〉는 《악학궤범》에 수록되어 있다.

03 다음은 〈서동요〉의 배경 설화 중 일부이다. 이를 통해 알 수 있는 작품의 성격은?　　[2007. 인천시]

> 이 동요가 장안에 퍼져 궁중까지 알려지니 모든 신하들이 탄핵하여 공주를 시골로 유배시킨다. 공주가 떠나려 할 때 왕후가 순금 한 말을 주어 보냈다. 공주가 귀양 가는 길에 서동이 나와서 절을 하고 모시고 가겠다고 하였다. 공주는 그가 어디에서 온 사람인지 알지는 못하지만 공연히 미덥고 즐거웠다. 그래서 따라가다가 서로 통하게 되었다. 그런 뒤에 서동의 이름을 알고 동요가 맞았다는 것을 알았다.

① 참요(參寥)　　　　　　　　② 노동요(勞動謠)

③ 의식요(儀式謠)　　　　　　④ 유희요(遊戲謠)

[정답] ①

풀이 참요(讖謠)란 시대적 상황이나 정치적 징후 따위를 암시, 예언하는 민요를 말한다. 결국 노래가 말하는 바가 실현되었으므로, 〈서동요〉는 참요의 성격을 지닌다.

04 다음에 제시된 고전 시가에 대한 설명으로 적절하지 않은 것은?　　　　　　[2004. 충남 9급]

> 善化公主니믄 / 그즈지 얼어두고 / 맛둥바알 / 밤에 몰 안고 가다

① 장르는 향가이며 주로 신라시대에 많이 불리었다.

② 구전되다가 조선 시대 한글 창제와 더불어 문자로 기록되었다.

③ 백제 무왕과 관련된 설화를 가지고 있다.

④ 제목은 〈서동요〉로 동요로 불려지기도 하였다.

[정답] ②

풀이 향가는 조선시대 이전의 문헌에 향찰로 기록되어 전한다. 현재 한글 해독은 학자 김완진과 양주동에 의해서이다.

05 다음 작품에 대한 설명 중 가장 적절하지 않은 것은? [2021. 경찰직 1차]

> 善化公主主隱
> 他密只嫁良置古
> 薯童房乙
> 夜矣夘*乙抱遣去如
>
> * '夘'은 '卯'로 판독하는 경우도 있음.

① 《균여전(均如傳)》에 실려 있다.
② 민요적 성격이 강하다.
③ 첫 번째 구의 밑줄 친 '隱'은 음독(音讀)한다.
④ 형식상 〈헌화가〉와 같다.

[정답] ①

풀이 현재 전하는 향가 25수는 《균여전(均如傳)》에 11수가 전하고 《삼국유사(三國遺事)》에 14수가 전한다. 《균여전》은 고려전기 학자 혁련정이 승려 균여(均如, 923~973)의 행적을 모아 1075년에 저술한 전기이다. 여기에는 향가 중에서 〈보현십원가(普賢十願歌)〉 11수가 실려 있다. 〈보현십원가〉 11수를 제외한 모든 향가는 《삼국유사》에 실려 있다. 따라서 〈서동요〉도 《삼국유사》에 실려 있다.

오답 ① 한국 최초의 4구체 향가인 〈서동요〉는 백제의 서동(薯童: 백제 무왕의 어릴 때 이름)이 신라 제26대 진평왕 때 지었다는 민요 형식의 노래이다.
③ '隱'은 한자의 음을 빌려 형식 형태소인 보조사를 표기한 것이다. 음독(音讀)해야 해석할 수 있다.
④ 4구체는 구전되어 오던 민요가 정착되어 형성된 것으로 보이는 향가 초기의 형식이다. 〈서동요〉, 〈풍요〉, 〈헌화가〉, 〈도솔가〉가 4구체 향가이다.

헌화가(獻花歌)

실명(失名) 노인

딛배 바회 ᄀ해
자ᄇ온손 암쇼 노히시고
나ᄒ ᄋᆞᆯ 안디 붓ᄒ리샤ᄃᆞᆫ
곶ᄒ ᄋᆞᆯ 것가 받ᄌᆞ보리이다

자줏빛 바위 끝에
잡은 암소를 놓게 하시고
나를 아니 부끄러워하시면
꽃을 꺾어 받치오리다

▶ 곶: 시적 대상을 대하는 서정적 자아의 심정을 대변하는 시어

배경설화

　성덕왕 때에 순정공이 강릉(지금 명주) 태수로 가는 도중 바닷가에서 점심을 먹고 있었다. 그 옆에 병풍 같은 바위 벽이 있어 바다에 맞닿았는데 높이가 천 길이나 되었고, 그 위에는 철쭉꽃이 한창 피어 있었다. 공의 부인 수로가 그것을 보고 옆 사람들에게 "저 꽃을 꺾어 나에게 바칠 자 그 누구뇨?" 하니 모시는 사람들이 모두 "사람이 발 붙일 곳이 못 됩니다." 하고 사양하였다. 그 곁에 늙은 노인이 암소를 끌고 지나다가 부인의 말을 듣고 꽃을 꺾어 노래를 지어 바쳤으나 그가 어떤 사람인지 알지 못했다. 다시 이틀 길을 가다가 바닷가 정자에서 점심을 먹는데 용이 홀연히 나타나 부인을 끌고 바다로 들어갔다. ('해가' 배경설화)

　공은 부인에게 바닷 속의 사정을 물었다. 부인은 "칠보 궁전에 음식이 달고 부드러우며 향기가 있고 깨끗하여 세상의 익히거나 삶은 음식이 아니더라." 하였다. 옷에도 향기가 배어 세상에서 맡는 향기가 아니었다. 수로의 자색과 용모가 절대가인이어서 깊은 산이나 큰 못을 지날 때마다 여러 번 신에게 잡히었다. 여럿이 부른 해가의 가사는 이러하다. (생략)

　노인이 꽃을 바치며 부른 노래는 이러하다. (생략－위 작품)

내용

아름다운 여인 앞에서 애정을 읊조린 민요. 주술성이나 종교적인 내용이 없고, 아름다움의 상징적 인물인 수로부인에게 바친 구애(求愛)의 노래이다. 신라인의 미의식을 보여주는 작품이다.

주제

사랑의 유희, 현실적 사랑의 추구

01 '헌화가'에 대한 설명으로 옳은 것은? [2024. 국회직 9급]

① 고려 전기부터 조선시대까지 창작되었다.
② 향찰로 표기된 우리나라 고유의 시가이다.
③ 강호에서의 조화로운 삶을 노래하고 있다.
④ 3·4조의 음수율과 3장 6구 형식으로 되어 있다.
⑤ 유학자들의 정신과 정서를 표출하기에 적합한 형식이다.

[정답] ②

풀이 〈헌화가〉는 향찰로 표기된 4구체 향가이며, 향가는 우리나라 고유의 시가이다.

오답 ① 향가는 신라에서 고려 초까지 창작되었다.
③ 〈헌화가〉는 강호의 삶과 관련이 없다. 순정공의 아내 수로 부인이 벼랑에 핀 철쭉꽃을 탐 하기에, 소를 끌고 가던 노인이 꽃을 꺾어 바치며 부른 노래이다.
④ 시조의 율격에 대한 설명이다. 4구체 향가와 관련이 없다.
⑤ 유학자들의 정신과 관련이 없다.

02 이 노래에 대한 설명으로 옳은 것은?

① 인생의 덧없음을 노래하고 있다.
② 자연의 아름다움을 예찬하고 있다.
③ 대상에 대한 그리움을 노래하고 있다.
④ 대상을 흠모하는 마음이 드러나 있다.

[정답] ④

풀이 〈헌화가〉는 한 노인이 수로 부인에게 꽃을 바치며 사랑을 고백하는 내용의 노래이다. 인생의 덧없음, 자연의 아름다움, 그리움과는 관련이 없다.

03 〈헌화가〉의 배경 설화에 등장하는 인물과 관련되는 작품은?

① 해가(海歌)
② 처용가(處容歌)
③ 황조가(黃鳥歌)
④ 제망매가(祭亡妹歌)

[정답] ①

풀이 〈헌화가〉의 배경 설화에 등장하는 인물은 '수로 부인'이다. 〈헌화가〉는 고대 가요인 〈해가〉와 배경 설화와 관련이 있다. 〈헌화가〉와 〈해가〉의 배경 설화에 모두 등장하는 인물은 '수로 부인'이다.

04 다음 밑줄 친 차자 표기의 차용 방식이 나머지와 다른 것은? [2017. 경찰 1차]

吾肹不喻慚肹㉠伊賜等	나를 안디 붓그리샤돈
花㉡肹㉢折叱㉣可獻乎理音如	고줄 것거 바도림다

① ㉠
② ㉡
③ ㉢
④ ㉣

[정답] ③

풀이 〈헌화가〉에서 ㉠, ㉡, ㉣은 각각 '사, 힐, 가'로 음독한 것이고, ㉢ '折'은 '꺾을 절'로, '꺾다'는 의미가 살아 있으므로 훈독한 것이다.

모죽지랑가(慕竹旨郞歌)

득오

간봄 그리매	간 봄 그리워
모든것사 우리 시름	모든 것이 서러이 시름하는데
아름 나토샤온	아름다움 나타내신
즈싀 살쭘 디니져	얼굴에 주름살 지려 하옵니다
눈 돌칠 ᄉᆞ이예	눈 돌이킬 사이에나마
맛보ᅀᆞ디 지소리	만나뵙도록 기회를 만드리라
郞이여 그릴 ᄆᆞᅀᆞ미 녀올길	죽지랑이여, 그리운 마음에 가는 길
다봊 굴허헤 잘밤 이시리	다북쑥 우거진 마을(구렁, 무덤)에 잘 밤이 있으리까

배경설화

제32대 효소왕 때에 죽만랑의 낭도 중에 득오실(한편 득오곡이라고도 한다.) 급간(級干)이 있었는데 화랑의 명부에 이름을 올리고 있었다. 날마다 나와 정진하고 있었는데 열흘이 되도록 보이지 않자 죽만랑이 그 어머니를 불러서 "그대의 아들이 지금 어디 있는가?"라고 물었다. 그 어머니가 "당전으로 있는 모량부의 익선 아간이 제 아들을 부산성 창직으로 차출하여 급히 달려가느라 미처 낭에게 하직 인사를 못하였습니다."라고 하였다. 죽만랑은 "그대의 아들이 만일 사사로운 일로 거기에 갔다면 찾아갈 것이 없지만, 이제 공적인 일로 갔으니 찾아가서 대접해야겠소."라고 하고 떡 한 합과 술 한 동이를 가지고 좌인(방언으로는 개질지라 하니 종을 말함이다.)을 데리고 갔다. 낭도 1백 37명도 모두 의례를 갖추어 따라갔다. 부산성에 이르러 문지기에게 "득오실이 어디 있느냐?" 하고 묻자 "지금 익선의 밭에서 관례대로 부역하고 있습니다." 하였다. 죽만랑이 밭으로 찾아가서 술과 떡을 대접하고 익선에게 휴가를 청하여 같이 돌아오려 하나 익선이 굳이 허락하지 않았다. 그때 사리 간진이 추화군에서 조세 30석을 거두어 성 안으로 수송하다가 죽지랑이 선비를 중히 여기는 정을 아름답게 여기고 변통성이 없는 익선을 야비하게 생각하여 거둔 벼 30석을 주며 청했지만 허락하지 않았다. 다시 진절 사지가 타던 말과 안장을 주니 그제야 허락하였다. 조정에서 화랑을 관장하는 이가 그 말을 듣고 사신을 보내어 익선을 잡아다가 그 추한 짓을 씻어주려 하였는데 익선이 도망하여 숨어 버려 대신 그 맏아들을 잡아갔다. 동짓달 극히 추운 날 성 안의 못에다 목욕시켜 얼어 죽었다. 대왕이 듣고 어명으로 모량리 사람으로 벼슬하는 자는 쫓아 버리고 다시는 공적 기관에 들이지 않았고, 승복도 입지 못하게 하였다. 만일 승려가 된 자가 있어도 큰 절에는 들지 못하게 하였다. 또 사람에게 일러 간진의 자손을 평정호의 자손(枰定戶孫)으로 삼아 특별히 표창하게 하였다. 원측법사는 해동의 큰 스님이지만 모량리 사람이므로 승직을 주지 않았다.

처음 술종공이 삭주 도독사가 되어서 장차 임명받은 곳으로 가려하니 때마침 삼한에 병란이 일어나 기병 3천명으로 그를 호송하게 하였다. 일행이 죽지령에 이르렀을 때 한 거사가 고개의 길을 닦고 있어 공이 보고 찬미하였는데, 거사도 역시 공의 위세가 혁혁함을 좋게 여겨 서로의 마음이 감동되었다. 술종공이 부임지에 간 지 한 달이 되었는데 꿈에 거사가 방으로 들어오는 것을 보았다. 부인도 같은 꿈을 꾸었으므로 더욱 놀랍고 이상히 여겨 이튿날 사람을 시켜 거사의 안부를 물었더니, "거사가 죽은 지 며칠이 되었다."고 하였다. 돌아와 말하니 죽은 그 날이 꿈꾼 날과 같았다. 공이 생각하되 거사가 우리 집에 태어날 것이라 하고 군사들을 보내어 고개 위 북쪽 봉우리에 장사하게 하고 돌미륵 하나를 세웠다. 그 아내가 꿈꾸던 날로부터 태기가 있어 아들을 낳고 이름을 죽지라 하였다. 자라서 벼슬에 나아가 유신공과 함께 부원수가 되어 삼한을 통일하고 진덕, 태종, 문무, 신무의 4대에 재상이 되어 나라를 안정시켰다. 처음에 득오곡이 죽지랑을 사모하여 노래를 지었다.

● 주제 ●

죽지랑에 대한 사모, 연모의 정(여성적 감정의 표현)

● 성격 ●

화랑 죽지랑에 대한 추모시. 종교적, 주술적 색채가 없는 순수 서정시

● 특징 ●

인품이 뛰어난 화랑의 세계를 보여주는 순수 서정 향가

● 시상 전개 ●

• 기(1, 2구): 지나간 젊음에 대한 회한, 죽지랑을 그리워하는 마음에 이 세상의 모든 것이 슬프다.
• 승(3~4구): 살아 생전의 죽지랑을 회상함.~
• 전(5, 6구): 죽지랑과 다시 만나기를 바람.
• 결(7, 8구): 만날 수 없음에 대한 탄식 – 님을 그리워하며, 죽어서 저세상에서 만날 것을 확신함.

● 시어의 상징적 의미 ●

• 간 봄: 죽지랑이 살아 있을 때
• 다봊무울: 소복히 무덤들이 들어선 곳. 죽음의 세계

• '무덤(저 세상)에서 잘 밤이 있을 것이다'로 해석: 피안(彼岸)의 세계에서 만남을 확신
• '험한 이승에서 잘 밤이 있을 것인가'로 해석: 세상에서 다시 만날 수 없음을 한탄

●━ '모죽지랑가'에 대한 이설(異說) ━●

(1) '추모시(追慕詩)'로 보는 경우

죽지랑은 이미 죽어 세상에 없으므로 그와 함께 보낸 봄은 다시 돌아오지 못하는 것이 된다.

(2) '사모시(思慕詩)'로 보는 경우

함께 지낸 봄을 그리워하고, 그러한 그리움 때문에 모든 것을 슬프게 바라보게 된다고 해석할 수 있다.

Check 문제

01 이 작품에 대한 설명으로 바른 것은?

① 작자의 정서를 자유롭게 표현한 자유시이다.
② 작자의 정서를 규칙적인 시행에 맞춰 표현한 정형시이다.
③ 외계(外界)의 풍경에 대한 감흥을 읊은 서경시이다.
④ 사물에 대한 변증법적 인식이 두드러진 역설의 시이다.

[정답] ②

풀이 이 작품은 8구체 향가의 규칙적인 정형성이 드러난다.

02 이 작품의 구성을 바르게 설명한 것은?

① 향가의 특징을 보여주는 낙구가 있다.
② '기-승-전-결'의 4단 구성이다.
③ 3구의 형식을 깨트린 변형된 8구체이다.
④ 대구법을 쓰고 있다.
⑤ 선경후정의 표현이다.

[정답] ②

풀이 〈모죽지랑가〉는 8구체 향가이면서 4단 구성이 나타난다. 참고로 이 작품은 '과거 → 현재 → 미래'의 시간적 순서에 따라 시상을 전개하면서 죽지랑에 대한 화자의 감정을 점차 극대화하고 있다.

03 다음 중 4구체 향가가 아닌 것은? [2008. 서울시 9급]

① 모죽지랑가   ② 서동요

③ 풍요   ④ 헌화가

⑤ 도솔가

[정답] ①

풀이 〈모죽지랑가〉는 8구체 향가이다.

04 다음 중 이 작품에 대한 설명으로 가장 적절한 것은? [2005. 법원직]

① 인생의 허무함을 표현하고 있다.

② 자연물을 통해 교훈을 제시하고 있다.

③ 삶과 죽음의 경계를 벗어나고자 한다.

④ 대상에 대한 회상과 그리움을 표현하고 있다.

[정답] ④

풀이 이 작품은 높은 인품을 지닌 죽지랑에 대한 추모의 노래이다.

처용가(處容歌)

처용

시불 불긔 드래 밤드리 노니다가 드러사 자리 보곤 가른리 네히어라 둘흔 내해엇고 둘흔 뉘해언고 본딗 내해다마른 아사놀 엇디ᄒ릿고	서울 밝은 달 아래 밤 늦도록 노닐다가 들어 와 자리 보니 가랑이가 넷이어라 둘은 내 것인데 둘은 뉘 것인고 본디 내 것이었다마는 빼앗아 간 것을 어찌하리오

배경설화

제49대 헌강대왕 대에는 서울에서 동해변까지 집들이 맞닿았으며 담장이 서로 이어졌고 초가는 한 채도 없었다. 길가에 음악이 끊이지 않았고 풍우가 사철 순조로웠다. 이에 대왕이 개운포에 놀러 갔다가 돌아오는 길에 물가에서 쉬었는데 홀연 구름과 안개가 캄캄하게 덮여 길을 잃게 되었다. 이상히 여겨 좌우 사람들에게 물으니 점성관이 "이것은 동해의 용이 변괴를 일으키는 것이므로 좋은 일을 행하여 풀어야 합니다" 하였다. 유사에게 칙령을 내려 "용을 위하여 이 근처에 절을 짓도록 하라." 하였다. 왕의 명령이 내리자마자 안개가 흩어져 이름을 개운포라 했다. ㉠ 동해 용이 기뻐하여 아들 일곱 명을 데리고 임금 앞에 나타나서 대왕의 덕을 칭송하며 음악을 연주하고 노래와 춤을 추었다. 그리고 아들 하나를 서울로 보내 왕의 정사를 돕도록 하였는데 그의 이름은 처용이었다. 왕은 미모의 여자로 아내를 삼아 주고 그의 뜻을 사로잡기 위하여 ㉡ 급간의 벼슬을 주었다. 그의 아내는 너무나 아름다워 역신이 탐을 내고 사람으로 변신하여 밤에 몰래 그 집으로 들어가 같이 잤다. 처용이 밖에서 돌아와 잠자리에 두 사람이 있는 것을 보고서 노래를 부르고 춤을 추며 물러났다. 노래는 이러하다. (생략 – 위 작품)

이때 역신이 모습을 드러내고 처용 앞에 꿇어 엎드려 말하기를 "내가 공의 아내를 흠모하여 죄를 범했습니다. 그런데도 공은 노하지 않으니 그 미덕에 감복했습니다. 지금 이후로는 공의 얼굴을 그린 것만 보아도 그 집에는 들어가지 않기로 맹세하겠습니다." 하였다. 이 말에 따라 사람들은 처용의 모습을 문에 붙여 사악한 기운을 물리치고 경사스런 일을 맞는다 하였다.

▶ ㉠, ㉡ 처용의 정체
  ① 동해 용왕을 모시는 무당: 민속학적 관점. 일반적 견해.
  ② 상수리 제도에 따라 서라벌에 와 있던 지방 호족의 아들: 정치사적 견해.
  ③ 이슬람 상인: 눈과 코가 큰 '처용탈'의 모습과 신라와 아랍이 교역을 했던 당시의 시대적 상황을 통한 추리.

● 내용 ●

아내를 빼앗은 역신(疫神)에게 관용의 정신을 베푸는 이야기
• 1~4행: 역신의 침범 • 5~8행: 처용의 관용

● 주제 ●

아내를 범한 역신을 쫓아냄.

● 의의 ●

• 벽사진경(辟邪進慶: 간사한 귀신을 물리치고 경사를 맞이함)의 소박한 민요에서 형성된 무가.
  의식무 또는 연희의 성격을 띠고 고려와 조선시대까지 계속 전승됨(향가 해독의 계기가 됨)
• 현재 전하는 향가의 마지막 작품
• 향가 해독의 시금석 역할을 했다.
• 고려가요 '처용가'의 모태가 되었다.

● 성격 ●

주술적 무가(巫歌)

● 고려가요 '처용가' ●

고려가요 '처용가'는 향가 '처용가'를 계승한 작품으로, 향가 '처용가'와 마찬가지로 처용이 역신을 몰아낸다는 내용을 담고 있다. 그러나 계승과 동시에 변용이 이루어져, 향가 '처용가'보다 희곡적 분위기가 강하게 나타난다. 향가 '처용가'와는 달리 역신에 대한 분노, 처용의 위엄 있는 모습, 역신의 두려움 등이 자세히 묘사되었다.

(中葉) 어와 아븨 즈시여 　　　處容아븨 즈시여	(중엽) 아아, 아비의 모습이여 　　　처용 아비의 모습이여
(附葉) 滿頭揷花 계오샤 　　　기울어신 머리예	(부엽) 머리에 가득 꽂은 꽃이 무거워 　　　기울어진 머리
(小葉) 아으 壽命長願ᄒ샤 　　　넙거신 니마해	(소엽) 아아, 수명(壽命)이 장수(長壽)할 　　　넓으신 이마
(後腔) 山象이슷 　　　깅어신 눈썹에 　　　愛人相見ᄒ샤 　　　오솔어신 누네	(후강) 산(山) 모양 비슷한 　　　긴 눈썹 　　　애인을 바라보는 듯한 　　　너그러운 눈
(중략)	

01 이 노래의 형식상 특징을 바르게 말한 것은?

① 한역되어 전해지다가 고려가요 〈처용가〉의 모태가 되었다.

② 서사적 전개로 되어 있다.

③ 시조의 원형을 찾을 수 있는 감탄사가 있다.

④ 8구체 향가로 민요의 형식이다.

[정답] ④

[오답] ① 〈처용가〉는 향가이므로 향찰로 기록되어 전하다가 고려가요 〈처용가〉의 모태가 되었다.

02 이 노래의 내용을 가장 잘 설명한 것은?

① 화자는 아내의 부정에 개의치 않았다.

② 화자는 부정한 역신을 용서하였다.

③ 화자는 역신을 달래고 회유하였다.

④ 화자는 역신과 아내의 부정을 올바르게 징벌하지 못했다.

[정답] ②

[풀이] 처용의 관용적 태도는 대상에 대한 부정과 공격이 아닌 자기 절제와 초극을 통한 갈등 해결이다. 설화에서 역신이 처용에게 감복한 이유는 이러한 윤리적 우월성의 태도 때문이다.

03 다음은 〈처용가(處容歌)〉의 일부이다. 이에 사용된 차자 표기에 대한 설명으로 옳지 않은 것은?

[2010. 국회직 8급]

> 東京明期月良 시볼 볼긔 두래
> 夜入伊遊行如可 밤 드리 노니다가
> ......
> 本矣吾下是如馬於隱 본딕 내해다마룬
> 奪叱良乙何如爲理古 아사늘 엇디ᄒ릿고

① 한자의 음(音)과 훈(訓)을 이용하였다.

② 인명, 지명, 관직명 등의 표기에서 출발하였다.

③ 국어의 어순을 따르고 다양한 어미를 사용하였다.

④ 실무적인 행정 기록은 물론 시가 등 운문에도 사용되었다.

⑤ '奪叱良乙'은 훈차(訓借)이고 '何如爲理古'는 음차(音借)이다.

[정답] ⑤

[풀이] '奪叱良乙(탈질량을: 훈 – 음 – 음 – 음), 何如爲理古(하여위리고: 훈 – 훈 – 훈 – 음 – 음)'이다.

04 다음 〈보기〉의 내용과 관련이 없는 작품은? [2014. 지방직 7급]

━■ 보기 ■━

우리 선인들은 말에는 신성하고 예언적인 힘이 있는 것으로 생각하였다. "말이 씨가 된다."거나 "귀신 듣는 데 떡 말 말라."라는 속담이 그러한 예다. 머릿속으로 생각만 하는 것은 괜찮더라도 일단 말로 표현하게 되면 그 말은 예언적이거나 주술적인 힘을 발휘한다고 보았던 것이다. 우리 문학사에서 언어가 힘을 지녔다는 생각을 반영하는 작품이 적지 않은 것도 바로 그러한 생각에서 비롯되었다.

① 거북아, 거북아 / 머리를 내밀어라. / 내어놓지 않으면 / 구워서 먹으리.
② 포롱포롱 나는 저 꾀꼬리 / 암수 서로 의지하고 있네. / 외로울사 이 내 몸은 / 그 누구와 함께 돌아갈꼬.
③ 거북아 거북아, 수로를 내놓아라. / 남의 아내를 앗는 죄, 그 얼마나 큰가? / 네가 만일 어기어 내놓지 않으면, 그물로 잡아 구워 먹으리.
④ 동경 밝은 달에 / 밤들이 노니다가 들어 자리를 보니 / 다리가 넷이러라. / 둘은 내해였고 / 둘은 누구핸고 본디 내해다마는 / 빼앗은 것을 어찌하리오.

[정답] ②

풀이 '언어의 주술성(呪術性)'과 관련이 없는 작품을 찾으면 된다. ②는 유리왕의 〈황조가(黃鳥歌)〉이며, 이별의 슬픔을 노래한 작품이므로 〈보기〉와 무관하다.

[오답] ① 〈구지가(龜旨歌)〉: 김수로왕의 강림을 기원하는 집단적, 주술적인 고대시가.
③ 〈해가(海歌)〉: 납치된 수로 부인을 구하기 위한 주술적인 고대시가.
④ 〈처용가(處容歌)〉: 아내를 침범한 역신(疫神)을 용서하여 감복시킨 주술적인 향가.

05 다음은 각각 신라 시대 〈처용가〉와 고려 시대 〈처용가〉의 한 대목이다. 이 두 구절의 밑줄 친 부분에서 나타나는 의미의 차이를 잘못 설명한 것은? [2007. 국가직 7급]

(가) 둘흔 내해엇고
둘흔 뉘해언고
㉠ 본딕 내해다마룬
아싸놀 엇디ᄒ릿고

(나) 아으 둘흔 내해어니와 둘흔 뉘해어니오.
㉡ 이런저귀 處容(처용)아비옷 보시면
熱病大神(열병대신)이아 膾(회)ㅅ가시로다. (중략)
山(산)이여 미히여 千里外(천리외)예
處容(처용)아비를 어여려거져
아으 熱病大神(열병대신)의 發源(발원)이샷다.

	㉠	㉡
①	체념(諦念)	단죄(斷罪)
②	비극(悲劇)	희극(喜劇)
③	초월(超越)	대결(對決)
④	외유(外柔)	내강(內剛)

[정답] ④

풀이 신라의 향가 〈처용가〉 ㈎와 고려의 고려가요 〈처용가〉 ㈏이다. ㈎는 역신에게 벌을 주지 않고 체념하고 관용적 태도를 보이기 때문에 '처용'은 초월적 존재로 부각되었다. ㈏는 두려워서 도망가는 열병대신을 '회ㅅ가시'(횟감)으로 보며 처용이 열병대신을 단죄하려 한다. 마지막에서 열병대신은 산이나 들로 처용을 피해 도망가고 싶어 하므로 희극적이기도 하다. 외유(外柔: 겉이 부드러움)와 내강(內剛: 속은 굳세고 단단함)은 잘못된 설명이다.

참고 (나) 해석

아아, 둘은 내 것이거니와, 둘은 누구의 것인가?
이런 때에 처용 아비 보시면
열병대신 따위야 횟감이로다.
(중략)
산이나 들이나 천리 먼 곳으로
처용 아비를 피해 가고 싶다.
아아 열병대신의 소망이로다.

원왕생가(願往生歌)

광덕

들하 이뎨	달님이시여,
西方(서방)신장 가샤리고	이제 서방정토까지 가시려는가?
無量壽佛前(무량수불전)에	(가시거든) 무량수불(아미타불) 앞에
닏곰다가 숣고샤셔	일러(보고의 말씀) 사뢰옵소서.
다딤 기프샨 尊(존)어히 울워리	맹세 깊으신 부처님을 우러러 바라보며
두손 모도호슬바	두 손을 곧추 모아,
願往生 願往生(원왕생 원왕생)	왕생을 원하여 왕생을 원하여
그릴사룸 잇다 숣고샤셔	그리워 하는 이 있다고 사뢰옵소서.
아으 이몸 기텨 두고	아, 이 몸 남겨두고
四十八大願(사십팔대원) 일고살까	마흔 여덟 가지 큰 소원(사십팔대원)을 이루실까.

▶ 달: 기원의 대상이며 서정적 자아와 기원의 대상의 연결자. 서방정토의 사자

▶ 서방: 서방정토, 극락세계

▶ 두손 모도호슬바: 기원의 자세

▶ 四十八大願: 아미타불이 법장비구라 불리던 옛적에 일체의 중생을 구제하기 위하여 마음먹었던 마흔 여덟 가지의 큰 서원

배경설화

문무왕 때에 불가의 도를 닦는 사람이 있었는데 이름은 광덕과 엄장이었다. 두 사람은 좋은 벗으로 항상 약속하기를 "누구나 먼저 극락세계로 가는 자는 꼭 서로 알리자."하였다. 광덕은 분황사 서쪽에 은거하여 신 삼는 것으로 업을 삼고 처자를 데리고 살았다. 엄장은 남악에 집을 짓고 농사일에 힘썼다.

하루는 석양이 붉게 물들고 소나무 그늘에 어둠이 깔릴 때 엄장의 창 밖에서 "나는 벌써 서방으로 가니 그대는 잘 있다가 속히 나를 따라오라."하는 소리가 들렸다. 엄장이 문을 열고 나가 둘러보니 구름 밖에 하늘의 풍악 소리 나고 빛이 땅에까지 뻗쳤다. 다음 날 광덕이 머물던 곳을 찾아가 보니 그가 과연 죽은 것이었다. 이에 광덕의 아내와 함께 유해를 거두어 장사하였다. 장사를 다 마치고 광덕의 아내에게 말하되 "남편이 이미 죽었으니 이제 나와 같이 사는 것이 어떠한가?"하니, 그 처가 "좋다."라고 하였다. 곧 밤에 머물러 자다가 정을 통하려 하자, 그의 처가 듣지 않고 하는 말이 "스님이 정토를 구하는 것은 가히 고기를 잡으러 나무에 오르는 격입니다."하였다. 엄장이 놀라 "광덕도 이미 그러했는데 나라고 해로울 것이 있느냐?"하고 물었다. 그 여인이 말하기를 "남편은 동거한 지 10여 년이었지만 일찍이 한 자리에 눕지도 않았는데 하물며 추한 일이 있었겠습니까? 다만 밤마다 단정히 하고 반듯이 앉

아서 한 마음으로 아미타불의 이름만 생각하였습니다. 혹은 16관을 하여 관이 이루어지면 밝은 달이 문에 들어올 때 그 빛에 올라 바르게 하고 앉았습니다. 정성을 이만큼 하고서야 서방정토로 아니 가고 어디로 가겠습니까? 대저 천 리를 가는 자는 첫 걸음에 알아볼 수 있는 것인데, 지금 스님의 관은 동으로 간다고 할 수 있을지언정 서방정토는 알 수 없겠습니다."하였다.

　　엄장은 부끄러워하며 물러나 원효 법사에게 나아가 정성으로 정도의 길을 물었다. 원효는 쟁관법을 만들어 권유하였다. 엄장이 이에 몸을 깨끗이 하고 뉘우쳐 한마음으로 관을 닦아서 또한 서방 극락세계로 올라갔다. 쟁관법은 원효대사의 본전과 해동승전 중에 있다. 그 여자는 분황사의 종이었는데 바로 관음보살 십구응신 중의 하나다. 일찍이 광덕의 노래가 있었다.

주제

아미타불에 귀의하여 극락 왕생하고자 함.

의의

아미타 신앙을 바탕으로 하여 서방 정토에 왕생하기를 염원한 서정가요

성격

기원가(祈願歌). 불교신앙의 노래

시상 전개

- 기(1~4구): 달에게 청원함.
- 서(5~8구): 극락왕생을 기원함. - 기원, 청원 내용의 구체화
- 결(9~10구): 소원이 이루어지지 않을 것을 염려함. - 소망에 대한 강한 청원

표현

비유법, 상징법, 설의법, 돈호법

'달'의 역할

이 작품에서 '달'은 화자가 있는 이승과 아미타불이 있는 서방정토(西方淨土)를 오고 갈 수 있는 불법(佛法)의 사자(使者)와 같은 역할을 하고 있다. 화자는 자신의 염원을 일차적으로 '달'에게 기원하고 있지만, 궁극적으로는 서방정토의 아미타불에게 기원하고 있는 것이다.

Check 문제

01 원왕생(願往生)의 뜻은?

[정답] 아미타불이 계시는 서방정토에 가 살고 싶다.

02 시적 자아와 그가 그리워하는 대상과의 교감을 위하여 중간자로 등장한 제재는?

[정답] 달

03 이 작품에 대한 설명으로 적절하지 않은 것은?
① 자연물에 의탁하여 화자의 정서를 표현하고 있다.
② 묻고 대답하는 대화 형식을 통해 주제를 구체화하고 있다.
③ 기·서·결의 3단 구성으로 시상을 전개하고 있다.
④ 설의적 표현을 통해 화자의 염려를 부각하고 있다.

[정답] ②
풀이 이 작품은 화자가 '돌'에게 말을 건네는 듯이 표현되고 있다. 그러나 화자는 자신의 소원을 일방적으로 기원하고 있을 뿐 대화 형식이 나타나지는 않았다.
오답 ① 자연물인 '돌'에 의탁하고 있다.
③ 이 작품은 4(기)-4(서)-2(결)의 시행으로 구성되어 있다.
④ 마지막 구절인 '사십팔대원 일고살까'는 설의적 표현이다.

04 이 시에 대한 설명으로 적절하지 않은 것은?
① '달'은 '무량수불'과 화자를 연결해 주는 매개체로 선택되었다.
② '서방'은 화자가 타의에 의해 떠나온 그리운 공간을 의미한다.
③ '보고의 말씀'은 '왕생'을 그리는 사람이 있음을 알리는 내용이다.
④ '두 손 곧추 모아'는 화자의 간절한 태도를 형상화하고 있다.
⑤ '그리는 이'와 '이 몸'은 동일한 존재를 가리키고 있다.

[정답] ②
풀이 '서방'은 화자가 가고자 하나 마음대로 갈 수 없는 먼 곳으로, 현실을 초월한 공간이다. 화자가 타의에 의해 떠나온 곳이라 볼 수 없다.
오답 ① 화자는 서쪽으로 움직이는 속성을 지닌 '달'을 보며 서방의 무량수불에게 자신의 소원을 전해 달라고 부탁하고 있다.
③ 화자가 달에게 부탁하는 '보고의 말씀'은 5~8구에서 구체화되고 있으며, 그 내용은 '왕생'을 그리는 자신을 무량수불에게 말해 달라는 것이다.
④, ⑤ '두 손 곧추 모아' 왕생을 '그리는 이'는 무량수불에게 자신의 기원이 닿기를 바라는 화자이다.

제망매가(祭亡妹歌)

월명사

生死路(생사로)는
예 이샤매 저히고,
나는 가는다 말ㅅ도
└ 죽은 누이
몯다 닏고 가나닛고.
어느 ㄱ술 이른 ㅂㄹ매
이에 뎌에 ㅼ딜 닙다이
ㅎ돈 가재 나고
가논 곧 모두온뎌
아으 彌陀刹(미타찰)애 맛보올 내
└ 화자(월명사)
道(도) 닷가 기드리고다.

삶과 죽음의 갈림길이
여기(이승)에 있음에 두려워하고
'나는 갑니다.'라는 말도
다 말하지 못하고 갔느냐?
어느 가을 이른 바람에
여기저기 떨어지는 나뭇잎처럼
같은 가지에 나고도
가는 곳을 모르는구나.
아아 극락 세계에서 만나 볼 나는
불도를 닦으며 기다리겠다.

▶ 生死路(생사로)는: 삶과 죽음의 갈림길
▶ 몯다 닏고: 다 말하지 못하고
▶ ㅂㄹ매: 바람에
▶ ㅼ딜: 떨어지는
▶ ㅎ돈 가재: 같은 가지
▶ 彌陀刹(미타찰)애: 서방 정토에서
▶ 道(도) 닷가: 도를 닦아, 불도를 닦아

▶ 저히고: 두려워하고
▶ ㄱ술: 가을(秋)
▶ 이에 뎌에: 이리 저리로
▶ 닙다이: 잎처럼
▶ 모두온뎌: 모르는구나
▶ 맛보올: 만나 볼
▶ 기드리고다: 기다리겠노라

배경설화

월명사는 일찍이 죽은 누이동생을 위하여 재를 올리고 향가를 지어 불러 제사를 지냈는데, 문득 광풍이 불어 지전(紙錢)을 서쪽으로 날려 없어지게 하였다. 월명사는 항상 사천왕사(四天王寺)에 살았는데, 피리를 잘 불었다. 일찍이 달 밝은 밤에 피리를 불며 문 앞 큰 길을 지나니 달이 가기를 멈추었다. 이로 말미암아 그 길을 월명로(月明路)라 하였다. 법사도 또한 이로써 이름을 떨쳤다. 법사는 곧 능준 대사(能俊大師)의 제자였다.

風送飛錢資逝妹 바람은 지전을 날려 저 세상 가는 누이동생 노자를 삼게 했고,
笛搖明月住姮娥 피리 소리는 밝은 달을 흔들어 항아가 발을 멈추었다.
莫言兜率連天遠 도솔천이 하늘에 연하여 멀다하지 말라.
萬德花迎一曲歌 큰 스님 꽃 한 가지 한 곡의 노래로 즐겨 맞았다.

－삼국유사 권 5, '월명사 도솔가'에서－

윤회 사상

주제

죽은 누이의 극락 왕생을 기원함.

[9~10구의 해석]
'미타찰에서 만나게 될 나'에서 '나'를 죽은 누이로 볼 수도 있다. 도를 닦으며 기다리겠다는 주체는 시적 화자로 보는 것이 적절하다. 그러나 '미타찰에서 만나게 될 너'가 아닌 '나'라고 하여 문맥상 어색함이 발생한다. 그러므로 이 구절은 '(죽은 누이 네가) 미타찰에서 만나볼 나(시적 화자 월명사)는 도를 닦으며 기다리겠노라.'로 해석하는 것이 가장 자연스럽다.

성격

불교적, 추도적(추도가), 애상적

형식

10구체 향가의 일반적 형식대로, 10구로 구성되어 있고, 9구 첫 어절이 감탄구로 이루어짐

시상의 전개

기(起)	1~4구	• 죽음에 대한 두려움과 망매에 대한 간절한 애도 • 누이의 죽음을 직면한 현재
서(敍)	5~8구	• 인생의 허무에 대한 불교적 무상감 • 누이와의 속세의 인연을 그린 과거
결(結)	9~10구	• 애도의 정의 종교적 승화 • 서방 정토에서의 만남이라는 미래

어조

누이의 죽음을 슬퍼하는 간절하면서도 차분한 목소리

간절한 추모의 정이 적절한 비유를 통해 형상화된 부분

둘째 문단(5~8행)
'이른 바람=죽음의 원인(요절)', '낙엽=죽음', '같은 가지=같은 부모', '같은 가지에 난 잎사귀=형제'와 같은 적절한 비유를 통해 애틋한 혈육의 정을 구체화시키고 있다.

⊕ 심화학습   **가족의 죽음과 관련된 시**

이 노래의 성격, 주제, 표현상 특징 등을 '정지용의 유리창Ⅰ', '김현승의 눈물'과 비교하여 보자.

> **유리창Ⅰ (정지용)**
>
> 유리(琉璃)에 차고 슬픈 것이 어른거린다.
> 열없이 붙어 서서 입김을 흐리우니 / 길들은 양 언 날개를 파닥거린다.
> 지우고 보고 지우고 보아도 / 새까만 밤이 밀려 나가고 밀려와 부딪히고,
> 물먹은 별이, 반짝, 보석처럼 박힌다.
> 밤에 홀로 유리(琉璃)를 닦는 것은 / 외로운 황홀한 심사이어니,
> 고운 폐혈관(肺血管)이 찢어진 채로 / 아아, 늬는 산(山)새처럼 날아갔구나!
>
> **눈물 (김현승)**
>
> 더러는 / 옥토(沃土)에 떨어지는 작은 생명이고저 ······.
> 흠도 티도 / 금가지 않은 / 나의 전체는 오직 이뿐!
> 더욱 값진 것으로 / 드리라 하올 제,
> 나의 가장 나아종 지닌 것도 오직 이뿐!
> 아름다운 나무의 꽃이 시듦을 보시고 / 열매를 맺게 하신 당신은,
> 나의 웃음을 만드신 후에 / 새로이 나의 눈물을 지어 주시다.

(1) 유리창

어린 자식을 잃은 아버지의 애절한 슬픔과 죽은 자식에 대한 그리움을 선명한 이미지를 통해 감각적으로 형상화한 작품이다. '부모가 죽으면 산에 묻지만, 자식은 죽으면 가슴에 묻는다.'는 말이 있듯이 자식의 죽음은 부모에게는 남다른 것이며 안타까운 것이기도 하다. 그러나 이 시에서는 화자가 바로 슬픔의 주체인데도 맑고 차가운 감각적 이미지에 의해 그러한 주관적 감정을 과잉 노출시키지 않고 오히려 제3자 또는 중립자의 태도를 취하고 있다. 그런 면에서 이 작품은 주지적이라고 할 수 있다. 이와 관련 김춘수는 '이러한 엄격한 지적 훈련은 비정하리만큼 차가운 객관주의에 이르고 있다.'고 말했다.

이 시의 감정 절제 방법은 크게 두 가지로 볼 수 있는데, 우선 감정의 대위법이라고 하는 모순 형용(oxymoron)으로 '외로운 황홀한 심사'에 잘 나타나 있다. 쉼표의 적절한 사용 역시 감정 절제에 기여하고 있는데 '물먹은 별이, 반짝, 보석처럼,'에서 두 번의 쉼표 사용은 화자의 눈에서 떨어지는 눈물을 극도로 단순화해 절제된 감정을 잘 표현하고 있다.

(2) 눈물

사랑하던 어린 아들을 잃은 슬픔을 기독교 신앙으로 승화시켜 쓴 작품이다. 이 시의 핵심 시어인 '눈물'은 그러한 비애의 극한에서 나온 것이다. 인간이 지닌 가장 순수하고 도 근원적인 것이 눈물이라고 시인은 말한다. 사람들은 곧잘 이 숙명적인 슬픔으로부터 달아나고 싶어 하지만, 시인은 그것이 어리석은 일임을 알고 절대자 앞에서 겸허해질 것을 가르치고 있다.

슬픔이야말로 인간으로 하여금 그 영혼을 정화하고 높고 맑은 세계를 창조하게 하는 힘이라고 화자는 생각하고 있는 것이다. 자식의 죽음 앞에서 이렇게 겸허한 태도를 보일 수 있는 것은 신앙심 덕분이다. 자식의 죽음을 신의 섭리로 받아들임으로써 슬픔을 견뎌내는 종교적 경지에 도달하고 있다.

(3) 세 작품의 공통점과 차이점

작품	공통점	차이점
제망매가	• 혈육의 죽음이 제재 • 절제된 태도로 슬픔을 극복	인간적인 슬픔과 고뇌를 종교적인 숭고함으로 제어하여 승화시킴으로써 극복
유리창 1		슬픔의 주체인 시적 자아 자신이 객관적 태도를 취해 슬픈 감정을 엄격히 절제함으로써 극복
눈물		자식의 죽음을 신의 섭리로 인식하고 그 슬픈 감정을 신에 대한 신앙으로 극복

제망매가(祭亡妹歌)의 이해

보통 이런 10구체로 된 향가는 세 문단으로 나누어진다. 첫째 문단은 1~4구까지인데, 여기서는 우선 1, 2구에서 불교 사상을 바탕으로 하는 체념을, 그리고 3, 4구에서는 넘쳐흐르는 골육의 정을 느끼게 된다. 둘째 문단인 5~8구에서는 부모의 골육을 나눠 태어난 형제의 관계를 하나의 가지에 돋아난 나뭇잎에 비유하되, 누이의 죽음을 가을 바람과 낙엽이라는 장면으로 극화시키고 있다. '死也(사야) 一片浮雲滅(일편부운멸): 죽음이란 한조각 구름이 사라지는 것과 같다'이라는 불교적 무상관이 구상적인 비유를 통하여 느껴진다. 끝 문단의 9, 10구에서는 작자의 두터운 신앙심과 숭고한 종교 의식을 엿볼 수 있다. 내세에 대한 굳은 신념과 아울러 현세의 번뇌 속에서 어쩔 수 없는 인간의 모습이 인상적이다.

   사람이란 한 번 나면 반드시 죽는 것, 이것이 천하의 공도인 줄 알건마는 죽음을 보니 역시 두려운 마음을 금할 길 없구나.

여기서 우리는 생사를 초월해야 할 불승의 인간적인 고뇌를 엿볼 수 있다.

— 정병욱, 〈한국 고전 시가론〉에서 —

Check 문제

01 이 시에 나타나는 시적 화자의 태도는?   [1997년 수능 변형]
   ① 지순한 사랑을 통해 삶의 허무를 벗어나고자 한다.
   ② 스스로를 고통 속에 던져서 자신을 정화하고자 한다.
   ③ 헤어짐의 상황을 받아들여 기다림으로 극복하고자 한다.
   ④ 현실과 거리를 둠으로써 주어진 운명을 초월고자 한다.

   [정답] ③

   풀이 화자는 누이의 죽음으로 인한 헤어짐의 상황을 종교적인 신념으로 기다리며 극복하고 있다.

   오답 ④ 화자는 종교적 태도로 자신이 처한 상황을 극복하고 있다. 현실과 거리를 둔다는 것은 관련이 없다.

02 이 시에 대한 설명으로 옳지 않은 것은?   [2010. 지방직 9급]
   ① '어느 가을 이른 바람에 이에 저에 떨어질 잎처럼'은 누이의 요절을 비유적으로 표현한 부분이다.
   ② 화자는 삶의 허무함을 종교를 통해 극복하고자 하는 의지를 보이고 있다.
   ③ 마지막 두 행에 삶의 무상함이 잘 표현되어 있다.
   ④ 향가의 10구체 형식을 취하고 있다.

   [정답] ③

   풀이 '삶의 무상함'이 잘 포함된 것은 7행과 8행이며, 마지막 두 행에는 이에 대한 극복 의지가 드러나 있다.

03 **㈎의 내용을 참고하여 ㈏를 감상할 때 가장 적절한 것은?** [2024. 지역인재 9급]

> ㈎ 월명사의 〈제망매가〉는 사랑하는 혈육과의 사별에서 오는 인간적인 슬픔을 드러내면서도 애통해하는 것에 그치지 않고, 윤회 사상을 바탕으로 재회를 기약함으로써 슬픔을 정화하고 극복하려는 선인들의 정신세계를 보여주고 있다.
>
> ㈏ ㉠ 생사(生死) 길은
>   예 있으매 머뭇거리고,
>   나는 간다는 말도
>   못다 이르고 어찌 갑니까.
>   ㉡ 어느 가을 이른 바람에
>   이에 저에 떨어질 잎처럼,
>   ㉢ 한 가지에 나고
>   가는 곳 모르온저.
>
>   아아, ㉣ 미타찰(彌陀刹)에서 만날 나
>   도(道) 닦아 기다리겠노라.
>
> — 월명사, 〈제망매가(祭亡妹歌)〉 —

① ㉠은 사랑하는 사람을 떠나보낸 인간적인 슬픔을 나타내는 것이로군.
② 윤회 사상을 바탕으로 재회를 기약하고 있음을 ㉡에서 알 수 있겠군.
③ ㉢에서 추모하는 대상이 혈육이라는 것을 알 수 있겠군.
④ 사별을 애통해하지 않는 이유는 시적 화자가 ㉣에 있기 때문이군.

[정답] ③

풀이 '한 가지'는 '한 부모' 또는 '한 핏줄'의 뜻이다. 작자인 월명사와 대상인 누이가 혈육이라는 것을 알려준다.

오답 ① 삶과 죽음의 갈림길이라는 뜻이다. 이 시가 사랑하는 사람을 떠나보낸 인간적인 슬픔을 주제로 삼고 있으나 ㉠과는 관련이 없다.
② 누이가 일찍 죽었음을 알려준다.
④ '미타찰'은 극락 세계이다. 대상인 누이가 죽어서 떠난 곳이다. 화자와 관련이 없다. 또한 화자는 누이의 죽음을 애통해하고 있다.

[04~05] 다음 글을 읽고 물음에 답하시오.

(가) 生死路(생사로)는
　　예 이샤매 저히고,
　　나는 가누다 말ㅅ도
　　몬다 닏고 가ㄴ닛고.
　　어느 ㄱ슬 ㉠ 이른 ㅂ르매
　　이에 뎌에 ᄠᅥ딜 닙다이
　　㉡ ᄒᆞ둔 가재 나고
　　가논 곧 모두온뎌
　　아으 彌陀刹(미타찰)애 맛보올 내
　　道(도) 닷가 기드리고다.

　　　　　　　　　　　－〈제망매가〉－

(나) 내 님믈 그리ᅀᆞ와 우니다니
　　㉢ 山(산) 졉동새 난 이슷ᄒᆞ요이다.
　　아니시며 거츠르신 ᄃᆞᆯ 아으
　　㉣ 殘月曉星(잔월 효성)이 아ᄅᆞ시리이다.
　　넉시라도 님은 ᄒᆞᆫ디 녀겨라 아으
　　벼기더시니 뉘러시니잇가.
　　過(과)도 허믈도 千萬(천만) 업소이다.
　　ᄆᆞᆯ힛마리신뎌
　　슬읏븐뎌 아으
　　니미 나를 ᄒᆞ마 니ᄌᆞ시니잇가.
　　아소 님하, 도람 드르샤 괴오쇼셔.

　　　　　　　　　　　－〈정과정〉－

04 (가)와 (나)의 공통점으로 알맞지 않은 것은?

① 향가의 정제된 형태인 10구체의 형식으로 된 노래이다.
② 시적 자아는 시적 대상을 간절히 그리워하고 있다.
③ 시적 자아는 시적 대상과의 재회를 확신하고 있다.
④ 인물의 처지를 자연물에 견주어 표현하고 있다.

[정답] ③

〔풀이〕 (가)는 재회를 확신하지만, (나)는 재회를 갈망할 뿐 확신한다고 볼 수 없다.

〔오답〕 ① (가)는 10구체 향가, (나)는 10구체 향가의 형식인 향가계 여요이다.
　　　② (가)는 죽은 누이를, (나)는 임금님을 그리고 있다.
　　　④ (가)는 잎, (나)는 접동새에 견주고 있다.

05 (가)와 (나)의 ㉠~㉣에 대한 풀이로 알맞지 않은 것은?

① ㉠: 누이의 요절(夭折)
② ㉡: 동기지간(同氣之間)
③ ㉢: 시적 자아의 객관적 상관물
④ ㉣: 임금을 상징하는 초월적 존재

[정답] ④

〔풀이〕 '전월효성'은 천지신명을 뜻하는 소재이지 임금을 상징한다고 할 수 없다.

찬기파랑가(讚耆婆郞歌)

충담사

열치매	(구름 장막을) 열치매
나토얀 ᄃᆞ리	나타난 달이
힌 구룸 조초 ᄠᅥ가ᄂᆞᆫ 안디하	흰구름 따라 (서쪽으로) 떠가는 것 아니냐?
새파룬 나리여희	새파란 냇가에
기랑(耆郞)이 즈싀 이슈라	기랑의 모습이 있구나.
일로 나리ㅅ 직벽히	이로부터 냇가 조약돌에
낭(郞)이 디니다샤온	낭의 지니시던
ᄆᆞᅀᆞ미 ᄀᆞᇂ홀 좇누아져	마음의 끝을 따르련다.
아으 잣ㅅ가지 노파	아아, 잣가지 높아
서리 몯누올 화반(花判)이여	서리를 모를 화랑이여

- ▶ 열치매: 구름을 헤침에
- ▶ 나토얀: 나타난, 드러난
- ▶ 조초: 좇아
- ▶ ᄠᅥ가ᄂᆞᆫ 안디하: 떠가는 것은 아니냐?
- ▶ 나리여희: 내에
- ▶ 즈싀: 모습이
- ▶ 이슈라: 있구나
- ▶ 일로: 이로부터

- ▶ 직벽히: 조약돌에
- ▶ 디니다샤온: 지니시던
- ▶ ᄆᆞᅀᆞ미: 마음의
- ▶ ᄀᆞᇂ홀: 끝을
- ▶ 좇누아져: 쫓고 싶구나
- ▶ 잣ㅅ가지: 잣나무의 가지
- ▶ 몯누올: 모르는
- ▶ 花判이여: 화랑장이시여

주제

기파랑의 고매한 인품을 추모함

특징

10구체 향가이며, 화랑인 기파랑의 지고한 인격과 드높은 기상을 찬양한 노래. 경덕왕이 이 노래를 듣고 '그 뜻이 매우 높다(其意甚高)'고 칭찬했을 정도로 숭고미(崇高美)가 잘 표현되어 있다.

성격

추모시, 서정시, 예찬적

● 구성 ●

기(起)	문사(작자가 달에게 물음)	1~3행	달에 비유(천상적인 것)
서(敍)	답사(달이 작자에게 답함)	4~5행	냇물에 비친 달(지상적인 것)
		6~8행	인품의 추모
결(結)	결사(작자의 독백)	9~10행	인품의 찬양

● 표현 ●

하고픈 말을 설명하지 않고 이미지로 형상화하여 나타내었다.

● 시어의 상징적 의미 ●

- 달: 높이 우러러보는 존재, 숭앙의 대상
- 냇물: 맑고 깨끗한 성품
- 조약돌: 원만한 인품
- 마음의 끝: 기파랑의 훌륭한 인품
- 잣나무: 고결한 절개를 지닌 기파랑의 고매한 인품. 꿋꿋한 기상

⊕ 심화학습   찬기파랑가와 모죽지랑가

- **공통점**: 기파랑, 죽지랑 등 떠나 버린 화랑에 대한 애절한 그리움을 잘 드러냈다는 점
- **차이점**: 모죽지랑가 – 8구체, 내세에서의 재회를 기약, 직접적 발언을 통해 정서와 뜻을 나타냄.
  찬기파랑가 – 비유, 이미지의 창조

⊕ 참 고   **작자 충담사**

(1) 《삼국유사》의 경덕왕 충담사 표훈대덕(表訓大德)

이 작품은 《삼국유사》의 〈경덕왕 충담사 표훈대덕〉 조에 전한다. 3월 삼짇날 왕이 귀정문 문루에 나와 좌우에 있는 사람더러 이르기를 "누가 길에 나서서 훌륭하게 차린 중 하나를 데려 올 수 있겠느냐?" 마침 상당한 지위에 있는 한 중이 점잖고 깨끗하게 차리고 술렁술렁 오는 것을 좌우에 있던 사람이 바라보고 곧 데려왔다. 왕이 말하기를 "내가 훌륭하게 차렸다고 말한 것은 이런 것이 아니다." 그리하여 그만 돌려 보냈다. 또 한 중이 옷을 기워 입고 빗나무로 만든 통을 지고 남쪽으로부터 오고 있었다. 왕이 기쁘게 대하면서 문루 위로 맞아 들였다. 그 통 속을 들여다보니 차 달이는 제구가 들어 있을 뿐이다. 왕이 묻기를 "그대는 누구인가?" 중이 말하기를 "충담입니다." 또 묻기를 "어디서 오는 길인가?" 중이 말하기를 "소승이 매년 3월 삼짇날과 9월 9일은 차를 달이어 남산 삼화령에 계신 부처님께 올립니다. 지금도 차를 올리고 막 돌아오는 길입니다." 왕이 말하기를 "나도 그 차 한 잔을 얻어 마실 연분이 있겠는가?" 중이 차를 달여 올리었는데 차 맛이 희한할 뿐더러 차에서 이상한 향기가 무럭무럭 났다.

왕이 말하기를 "내가 일찍이 듣건대 대사가 기파랑을 찬양한 사뇌가는 그 뜻이 심히 높다고 하는데 과연 그런가?" 대답하기를 "네, 그렇습니다." 왕이 말하기를 "그러면 나를 위해서 백성을 편안히 살도록 다스리는 노래를 지으라." 중이 당장 임금의 명령에 의해서 노래를 지어(안민가) 바치었더니 왕이 잘지었다고 칭찬하고 왕사를 봉하였다. 중은 두 번 절한 다음 그 벼슬을 굳이 사양해서 받지 않았다.

(2) 충담사(忠談師)

신라 경덕왕(景德王) 때의 승려. 명성이 높던 가인(歌人)이며, 뛰어난 향가 작가. 일찍이 '찬기파랑가'를 지었고, 경덕왕 24년에 왕명을 받들어 '안민가'를 지었다. 충담사는 불(佛), 유(儒), 화랑에 걸친 해박한 사상의 소유자였으며, 이를 시로 표현할 수 있는 뛰어난 작가였다.

Check 문제

01 이 작품에 대한 설명으로 가장 적절하지 않은 것은? [2017. 경찰 1차]

① 표현 기교가 뛰어난 작품으로 〈제망매가〉와 함께 향가 문학의 백미로 꼽힌다.
② 기파랑이라는 화랑을 추모하면서 그의 높은 덕을 기리고 있는 작품이다.
③ 2~3구에서 화자는 지금은 없는 기파랑의 자취를 찾으면 슬퍼하고 있다.
④ 9~10구에서 화자는 기파랑의 높은 인품을 잣나무 가지와 서리에 비유하고 있다.

[정답] ④

풀이 〈찬기파랑가〉의 9~10구에서는 기파랑의 절개를 비유한 '잣나무 가지'와 외적 시련을 비유한 '서리'(또는 '눈')를 대립시켜 기파랑의 고매한 인품을 부각하고 있다.

오답 '달'은 기파랑을 비유한 표현이다. 흰 구름 따라 달이 떠 간 언저리를 살펴본다는 표현을 통해 화자가 지금은 없는 기파랑의 자취를 찾으며 슬퍼하고 있음을 알 수 있다.

02 '찬기파랑가'에 대한 이해로 적절하지 않은 것은? [2022. 지역인재 9급]

① 기파랑의 부재로 인한 화자의 신세를 한탄하고 있다.
② 10구체 향가로서 내용상 세 부분으로 구성되어 있다.
③ 기파랑의 고매한 인품을 구체적인 자연물에 비유하고 있다.
④ 낙구의 감탄사를 통해 감정을 집약하면서 시상을 마무리하고 있다.

[정답] ①

풀이 이 노래는 기파랑의 인품을 예찬하는 내용을 담고 있다. 기파랑이 현재 화자와 함께 있다고 볼 수는 없으나, 화자가 신세를 한탄한다는 내용의 노래와 관련이 없다.

오답 ② '찬기파랑가'는 10구체 향가이다. 1~5행이 기, 6~8행이 서, 9~10행이 결인 3단 구성이다.
③ 기파랑의 고매한 인품을 '잣가지'에 비유하고 있다.
④ 9행의 감탄사 '아아'에서 낙구를 알 수 있다.

03 이 작품의 작가의 태도와 같은 작품은 무엇인가? [2009. 법원직]

① 오백년 도읍지를 필마로 도라드니, 산천은 의구한데 인걸은 간데 없다.

② 어리고 셩근 매화 너를 밋지 안앗더니, 눈 기약 능히 지켜 두세 송이 피엇구나.

③ 청산은 어찌하여 만고에 푸르르며, 유수는 어찌하여 주야에 긋지 아니는고.

④ 강산은 들일 듸 없으니 둘러두고 보리라.

[정답] ②

풀이 이 작품은 기파랑에 대한 예찬적 태도가 두드러진다. 안민영의 〈매화사〉 역시 매화를 찬양하는 태도가 주를 이룬다.

안민가(安民歌)

君(군)은 어비여
臣(신)은 도스샬 어시여
民(민)은 얼흔아히고 호샬디
民(민)이 드술 알고다
구믈ㅅ다히 살손 物生(물생)
이흘 머기 다스라
이 짜홀 브리곡 어듸갈뎌 홀디
나라악 디니디 알고다
아으 君다이 臣다이 民다이 호놀둔
나라악 太平(태평)호니잇다

(임금께서) 임금[君]은 아비요
신하[臣]는 사랑하는 어미요,
백성[民]은 어리석은 아이라고 생각하신다면
백성이 (임금의) 사랑을 알 것입니다.
꾸물대면서 살(주어진 여건에 순응하는) 물생(백성, 대중)들
이를 먹여 다스릴 것입니다.
*(백성들이) 이 땅(신라)을 버리고 어디로 가겠는가 한다면
나라를 보전(保全)할 것을 알 것입니다.
아아, (임금은) 임금답게 (신하는) 신하답게 (백성은) 백성답
게 한다면
나라가 (나라 안이) 태평할 것입니다.

▶ 어비: 아비, 아버지
▶ 호샬디: 하실지면
▶ 살손: 사는
▶ 브리곡: 버리고
▶ 도스샬: 사랑하실
▶ 구믈ㅅ다히: 꾸물거리며
▶ 물생: 모든 생물, 백성

*백성들이 미련없이 이 땅을 버리고 외방으로 떠나간다면 왕은 그 나라를 다스릴 수 없다는 의미. 실제로, 경덕왕 17년에 74명의 신라인이 일본에 귀화했다고 함.

배경 설화

〈찬기파랑가〉의 작자인 충담사와 관련된 설화. ▶ 58~59쪽 [참고] 내용

내용

전체적으로 민본 사상을 담고 있으며, 향가 가운데 유일하게 유교적 윤리 의식(군, 신, 민의 도리)을 드러낸다.

주제

① 치국 안민(治國安民) [또는 국태 민안(國泰民安)]의 도(道)와 그 이상(理想)
② 가족과 같은 사랑의 유대 강조

기(1~4행, 전단)	군·신·민의 도리	가족 주의(은유) … 효(孝)(→ 忠으로 연결)
서(5~8행, 후단)	국가와 국민의 관계	어진 정치
결(9~10행, 낙구)	각자 본분 충실	국태 민안(國泰民安)

창작 상황 및 창작 동기

(1) '안민가'의 창작 상황

① 천재지변(지진, 가뭄, 풍해 등)이 민생을 위협함.

② 외척(外戚) 중심의 정국 운영으로 국가의 공적 질서가 위축되는 등 왕권이 위축됨.

→ 사회적·정치적 위기 상황

(2) 창작 동기

경덕왕은 백성의 지지를 바탕으로, 당면한 사회·정치적 위기를 벗어나기 위해 충담사에게 부탁해 '안민가'를 창작하도록 함. ('찬기파랑가' 배경설화 참고)

→ 향가의 (주술적인) 힘으로 위기 상황을 해결하기 위해 창작함.

> **➕ 참고   경덕왕대(景德王代)의 정국(政局: 정치의 국면)**
>
> 경덕왕대의 정국을 외척(外戚) 세력을 중심으로 살펴 본 바를 요약하면 다음과 같다.
>
> 경덕왕은 형인 효성왕(孝成王)의 뒤를 이어 왕위에 올랐다. 그의 왕위 계승은 어디까지나 외조부인 김순원(金順元)과 처족인 김순정(金順貞) 가문의 적극적인 지지 때문에 가능하였다. 따라서 경덕왕은 그가 왕위에 오르는 데에 결정적 도움을 준 김순원, 김순정 등 외척의 영향을 받을 수밖에 없었다. 이에 경덕왕 때의 정국은 외척 중심의 운영으로 국가의 공적 질서가 이완되는 등 왕권(王權)이 위축되는 상황이었다.
>
> 경덕왕은 이러한 외척 중심의 정국 운영을 타개하기 위해 여러 가지 노력을 기울였다. 즉, 태후(太后)의 거처를 옮기어 외척 세력의 견제에서 벗어나려 하였으며, 사정(司正) 기구의 정비를 통하여 관리 감찰(監察) 기능을 강화하였다. 그리고 녹읍(祿邑)을 부활시켜 국가 재정의 위기를 극복하려 하였다. 동시에 성덕 대왕(聖德大王)을 추모하여 관념적으로 왕권의 권위를 드러내 보이고자 노력하였다. 이러한 개혁 작업은 김사인(金思仁), 김신충(金信忠), 김양상(金良相) 등 외척 출신이 아닌 왕족 출신 또는 경덕왕과 가까운 인물들의 지지를 받아 추진되었다.
>
> 그러나 경덕왕의 이러한 개혁 작업은 김옹(金邕)으로 대표되는 외척들의 반발로 뜻을 이루지 못한 채 실패하고, 경덕왕은 심한 좌절을 느끼게 되었다. 이것은 경덕왕대 외척 세력이 계속 정국을 장악하고 있었던 때문이었다.
>
> 그러나 한편으로 경덕왕의 개혁 정치로 김양상 등 일련의 정치 세력들이 정국의 전면에 등장하고 있었던 점은 주목된다.
>
> ─ 박해현, 〈신라 중대 정치 세력 연구〉 중, 'Ⅳ.경덕왕대 외척 세력과 왕권의 동요', 1996 ─

01 윗글에 대한 설명으로 바르게 된 것은?

① 어조는 대상에 대한 강한 명령조이다.

② 창작의 동기가 역사 의식의 자각에 있다.

③ 작품의 주제가 명시적으로 제시되고 있다.

④ 작품의 배경이 참담한 현실을 선명히 부각시킨다.

[정답] ③

풀이 이 작품의 주제는 유교적 이상인 치국안민(治國安民)이다. 작품의 주제가 겉으로 분명히 드러난다.

02 다음 제시된 작품을 창작 시기 순으로 배열한 것은? [2019. 기상직]

> ㉠ 군(君)은 어비여,
> 신(臣)은 ᄃᆞᄉᆞ샬 어시여,
> 민(民)은 얼흔 아히고 ᄒᆞ샬디
> 민(民)이 ᄃᆞ술 알고다.
>
> ㉡ 원슌문(元淳文) 인노시(仁老詩) 공노ᄉᆞ륙(公老四六)
> 니정언(李正言) 딘한림(陳翰林) 솽운주필(雙韻走筆)
> 튱긔딕칙(冲基對策) 광균경의(光鈞經義) 량경시부(良鏡詩賦)
> 위 시댱(試場)ㅅ 경(景)긔 엇더ᄒᆞ니잇고
>
> ㉢ 불휘 기픈 남ᄀᆞᆫ ᄇᆞᄅᆞ매 아니 뮐씨, 곳 됴코 여름 하ᄂᆞ니
> ᄉᆡ미 기픈 므른 ᄀᆞ민래 아니 그츨씨, 내히 이러 바ᄅᆞ래 가ᄂᆞ니
>
> ㉣ 이 몸이 죽고 죽어 일백번(一百番) 곳쳐 죽어
> 백골(白骨)이 진토(塵土)되여 넉시라도 잇고 업고
> 님향ᄒᆞᆫ 일편단심(一片丹心)이야 가실 줄이 이시랴

① ㉠ - ㉡ - ㉢ - ㉣

② ㉠ - ㉡ - ㉣ - ㉢

③ ㉡ - ㉠ - ㉢ - ㉣

④ ㉡ - ㉠ - ㉣ - ㉢

[정답] ②

풀이 ㉠ 〈안민가(安民歌)〉: 충담사(忠談師). 10구체 향가. 신라 경덕왕 때
㉡ 〈한림별곡(翰林別曲)〉: 한림 제유(翰林諸儒). 고려 고종 때. 경기체가
㉢ 〈용비어천가(龍飛御天歌)〉: 세종 27년(1445). 악장(樂章)
㉣ 정몽주의 〈단심가(丹心歌)〉: 정몽주. 고려 말의 시조

03 이 시에 드러난 서정적 자아의 태도와 가장 유사한 것은?

① 장주가 꿈에 나비 되었다가 나비가 장주 되니

② 텬듕(天中)이티쓰니 호발(毫髮)을 혜리로다. 아마도 녈구름 근쳐의 머믈셰라.

③ 살어리 살어리 바ᄅᆞ래 살어리랏다. / ᄂᆞ모자기 구조개랑 먹고 바ᄅᆞ래 살어리랏다.

④ 가다니 빅브른 도기 설진 강수를 비조라. / 조롱곳 누로기 민와 잡ᄉᆞ와니 내 엇디 ᄒᆞ리잇고

⑤ 누(樓) 우희 거러 두고 팔황(八荒)의 다 비최여, 심산 궁곡(深山窮谷) 졈낫ᄀᆞ치 밍그쇼셔

[정답] ⑤

풀이 이 작품은 민본사상을 바탕으로 백성에 대한 애민 정신이 담겨 있다.
⑤는 〈사미인곡〉의 일부이다. 임금의 은혜가 모든 백성에게 도달하길 소망하는 구절이다.

04 괄호 안에 해당되는 제목과 지은이가 바르게 연결된 것은?

[2011. 지방직 7급]

> "그렇다면 나를 위하여 (㉠)를 지어주시오."
> (㉡)는 이내 왕의 명을 받들어 노래를 지어 바치니 왕은 아름답게 여기고 그를 왕사(王師)로 봉하매 (㉡)는 두 번 절하고 굳이 사양하여 받지 않았다. (㉠)는 이러하다.
>
> 임금은 아버지요, 신하는 사랑스런 어머니시라.
> 백성을 어리석은 아이라 여기시니,
> 백성이 그 은혜를 알리.
> 꾸물거리면서 사는 물생(物生)들에게, 이를 먹여 다스리네.
> 이 땅을 버리고 어디로 가랴, 나라 안이 유지됨을 알리.
> (후구)
> 임금답게 신하답게 백성답게 할지면,
> 나라는 태평하시리이다.
>
> — 《삼국유사》 중에서 —

	㉠	㉡
①	안민가(安民歌)	충담사(忠談師)
②	찬기파랑가(讚耆婆郎歌)	충담사(忠談師)
③	제망매가(祭亡妹歌)	월명사(月明師)
④	안민가(安民歌)	월명사(月明師)

[정답] ①

풀이 충담사의 〈안민가(安民歌)〉에 대해 묻고 있다. 유일한 유교적 향가이며, 주제는 '나라를 다스리는 올바른 도리'이다.

Part 3
고려속요

청산별곡(靑山別曲)

정석가(鄭石歌)

동동(動動)

가시리

서경별곡(西京別曲)

사모곡(思母曲)

정과정(鄭瓜亭)

만전춘별사(滿殿春別詞)

(1) 고려속요

고려 시대에 평민들이 부르던 노래를 가리키는 것으로, 구전되다가 훈민정음 창제 이후 문자로 정착되었다.

(2) 궁중에서 불림

① 궁중의 악곡, 잔치 등에서 당악 정재와 대칭되는 속악 정재를 공연하면서 부름.

※**정재**: 대궐 안의 잔치 때 하던 춤과 노래

② '**악(樂)**'의 개념: 음악, 춤, 노래, 놀이의 복합체

※무릇 악은 풍속의 교화를 이룩하고 공덕을 나타낸다.

③ 속요가 하층 문화와 깊은 관련을 가지면서 민요의 모습을 많이 가지고 있던 것이, 궁중에서 불리면서 상층 문화로 변모되고 속악 정재의 공연 방식에 따라 개편됨. 따라서 이중적인 성격을 가지게 됨.

㉠ 〈동동〉, 〈정석가〉에서 임금에게 아뢰며 축복하는 사설 한 장을 더 보탠 것으로 보임.

㉡ 〈만전춘 별사〉의 경우, 궁중 노래 구성에 맞추기 위해 다른 사설을 모아 놓은 것으로 보임.

궁중에서 민간의 노래를 찾아 이용하는 의도

(1) 민간의 아름다운 풍속을 알 수 있게 하고 교화하려는 의도

(예 상저가: 어버이를 위해 힘써 일함 → 나라의 질서 유지)

(2) 궁중에서 놀이를 하며 즐김

---

(3) 형식상의 특징

① 대체로 분절체(분연체, 연장체): 여러 개의 연으로 이루어짐.

② 후렴구 또는 조흥구가 발달되어 있음(예 청산별곡: 얄리 얄리 얄라성 얄라리 얄라)

③ 대체로 3음보의 율격(3,3,2조의 표현 많이 나타남 예 살어리/살어리/랏다. 멀위랑/다래랑/먹고)

(4) 내용상의 특징

현세적, 향락적이며, 주로 남녀 간의 사랑, 자연에 대한 예찬, 이별의 아쉬움 등 평민들의 숨김 없는 인간성을 나타낸 것으로, 소박하고 풍부한 감정과 정서를 진솔하게 표현하였다.

▶ 남녀 간의 애정을 솔직히 표현한 작품이 많으나, 조선조 유학자들이 남녀상열지사(男女相悅之詞)라 하여 문헌에 싣지 않은 경우가 많음.

(5) 수록 문헌

구전되다가 한글 창제 이후 《악학궤범, 악장가사, 시용향악보》 등에 수록되었다.

악학궤범	조선 성종 때, 유자광 등이 왕명에 따라 펴낸 음악책으로 음악의 이론, 악기 배열, 무용 절차, 무대 장치 등에 대하여 서술하였다. 궁중 의식에서 연주하던 음악이 그림으로 풀이되어 있다.
악장가사	고려 시대부터 조선 초기까지의 속악(俗樂: 우리 고유의 궁중 음악을 중국계의 아악이나 당악에 상대하여 이르는 말)과 가곡(歌曲)을 수록한 책으로, 엮은이와 연대는 분명하지 않다.
시용향악보	엮은이와 연대를 알 수 없는 조선 시대의 가곡집으로, 26수의 가사와 악보가 실려 있다.

(6) 현전 작품

작품	작자	형식	내용
청산별곡 (靑山別曲)	미상	8연, 분연체	현실에서 도피하여 자연에서 살고자 하는 유랑민의 노래
동동 (動動)	미상	13연, 월령체	월별로 그 달의 자연 경물이나 행사에 남녀 간의 애정을 관련지어 읊은 달거리 노래
정석가 (鄭石歌)	미상	6연, 분연체	임과의 이별의 불가능함을 불가능한 상황을 설정하여 읊은 노래
가시리	미상	4연, 분연체	남녀 간의 이별의 정한을 읊은 노래. 일명 귀호곡(歸乎曲)
상저가 (相杵歌)	미상	4구체, 비연시(非聯詩)	방아를 찧으면서 부모에 대한 효심을 읊은 노래. 노동요
처용가 (處容歌)	미상	비연시	향가인 〈처용가〉를 부연해서 부른 축사(逐邪)의 노래
서경별곡 (西京別曲)	미상	3연, 분연체	대동강에서의 남녀의 이별을 그린 노래
쌍화점 (雙花店)	미상	4연, 분연체	남녀 간의 적나라한 애정을 표현한 노래
사모곡 (思母曲)	미상	비연시	어머니의 사랑을 낫에 비유하여 소박하게 표현한 노래
이상곡 (履霜曲)	미상	비연시	인간의 유한성을 전제로 한 남녀 간의 진실한 애정을 표현한 노래
만전춘 (滿殿春)	미상	5연, 분연체	도덕에 구속되지 않고 남녀 간의 애정을 적나라하게 표현한 노래
유구곡 (維鳩曲)	미상	비연시	비둘기와 뻐꾸기의 울음을 비교해서 표현한 노래

01 다음 중 고려시대 작품이 아닌 것은?　　　　　　　　　　　　　　　　　[2012. 서울시 9급]

① 서경별곡　　　　　　　　　　　　② 상춘곡
③ 쌍화점　　　　　　　　　　　　　④ 이상곡
⑤ 만전춘별사

[정답] ②

[풀이] 〈상춘곡〉은 조선 성종 때 정극인이 지은 가사(歌詞) 문학이다.

02 고려가요에 대한 설명으로 가장 옳지 않은 것은?　　　　　　　　　　　　[2015. 법원직 9급]

① 고정된 형식을 가지고 있다.
② 여음(후렴구)이 발달되어 있다.
③ 구전(口傳)되다가 조선시대에 기록되었다.
④ 주로 서민들의 진솔한 정서를 표현하였다.

[정답] ①

[풀이] 고려가요는 대체로 몇 개의 연이 연속되는 분연체로 구성되며, 후렴구와 조흥구가 발달되었다는 형식적 특성을 보인다. 그러나 〈정과정〉, 〈사모곡〉과 같이 하나의 연으로 구성된 작품도 있으며, 음수율도 다양한 것으로 보아 고정된 형식을 갖고 있는 것은 아니다.

[오답] ③ 고려가요는 구전되다가 조선시대에 《악학궤범》, 《악장가사》, 《시용향악보》 등에 기록되어 전한다.

03 다음 중 남녀상열지사의 작품이 아닌 것은?　　　　　　　　　　　　　　[2008. 서울시 9급]

① 만전춘(滿殿春)　　　　　　　　　② 유구곡(維鳩曲)
③ 쌍화점(雙花店)　　　　　　　　　④ 이상곡(履霜曲)

[정답] ②

[풀이] 〈유구곡(維鳩曲)〉은 비둘기와 뻐꾸기 울음을 비교하여 잘못된 정치를 풍자한 노래이다.

04 고려속요에 대한 설명으로 적절하지 않은 것은?

① 표현이 소박하고 진솔하다.
② 작가가 대부분 밝혀져 있다.
③ 오랜 시일 구전되면서 첨삭의 과정을 거쳤다.
④ 훈민정음 창제 이후 기록 문학으로 정착되었다.

[정답] ②

[풀이] 대부분의 고려속요는 작가가 밝혀져 있지 않다.

05 고려속요의 주제와 거리가 먼 것은?

① 이별의 정한
② 남녀 간의 사랑
③ 부모에 대한 효도
④ 학식에 대한 자부심

[정답] ④

풀이 사대부들이 자신들의 학식과 자부심, 향락적인 여흥을 드러내기 위하여 지은 시가 양식은 경기체가이다.

청산별곡(靑山別曲)

작자 미상

살어리 살어리랏다. 靑山(청산)애 살어리랏다.
멀위랑 드래랑 먹고 靑山(청산)에 살어리랏다.
얄리얄리 얄랑셩, 얄라리 얄라.

우러라 우러라 새여, 자고 니러 우러라 새여,
널라와 시름 한 나도 자고 니러 우니노라.
얄리얄리 얄라셩, 얄라리 얄라.

가던 새 가던 새 본다, 믈 아래 가던 새 본다.
잉 무든 장글란 가지고 믈 아래 가던 새 본다.
얄리얄리 얄라셩, 얄라리 얄라.

이링공 뎌링공ᄒᆞ야 나즈란 디내와손뎌,
오리도 가리도 업슨 바므란 ᄯᅩ 엇디 호리라.
얄리얄리 얄라셩, 얄라리 얄라.

어듸라 더디던 돌코, 누리라 마치던 돌코,
믜리도 괴리도 업시 마자셔 우니노라.
얄리얄리 얄라셩, 얄라리 얄라.

살어리 살어리랏다. 바ᄅᆞ래 살어리랏다.
ᄂᆞᄆᆞ자기 구조개랑 먹고 바ᄅᆞ래 살어리랏다.
얄리얄리 얄라셩, 얄라리 얄라.

가다가 가다가 드로라,에졍지 가다가 드로라.
사ᄉᆞ미 짒대예 올아셔 奚琴(해금)을 혀거를 드로라.
얄리얄리 얄라셩, 얄라리 얄라.

가다니 ᄇᆡ 브른 도긔 설진 강수를 비조라.
조롱곳 누로기 ᄆᆡ와 잡ᄉᆞ와니,내 엇디 ᄒᆞ리잇고.
얄리얄리 얄라셩, 얄라리 얄라.

주제

삶의 비애와 고독. 삶의 터전을 잃은 유랑민의 슬픔

● 성격 ●

〈서경별곡〉과 함께 문학성이 뛰어난 고려속요로 내우외환(內憂外患)에 시달렸던 당대인의 현실도피적 생활관이 반영된 작품. 또한 이 작품에는 현실도피(현실적 삶의 갈등과 이의 해소라는 문학의 기능면 고려하여 설명) 이외에도 자연애(自然愛), 은둔사상(隱遁思想), 취락사상(醉樂思想), 낙천성(樂天性) 등 우리 문학의 주요한 내용이 망라되어 있다고 할 수 있다.

→ 인간의 삶에서 빚어지는 욕구와 갈등이라는 보편성을 이해하고, 그것이 인간 보편의 일이라는 점을 알고 그런 과정에서 삶에 눈을 뜨는 것은 귀중한 체험이 될 것이다.

● 형식 ●

고려속요(전 8연, 각 연 4구)

● 운율 ●

3음보(3 · 3 · 2조) → 율격이 비슷한 고려속요: 가시리

● 전문 해석과 해설 ●

> 살겠노라 살겠노라 청산에서 살겠노라
> 머루랑 다래랑 먹고 청산에서 살겠노라

(1) **청산**

　① 현실의 대안, 삶의 현장과 대칭되는 공간

　② **시조의 청산**: 풍류, 자연 친화

　※ 靑山: 상황적 역설 – 인간 누구에게나 그 삶이 있는 한, 그것은 괴로움의 연속이다. 사람은 언제나 피안을 지향하고, 자기가 있는 곳을 떠나고자 하는 마음을 갖게 된다. 문학은 이러한 삶의 갈등으로부터 출발한다. 누구에게나 삶의 괴로움은 있기 마련이므로, 그러한 갈등부터가 공감의 요소가 된다. 김소월의 '엄마야 누나야'라는 시가 강변을 노래하고 있으되, 실은 그 서정적 자아가 강변이 아닌 곳에 위치하고 있으리라는 것은 누구에게나 이해된다. 그러므로 일종의 상황적 가정인 것이다.

(2) **'살어리 살어리랏다 청산에 살어리랏다'에 대해서**

　① 3음보의 율격: 살어리/살어리/랏다 // 청산에/살어리/랏다

　② aaba의 구조

　　· '형님온다 형님온다 보고싶은 형님온다'(시집살이 노래)

　　· '산에는 꽃 피네/꽃이 피네/갈 봄 여름 없이/꽃이 피네'(산유화)

　　· '가시리 가시리잇고 보리고 가시리잇고'(가시리)

(3) '얄리 얄리 얄라셩 얄라리 얄라'에 대해서

　① 시의 음악성을 잘 살림 → 'ㄹ,ㅇ' 음이 운율감을 잘 살림
　② 작품의 내용과 상반(경쾌한 리듬감)되는 이유
　　→ 괴로움으로부터의 탈출이라는 정서적 지향을 표현하기 위해서이다.

> 우는구나 새여 우는구나 새여 자고 일어나서 우는구나 새여
> 너보다 근심이 많은 나도 자고 일어나서 울고 있노라.

- '널라와 시름 한 나도 자고 니러 우니노라.'가 '너'와 '나'를 비교하는 문장구조임을 고려할 때 '우니노라'는 '슬픔으로 인해 눈물을 흘리며 우는 것'으로만 해석하기 어렵다. 새가 우는 것을 '노래하다'는 의미로 보아 '너보다 시름이 많은 나도 이렇게 노래 부르고 있다'고 해석하기도 한다. 또, 명령법으로 보아 '새여, 울어라'로 보기도 한다.
- '새'는 서정적 자아와 동병상련(同病相憐)의 처지

> 날아가던 새 날아가던 새 보았느냐 물아래(하류지대 – 평원지대) 날아가던 새 보았느냐
> 이끼 묻은(녹슨) 쟁기를 가지고 평원 지대로 날아가던 새 보았느냐?

(1) '이끼 묻은(녹슨) 쟁기를 가지고 물 아래를 본다'는 것의 의미

　삶의 터전을 잃어버린 유랑민의 처지를 나타내는 것으로 볼 수 있다.
　① 가던 새: 갈던 밭이랑. [새: 사래(밭이랑)]
　② 이끼 묻은(녹슨) 쟁기: 속세의 삶을 위한 도구
　③ 물 아래 본다: 삶을 영위하던 곳을 본다(속세에 대한 미련을 가지고 있음).

(2) '잉무든 장글란 가지고'의 해석상의 이견(異見)

　① 날이 무딘(녹슨) 병기(兵器)를 가지고
　② 이끼가 묻은 쟁기를 가지고→ 시간적 경과를 표시.
　③ 이끼 묻은 은장도를 가지고

- 이 노래를 변방 수비를 위해 강제 이주시킨 백성들의 노래라고 볼 때 '잉무든 장글란 가지고'가 뜻하는 바 → 삶의 터전으로 귀환하고 싶은 마음

> 이럭저럭하여 낮은 지내왔건만
> 올 사람도 갈 사람도 없는 밤은 또 어찌하리요.　　　　　　　⇨ 처절한 고독(독수공방의 恨)

이 장(章)의 내용과 유사한 문학 작품

　① 正月ㅅ 나릿므른 아으 어져 녹져 ᄒᆞ논ᄃᆡ.
　　　누릿 가온ᄃᆡ 나곤 ᄒᆞ올로 녈셔.
　　　아으 動動다리. －〈動動〉－
　② 귓도리 져 귓도리 에엿부다 져 귓도리
　　　어인 귓도리 지ᄂᆞ 둘 새ᄂᆞ 밤의 긴 소ᄅᆡ 쟈른 소ᄅᆡ 節節(절절이) 슬픈 소ᄅᆡ 제 혼자 우러 녜 여
　　　紗窓(사창) 여왼 ᄌᆞᆷ을 슬드리도 ᄭᆡ오ᄂᆞᆫ고야.
　　　두어라 제 비록 微物(미물)이나 無人洞房(무인동방)에 내 ᄯᅳᆺ 알리ᄂᆞᆫ 졋분인가 ᄒᆞ노라.
　　　(시조－시조해설 참고)

> 어디에다 던지던 돌인가? 누구를 맞히려던 돌인가?　　　　　　⇨ 현실의 시련과 고난: 운명적 비애
> 미워할 사람도 사랑할 사람도 없이 맞아서 울고 있노라.

(1) '믜리도 괴리도 업시 마자셔 우니노라': 삶의 고통과 고뇌는 고독과 상승 작용을 일으켜 더욱
　　애절한 것이 되고 있다.
(2) '마자셔 우니노라'에 담긴 정서: 자포자기적인 체념적 정서

> 살겠노라 살겠노라 바다에서 살겠노라
> 나문재(해초의 일종) 굴조개랑 먹고 바다에서 살겠노라.

(1) **바다를 그리는 소망**: 1연과 완전 대칭형
(2) **'바룰'의 의미**: 청산과 더불어 '현실'과 대칭되는 세계로 삶의 도피처

> 가다가 가다가 듣노라 외딴 부엌에 가다가(외딴 부엌을 지나다가) 듣노라
> 사슴이 장대에 올라가 해금을 타는 것을 듣는다.　　　　　　　⇨ 감정 이완

사ᄉᆞ미 짒대예 올아셔 奚琴(해금)을 혀거를 드로라.

　① '사ᄅᆞ미'의 오기(誤記)
　② 사슴 분장을 한 광대(山臺雜戱의 광대)
　③ 불가능한 일이 실현되기를(기적을) 바라는 소망의 표현
　④ 못난 속세 사람들이 잘난 체 뽐내는 꼴을 본다.
　⑤ 민속학적 관점에서 '사슴'은 노루와 함께 뱃사람들의 금기 동물, '짒대'는 '돛대'의 옛말로 보아 '사
　　슴이 불길하게 돛대 위에 올라가 깡깡이(해금)를 켜는 것을 듣는다(세상에 별 희한하고 불길한
　　꼴도 다 있다).'로 볼 수도 있다.

(바다로) 가더니, 불룩한 독에 독한 술을 빚는구나.
조롱박꽃 같은 누룩이 매워 나를 붙잡으니, 내가 어찌하겠습니까? ⇨ 술에 취해 번민에서 벗어나고자 함

(1) '조롱곳 누로기 미와 잡스와니'의 해석상의 이견(異見)

   ① 남성인 작중 화자가 술 향기에 유혹되어 머물러 주저앉음

   ② 나의 님이 주저 앉은 것은 술 향기 때문이지, 전혀 내 탓이 아닙니다. 따라서 현실의 슬픔을 술로 달랠 수밖에 없다는 의미이다.

(2) '내 엇디 ᄒ리잇고': 체념적 정서를 표출하는 상투적 결구(結句)이다.

구성

연	소재	소재의 이미지	내용	비고
1	기	청산	현실의 대안으로서의 공간	현실 도피	
2	승 (청산)	새	함께 슬퍼하는 벗 자기의 분신(감정이입)	삶의 고독과 비애	전 8연 중에서 청산을 지향하는 부분이 5연, 바다를 지향하는 부분이 3연이어서 형태적 균제미를 잃고 있다는 점에서, 구전되다가 문헌에 기록으로 정착될 때 5·6연의 순서가 뒤바뀐 것으로 보기도 함.
3		새	속세에 대한 미련	속세에 대한 미련	
4		밤	절망적인 고독	절망적 고독	
5	전 (바다)	돌	운명	운명적 비애	
6		바다	현실의 또 다른 대안 (새로운 생활 환경)	현실 도피 (생에 대한 집념)	
7		사슴	기적의 매개물	생의 절박감	
8	결	강술	구원의 매개체	낙천적 체념	

① 작품의 짜임은 대체로 2장씩 대응된다. 그 구조의 유사성을 살펴보자.

〈청산〉	〈바다〉
1연: 청산 – 멀위, 드래 ———————	6연: 바다 – ᄂ 므자기, 구조개
2연: 새 – 자고 니러 우니노라 ———————	5연: 돌 – 마져서 우니노라
3연: 가던 새 본다 ———————	7연: 가다가 드로라(듣노라)
4연: 엇디 호리라 ———————	8연: 내 엇디 ᄒ리잇고
5, 6연을 바꾸면 앞 부분은 '청산' 노래이며, 뒷부분은 '바다' 노래라고 볼 수 있다.	

② 각연의 내용 전개 과정을 다음과 같이 간추려 보자.

1연	→	청산을 그리는 소망
2~5연	→	청산에 가더라도 겪게될 갈등
6연	→	소망을 바다로 바꿈
7~8연	→	술에 취해 고뇌를 잊고자 함.

반복, 상징, 'ㄹ', 'ㅇ'음의 반복에서 비롯되는 음악성(후렴구)

시적 자아

① **유랑민**: 청산에 들어가 머루나 다래를 따먹고 살아야 하는 민중의 괴로운 삶, 특히 유랑민의 처지 (→ 민요)
② **실연한 사람**: 실연의 슬픔을 잊기 위해 청산으로 도피
③ **지식인**: 속세의 번뇌를 해소하기 위해 청산을 찾고, 기적과 위안을 구하면서도 삶을 집요하게 추구하는 지식인의 술노래(고도의 상징성을 지닌 창작 가요)
   → 고통스러운 삶으로 인해 방황하는 인물이지만, 삶에 대한 의지는 잃지 않은 인물

⊕ 참고

〈청산별곡〉에 대해 얘기해 보자고 하면 하나같이 '은둔과 도피의 노래'라고 합니다. 〈청산별곡〉을 이렇게 못박아 버리는 것부터가 〈청산별곡〉의 가치를 하락시키는 겁니다. 그래도 '고려가요' 그러면 제일 마음에 들어 하는 게 〈청산별곡〉입니다.

사람들이 왜 마음에 들어 하느냐? 만약에 그게 죽림칠현의 고사와 관련되는 사건이고 또 고려사의 기록에 나오는 것처럼 변방 이주를 하거나 아니면 가난에 못 이겨서 유랑을 하는 이런 얘기라면 지금처럼 우리가 잘살게 되면 그 노래는 별 감동을 안 줘야 돼요.

근데 왜? 왜 〈청산별곡〉이 우리에게 감동을 주느냐? 그것은 모든 시 작품이 대부분 근심 걱정의 노래이기 때문입니다. 근심 걱정이라 그러니까 좀 이상합니다마는 쉽게 얘기하려고 그러는 것이고 결국 갈등의 표출이에요. 아프다, 맵다, 슬프다 이런 심리상태가 되면 사람은 누구나 그걸 해소하려고 합니다. 그래서 엄마한테 야단맞고 나면 나와서 강아지 후려차는 거나 문학 작품 쓰는 거나 마찬가지다 이런 얘깁니다. 카타르시스니 뭐니 아주 거창한 얘기 해봐야 애들 몰라요, 오히려 "엄마한테 야단맞고 나와서 강아지 차면 강아지가 깨갱하면 마음이 좀 낫지 그게 카타르시스야"이렇게 얘기하는 게 쉽습니다.

시 작품 읽고 나면 왜 사람들이 공감하게 되는가. 아, 저 놈도 나하고 같은 생각이구나 동병상련이라 그러죠? 바로 그겁니다. 거기서 인간에 대한 공감의 폭이 넓어져 가는 것입니다. 〈청산별곡〉이 우리에게 감동을 주는 것도 그렇습니다.

－ 김대행, 《우리교육》'논술과 문학교육의 방향'. 95. 7월호 －

Check 문제

01 청산별곡에 대한 설명이다. 적절한 것에는 ○, 그렇지 않은 것에는 ×를 하시오.
   (1) 자연에 대한 사랑이 주제이다.(   )
   (2) 인간의 보편적 정서를 노래하고 있다.(   )
   (3) 낭만과 풍류의 정취가 들어 있다.(   )
   (4) 오랫동안 구전되다가 훈민정음 창제 이후 문자로 정착되었다.(   )

(5) 이 노래의 바탕에는 우리 삶이 시름의 연속이라는 인식을 담고 있다.(　　)

(6) 이 시(전 8장) 전체로 보아 능동적이고 적극적인 태도로 문제를 해결하려는 의지가 나타나 있다.(　　)

[정답] (1) ×　(2) ○　(3) ×　(4) ○　(5) ○　(6) ×

02 다음 작품들을 시대 순으로 올바르게 배열한 것은?　　　　　　　　　　　　　[2010. 서울시 9급]

① 서동요 - 청산별곡 - 사미인곡 - 어부사시사 - 일동장유가

② 서동요 - 사미인곡 - 청산별곡 - 어부사시사 - 일동장유가

③ 서동요 - 어부사시사 - 청산별곡 - 사미인곡 - 일동장유가

④ 청산별곡 - 서동요 - 사미인곡 - 어부사시사 - 일동장유가

⑤ 청산별곡 - 서동요 - 찬기파랑가 - 어부사시사 - 일동장유가

[정답] ①

풀이　〈서동요〉는 신라의 향가 → 〈청산별곡〉은 고려가요 → 〈사미인곡〉은 조선 선조 때 정철의 가사 → 〈어부사시사〉는 조선 효종 때 윤선도의 시조 → 〈일동장유가〉는 조선 영조 때 김인겸의 기행 가사이다.

03 2연의 '새'와 관련된 한자성어는?　　　　　　　　　　　　　　　　　　　　[2012. 소방직 복원]

① 동병상련(同病相憐)　　　　　　　　　② 유유상종(類類相從)

③ 진퇴양난(進退兩難)　　　　　　　　　④ 전전반측(輾轉反側)

[정답] ①

풀이　'새'는 슬픔으로 통곡하는 서정적 자아의 감정이 이입된 분신이자 그를 위로해 주는 존재이다.
　　　• 동병상련(同病相憐): 같은 병을 앓는 사람끼리 서로 가엾게 여긴다는 뜻으로, 어려운 처지에 있는 사람끼리 서로 가엾게 여김을 이르는 말. 《오월춘추》의 〈합려내전(闔閭內傳)〉에 나온다.

오답　② 유유상종(類類相從): 같은 무리끼리 서로 사귐.
　　　③ 진퇴양난(進退兩難): 이러지도 저러지도 못하는 어려운 처지.
　　　④ 전전반측(輾轉反側): 누워서 몸을 이리저리 뒤척이며 잠을 이루지 못함.

04 시상 전개상 ㉠에 들어갈 시구는?　　　　　　　　　　　　　　　　　　　　[1999. 수능 기출]

이링공 뎌링공 ᄒᆞ야 나즈란 디내와손뎌
[　　　㉠　　　] 바ᄆᆞ란 ᄯᅩ 엇디 호리라
얄리얄리 얄라셩 얄리 얄라

① 게우즌 바비나 지서　　　　　　　　　② 고우닐 스싀옴 녈셔

③ 오리도 가리도 업슨　　　　　　　　　④ 믜리도 괴리도 업시

⑤ 조롱곳 누로기 ᄆᆡ와

[정답] ③

풀이　4연의 내용은 전체적으로 삶의 고독감이 주된 정서이며, 내용도 '이럭저럭 낮은 지내왔지만 밤은 또 어찌할 것인가'이다. 따라서 빈칸에 들어갈 알맞은 시어는 '올 사람도 갈 사람도 없는'이라는 추리가 가능하다.

정석가(鄭石歌)

고려속요

작자 미상

딩하 돌하 당금(當今)에 계샹이다.
딩하 돌하 당금(當今)에 계샹이다.
선왕셩딕(先王盛大)예 노니ᅌᆞ와지이다.

⇨ 태평 성대 구가

삭삭기 셰몰애 별헤 나ᄂᆞᆫ
삭삭기 셰몰애 별헤 나ᄂᆞᆫ
구은 밤 닷되를 심고이다.
그 바미 우미 도다 삭ᄂᆞ거시아
그 바미 우미 도다 삭ᄂᆞ거시아
유덕(有德)ᄒᆞ신 님믈 여히ᅌᆞ와지이다.

옥(玉)으로 련(蓮)ㅅ고즐 사교이다.
옥(玉)으로 련(蓮)ㅅ고즐 사교이다.
바회 우희 접듀(接柱)ᄒᆞ요이다.
그 고지 삼동(三同)이 퓌거시아
그 고지 삼동이 퓌거시아
유덕(有德)ᄒᆞ신 님 여히ᅌᆞ와지이다.

므쇠로 텰릭을 몰아 나ᄂᆞᆫ
므쇠로 텰릭을 몰아 나ᄂᆞᆫ
텰ᄉᆞ(鐵絲)로 주롬 바고이다.
그 오시 다 헐어시아
그 오시 다 헐어시아
유덕(有德)ᄒᆞ신 님 여히ᅌᆞ와지이다.

므쇠로 한쇼를 디여다가
므쇠로 한쇼를 디여다가
텰슈산(鐵樹山)애 노호이다.
그 쇼ㅣ 텰초(鐵草)를 머거아
그 쇼ㅣ 텰초(鐵草)를 머거아
有德ᄒᆞ신 님 여히ᅌᆞ와지이다.

⇨ 영원한 사랑

구스리 바회예 디신ᄃᆞᆯ
구스리 바회예 디신ᄃᆞᆯ
긴힛ᄃᆞᆫ 그츠리잇가.
즈믄 히ᄅᆞᆯ 외오곰 녀신ᄃᆞᆯ
즈믄 히ᄅᆞᆯ 외오곰 녀신ᄃᆞᆯ
신(信)잇ᄃᆞᆫ 그츠리잇가.

⇨ 영원한 믿음(원관념: '信', 보조관념: '긴')

▶ 딩하 돌하 당금(當今)에 계샹이다.: 징이여 돌이여(경쇠) (임금님이) 지금 (우리 앞에) 계십니다.
▶ 선왕셩딕(先王盛大)예 노니ᅌᆞ와지이다.: 선왕이 다스리던 태평성대에 놀고 싶습니다.
▶ 삭삭기 셰몰애 별헤: 바삭바삭한 가는 모래 벼랑에
▶ 유덕(有德)ᄒᆞ신: 덕행이 있으신
▶ 접듀(接柱): 접을 붙임.
▶ 삼동(三同)이: 세 묶음이
▶ 텰릭: 융복(戎服), 무관이 입던 옷
▶ 한쇼: 큰 소. 황소
▶ 텰슈산(鐵樹山): 쇠로 된 나무가 있는 산에
▶ 외오곰: 외따로, 홀로

'딩·돌'의 차자(借字)로, '딩'은 정(鉦), '석'은 석(石), 즉 경(磬)이므로 금속 악기인 "鉦磬('정'과 '경쇠'라는 악기)에 은유하여 연정의 대상 인물인 '鄭石'을 나타낸 것이다.

주제

• 사랑의 영원무궁함을 노래함(임금의 만수무강을 축원함)
• 임의 성격: 연정을 초월한 숭앙의 대상(두 가지 경우를 포괄하여 말하면)

형식

전 6연. 분절체. 서사－본사－결사의 3단 구성

전문 해석

징(鄭,鉦)이여 돌(石)이여 지금 계시옵니다 / 징이여 돌이여 지금 계시옵니다 / 태평 성대에 노닐고 싶습니다

사각사각 가는 모래 벼랑에 / 사각사각 가는 모래 벼랑에 / 구운 밤 닷 되를 심습니다 /
그 밤이 움이 돋아 싹이 나야만 / 그 밤이 움이 돋아 싹이 나야만 / 유덕하신 님 여의고 싶습니다

옥으로 연꽃을 새기옵니다 / 옥으로 연꽃을

새기옵니다 / 바위 위에 접을 붙이옵니다 / 그 꽃이 세 묶음(혹은 한 겨울에) 피어야만 /
그 꽃이 세 묶음 피어야만 / 유덕하신 님 여의고 싶습니다

무쇠로 철릭을 마름질해 / 무쇠로 철릭을 마름질해 / 철사로 주름 박습니다 / 그 옷이 다 헐어야만 /
그 옷이 다 헐어야만 / 유덕하신 님 여의고 싶습니다

무쇠로 황소를 만들어다가 / 무쇠로 황소를 만들어다가 / 쇠나무산에 놓습니다 / 그 소가 쇠풀을 먹어야 /
그 소가 쇠풀을 먹어야 / 유덕하신 님 여의고 싶습니다

구슬이 바위에 떨어진들 / 구슬이 바위에 떨어진들 / 끈이야 끊어지겠습니까 / 천 년을 외따로이 살아간들 /
천 년을 외따로이 살아간들 / 믿음이야 끊어지겠습니까

표현

열거와 반복, 과장, 역설을 사용하여 주제 강조
→ 불가능한 상황을 설정하여 사랑의 영원성을 노래함.

(1) 오관산(五冠山)

고려 때 문충이 지은 것으로 원래 노래는 전하지 않고, 노래의 내력과 이제현의 한역시가 전한다.

목두조작소당계(木頭雕作小唐鷄)	나무 도막으로 당닭을 깎아
근자점래벽상서(筋子坫來壁上棲)	젓가락으로 집어 벽에 앉히고
차조요요보시절(此鳥月寥月寥報時節)	이 새가 꼬끼요 하고 때를 알리면
자안시사일평서(慈顔始似日平西)	어머님 얼굴은 비로소 서쪽으로 기우는 해처럼 늙으소서.

(2) 김구의 시조

올희 달은 다리 학긔 다리 되도록애
거믄 가마괴 해오라비 되도록애
향복무강(享福無彊)ᄒ샤 억만세(億萬歲)롤 누리소셔.

내용 분석

6연: 서경별곡 제2연과 같음 → 이 내용이 당시 사람들에게 널리 유행했다는 증거

Check 문제

01 이 노래에 대한 설명으로 잘못된 것은?

① 남녀 간의 사랑을 기본적인 제재로 삼았다.
② 수동적이고 체념적인 여성의 사랑을 나타냈다.
③ 과장법과 역설법을 주로 썼다.
④ 결국은 헤어지지 않겠다는 의지를 말하였다.

[정답] ②

02 이 작품에 대한 설명으로 적절한 것은?   [2017. 기상직 7급]

① 임에 대한 終天之慕의 정서가 드러나 있다.
② 자연물을 통하여 이별의 悲哀를 형상화하고 있다.
③ 4음보의 율격을 바탕으로 하여 정서적인 안정감을 주고 있다.
④ 구비전승되다가 《악학궤범》에 실려 궁중 음악으로 향유되었다.

[정답] ①

풀이 〈정석가〉는 '사랑의 영원무궁함(임금의 만수무강을 축원함)'을 주제로 한 고려속요이다. '종천지모(終天之慕)'는 '이 세상 끝날 때까지 계속되는 사모의 정'을 뜻한다.

오답 ③ '悲哀'는 '슬퍼하고 서러워 함'이다. 이 작품은 이별의 비애와는 관련이 없다.
　　 ③ 이 작품은 '삭삭기/셰몰애/별헤'로 끊어 3음보가 나타난다.
　　 ④ 이 작품은 《악장가사(樂章歌詞)》, 《시용향악보(時用鄕樂譜)》에 실려 전한다. 《악장가사》에는 전문이 수록되어 있고, 《시용향악보》에는 1연만 수록되어 있다.

03 이 노래는 민요로 불리다가 궁중음악으로 수용된 노래로 추정되기도 한다. 그것을 알 수 있는 가장 적절한 연은? [2010. 법원직]

① 1연　　　　　　　　　　　② 2연
③ 3연　　　　　　　　　　　④ 4연

[정답] ①

풀이 제1연은 이 노래의 서사로, 태평성대를 소망하는 일종의 의식요로 볼 수 있다. 또한, 다음에 이어지는 연들과도 서로 밀접한 연관성이 없다.

04 이 노래와 관련된 사항으로 가장 적절한 것은? [2010. 법원직]

① 한문학의 형식적 특성을 적극적으로 수용하고 있다.
② 역설적 상황의 제시를 통하여 시적 화자의 강한 의지를 나타내고 있다.
③ 화자의 내면 심리를 직설적으로 표현하고 있는 것이 특징이다.
④ 조선시대 선비들의 유교적 지조를 반영하고 있는 노래로 볼 수 있다.

[정답] ②

풀이 절대로 이루어지지 않을 법한 상황을 역설적으로 가정하여 자신의 의지를 드러내고 있다.

05 이 글에서 시적 화자의 믿음을 비유적으로 표현하고 있는 시어로 가장 적절한 것은? [2010. 법원직]

① 셰몰애　　　　　　　　　　② 구은 밤
③ 바회　　　　　　　　　　　④ 긴

[정답] ④

풀이 '긴(끈)'은 끊어지지 않는다는 상황을 가정하고 있다. 즉, 변절하지 않겠다는 자신의 의지를 비유적으로 드러낸 것이다.

동동(動動)

작자 미상

덕(德)으란 곰븨예 받줍고, 복(福)으란 림븨예 받줍고,
덕(德)이여 복(福)이라 호늘 나슨라 오소이다.
　　아으 동동(動動)다리
정월(正月)ㅅ나릿므른 아으 어져 녹져 ㅎ논디.
누릿 가온디 나곤 몸하 ㅎ올로 녈셔.
　　아으 動動다리
이월(二月)ㅅ보로매, 아으 노피 현 등(燈)ㅅ불 다호라.
만인(萬人) 비취실 즈싀샷다.
　　아으 動動다리
삼월(三月) 나며 개(開)흔 만춘(滿春) 돌욋고지여.
ᄂ미 브롤 즈슬 디녀 나샷다.
　　아으 動動다리
사월(四月) 아니 니저 아으 오실서 곳고리새여.
므슴다 녹사(錄事)니믄 넷 나를 닛고신뎌.
　　아으 動動다리
오월(五月) 오일(五日)애 아으 수릿날 아춤 약(藥)은
즈믄 힐 장존(長存)ㅎ샬 약(藥)이라 받줍노이다.
　　아으 動動다리
유월(六月)ㅅ보로매 아으 별해 브론 빗 다호라.
도라보실 니믈 적곰 좃노이다.
　　아으 動動다리
칠월(七月)ㅅ보로매 아으 백종(百種) 배(排)하야 두고,
니믈 흔디 녀가져 원(願)을 비슙노이다.
　　아으 動動다리.
팔월(八月)ㅅ보로믄 아으 가배(嘉俳) 나리마른,
니믈 뫼셔 녀곤 오눐 가배(嘉俳)샷다.
　　아으 動動다리.
구월(九月) 구일(九日)애 아으 약(藥)이라 먹논 황화(黃花)
고지 안해 드니, 새셔가 만ㅎ얘라.
　　아으 動動다리.

시월(十月)애 아으 져미연 ㅂ릇 다호라.
것거 ㅂ리신 후(後)에 디니실 흔 부니 업스샷다.
　아으 動動다리.
십일월(十一月)ㅅ 봉당 자리예 아으 한삼(汗衫) 두퍼 누워
슬흘ᄉ라온뎌 고우닐 스싀옴 녈셔.
　아으 動動다리.
십이월(十二月) ㅅ 분디남ᄀ로 갓곤, 아으 나슬 반(盤)잇 져 다호라.
니믜 알픠 드러 얼이노니 소니 가재다 므르ᅀᆞᆸ노이다.
　아으 動動다리

●─ 제목 ─●

'동동(動動)'은 후렴구, 북소리 의성어

●─ 주제 ─●

임에 대한 송도(頌禱)와 애련(哀戀)

●─ 특징 ─●

《악학궤범》에 실려 전한다. 조선시대까지 연주 가창되었으며, 섣달 그믐날 궁중에서 행하던 나례(儺禮) 뒤에 동동무(動動舞)라 하여 처용희(處容戲)와 함께 공연되기도 하였으나, 남녀상열지사(男女相悅之詞) 라 하여 정읍사(井邑詞)와 함께 중종(中宗) 때 폐지되었다.

●─ 성격 ─●

① **多有頌禱之詞(다유송도지사)**: 고려사 악지에 있는 말로 기쁜 일을 기리어 축하하는 '송축'의 뜻이 많은 노래란 의미. 1연은 임금 앞에서 부른 것으로 해석되며 이때 작품 속의 임은 '임금'
② 계절에 따라 새로워지는 임에 대한 연모와 상사의 정을 노래함.

●─ 형식 ─●

고려속요. 전 13연의 달거리 노래(월령체 月슈體)

⊕ 참고　　조선, 정학유의 '농가월령가'

농가의 행사를 월별로 나누어 교훈을 섞어가며 농촌 풍속과 권농을 노래.
'동동' – 서정적 / '농가월령가' – 교술적.

> 덕은 뒤에(앞잔에, 신령님께) 바치옵고, 복은 앞에(뒷잔에, 임금님께) 바치오니
> 덕이며 복이며 하는 것을 드리러(진상進上하러) 오십시오.
>
> ⇨ 덕과 복을 빎

- 여인의 정감을 노래하고 있는 연가풍으로 되어 있는데, 유독 서사만은 그렇지 않다. 이 노래가 궁중에서 불렸다는 사실과 연결시켜 볼 때, 의식가(儀式歌)의 절차를 갖추기 위해 후대에 덧붙여진 것으로 보인다.
- **받줍고**: 바치옵고(獻)
- **나ᅀᆞ라**: 낫다(나아가다: 進, 드리다, 진상하다)

> 정월 냇물은 아아, 얼었다 녹으려 하는데
> 세상 가운데 태어난 이 몸은 홀로 살아가는구나.
>
> ⇨ 고독한 신세 한탄

> 이월 보름에 아아, 높이 켠 등불 같구나.
> 만인을 비추실 모습이로다.
>
> ⇨ 임의 모습을 기림

- **세시풍속**: 연등(燃燈), 부처께 복을 빎.

> 삼월 지나면서 피어난 아, 늦봄 진달래꽃이여
> 남이 부러워할 모습을 지니고 나셨구나.
>
> ⇨ 임의 모습을 기림

- **만춘(滿春) 돌욋고지여** - 3월의 진달래꽃이여(만춘 - 晚春)
- **만춘(滿春)돌욋고지여** - 3월의 오얏꽃이여
- **만춘(滿春) 돌 욋고지여** - 3월의 달 아래 핀 오얏꽃이여 → 임의 아름다운 모습

> 사월을 아니 잊어 아, 오시는구려 꾀꼬리새여
> 어찌하여 녹사님은 옛 나를 잊고 계시는가.
>
> ⇨ 나를 잊은 임에 대한 그리움

- **녹사**: 고려 때의 벼슬 이름. 고려 노래라는 증거
- **녯나롤**: 옛날을. 녯 나를: 옛날의 나를
- **닛고신뎌**: 8종성법에 따른 표기

> 오월 오일에 아아, 단옷날 아침 약은
> 천년을 오래 사실 약이기에 바치나이다.
>
> ⇨ 임에게 바치는 정성 - 장수 기원

- **세시풍속**: 단오 - 그네 뛰기, 씨름 등의 민속놀이. 익모초의 즙을 먹었다는 기록이 있다.

유월 보름에 아, 벼랑에 버린 빗과 같구나.
돌아보실 임을 조금이라도 따르겠습니다.   ⇨ 버림받은 나

• **세시풍속:** 유두일 – 음식물을 가지고 동류수(東流水: 동쪽에서 흐르는 물. 유두절에 머리 감는 풍습)에
  서 머리를 감고 빗을 버려 액을 떨어버리고, 잔치를 베풀며 하루를 보냈다.
• **부리다:** 버리다

칠월 보름에 아아, 여러 가지 제물을 차려 놓고
임과 함께 살아가고자 원을 비옵니다.   ⇨ 그리움, 재회 염원

• **세시풍속:** 백중 – 절에서는 재와 불공을 올리고 민간에서는 음식을 차려 놓고 죽은 이의 넋을 위로하
  는 풍습.(亡魂日)

팔월 보름은 아, 한가위 날이지만
임을 모시고 지내야만 오늘이 한가위지.   ⇨ 만날 수 없는 임에 대한 그리움

• **세시풍속:** 한가위

구월 구일에 아, 약이라 먹는 노란 국화가
꽃이 안에 드니 세서가 늦었구나.(올해도 늦었구나)   ⇨ 쓸쓸함

• **세시풍속:** 중양절(重陽節). 황화전(黃花煎: 국화꽃으로 지진 전)을 해 먹는 풍습이 있다.

시월에 아, 잘게 썬(저민) 보리수 같구나.
꺾어 버리신 뒤엔(열매만 따먹고 가지를 버림) 지니실 한 분이 없으시도다.   ⇨ 버림받은 나

십일월 봉당 자리에 아, 한삼(홑적삼) 덮고 누우니(獨守空房)
슬픈 일이구나. 고운 임을 (여의고) 제각기 지내는구나.   ⇨ 쓸쓸함과 그리움

십이월 분디나무로 깎은 아, 진상할 상 가의 젓가락 같구나.
임의 앞에 들어 짝을 맞춰 올렸더니, 손이 가져다가 입에 뭅니다.   ⇨ 기구한 운명 한탄

• **손:** 사랑하는 임이 아닌 다른 사람

월별	소재	주제	세시풍속	내용
서사	덕, 복	송도 頌禱		임에 대한 송축
1월	나릿믈	고독 孤獨		자신의 처지를 자연과 대비(1, 4월령). 외로움
2	등ㅅ불	송축 頌祝	연등	임의 빼어난 모습을 찬양
3	돌욋곳	송축 頌祝		임의 아름다운 모습을 찬양
4	곳고리새	애련 哀戀		시적 자아의 감정 전환. 자연현상을 통해 임의 不在 실감(2~4월령)
5	아촘 약	기원 祈願	단오	임의 장수를 기원
6	빗	애련 哀戀	유두	임에게 버림받은 처지를 비관
7	백종	연모 戀慕	백중	임과 함께 있고 싶은 욕망
8	가배	연모 戀慕	한가위	임이 없는 한가위의 쓸쓸함
9	황화	적요 寂寥	중양절	자연의 순환에 동참하는 남들과 다른 자신의 외로운 처지 부각(5~9월령)
10	보롯	애련 哀戀		외부사에 관심을 끊고 자기 불행에만 빠져 들어감(10~12월령)
11	한삼	비련 悲戀		임없이 살아가는 슬픔
12	져	애련 哀戀		임과 인연을 맺지 못하는 한

표현

영탄, 직유, 은유. 분절체 형식. 세시풍속에 따라 사랑의 감정을 읊음.

시어의 의미

① 시적 대상을 가리키는 말: 등불, 돌 욋곳, 녹사님
② 시적 자아 자신의 처지를 비유한 말: 별해 보룐 빗, 져미연 보롯, 나슬 반잇 져

문학사적 의의

최초의 월령체 노래

　　세시풍속

• **연등(燃燈)**

　　연등은 정월 보름에 불을 켜고 부처에게 복을 빌며 노는 놀이로서, 이같은 풍습은 신라 때부터 있어 왔는데, 고려 태조(太祖) 때부터는 백성의 복을 빌기 위하여 나라에서 해마다 열었다. 이 행사는 고려 현종조(顯宗朝)에 들어 그 때까지 정월 보름에 행하여졌던 것을 2월 보름으로 고쳤고, 다시 고종(高宗) 중엽에는 석가 탄일인 4월 8일에 행하였다. 이날 등불을 켜 놓고 '등석(燈夕)'이라고 하며, 각 집에서는 집안의 자녀들의 수대로 등을 달고 그 밝은 것을 길하게 여긴다.

• **단오(端午)**

　　단오는 우리 나라 4대 명절의 하나로, '수리, 천중절(天中節)'이라 하기도 한다. 민속놀이로서는 지방에 따라 다르지만, '그네뛰기, 씨름, 가면무용(假面舞踊), 석전(石戰), 대추나무 시집 보내기' 등이 있었으며, 중·북부지방에서 성행하였다. 《동국세시기(東國歲時記)》에 '이날 익모초(益母草)의 즙을 먹었다.'는 기록으로 보아 '아촘 藥'은 익모초인 듯하다.

• **유두일(流頭日)**

　　신라 때부터 내려오던 옛 풍습으로, 6월 보름에 음식물을 가지고 동류수(東流水: 동쪽으로 흐르는 물)에서 머리를 감아 액(厄)을 떨어버리고 잔치를 베풀어(이것을 유두연(流頭宴)이라 했다) 액막이로 모여서 술을 마셨다. 멥쌀 가루로 떡을 만들어 수단(水團)이라고 했고, 밀가루로 구슬 같은 모양을 만들어 오색 물감을 들여 문설주에 걸어 액을 막기도 한다.

• **백중(百種)**

　　7월 15일 절에서 죽은 이를 위하여 과실 및 술을 차려 놓고 재를 올리며 불공을 드리는 큰 명절로, '중원(中元)'이라고도 한다. '망혼일(亡魂日)'이라고도 하여 온갖 음식을 차려 놓고 죽은 어버이의 혼을 부르기도 한다. '백종(百種)'은 백과(百果)를 가리킨다.

• **중양절(中陽節)**

　　빛이 누런 국화를 따다가 삼짇날 진달래떡을 만들 듯이 화전(花煎)을 만든다. 서울 풍속에 남산과 북악 산에서 이날 마시고 먹으며 즐기는데, 이는 '등고(登高: 산에 올라 술을 마시고, 여자들은 꽃 이름을 넣은 주머니를 차던 후한의 풍속)'의 옛 풍속을 답습한 것이다.

01 이 노래에 대한 감상으로 적절하지 않은 것은?

① 임에 대한 송축과 연모의 정이 크게 나타나 있다.
② 세시 풍속에 따라 일어나는 서정적 자아의 감정을 읊고 있다.
③ 여성 화자가 이별한 임을 자신보다 우위에 두고 있다.
④ 자연물을 빌어 서정적 자아의 기구한 운명을 토로하고 있다
⑤ 임의 사랑을 얻기 위한 서정적 자아의 적극적이고 활달한 의지가 나타나 있다.

[정답] ⑤

풀이 〈동동〉은 임에 대한 송축과 연모의 정을 노래로 담은 고려속요이다. 적극적이고 활달한 의지와는 관련이 없다.

02 이 시에서 각 연의 지배적 정서로 가장 적절하지 않은 것은? [2015. 법원직 9급]

① 2월: 임에 대한 자부심
② 5월: 임의 장수를 바라는 마음
③ 6월: 임을 변함없이 따르고자 하는 마음
④ 7월: 임의 출세를 기원하는 마음

[정답] ④

풀이 ④의 칠월령에서는 백중날을 맞이하여 재(齋)를 올리며 임과 한 곳에서 살고자 하는 소원을 비는 화자의 모습을 담고 있다.

오답 ① 연등제 때 높이 켜 놓은 등불에 광채 있는 임을 비유하고 있다.
② 단옷날 아침에 약을 마시며(달이며) 임의 만수무강을 기원하고 있다.
③ 유두일에 임에게 버림받은 화자 자신을 '버린 빗'에 비유하였으며, 그럼에도 변함없이 따르고 싶다는 소망을 노래하고 있다.

03 다음 〈보기〉의 설명에 어울리는 것은?

┌─ 보기
• 이 노래는 궁중 연례악으로 불리어졌다.
• 의식가(儀式歌)의 절차를 갖추기 위해 후대에 덧붙여진 것으로 짐작된다.
• 〈고려사〉 악지에 '多有頌禱之詞(기리는 내용의 노랫말이 많이 있다.)'는 내용이 있다.

① 德(덕)으란 곰비예 받줍고, 福(복)으란 림비예 받줍고, / 德이여 福이라 호늘 나ᅀᅡ라 오소이다.
② 五月(오월) 五日(오일)애, 아으 수릿날 아츰 藥(약)은 / 즈믄 힐 長存(장존)ᄒ샬 藥이라 받줍노이다.
③ 二月(이월)ㅅ 보로매, 아으 노피 현 燈(등)ㅅ 블 다호라. / 滿人(만인) 비취실 즈싀샷다.
④ 九月(구월)애 아으 져미연 ᄇ롯 다호라. / 것거 ᄇ리신 後(후)에 디니실 ᄒ 부니 업스샷다.
⑤ 三月(삼월) 나며 開(개)ᄒ 아으 晩春(만춘) 둘욋고지여. / ᄂ미 브롤 즈슬 디녀

[정답] ①

풀이 고려속요는 구전되던 민요가 궁중 음악으로 기록되면서 의식(儀式)을 치르기 위해 서사가 덧붙여지기도 했다.

04 이 시의 정월령과 4월령의 표현상의 공통점으로 올바른 것은? [2009. 서울시 9급 복원]

① 불가능한 상황을 설정하여 표현의 효과를 높이고 있다.
② 공간의 이동에 따른 시상의 전개로 화자의 감정을 표현하고 있다.
③ 자연물에 의탁하여 화자의 의도를 강조하고 있다.
④ 상황을 대비하여 정서를 효과적으로 드러내고 있다.
⑤ 의인화 기법을 사용하여 화자의 정서를 표출하고 있다.

[정답] ④

풀이 정월령은 봄이 왔지만 혼자 살아가고 있는 자신의 외로운 처지를 자연과 대비하여 표현하고 있다.
4월령 역시 봄이 오니 다시 찾아온 꾀꼬리와 자신을 찾지 않는 임의 모습을 대조적으로 표현하고 있다.

[05~06] 다음 작품을 읽고 물음에 답하시오. [2018. 경찰직]

德(덕)으란 곰비예 받줍고, 福(복)으란 림비예 받줍고,
德이여 福이라 호늘 ㉠ 나ᅀᆞ라 오소이다.
　　아으 動動(동동)다리.

正月(정월)ㅅ 나릿므른 아으 어져 녹져 ᄒᆞ논ᄃᆡ.
누릿 가온ᄃᆡ 나곤 ㉡ 몸하 ᄒᆞ올로 녈셔.
　　아으 動動다리.

二月(이월)ㅅ 보로매, 아으 ㉢ 노피 현 燈(등)ㅅ블 다호라.
萬人(만인) 비취실 즈ᅀᅵ샷다.
　　아으 動動다리.

三月(삼월) 나며 開(개)ᄒᆞᆫ 아으 滿春(만춘) ㉣ 돌욋고지여.
ᄂᆞ믯 브롤 즈슬 디뎌 나샷다.
　　아으 動動다리.

---

05 밑줄 친 부분에 대한 설명으로 가장 적절하지 않은 것은?

① ㉠: '나중에 오십시오.'라는 뜻이다.
② ㉡: 시적 화자의 외로운 처지를 나타낸다.
③ ㉢: 2월의 세시 풍속인 '연등제'와 관계된다.
④ ㉣: 임의 수려한 외모를 비유적으로 형상화하였다.

[정답] ①

풀이 ㉠의 '나ᅀᆞ라'는 '드리러. 진상(進上)하러'의 뜻이다. 따라서 '나ᅀᆞ라 오소이다'이다는 '드리러(진상하러)
오십시오'이다.

오답 ② 정월령으로 정월의 냇물이 얼려 녹으려 하는데, 세상에 태어난 화자는 홀로 살아간다는 의미이다.
③ 2월령으로서, 연등절(燃燈節)에 높이 켜 놓은 등불에서 서정적 자아는 만인이 우러러볼 만한 임의
모습을 발견한다.
④ 3월령으로서, 임의 아름다운 모습을 '돌욋고지(진달래꽃)'으로 비유하였다.

06 이 작품에 대한 설명으로 가장 적절하지 않은 것은?

① 임을 그리는 여인의 심정을 월령체 형식에 맞추어 노래한 고려가요이다.

② 고려 시대부터 구전되어 내려오다가 조선 시대에 문자로 정착되어 '악장가사'에 전한다.

③ 후렴구를 사용하여 연을 구분하고 음악적 흥취를 고조시켰다.

④ 1연은 서사(序詞)로서 송축(頌祝)의 내용을 담고 있는데, 이는 민간의 노래가 궁중으로 유입되면서 덧붙여진 것으로 추측된다.

[정답] ②

[풀이] '동동'은 고려 시대에 구전되어 내려오다가 조선 시대에 문자로 정착된 듯하다. 가사는 한글로 〈악학궤범〉에 '아박(牙拍)'이란 항목에 노랫말이 그 춤의 형식에 대한 자세한 설명과 함께 실려 있다.

[오답] ① 작자·연대 미상의 고려속요이며, 우리 문학사상 최초의 달거리(월령체) 노래로 임을 그리워하는 연가풍의 작품이다.

③ 이 노래는 달이 바뀜에 따라 연으로 구분되고, 한 연이 끝날 때마다 후렴구가 나타난다.

④ 전 13연으로 이별한 임을 그리워하는 내용인데, 제1연만은 임을 송도(頌禱)하는 것으로 되어 있다. 따라서 궁중으로 유입되면서 덧붙여진 것으로 추정한다.

07 이 시에서 '㉠燈ㅅ블, ㉡곳고리새, ㉢빗, ㉣ᄇ롯, ㉤소니'의 함축적 의미가 유사한 것으로 묶인 것은?

[2020. 국회직 8급]

① ㉠, ㉡

② ㉠, ㉤

③ ㉡, ㉢

④ ㉢, ㉣

⑤ ㉣, ㉤

[정답] ④

[풀이] 이 시가에서 ㉢의 '빗', ㉣의 'ᄇ롯'과 12월령의 '저'는 화자의 분신이다.

[오답] ㉠의 '등(燈)ㅅ불'과 3월령의 '돌욋곶'은 임의 분신이다. ㉡의 '곳고리새'는 옛날의 나를 잊고 찾아오지 않는 '임'과 대조되어, 변함없이 찾아오는 자연물을 뜻한다. ㉤의 '손'은 임이 아닌 다른 사람을 뜻한다.

08 ㉠~㉣의 의미로 적절하지 않은 것은?

[2021. 국가직 9급]

二月ㅅ 보로매 아으 노피 ㉠현 燈ㅅ블 다호라
萬人비취실 즈싀 샷다 아으 動動다리
三月 나며 開훈아 아으 滿春 둘욋 고 지여
ᄂ믜 브롤 ㉡즈슬 디 녀 나샷다 아으 動動다리
四月아니 ㉢니저 아으 오실셔 곳고리새여
㉣므슴다 錄事니믄 녯 나ᄅ를 닛고신뎌 아으 動動다리

－작자 미상, 〈動動〉에서－

① ㉠은 '켠'을 의미한다.

② ㉡은 '모습을'을 의미한다.

③ ㉢은 '잊어'를 의미한다.

④ ㉣은 '무심하구나'를 의미한다.

[정답] ④

[풀이] '므슴다'는 '무엇 때문에' 또는 '어찌하여'로 해석해야 한다.

가시리

작자 미상

가시리 가시리잇고 나는	가시렵니까, 가시렵니까
ᄇ리고 가시리잇고 나는	(나를) 버리고 가시렵니까
위 증즐가 大平盛代	
날러는 엇디 살라 ᄒ고	날러는 어찌 살라 하고
ᄇ리고 가시리잇고 나는	버리고 가시렵니까
위 증즐가 大平盛代	
잡ᄉ와 두어리마ᄂᆞᆫ	붙잡아 두고 싶지만은
선ᄒ면 아니 올셰라	(님이) 서운해 안 돌아올까 두렵습니다
위 증즐가 大平盛代	
셜온님 보내ᅌᆞ노니 나는	(내가) 서럽지만 보내드리오니
가시ᄂᆞᆫ 듯 도셔 오쇼셔 나는	가시자마자 돌아오십시오.
위 증즐가 大平盛代	

▶ 선ᄒ면: 서운하면
▶ 듯: 하자마자
▶ ~셰라: ~할까 두렵다
▶ 나는: 악률에 맞추기 위한 의미없는 구절임

주제

임을 떠나보내며 다시 오기를 기다림(주제연: 4연). 이별의 정한(情恨)

형식

분절체, 기승전결(한시의 구성형식). 간결한 형식과 소박한 시어를 사용

운율

3음보, 3·3·2조. '나는'은 악률을 맞추기 위한 특별한 의미가 없는 여음.

참고   **aaba 구조**

• 믿고 살지 믿고 살지 / 오랍동생 믿고 살지 / 말도 말아 말도 말아 / 오랍동생 말도 말아
• 살어리 살어리랏다 청산에 살어리랏다 / 멀위랑 ᄃ래랑 먹고 청산애 살어리랏다
• 나는 왕이로소이다 나는 왕이로소이다 어머니의 가장 어여쁜 아들, 나는 왕이로소이다
• 해야 솟아라, 해야 솟아라, 말갛게 씻은 얼굴 고운 해야 솟아라.
• 窓(창) 내고쟈 窓(창)을 내고쟈 이 내 가슴에 窓(창)을 내고쟈)
• 접동 / 접동 / 아우래비 접동

구성

1연	기	원망과 호소	← 확인하면서 애원함
2연	승	애소의 고조	← 전통적인 여인상
3연	전	절제와 체념	← 내면과 현실의 갈등
4연	결	재회의 소망	← 미래 지향적 태도

표현

① 간결하고 소박한 시어 사용
② 직서적(直敍的)으로 진술한 감정 표현
③ 반복법의 활용으로 감정의 절묘한 표현('가시리잇고'를 반복하여 그윽하고 처절한 정조를 자아냄)
④ 여성적 어조

가시리와 다른 작품의 비교

(1) '가시리'와 '진달래꽃'(김소월)의 시적 화자

'진달래꽃'의 시적 화자는 님을 보냄으로써 이별을 체념의 정서로 받아들이는 소극적 면모를 보여줌에 비하여 가시리의 시적 화자는 님에게 다시 돌아올 것을 하소연하는 보다 적극적인 모습을 보여준다. ('진달래꽃'에는 님을 원망하지 않는 감정의 절제가 나타나며 자기 희생적 자세를 반어적으로 표현하고 있다)

① '가시리'와 '진달래꽃'(김소월)에 나타나는 이별의 상황

'가시리'에서는 실제로 이별의 상황이 나타나지만, '진달래꽃'에서는 이별의 상황을 가정하고 쓰고 있다.

② '가시리', '서경별곡', '진달래꽃'에 나타난 시적 화자의 태도

소극적	↔			적극적
진달래꽃	<	가시리	<	서경별곡

(2) '가시리'와 '황진이' 시조

> 어져 내 일이야 그릴 줄을 모로ᄃᆞ냐
> 이시라 ᄒᆞ더면 가랴마ᄂᆞᆫ 제 구퇴야
> 보내고 그리ᄂᆞᆫ 정(情)은 나도 몰라 ᄒᆞ노라

사랑하는 임을 보내고 난 후의 후회감과 이별한 후에 더욱 간절해지는 그리움, 즉 회한의 정을 표현하고 있다. '가시리'에서는 이별의 상황에 처하여, 이 시조에서는 이별을 하고 난 후의 시적 화자의 섬세한 정서를 잘 표현하고 있다.

(3) '가시리'와 민요 '아리랑'에 나타난 시적 화자의 태도.

> 아리랑 아리랑 아라리요 / 아리랑 고개를 넘어간다. /
> 나를 버리고 가시는 님은 / 십리도 못 가서 발병 난다. /

'아리랑'에서는 떠나는 님에 대한 원망이 직설적으로 나타나 있음에 비하여, 가시리에서는 임이 돌아오지 않을까 봐 감정을 자제하는 면으로 나타난다.

◆── '가시리'에서 후렴구의 기능 ──◆

이 노래에서 '위 증즐가 대평셩딕(大平盛大)'라는 후렴구가 반복적으로 사용되고 있다. 이별의 노래임에도 분위기와 맞지 않게 후렴구가 사용된 것은 이 노래의 궁중의 속악으로 채택되어 임금 앞에서 불리면서 이와 같은 부분이 첨가된 것으로 볼 수 있다. 후렴구에는 내용이 있지만 노래의 전체적인 흐름과 관계가 없다.

Check 문제

01 이 노래에 대한 설명으로 거리가 먼 것은?
① 이별을 안타까워하고 슬퍼한다.
② 임을 떠나보내는 여성 화자의 섬세한 심리가 나타난다.
③ 후렴구는 화자의 정서를 심화시키는 구실을 한다.
④ 우리 민족의 전통적 정서가 담겨 있다.
⑤ 기승전결의 한시 구성 형태를 취하고 있다.

[정답] ③

풀이 〈가시리〉의 후렴구는 화자의 정서와 관련이 없다. 고려가요의 여음과 후렴구들은 본래 텍스트에는 없었으나 고려가요가 궁중악으로 개편되면서 덧붙여졌다고 알려져 있다. 이러한 여음과 후렴구들은 악곡상 필요에 의해 첨가된 것으로 작품의 율격미를 생동감 있게 조성하고 시적 구조를 완성하는 데 중요한 역할을 한다.

02 고려가요 〈가시리〉와 주제와 율격 면에서 같은 작품을 차례대로 연결한 것은?   [2001. 인천시 9급]

① 만전춘 – 이상곡   ② 청산별곡 – 이상곡
③ 서경별곡 – 쌍화점   ④ 서경별곡 – 청산별곡
⑤ 만전춘 – 쌍화점

[정답] ④

풀이 주제 면에서는 남녀 간의 이별의 정을 다룬다는 점에서 '서경별곡'과 유사하며, 율격 면에서는 3·3·2
조라는 점에서 '청산별곡'과 유사하다.

03 다음 작품에 대한 설명이 적절하지 않은 것은?   [2012. 가상직 9급]

① 〈제망매가〉 – 향찰로 기록된 신라 신대의 노래로, 죽은 누이를 추모하는 내용이다.
② 〈가시리〉 – 평양을 배경으로 한 고려가요로, 떠나는 임을 향한 질투를 표현하고 있다.
③ 〈이춘풍전〉 – 남성의 허위의식을 비판하고 진취적인 여성상을 강조하는 고전소설이다.
④ 〈무정〉 – 형식, 영채, 선형 사이의 삼각 애정과 신교육을 내용으로 하는 계몽소설이다.

[정답] ②

풀이 ②는 〈서경별곡〉에 대한 설명이므로 적절하지 않다. 〈가시리〉는 소극적인 여성화자의 이별의 정한을
표현하는 작품이다.

04 다음은 '가시리'에 대한 설명이다. 1연에 4연의 내용에 맞게 순서대로 바르게 배열한 것은?

> (가) 이별의 상황을 믿을 수 없어 임에게 진위를 확인하며 갈등을 느끼는 화자의 모습이 나타나
> 있다.
> (나) 임과의 갈등을 화자가 양보함으로써 갈등의 고조를 차단하는 화자의 심정이 잘 드러나 있다.
> (다) 시적 화자가 선뜻 보내주었듯이 임도 곧 화자에게로 돌아오기를 기다리는 기원이 나타나 있다.
> (라) 시적 화자를 두고 냉정히 떠나려는 임에 대한 원망과 갈등이 고조되어 있다.

① (가) – (나) – (다) – (라)   ② (가) – (나) – (라) – (다)
③ (가) – (다) – (나) – (라)   ④ (가) – (다) – (라) – (나)
⑤ (가) – (라) – (나) – (다)

[정답] ⑤

05 〈가시리〉와 가장 유사한 정서를 지니는 것은?   [2017. 서울시 사회복지직 9급]

① 한용운, 〈님의 침묵〉
② 김상용, 〈남으로 창을 내겠소〉
③ 서정주, 〈국화 옆에서〉
④ 김소월, 〈진달래꽃〉

[정답] ④

풀이 〈가시리〉는 이별의 정한을 드러내고 있으므로 김소월의 〈진달래꽃〉과 유사하다. 이별의 정한을 노래
한 대표 작품으로는 고대 가요 〈공무도하가〉, 정지상의 〈송인〉, 황진이의 시조, 김소월의 〈진달래꽃〉
등이 있다.

06 〈가시리〉에 대한 설명으로 옳지 않은 것은?

[2020. 국회직 9급]

① 남녀 간의 사랑과 원망의 정서를 표현하고 있다.
② 한 행의 길이를 일정하게 맞추고 있다.
③ 하나의 문장을 인위적으로 잘라 연을 구분하는 현상을 보인다.
④ 함께 노래 부르는 사람들의 행동을 통일시키는 기능을 하는 시구가 나타난다.
⑤ 기-승-전-결의 짜임새를 가지고 있다.

[정답] ③

풀이 ③은 행간 걸침을 설명한 내용이다. 〈가시리〉는 행간 걸침을 사용하지 않았다.

오답 ① 2연과 3연에서 화자의 원망의 정서가 드러난다.
② 3음보의 음보율과 332조의 음수율로 한 행의 길이를 일정하게 맞추고 있다.
④ 후렴구 '위 증즐가 태평성대'는 시에 통일감을 준다.
⑤ 각각의 연은 '기-승-전-결'의 구조이다.

참고 행간 걸침

행간걸침이란 의미상 한 행으로 배열되어할 시 구절을 의도적으로 다음 행에 걸쳐 놓는 기법이다. 독자가 시에 집중을 해서 시인의 특정한 의도를 파악해야하는 효과가 있다. 가령
"그립다 / 말을 할까 / 하니 그리워" (김소월, '가는길')
에서 "그립다 말을 할까 하니, 그리워"라고 읽어야 하는데, 의도적인 행간 걸침으로 화자의 '머뭇거림'을 독자에게 전달하고 있다.

서경별곡(西京別曲)

작자 미상

西京이 아즐가 西京이 셔울히 마르는
위 두어렁셩 두어렁셩 다링디리
닷곤듸 아즐가 닷곤듸 쇼셩경 고외마른
위 두어렁셩 두어렁셩 다링디리
여히므론 아즐가 여히므론 질삼뵈 브리시고
위 두어렁셩 두어렁셩 다링디리
괴시란듸 아즐가 괴시란듸 우러곰 좃니노이다
위 두어렁셩 두어렁셩 다링디리

구스리 아즐가 구스리 바회예 디신들
위 두어렁셩 두어렁셩 다링디리
긴히쭌 아즐가 긴히쭌 그츠리잇가 나는
위 두어렁셩 두어렁셩 다링디리
즈믄히를 아즐가 즈믄히를 외오곰 녀신들
위 두어렁셩 두어렁셩 다링디리
信잇둔 아즐가 信잇둔 그츠리잇가 나는
위 두어렁셩 두어렁셩 다링디리

大洞江 아즐가 大洞江 너븐디 몰라셔
위 두어렁셩 두어렁셩 다링디리
빈내여 아즐가 빈내여 노흔다 샤공아
위 두어렁셩 두어렁셩 다링디리
네가시 아즐가 네가시 럼난디 몰라셔
위 두어렁셩 두어렁셩 다링디리
녈빈예 아즐가 녈빈예 연즌다 샤공아
위 두어렁셩 두어렁셩 다링디리
대동강 아즐가 대동강 건넌편 고즐여
위 두어렁셩 두어렁셩 다링디리
빈타들면 아즐가 빈타들면 것고리이다 나는
위 두어렁셩 두어렁셩 다링디리

서경이 아즐가 서경이 서울이지마는

새로 닦은 아즐가 새로 닦은 소성경을 사랑하오이다마는

이별하기보다는 아즐가 이별하기보다는 차라리 길쌈베 버려두고

사랑하신다면 아즐가 사랑하신다면 울며 울며 쫓아가겠습니다

구슬이 아즐가 구슬이 바위에 떨어진들

끈이야 아즐가 끈이야 끊어지겠습니까

천 년을 아즐가 천년을 외따로이 살아간들

믿음이야 아즐가 믿음이야 끊어지겠습니까

대동강 아즐가 대동강 넓은 줄 몰라서

배 내어 아즐가 배 내어 놓느냐 사공아

네 아내 아즐가 네 아내 음탕한 줄 몰라서

가는 배에 아즐가 가는 배에 얹느냐 사공아

대동강 아즐가 대동강 건너 편 꽃을

배 타고 들어가면 아즐가 배 타고 들어가면 꽃을 꺾으오리다

이별을 부정하고 떠나는 임을 원망함

이별의 노래

고려속요. 3음보(후렴구를 제외하면 서경이 셔울히 마르는 / 닷곤 딕 쇼셩경 고외마른 / 여희므론 질삼 뵈 브리시고 / 괴시란딕 우러곰 좃니노이다 // 와 같이 운율이 형성된다.)

서경이 서울이지마는 중수(重修: 새로 닦은)한 곳인 소성경을 사랑합니다마는
임을 이별할 것이라면 차라리 (내 고장 서울과) 길쌈하던 베를 버리고서라도
사랑만 해 주신다면 울면서 따르겠습니다.

• 하소연: 끝까지 임을 따르겠음. 임에 대한 연모의 정

구슬이 바위 위에 떨어진들 끈이야 끊어지겠습니까?
(임과 헤어져) 천 년을 홀로 살아간들
임을 사랑하고 믿는 마음이야 변할 리가 있겠습니까?

• 다짐: 임에 대한 믿음. 임에 대한 변함없는 사랑과 믿음.
• 정석가 6연과 같음. → 개별적인 노래가 연장체로 이어짐. 민간에 널리 불리던 표현.

대동강이 넓은 줄을 몰라서
배를 내어 놓았느냐, 사공아
네 아내가 놀아난 줄도 모르고(음란한 줄을 몰라서)
다니는(떠나는) 배에 몸을 실었느냐 사공아.
(나의 임은) 대동강 건너편 꽃을, 배를 타고 가면 꺾을 것입니다.

• 떠나는 임에 대한 원망.

(1) 각 연에 나타난 서정적 자아의 태도
  ① 1연: 임께서 사랑만 하신다면 정든 고향이나 여인으로서의 일상적 삶도 선뜻 포기하고 끝까지 쫓아가겠다는 적극적이고 의지적인 사랑의 자세
  ② 2연: 임과 영원한 이별을 할지라도 자신의 사랑은 결코 변하지 않을 것이라고 임에 대한 애정과 자신의 강한 의지를 독백조로 강하게 표현함
  ③ 3연: 이별의 서러움을 임을 배에 싣고 떠나는 사공에 대한 격한 원망을 통해 표현하고 있으며 떠나간 임이 다른 꽃을 꺾을지도 모른다는 불안하고 질투심을 느끼는 서정적 자아의 정서가 솔직하게 표현됨.

(2) 서정적 자아의 태도에서 드러나는 특징
  1연에서는 내 생활을 포기하고서라도 임을 따라가겠다는 강렬한 애정을 표현하다가 2연에서는 이성적인 목소리로 헤어져 있어도 임에 대한 사랑은 변함없다는 의지적인 목소리, 3연에서는 지극히 인간적인 질투와 원망에 찬 목소리를 표출하여 정서상 일관성이 없는 것으로 여겨진다.

(3) 시적 자아가 여성이라고 단정할 수 있는 근거가 되는 시어: '질삼뵈', '길쌈하던 베'라는 뜻

● 내용 분석 ●

(1) '아즐가' '나는'의 구실
  악률에 맞추기 위한 의미 없는 부분이다.

(2) 후렴구의 기능
  '위 두어렁셩 두어렁셩 다링디리'는 반복적으로 나타나는 후렴구이다. 북소리의 의성어로서 작품 전체에 경쾌한 리듬감을 더해 주는 요소이다. '두어렁'은 거문고, '셩'은 바라나 징, '다링디리'는 '젓대'를 흉내낸 것이다.

(3) 3연에서 '사공'을 끌어들인 이유
  떠나는 임을 직접 붙들지 못하는 서러움을 '저 배가 없었으면 떠나지 못할 텐데'라는 심정으로 제삼자인 사공에 대한 원망을 표출한다. 또 사공의 부인에 대한 욕마저 하고 있는 점으로 서정적 자아의 임에 대한 강렬한 감정을 이해할 수 있다.

● 서경별곡과 가시리의 비교 ●

(1) 시상 전개 방식의 차이: '가시리'는 한 편의 노래가 4연으로 나뉜 형태이지만 '서경별곡'은 개별적인 노래가 연장체로 이어진 형태(2연이 정석가 6연과 같음)
(2) 주제면에서 공통: 이별의 정한

(3) 시적 자아가 대상을 대하는 자세

① '가시리'는 자기 희생적(소극적): 미래 지향적(재회 기약) 자세

② '서경별곡'은 자기 중심적(적극적): 현세 중심적(이별 거부) 자세

Check 문제

01 '서경별곡'과 '가시리'의 차이점을 설명한 것 중 바르지 못한 것은?

① '가시리'와는 달리 '서경', '대동강'이라는 구체적 배경이 이별의 공간으로 설정되어 있다.

② 서정적 자아의 성격이 '가시리'에 비하여 적극적이고 자기중심적이다.

③ '가시리'의 시적 청자는 '임'이지만, '서경별곡'에서는 '임'에서 '사공'으로 대상이 바뀌고 있다.

④ '가시리'는 희생과 절제를 통해 재회를 기약하는 이별가인데 비해 후자는 행복과 애정을 강조하는 이별가이다.

⑤ '가시리'는 임과의 재회를 체념하고 있음에 비하여 후자는 임과의 재회를 포기하지 않고 있다.

[정답] ⑤

풀이 〈가시리〉는 '가시는 듯 도셔 오쇼셔'라고 하며 임과의 재회를 소망한다. 〈서경별곡〉에서 화자는 이별의 안타까움을 드러내며 떠나는 임에게 사랑을 애원하므로 임과의 재회를 포기하지 않고 있다고 할수 있다.

02 이 작품에 대한 설명으로 적절하지 않은 것은?

① 후렴구를 사용하여 통일성과 리듬감을 얻고 있다.

② 다른 작품과 동일한 구절이 나타나 있다.

③ 떠나는 임에게 말을 하는 형식으로 이루어져 있다.

④ 화자는 이별의 슬픔을 극복하려는 의지를 보이고 있다.

[정답] ④

풀이 이 작품에 이별의 정한은 드러나 있으나 이별의 슬픔을 극복하고자 하는 의지는 나타나 있지 않다. 이 작품의 화자는 이별을 인정하지 않고 거부하고 있다.

오답 ② 이 작품의 2연은 〈정석가〉의 6연과 내용이 동일하다.

03 화자가 여성임을 알 수 있게 해 주는 표현은?

① 여히므론   ② 질삼뵈

③ 구스리   ④ 네 가시

[정답] ②

풀이 '질삼뵈'는 '길쌈을 하는 베'라는 뜻인데, '길쌈'은 부녀자들이 가정에서 베, 모시, 명주, 무명의 직물을 짜는 모든 과정을 일컫는 말이다.

04 다음 중 남녀상열지사(男女相悅之詞)에 해당되지 않는 작품은?   [2007. 군무원]

① 〈이상곡〉   ② 〈만전춘〉

③ 〈서경별곡〉   ④ 〈유구곡〉

[정답] ④

풀이 〈유구곡(維鳩曲)〉은 작자나 창작 연대가 미상인 고려속요이다. 〈비두로기〉라고도 하며, 가사와 악곡이 《시용향악보》에 실려 있다. 예종이 자신의 허물과 정치의 잘잘못을 들을 수 있는 길을 넓히고자 하였으나, 간관들이 오히려 임금을 두려워하여 임금의 잘못을 이야기해 주지 않자 그 간관들을 넌지시 타일러 주기 위하여 이 시를 지었다고 전한다.

05 (가), (나)에 대한 이해로 가장 적절한 것은?   [2019. 지방직 7급]

> (가) 公無渡河
> 　　 公竟渡河
> 　　 墮河而死
> 　　 當奈公何
>
> 　　　　　　　　　　　　　　　　　　　　　　　 － 백수광부의 처, 〈공무도하가〉 －
>
> (나) 대동강(大同江) 아즐가 대동강(大同江) 너븐디 몰라셔
> 　　 위 두어렁셩 두어렁셩 다링디리
> 　　 빈 내여 아즐가 빈 내여 노혼다 샤공아
> 　　 위 두어렁셩 두어렁셩 다링디리
> 　　 네 가시 아즐가 네 가시 럼난디 몰라셔
> 　　 위 두어렁셩 두어렁셩 다링디리
> 　　 녈 빈예 아즐가 녈 빈예 연즌다 샤공아
> 　　 위 두어렁셩 두어렁셩 다링디리
> 　　 대동강(大同江) 아즐가 대동강(大同江) 건너편 고즐여
> 　　 위 두어렁셩 두어렁셩 다링디리
> 　　 빈 타들면 아즐가 빈 타들면 것고리이다 나눈
> 　　 위 두어렁셩 두어렁셩 다링디리
>
> 　　　　　　　　　　　　　　　　　　　　　　　 － 작자 미상, 〈서경별곡〉에서 －

① (가)의 화자는 임과의 동행을, (나)의 화자는 임과의 이별을 선택한다.
② (가)의 '河'와 (나)의 '강'은 모두, 임과 나의 재회를 돕는 매개로 설정되었다.
③ (가), (나)의 화자 모두, 벌어질 상황에 대해 염려하는 마음을 드러내고 있다.
④ (가)와 (나) 모두, 화자의 상대방이 보이는 반응이 희극적 분위기를 조성하고 있다.

[정답] ③

풀이 (가)에서 '公'은 남편이고 화자는 아내이다. 남편이 물에 빠져 죽을까 염려하는 아내의 마음을 드러난다. (나)에서 화자는 여성이다. '임'이 배를 타고 자신을 떠날 것을 염려하고 있다. 두 시 모두 화자가 자신에게 앞으로 벌어질 상황에 대해 염려하는 내용이 담겨 있다.

오답 ① (가)에서 화자가 임과 동행을 선택한다는 부분은 제시되지 않았다. 화자는 남편이 물에 빠져 죽었음을 슬퍼하고 있다. (나)에서 화자는 이별을 선택하지 않고 이별을 강하게 거부하고 있다.
　　② (가)에서 '河'는 물이다. 화자의 남편인 '임'은 물에 빠져 죽었다. (나)의 '강'은 화자와 임이 이별하는 장소이다. 둘 다 재회와는 관련이 없다.
　　④ (가)와 (나) 모두 화자의 상대방이 보이는 반응은 제시되어 있지 않았다. 그리고 두 작품에 희극적 분위기 드러나지 않았다.

사모곡(思母曲)

고려속요

호미도 놀히언마ᄅᆞᆫ　　　　　호미도 날이 있지마는
날ᄀᆞ티 들리도 업스니이다　　낫같이 잘 들 리도 없습니다
아바님도 어이어신마ᄅᆞᆫ　　　아버님도 어버이시지마는
　위 덩더둥셩　　　　　　　　　위 덩더둥셩
어마님ᄀᆞ티 괴시리 업세라　　어머님같이 사랑해 주실 이가 없습니다.
아소 님하 어마님ᄀᆞ티 괴시리 업세라　아서라 님이시여(세상 사람들이여) 어머님같이 사랑
　　　　　　　　　　　　　　해 주실 이가 없습니다.

▶ 덩더둥셩: 장구 소리 따위의 의성어로 아무 뜻이 없는 조흥구

주제

어머니의 사랑을 예찬함.

형식

고려가요의 일반적 형식과 달리 비연시(非聯詩: 하나의 연으로 이루어진 시)로 되어 있으며, 시조의 3
장 형식과 대응된다.

구성

- 1, 2구: 호미와 낫 비교
- 3, 4구: 부모의 사랑 비교
- 5, 6구: 어머니의 사랑 예찬

시적 자아

아버지와 어머니의 사랑의 차이를 경험한 어떤 자녀. 어버이의 사랑을 농기구에 비유하여 소박한 느낌
을 가지게 하며, 작자의 신분도 짐작하게 한다.

호미와 낫

같은 연장이라도 그 예리함의 정도가 다름을 말하여, 아버지와 어머니의 사랑이 다름을 나타내었다. (어머니의 사랑을 강조함으로써 상대적으로 아버지에 대한 원망의 뜻이 은연중에 담겨 있다고 볼 수도 있다.) 호미와 낫은 같은 연장이지만, 예리함에서 서로 다름을 말했다. '낫'같은 어머니의 사랑이 더 깊음을 나타내고 있다. 아버지와 어머니의 사랑을 농기구에 비유했다는 소박함도 드러난다.

화자의 정서

'사모곡'은 6구체 단연(單聯)의 짧은 형식에 어머니의 사랑을 예찬하는 마음과 아버지를 원망하는 마음이 진솔하게 나타난다고 보는 견해가 있다. 어머니의 사랑이 아버지의 그것보다 훨씬 섬세하고 깊다는 내용을 소박하게 표현하고 있어 노래의 동기를 '원부(怨父: 아버지를 원망함)'로 보는 이도 있다. 또한 "고려사"의 내용을 근거로 '사모곡'과 '목주가'를 같은 내용의 노래로 보는 견해도 있는데, 해당 기록은 다음과 같다. 목주에 한 효녀가 살았는데, 새어머니[後母]의 미움을 받아 집에서 쫓겨났다. 그 후 효녀는 부자가 되어 친정 부모를 모셔다가 극진히 봉양했으나, 그 부모가 오히려 기뻐하지 않았으므로, 효녀가 그것을 원망하는 뜻으로 이 노래를 불렀다.

Check 문제

01 이 노래에 대한 설명으로 적절하지 않은 것은?

① 노래 부른 이의 사회적 계층을 짐작하게 하는 시어가 있다.
② 솔직한 감정을 매우 소박하게 노래하고 있다.
③ 전통적인 농경 사회를 배경으로 하고 있다.
④ '위 덩더둥셩'이란 조흥구는 10구체 향가의 '낙구'와 비슷한 역할을 한다.
⑤ 예찬과 원망의 심정이 교차되고 있음을 짐작할 수 있다.

[정답] ④

[풀이] '위 덩더둥셩'은 고려가요의 후렴구와 같은 역할이다. 향가의 '낙구'는 10구체 향가에서 감탄사가 나타나는 9행을 말한다.

02 다음 고려가요의 후렴구가 맞게 연결된 것은?   [2005. 전북. 복원]

① 서경별곡: 얄리얄리 얄라셩 얄라리 얄라
② 청산별곡: 有德ᄒ신 님믈 여희ᄋ와지이다
③ 사모곡: 위 덩더둥셩
④ 동동: 위 두어렁셩 두어렁셩 다링디리

[정답] ③

[풀이] 〈사모곡〉은 고려가요의 일반적인 형태와 달리 단연시라서 '위 덩더둥셩'이 한 번 나타나지만, 고려가요는 시가 문학이면서 악곡이기 때문에 이를 여음구 또는 후렴구로 본다.

[오답] ① 서경별곡: 위 두어렁셩 두어렁셩 다링디리
② 청상별곡: 얄리얄리 얄라셩 얄라리 얄라
④ 동동: 아으 動動 다리

정과정(鄭瓜亭)

내 님믈 그리ᄉᆞ와 우니다니	내가 님을 그리워하여 울고 지내더니
산 졉동새 난 이슷ᄒᆞ요이다.	접동새와 나는 비슷합니다.
아니시며 거츠르신 ᄃᆞᆯ 아으	(나를 나쁘다고 한 말이) 옳지 않으며(참이 아니며) 거짓된 줄을
殘月曉星(잔월효성)이 아ᄅᆞ시리이다.	잔월효성(지새는 달과 새벽별)이 아실 것입니다.

⇨ 자연물에 빗댄 자신의 처지와 결백

넉시라도 님은 ᄒᆞᆫ듸 녀져라 아으	넋이라도 임을 한데 모시어 지내고 싶어라.
벼기더시니 뉘러시니잇가.	나를 헐뜯은 이(우기던 사람이) 누구였습니까?
過(과)도 허믈도 千萬(천만) 업소이다.	과실도 허물도 천만 없습니다.
물힛마리신뎌	뭇사람들의 참소하는 말입니다.
슬읏븐뎌 아으	슬프구나, 아아
니미 나를 ᄒᆞ마 니ᄌᆞ시니잇가	임께서 나를 벌써 잊으셨습니까?

⇨ 결백의 직접적 진술

아소 님하, 도람 드르샤 괴오쇼셔	마소서(아소는 금지의 뜻), 임이시여. (마음을) 돌려 들
	으시어 다시 사랑하소서.

⇨ 임에 대한 간절한 애원

주제

자신의 결백을 하소연하며 임을 그리워함.(연군의 정)

특징

고려 의종 때 정서가 귀양지 동래에서 임금의 소환을 기다리다가 소식이 없자, 자신의 결백을 밝히고 선처를 호소하기 위해 지은 노래. 고려가요 중 작자가 밝혀진 유일한 작품

성격

향가계 시가(곡조명: 삼진작(三眞勺))
① 3단계의 시상 전개 → 10구체 향가의 3단 구성
② 11행의 '아소 님하'와 같은 여음구 → 10구체 향가에 나타나는 낙구의 감탄사
③ 이 작품이 향가에서 고려가요로 넘어가는 과도기적 형식의 노래라고 볼 수 있다.

충신연주지사(忠臣戀主之詞), 유배문학(流配文學) 원류. 향가의 잔영이 엿보임(향가계 여요).

● 내용 분석 ●

벼기더시니 뉘러시니잇가

'만전춘'에도 같은 구절이 나오는 것으로 보아, 이 노래가 널리 불렸고, 다른 노래에도 인용된 것으로 보임.

➕ 참고   '접동새'에 나타나는 '恨'의 관습적 상징

(1) 박효관의 시조

> 공산에 우난 접동, 너난 어이 우짖난다.
> 너도 날과 같이 무음 이별하였나냐
> 아모리 피나게 운들 대답이나 하더냐.

'공산'이라는 적막한 분위기 속에서 애절하게 우는 접동새를, 임과 이별한 시적 화자의 이별의 슬픔에 대비시킴.

(2) 김소월의 접동새

접동새 설화를 소재로 한 시: 옛날 진두강 가에 10남매가 살고 있었는데, 어느 날 어머니가 죽고 아버지가 계모를 들였다. 계모는 포악하여 전실 자식들을 학대했다. 소녀는 나이가 들어 박천의 어느 도령과 혼약을 맺었다. 부자인 약혼자 집에서 소녀에게 많은 예물을 보내 왔는데 이를 시기한 계모가 소녀를 농속에 가두고 불을 질렀다. 재 속에서 한 마리 접동새가 날아 올랐다. 접동새가 된 소녀는 학대받는 동생들이 걱정되어, 집 근처에 와서 슬프게 울었다. 그러나 계모가 무서워 밤중에만 아홉 동생이 자는 창가에 와서 울었다.

접동	누나라고 불러 보랴
접동	오오 불설워
아우래비 접동	시샘에 몸이 죽은 우리 누나는
진두강 가람가에 살던 누나는	죽어서 접동새가 되었습니다.
진두강 앞 마을에	아홉이나 남아 되던 오랩동생을
와서 웁니다.	죽어서도 못 잊어 차마 못 잊어
옛날, 우리 나라	야삼경(夜三更) 남 다 자는 밤이 깊으면
먼 뒤쪽의	이 산 저 산 옮아가며 슬피 웁니다.
진두강 가람가에 살던 누나는	
의붓어미 시샘에 죽었습니다.	

- 현실의 비극적 삶을 초극하려는 애절한 혈육의 정.
- 접동새: 한, 재생을 통한 영원 불멸의 삶.
- 역사적 현실과 관련지어 볼 때 시의 화자는 좌절과 한 속에서 방황하는 지식인.

(3) 서정주, 귀촉도

초롱에 불빛, 지친 밤하늘
구비구비 은하ㅅ물 목이 젖은 새,
참아 아니 솟는 가락 눈이 감겨서
제 피에 취한 새가 귀촉도 운다.
그대 하늘 끝 호올로 가신 님아.

떠나간 임을 생각하게 하는 매개체인 동시에 한(恨)의 객관적 상관물

Check 문제

01 정서의 '정과정'을 감상한 내용으로 적절하지 않은 것은? [2024. 국가직 9급]

① 자연물을 통해 화자의 처지를 드러내고 있다.
② 천상의 존재를 통해 화자의 결백함을 나타내고 있다.
③ 설의적 표현을 활용하여 화자의 정서를 부각하고 있다.
④ 큰 숫자를 활용하여 임을 향한 화자의 그리움을 강조하고 있다.

[정답] ④

풀이 '과도 허믈도 천만 업소이다(잘못도 허물도 전혀 없습니다)'에서 '천만(千萬)'은 만의 천 배가 되는 수이니 큰 숫자이다. 그러나 화자는 이 큰 숫자를 활용하여 자신의 결백함을 강조하고 있다. 임이 임금일지라도 시의 전체적인 주제는 임에 대한 그리움이다. 그러나 '과도 허믈도 천만 업소이다'는 그리움과 관련이 없다.

오답 ① 자연물인 '접동새(접동새)'를 통해 화자의 고독한 처지를 드러내고 있다.
② 전상의 존재인 '잔월효성'을 통해 화자의 결백함을 나타내고 있다.
③ '니미 나를 ᄒᆞ마 니ᄌᆞ시니잇개(임이 나를 벌써 잊으셨습니까?)'에서 설의법을 드러난다. 임금이 벌써 자신을 잊었을까 걱정하고 있다.

02 이 작품에 대한 설명으로 가장 옳은 것은? [2015. 서울시 7급]

① 현재 자신의 처지에서 벗어나고 싶은 심정을 담고 있다.
② 이상과 현실의 괴리에 대한 담담한 마음을 담고 있다.
③ 다가올 미래에 대한 비관적인 심경을 담고 있다.
④ 일상적인 소재를 통해서 삶의 교훈을 담고 있다.

[정답] ①

풀이 〈정과정〉은 귀양을 가서 자기의 억울함을 하소연한 작품이다. 현재의 처지에서 벗어나고 싶은 심경을 그리고 있다.

03 다음 고려속요 중 향가의 잔존 형태인 것은?　　　　　　　　　　　[2009. 서울시 2차]

① 동동　　　　　　　　　　　② 사모곡
③ 정과정　　　　　　　　　　④ 가시리
⑤ 헌화가

[정답] ③

풀이 〈정과정〉은 향가계 여요로, 향찰로 표기되지는 않았지만 향가의 형태가 일정 부분 유지된 작품이다.

04 이 시의 '도람 드르샤 괴오쇼셔'에서 가리키는 내용은?　　　　　[2006. 지방직 경기 복원]

① 내 님믈 그리 와 우니다니
② 山 졉동새 난 이슷하요이다
③ 過도 허믈도 千萬 업소이다
④ 니미 나를 마 니자시니잇가

[정답] ③

풀이 이 작품은 인종의 매제인 정서(작가)가 역모에 가담했다는 죄명으로 동래로 귀양가게 되자 의종이 "오늘은 어쩔 수 없으나, 가 있으면 다시 부르겠다."라고 했다. 그러나 아무리 기다려도 소식이 없었으므로, 정서는 의종에게 자신의 결백을 밝히고 약속을 상기 시키고자 이 작품을 지었다고 한다. 그러므로 밑줄 친 '도람 드르샤 괴오쇼셔'는 '내 말씀 다시 들으시고 사랑해 주십시오.'의 의미이고, 작가가 '過도 허믈도 千萬 업소이다'의 내용을 가리키는 것이다.

고려속요

만전춘별사(滿殿春別詞)

어름 우희 댓닙자리 보와	얼음 위에 댓잎 자리 만들어
님과 나와 어러 주글만뎡	님과 내가 얼어 죽을 망정
어름 우희 댓닙자리 보와	얼음 위에 댓잎 자리 만들어
님과 나와 어러 주글만뎡	님과 내가 얼어 죽을 망정
情둔 오ᄂᆞᆳ밤 더듸 새오시라 더듸 새오시라	정 나눈 오늘 밤 더디 새시라 더디 새시라
耿耿(경경) 孤枕上(고침상)애	뒤척 뒤척 외로운 침상에
어느 ᄌᆞ미 오리오	어찌 잠이 오리오
西窓(서창)을 여러ᄒᆞ니	서창을 열어보니
桃花(도화)ㅣ 發(발)ᄒᆞ두다	복사꽃 피었도다
桃花ᄂᆞᆫ 시름업서 笑春風(소춘풍)ᄒᆞᄂᆞ다 笑春風ᄒᆞᄂᆞ다	복사꽃은 시름 없이 봄바람을 비웃네. 봄바람을 비웃네.
넉시라도 님을 ᄒᆞᆫᄃᆡ	넋이라도 님과 함께
녀닛景(경) 너기다니	지내는 모습 그리더니(지낼까 여겼더니)
넉시라도 님을 ᄒᆞᆫᄃᆡ	넋이라도 님과 함께
녀닛景(경) 너기다니	지내는 모습 그리더니
벼기더시니 뉘러시니잇가 뉘러시니잇가	우기시던 이 누구입니까 누구입니까
올하 올하	오리야 오리야
아련 비올하	어린 비오리야
여흘란 어듸 두고	여울일랑 어디 두고
소해 자라온다	못(沼)에 자러 오느냐
소콧 얼면 여흘도 됴ᄒᆞ니 여흘도 됴ᄒᆞ니	못이 얼면 여울도 좋거니 여울도 좋거니
南山(남산)애 자리 보와	남산에 자리 보아
玉山(옥산)을 벼여 누어	옥산을 베고 누워
錦繡山(금수산) 니블 안해	금수산 이불 안에
麝香(사향) 각시를 아나 누어	사향 각시를 안고 누워
藥(약)든 가ᄉᆞᆷ을 맛초ᅀᆞᆸ사이다 맛초ᅀᆞᆸ사이다	약 든 가슴을 맞추옵시다 맞추옵시다
아소 님하 遠代平生(원대평생)애 여힐 ᄉᆞᆯ 모ᄅᆞᅀᆞᆸ새	아! 님이여 평생토록 여읠 줄 모르고 지냅시다

▶ 버기더시니 뉘러시니잇가

(해석) 1. 함께 하자고 우기던 사람이 누구였습니까? – 넋이라도 임과 함께 지내고 싶음을 강조하면서, 함께 있지 못한 현실을 두고 임을 원망함.

2. '녀닛 景'을 '남의 경황'으로 보면 – 임과 함께 지내는 것이 남의 경황으로만 여겨 포기하고 있었는데, 함께 하자고 우기던 사람이 누구였습니까? : 역시 원망의 뜻.)

▶ 오리: '올하'는 '오리야'이다. '오리'는 시적 화자가 사랑하는 임이다.

▶ 소: 다른 여자. '올하 올하~자라온다'는 다른 여자에게 마음을 빼앗겨 방탕한 일상을 일삼고 있는 임을 모습을 풍자하였다.

▶ 여울: 다른 여자

▶ 비오리: 원앙과 비슷하나 좀 더 크며, 자줏빛이 많은 날개는 오색이 찬란하고 암수가 늘 함께 논다.

▶ 사향각시: 아름다운 여인(사향: 사향 노루의 향주머니. 여기서 나오는 향기로 암컷이 쫓아오게 됨.)

▶ 약: 상사병을 낫게 해 주는 약

주제

임에 대한 간절한 그리움. 변치 않는 사랑에 대한 소망

특징

남녀 간의 애정을 대담하고 솔직하게 읊은 고려속요. 대표적인 남녀상열지사(男女相悅之詞).

형식

• 전 5연으로 되어 있는 이 작품은 반복되는 부분을 제외하면, 각 연이 3행 형식으로 되어 있어(3연은 예외) 시조의 3장 형식과 대응된다.

• 특히 2연은 반복되는 구절이 없고, 제 3행이 시조의 종장과 닮아 있어 시조 형식의 기원이 될 수 있는 연이라 하겠다.

• 장과 장 사이에 고려가요의 특징인 여음이 삽입되지 않았다.

① 1연: 임과 함께 있고 싶은 간절한 마음(차가운 얼음 위에서도 임과 함께 누워 있다면, 오래 있고 싶다는 애정의 강도를 나타냄)
② 2연: 홀로 지내는 외로움 하소연(임이 오지 않으니, 잠도 오지 않고 자연은 자신의 심정을 모른다고 하소연함)
③ 3연: 임과의 이별에 대한 원망(넋이라도 임과 함께 가자고 하였던 그 임을 원망함)
④ 4연: 임과 함께 있고 싶은 간절함(남자가 본처를 버리고 딴 곳에 마음을 둠을 꼬집음)
⑤ 5연: 임과 함께 사랑을 나누고 싶은 간절한 마음(육욕적 사랑 갈망)
⑥ 6연: 이별 없는 영원한 사랑 소망(임과의 사랑이 이루어졌을 때, 그 사랑은 이별 없는 영원한 것이 되기를 소망함.)

● 시상 전개 ●

• 각 연들이 처음부터 끝까지 서로 연결된 것이 아니라, 하나하나가 독립된 시상을 가지고 여러 양상의 사랑을 각기 보여주고 있다.
• 서술자: 1~4연은 여성, 5연은 남성(?)
• 각 연 순서를 바꾸어도 큰 지장이 없다.

● '만전춘'의 합가(合歌)적 성격 ●

① 정과정과 유사한 표현: 벼기더시니 뉘러시니잇가
② 경기체가 류의 표현: 녀닛 景 너기다니
③ 한시 현토 형식: 2장

01 서정적 자아의 외로움을 더욱 심화시켜 주고 있는 소재를 찾아 쓰시오.

[정답] 도화(桃花)

02 이 시의 운율에 대한 설명으로 옳은 것은?

① 시행의 반복이 모든 연에서 이루어지고 있다.
② 시행을 모든 연에서 4음보로 끊어 읽을 수 있다.
③ 시행의 수가 모든 연에서 동일하게 맞추어져 있다.
④ 5연을 3행으로 펼치면 시조 형식이 엿보인다.

[정답] ④

풀이 전 5연으로 되어 있는 이 작품은 반복되는 부분을 제외하면 각 연이 3행 형식으로 되어 있다(3연은 제외). 특히 2연은 반복되는 구절이 없고, 3행이 시조의 종장과 닮아 있어 시조 형식의 기원을 알 수 있다. 특히 5연을 1행과 2행은 초장으로, 3행과 4행은 종장으로, 5행은 종장으로 보면 시조의 3행 형식과 같다.

오답 ① 2연과 4연에서는 시구만 반복되고 있지 시행은 반복되고 있지 않다. 6연에는 반복이 드러나 있지 않다.
② 3연의 3행은 4음보가 아니라 3음보로 끊어진다.
③ 5연에서는 시행의 수가 5개이고, 6연에서는 2개이다.

03 ⓐ~ⓔ에 대한 설명으로 알맞지 않은 것은?

> ⓐ 남산(南山)애 자리 보아 ⓑ 옥산(玉山)을 벼여 누어
> ⓒ 금슈산(錦繡山) 니블 안해 ⓓ 샤향(麝香)각시를 아나 누어
> ⓔ 약(藥)든 ᄀᆞ슴을 맛초ᄋᆞᆸ사이다 맛초ᄋᆞᆸ사이다

① ⓐ~ⓒ는 임과 함께 거처할 따뜻한 보금자리를 의미한다.
② ⓐ는 따뜻한 남쪽에 있으므로 '온돌'로 해석이 가능하다.
③ ⓑ와 ⓒ는 각각 옥베개, 비단 이불로 해석할 수 있다.
④ ⓓ는 사향이 든 주머니라는 뜻으로, 여인을 상징한다.
⑤ ⓔ는 추위에 병이 든 화자를 치료하는 약을 의미한다.

[정답] ⑤

풀이 ⓔ는 '가슴에 묻은 향기'로 해석할 수 있다. 아름다운 여인과 함께 하룻밤을 보내고 싶다는 의미를 '약(藥)든 ᄀᆞ슴을 맛초ᄋᆞᆸ사이다 맛초ᄋᆞᆸ사이다'로 표현한 것이다. 따라서 추위에 병이 든 화자를 치료하는 약이라는 해석은 시의 전개상 어울리지 않는다.

Memo

Part 4
경기체가

한림별곡(翰林別曲)

(1) 발생 배경

무신 집권 이후 문벌 귀족 계층이 몰락하고, 이른바 신흥 사대부들이 새롭게 등장하였다. 소멸한 향가를 대치할 새로운 시가 양식이 필요했다. 순수한 서정 양식만으로는 패기만만한 신흥 사대부의 정서를 담아내지 못하였으며, 이에 한국적 운율과 중국 사(詞)의 형식을 교묘히 결합한 교술 장르인 경기체가가 탄생하게 되었다.

※ **교술 장르**: 실제의 경험이나 생각을 사실대로 기록하여 전달하는 글의 양식

(2) 명칭

경기체가, 경기하여가, 혹은 별곡체
'景(경) 긔 엇더ᄒ니잇고', 혹은 '경기하여(景幾何如)'란 후렴구에서 유래.

(3) 형식

① 분연체
② 3·3·4 조의 3음보
③ 각 연 전대절과 후소절로 구성

3·3·4	
3·3·4	
4·4·4	전대절
위 2(4) 景(경) 긔 엇더ᄒ니잇고.	
4·4·4·4	
위 2(4) 景(경) 긔 엇더ᄒ니잇고.	후소절

(4) 내용

퇴폐적·고답적·현실도피적 내용의 귀족 문학

(5) 특징

① 서술적 연결이 생략된 명사 혹은 한문 단구의 나열이 압도적인 구문 구조.
② 일정한 사물, 사실(외부 세계)들을 나열하고 정형화된 감탄구로 집약하는 시적 구조를 지님.
　　▶ 교술 장르

(6) 작품

① 고려: '한림별곡', '관동별곡'(안축, 관동지방의 절경을 읊음), '죽계별곡'(안축, 고향 풍기 순흥의 절경을 읊음)
② 조선
　　㉠ 권근, '상대별곡'(조선의 문물제도가 왕성함을 칭송. 전5장)
　　㉡ 변계량, '화산별곡'(조선의 건국 창업 찬양)
　　㉢ 정극인, '불우헌곡'(전원의 한정과 성은을 노래함)

(7) 소멸

① **원인**: 지나친 한문 어투, 제한된 향유 계층 → 확산되지 못함.

② 조선 선조 때 권호문의 독락팔곡을 끝으로 소멸.

(8) 주요 작품과 작가

작품	작자	연대	형식	내용	표기	출전
한림별곡 (翰林別曲)	한림제유 (翰林諸儒)	고려 고종 (1214~ 1259)	8장	시부(詩賦), 서적(書籍), 명필(名筆), 명주(名酒), 화훼(花卉), 음악(音樂), 누각(樓閣), 추천(鞦韆) 등	《악장가사》에는 국문, 《고려사 악지》에는 이두문(吏讀文)	악장가사, 고려사 악지
관동별곡 (關東別曲)	안축 (安軸)	고려 충숙왕 (1330)	8연	강원도 순찰사로 갔다 돌아오는 길에 관동의 절경을 읊음	이두문 (吏讀文)	근재집 (謹齋集)
죽계별곡 (竹溪別曲)	안축 (安軸)	고려 충숙왕 (1330)	5연	고향인 풍기 땅 순흥 [竹溪]의 경치를 읊음	이두문 (吏讀文)	근재집 (謹齋集)
상대별곡 (霜臺別曲)	권근 (權近)	조선 세종	5장	조선의 문물 제도의 왕성함을 칭송함	국문(國文)	악장가사
화산별곡 (華山別曲)	변계량 (卞季良)	조선 세종	8장	조선 건국 창업을 찬양함	국문(國文)	세종실록 악사(樂詞)
불우헌곡 (不憂軒曲)	정극인 (丁克仁)	조선 성종	6장	전원의 한정(閑情)과 성은(聖恩)을 노래함	이두문 (吏讀文)	불우헌집 (不憂軒集)

01 다음 중 향수(享受) 계층이 나머지 셋과 현저하게 구별되는 것은?　　　[2000. 국가직 9급]

　① 사설시조
　② 고려속요
　③ 경기체가
　④ 잡가

[정답] ③

풀이　경기체가는 양반층의 문학이었으며, 사설시조, 고려속요, 잡가는 평민층의 문학이었다.

02 다음 중 문학의 갈래 구분이 옳은 것은?　　　[2018. 소방직]

　① 서정 갈래: 향가, 몽유록, 고대가요
　② 서사 갈래: 전설, 사설시조, 판소리 사설
　③ 극 갈래: 판소리, 탈춤, 경기체가
　④ 교술 갈래: 수필, 편지, 기행문

[정답] ④

풀이　① 몽유록은 서사 갈래, ② 사설시조는 서정 갈래, ③ 경기체가는 교술 갈래이면서 서정 갈래

03 경기체가에 대한 설명으로 적절한 것은?

　① 향가의 낙구에서 명칭이 유래되었다.
　② 작가 및 연대 미상의 작품이 대다수이다.
　③ 사물이나 경치의 나열을 그 내용으로 하였다.
　④ 고려 무신 집권기 무신들의 기상을 드러내기 위해 창작되었다.

[정답] ③

풀이　경기체가는 시부, 서적, 경치 등을 나열하는 교술적 성격이 강한 문학 장르이다.

오답　④ 경기체가는 무신란 이후 신흥 사대부들이 자신들의 득의에 찬 삶과 향락적인 여흥을 드러내기 위하여 창출한 시가 양식이다.

한림별곡(翰林別曲)

경기체가

특징

① 한림의 유생들이 합작한 작품(1장의 8명 문인들이 한 장씩 지은 것으로 추정).
② 현존하는 최초의 경기체가 작품

주제

① 신진 사대부들의 학문적 자부심과 의욕적 기개
② 귀족들의 향락적 풍류생활과 퇴영적인 기풍

각 장의 소재와 주제

1장과 8장이 주로 인용됨

장별	소재	주제
1	시부	문장가 · 시인 등 명문장 찬양
2	서적	지식 수련과 독서에 대한 자긍심
3	명필	유행 서체와 필기구 등 명필 찬양
4	명주	상층 계급의 주흥(酒興) 노래
5	화훼	화원(花園)의 서경(敍景) 노래
6	음악	흥겨운 주악(奏樂) 노래
7	누각	후원(後園)의 서경 노래
8	추천	즐겁게 그네 뛰는 광경

내용

① 당시 귀족 문인들의 퇴영적, 향락적 기풍을 반영한 것
② 권좌(權座)를 꿈꾸던 당시 신흥 사대부들의 향락적이고 득의에 찬 삶과 의식 세계를 표현한 것

① 열거법, 영탄법, 설의법, 반복법을 사용함
② 전 8장의 분절체, 각 장의 1~4행은 전대절, 5~8행은 후소절
③ 3·3·4조의 3음보

제 1 장

元淳文 仁老詩 公老四六   ⇨ 문인들의 과거보는 모습
원슌문 인노시 공노스륙
李正言 陳翰林 雙韻走筆
니졍언 딘한림 솽운주필   문인들의 명문장을 나열
沖基對策 光鈞經義 良鏡詩賦
튱긔딕칙 광균경의 량경시부
위 試場ㅅ景 긔 엇더ᄒ니잇고.   ⇨ 글재주를 겨루는 시험장의 광경
    시댱 경
(葉) 琴學士의 玉筍門生 琴學士의 玉筍門生
     금혹사 옥슌문ᄉᆡᆼ 금혹사 옥슌문ᄉᆡᆼ
위 날조차 몃 부니잇고.   ⇨ 금의의 문하생 찬양

▶ 스륙: 사륙 변려문. 4자 또는 6자의 대구로 된 문장.
▶ 솽운주필: 쌍운주필. 쌍운으로 운자를 내어 빨리 시를 지어 갈겨 쓰는 것(주필: 흘림 글씨로 빨리 쓰는 것)
▶ 딕칙: 대책. 왕의 물음에 답하여 쓰는 책문
▶ 시부: 산문적으로 기술하는 운문체.
▶ 금혹사: 금학사. 과거의 시관(試官)으로 많은 인재를 선발하였음.
▶ 위 試場ㅅ景 긔 엇더ᄒ니잇고: 당시 신흥 사대부들이 자신들의 능력과 삶의 방식에 대한 자부심을 가조한 표현(반복법, 설의법)
▶ 위 날조차 몃 부니잇고: 신흥 문벌의 자만에 찬 의욕과 권세(설의법)

유원순의 문장, 이인로의 시, 이공로의 사륙 변려문
이규보와 진화의 쌍운에 맞추어 빨리 지어 써내려간 시
유충기의 대책, 민광균의 경서 풀이, 김양경의 시와 부
아, 글재주를 겨루는 시험장의 광경 그것이 어떠합니까.(굉장합니다)
금의의 죽순처럼 배출된 뛰어난 문하생들, 금의의 죽순처럼 배출된 뛰어난 문하생들
아, 나까지(나를 비롯하여) 몇 분입니까?(참 많습니다)

제 8 장

唐唐唐 唐楸子 皁莢 남긔	⇨ 즐거운 추천희(그네타기) 광경
당당당 당츄ᄌ 조협	
紅실로 紅글위 ᄆᆡ요이다	
홍 홍	
혀고시라 밀오시라 鄭少年하	
명쇼년	
위 내 가논 ᄃᆡ ᄂᆞᆷ 갈셰라	⇨ 그네 뛰는 광경
(葉) 削玉纖纖 雙手ㅅ길헤 削玉纖纖 雙手ㅅ길헤	
샥옥셤셤 쌍슈　　　　샥옥셤셤 쌍슈	
위 携手同遊ㅅ景 긔 엇더ᄂᆞ니잇고	⇨ 향락적인 삶 찬양
휴슈동유　경	

▸ 글위: 그네
▸ 당당당: 음수율을 맞추고 흥을 돋구기 위함.
▸ 내 가논 ᄃᆡ ᄂᆞᆷ 갈셰라: 시기, 질투의 감정. 중의적 표현(① 내가 가는 데 남이 갈까 두렵다는 핑계, ② 그네 뛰며 노는 광경을 사실적으로 표현)
▸ 携手同遊ㅅ景: 손에 손을 잡고 함께 노는 광경

■ 해석 ●

당당당 당호도나무 쥐엄나무에
붉은 실로 붉은 그네 매었습니다.
당기시라 미시라 정소년이여
아, 내 가는 데 남이 혹시 갈까 두렵구나.
옥을 깎은듯 고운 손길에 옥을 깎은듯 고운 손길에
아, 두 손 맞잡고 노는 광경 그것이 어떠합니까

● 시적 자아의 삶의 태도 ●

득의(得意)에 찬 자부심을 바탕으로 향락적인 풍류생활을 영위하려는 태도

● 8장이 다른 장과 다른 점 ●

1~7장은 사물의 이름을 나열하고 그 감흥을 표현했다. 그러나 8장은 그네를 타는 즐거움과 귀족들의 풍류를 과시했다. 또한 8장은 문학적인 측면이 두드러진다. 감각적이고 동적인 묘사와 우리말의 아름다운 사용이 돋보인다.

제2장 – 書籍(서적)

唐漢書(당한셔) 莊老子(장로주) 韓柳文集(한류문집)
李杜集(니두집) 蘭臺集(난되집) 白樂天集(빅락텬집)
毛詩尙書(모시샹셔) 周易春秋(주역춘추) 周戴禮記(주되례긔)
위 註(주)조쳐 내 외옩 景(경) 긔 엇더ᄒ니잇고
葉(엽) 大平廣記(대평광긔) 四百餘卷(ᄉ빅여권) 大平廣記(대평광긔) 四百餘卷(ᄉ빅여권)
위 歷覽(역람)ㅅ 景(경) 긔 엇더ᄒ니잇고.

[해석] 당서와 한서, 장자와 노자, 한유와 유종원의 문집
　　　 이백과 두보의 시집, 난대집(한대의 시문집), 백락천의 시집
　　　 시경과 서경, 주역과 춘추, 주례와 예기
　　　 아, 주까지 내가 외는 광경 그것이 어떠합니까?
　　　 대평광기(송대의 시문집) 사백여권 대평광기 사백여권
　　　 아아, 열람하는 광경 그것이 어떠합니까?

제3장 – 名筆(명필)

眞卿書 飛白書 行書草書(진경서 비백서 행서초서)
篆　書 蝌蚪書 虞書南書(전류서 과두서 우서남서)
羊鬚筆 鼠鬚筆(양수필 서수필) 빗기 드러
위 딕논 景(경) 긔 엇더ᄒ니잇고
(葉) 吳生劉生 兩先生(오생유생 양선생)의 吳生劉生 兩先生(오생유생 양선생)의
위 走筆(주필)ㅅ 景(경) 긔 엇더ᄒ니잇고

[해석] 안진경의 글씨, 비백서(隷書나 篆字의 글씨체를 약간 섞어서 그림처럼 쓰는 글씨체), 행서, 초서
　　　 전서와 유문, 과두서(올챙이 모양과 같은 중국 고대 글씨체), 우서와 남서(글씨체)
　　　 양의 수염으로 만든 붓, 쥐의 수염으로 만든 붓을 비스듬히 들어
　　　 아아, 획을 찍는 광경, 그것이 어떠합니까?
　　　 오선생과 유선생 양 선생의, 오선생과 유선생 양 선생의
　　　 아아, 빨리 써내려가는 광경 그것이 어떠합니까?

제4장 – 名酒(명주)

黃金酒 柏子酒 松酒醴酒(황금주 백자주 송주예주)
竹葉酒 梨花酒 五加皮酒(죽엽주 이화주 오가피주)
鸚鵡盞 琥珀盃(앵무잔 호박배)예 ᄀ득 브어
위 勸上ㅅ景(권상ㅅ경) 긔 엇더ᄒ니잇고
(葉) 劉伶陶潛 兩仙翁(유령도잠 양선옹)의 劉伶陶潛 兩仙翁(유령도잠 양선옹)의
위 醉(취)혼ㅅ 景(경) 긔 엇더ᄒ니잇고

[해석] 황금주 잣술 솔잎술 감술 / 댓잎술 배꽃술 오가피주(두릅나무술)
　　　 앵무조개로 만든 잔, 호박으로 만든 잔에 가득 부어
　　　 아아, 권하여 올리는 정경 그것이 어떠합니까?
　　　 유영과 도연명 두 노신선의, 유영과 도연명 두 노신선의
　　　 아아, 취한 정경이 어떠합니까?

제5장 - 花卉(화훼)

紅牡丹 白牡丹 丁紅牡丹(홍모단 백모단 정홍모단)
紅芍藥 白芍藥 丁紅芍藥(홍작약 백작약 정홍작약)
御柳玉梅 黃紫薔薇 芷芝冬栢(어류옥매 황자장미 지지동백)
위 開發(개발)ㅅ 景 긔 엇더ᄒ니잇고
(葉) 合竹桃花(합죽도화) 고온 두 분 合竹桃花(합죽도화) 고온 두 분
위 相映(상영)ㅅ 景 긔 엇더ᄒ니잇고

[해석] 붉은 모란, 흰 모란, 짙붉은 모란 / 붉은 작약, 흰 작약, 짙붉은 작약
　　　 버들과 옥매화, 황색 자색의 장미꽃, 지지 동백(지란과 영지와 동백)
　　　 아아, 피어나는 광경 그것이 어떠합니까?
　　　 합죽(合歡竹으로 대나무의 일종)과 복숭아꽃 고운 두 그루 합죽과 복숭아꽃 고운 두 그루
　　　 아아, 서로 비추는 광경 그것이 어떠합니까?

제6장 - 音樂(음악)

阿陽琴 文卓笛 宗武中琴(아양금 문탁적 종무중금)
帶御香 玉肌香 雙伽倻ㅅ고(대어향 옥기향 쌍가얏고)
金善琵琶 宗智嵆琴 薛原杖鼓(김선비파 종지혜금 설원장고)
위 過夜(과야)ㅅ 景 긔 엇더ᄒ니잇고
(葉) 一枝紅(일지홍)의 빗근 笛吹(적취) 一枝紅(일지홍)의 빗근 笛吹(적취)
　위 듣고아 좀드러지라

[해석] 아양이 타는 거문고, 문탁이 부는 피리, 종무가 부는 중금
　　　 기생 대어향과 옥기향이 타는 쌍가야금
　　　 김선이 타던 비파, 종지가 타던 해금, 설원이 치는 장고
　　　 아아, 밤을 새우는 광경 그것이 어떠합니까?
　　　 일지홍(피리를 잘 불던 기생)이 비껴 부는 피리, 일지홍이 비껴 부는 피리
　　　 아아, 듣고야 잠들고 싶습니다.

제7장 - 樓閣(누각)

蓬萊山 方丈山 瀛洲三山(봉래산 방장산 영주삼산)
此三山 紅樓閣 綽妁仙子(차삼산 홍루각 작작선자)
綠髮額子 錦繡帳裏 珠簾半捲(녹발액자 금수장리 주렴반권)
위 登望五湖(등망오호)ㅅ景 긔 엇더ᄒ니잇고
(葉) 綠楊綠竹 栽亭畔(녹양녹죽 재정반)애 綠楊綠竹 栽亭畔애
위 囀黃鶯(전황앵) 반갑두셰라

[해석] 봉래산, 방장산, 영주산의 삼신산
　　　 이 삼신산 홍루각의 아름다운 여자(綽妁은 아름다운 모습, 仙子는 仙人 또는 仙女)
　　　 검은 머리의 예쁜 여자(녹발은 검고 아름다운 여자의 머리, 액자는 이마)가 수놓은 비단 장막을 쳐놓
　　　 은 방안에서 구슬발을 반쯤 걷고
　　　 아아, 호수를 바라보는 광경, 그것이 어떠합니까?
　　　 푸른 버들과 대나무를 심은 정자 둔덕에
　　　 아아, 꾀꼬리와 앵무새의 지저귐, 반갑기도 하여라.

01 다음에 대한 설명 중 옳은 것은?

[2013. 서울시 9급]

> 紅牡丹(홍모단) 白牡丹(빅모단) 丁紅牡丹(뎡홍모단)
> 紅芍藥(홍쟉약) 白芍藥(빅쟉약) 丁紅芍藥(뎡홍쟉약)
> 御柳玉梅(어류옥및) 黃紫薔薇(황ㅈ쟝미) 芷芝冬柏(지지동빅)
> 위 間發(간발)ㅅ 景(경) 긔 엇더ᄒ니잇고.
> 葉(엽) 合竹桃花(합듁도화) 고온 두 분 合竹桃花(합듁도화) 고온 두 분
> 위 相映(샹영)ㅅ 景(경) 긔 엇더ᄒ니잇고.

① 삼국시대에 출현한 장르로서, 자연의 아름다움을 노래한 것이다.
② 고려가요의 하나로, 유토피아적인 동경을 노래하였다.
③ 주로 사대부가 작가인 정형시로서, 조선 전기 이후 자취를 감추었다.
④ 조선 초기의 산문으로, 자연의 아름다움을 노래한 것이다.
⑤ 우리나라 고유의 정형시로, 고려 초기부터 발달하여 왔다.

[정답] ③

풀이 이 작품은 '한림별곡'으로 경기체가이다. 경기체가는 정형시로서, 사대부 계층이 창작하고, 고려 중엽부터 조선 전기까지 성행했다.

오답 ① 경기체가는 고려 시대 때 출현한 장르이다.
② 경기체가이다.
④ 고려 중엽부터 조선 전기까지 성행한 운문이다.
⑤ 고려 중엽부터 발달하여 왔다.

02 다음 작품에 대한 설명으로 거리가 먼 것은?

[2015. 기상직 7급]

> 元淳文 仁老詩 公老四六
> 李正言 陳翰林 雙韻走筆
> 沖基對策 光鈞經義 良鏡詩賦
> 위 試場ㅅ景 긔 엇더ᄒ니잇고
> (葉) 琴學士의 玉筍門生 琴學士의 玉筍門生
> 위 날조차 몃부니잇고
>
> – 〈한림별곡〉 중에서 –

① 사람의 이름과 그들의 장기(長技)를 열거하고 있다.
② 〈악장가사〉에서 고려 시대 고종 때 한림학사가 지었다고 전한다.
③ 고려 신진 사대부들의 득의에 찬 기상이 나타나 있다.
④ 화자는 시문보다 도학을 즐기며 강호가도(江湖歌道) 구현을 지향한다.

[정답] ④

풀이 〈한림별곡〉의 화자는 고려의 신흥 사대부들로, 학문적 자부심을 나타내고 있다. 다라서 자연을 즐기는 '도학(道學)'이나 '강호가도 구현'과는 관계가 없다. 참고로 이 부분은 〈한림별곡〉 1장이다. 당시 대표적인 문인과 각자가 장점을 보이는 분야가 소개되어 있으며, 중심 소재는 '시부(詩賦)'이다.

03 이 작품의 갈래적 특징으로 볼 수 없는 것은?

① 고려 시대에 처음 나타나 조선 전기까지 계승되었다.
② 구비 전승되다 조선 시대에 와서 문자로 기록되었다.
③ 당시 상류 계층의 생활상과 가치관이 반영되어 있다.
④ 사물을 그대로 서술하는 교술적 성격을 지니고 있다.

[정답] ②

풀이 〈한림별곡〉은 고려 시대 무신 정변 이후 신진 사대부들에 의해서 만들어진 경기체가이다. 처음부터
한문이나 이두로 기록되었다. 대부분의 경기체가는 이두로 전해지며, 〈한림별곡〉은 한문과 이두, 국한
문으로 전해지고 있다.

04 다음 글에 대한 설명으로 옳은 것은?　　　　　　　　　　　　　　　　　　　　[2019. 국회직 9급]

> 唐漢書莊老子韓柳文集
> 李杜集蘭臺集白樂天集
> 毛詩尙書周易春秋周戴禮記
> 　　위 註조쳐 내 외온ㅅ景긔 엇더ㅎ니잇고
> (葉) 太平廣記四百餘卷太平廣記四百餘卷
> 　　위 歷覽ㅅ景긔 엇더ㅎ니잇고
>
> 　　　　　　　　　　　　　　　　　　　　　　　－〈한림별곡〉 중에서 －

① 사대부 계층의 소박한 생활 감정이 드러나고 있다.
② 나열의 방식으로 강호가도를 구현하고 있다.
③ 시적 화자의 능력을 예찬의 대상으로 삼고 있다.
④ 시적 대상을 시간의 흐름에 따라 묘사하고 있다.
⑤ 묻고 답하는 형식을 통해 주제를 강조하고 있다.

[정답] ③

풀이 고려시대의 경기체가인 〈한림별곡(翰林別曲)〉의 제2장이다. 제2장은 신진 사대부들의 독서에의 긍지,
즉 학문에의 자부심을 나타내고 있다. 특이한 반복 구조 속에 사대부들의 호탕하고, 화려하고 득의만만
한 자신감을 표현하고 있다. 특히, 지식 수련에 대한 자신들의 자긍심과 기개를 나타내는 한편, 당시의
시대상과 사대부들의 사물관 내지 세계관을 알 수 있게 한다.

오답 ① 소박한 생활 감정은 이 작품에 나타나지 않았다.
② 학문에 대한 자부심을 드러내기 위해 중국의 경전들을 나열하고 있다. 강호가도(江湖歌道)는 조선
시대에, 은자(隱者)나 시인(詩人), 묵객(墨客) 들이 현실을 도피하여 자연을 벗 삼아 지내면서 일으킨
시가 창작의 한 경향이므로 이 시와 관련이 없다.
④ 이 시에는 시간의 흐름이 나타나지 않았다.
⑤ '엇더ㅎ니잇고'는 상대에게 묻는 표현이지만, 이 시는 대답을 하고 있지는 않다. 물어는 보았으나
답변을 하지는 않았으므로 묻고 답하는 형식은 이 시와 관련이 없다.

Memo

Part 5
악장

용비어천가(龍飛御天歌)

(1) 악장(樂章)의 개념

궁중의 여러 의식과 행사 및 연례(宴禮)에 쓰인 노래의 가사, 즉 종묘 제향(宗廟祭享)이나 공사 연향(公私宴享)에서 불려지던 조선 초기의 송축가(頌祝歌)를 이른다. 조선의 국기(國基)가 공고히 다져지고 모든 제도가 정비·개혁되면서부터 차차 조선의 건국과 문물 제도를 찬양하고, 임금의 만수무강과 자손의 번창을 축원하는 노래를 지어 부르게 되었다. 그러나 이는 특권층 귀족의 다분히 목적성을 띤 문학이었기 때문에 얼마간 성행하다가 성종 때 그 자취를 감추고 말았다.

이를 형태별로 보면, 한시체, 속요체, 경기체가체, 신체(新體) 등으로 나뉘며, 《악학궤범》, 《악장가사》, 《시용향악보》 등에 실려 전한다.

(2) 등장 배경

경기체가를 통해 드러나기 시작한 사대부의 새로운 이념과 진취성은 아직 향락적인 측면이 강하여, 문인 관료들이 사대부다운 이념으로 시가 문학의 새로운 기풍을 완전히 마련하는 단계까지는 나아가지 못했다. 조선의 건국과 더불어 악장이 요구된 것은 고려 후기에 빚어진 위기를 타개하기 위해 새로운 왕조의 창업이 불가피했던 사정과 관련된다. 백성을 통치하는 효율적인 방법을 새롭게 모색하는 것이 개국에 참여한 사대부들의 역사적 임무였던 것이다. 훈민정음이 창제된 것도 이러한 사정에서였다. 훈민정음을 표기 수단으로 하는 문학적 작업의 목적은 당연히 건국의 정당성을 알리고 새로운 개국 세력의 내부 결속을 꾀하는 것이었다. 악장은 이러한 배경을 바탕으로 신흥 사대부에 의해 창작되었다.

(3) 형식

악장에는 일정한 틀이 없다. 초기에는 중국 고체시(古體詩)의 형태를 본받았고, 훈민정음이 창제되자 국어가 섞인 현토체(懸吐體)로 바뀌었다가, 후에 〈용비어천가〉와 같은 정형성을 띤 신체 형식으로 고정된 것으로 보인다. 한시체, 속요체, 경기체가체, 신체 등 다양하게 나타나고 있다.

(4) 내용

조선 건국의 정당성 강조, 조선의 문물이나 제도 찬양, 임금의 만수무강과 왕가의 번창 기원, 후대 왕들에 대한 권계나 귀감을 그 주요 내용으로 하고 있다. 악장은 형식 갈래라기보다 내용 갈래라는 말이 가능할 정도로, 내용에서는 고정성을 보이고 있다.

(5) 대표 작품

작품	작자	연대	형식	내용	출전
납씨가 (納氏歌)	정도전 (鄭道傳)	태조2 (1393)	한시체	태조가 야인(몽고의 나하추[納出])을 격퇴한 무공을 찬양한 무공곡(武功曲). 일명 '파납씨(破納氏)'라고 함	악학궤범, 악장가사, 시용향악보
문덕곡 (文德曲)	정도전	태조2	한시체	태조의 창업 공덕 가운데, 특히 문덕을 송영(頌永)함	악학궤범
정동방곡 (靖東方曲)	정도전	태조2	한시체	태조의 위화도(威化島) 회군(回軍)을 찬양한 무공곡	악학궤범, 악장가사

궁수분곡 (窮獸奔曲)	정도전	태조2	한시체	태조가 왜구를 물리친 것을 찬양한 무공곡	악학궤범, 악장가사
신도가 (新都歌)	정도전	태조3 (1394)	속요체	태조의 성덕과 창업을 기리고, 신도(新都) 한양의 형성과 상서로움을 노래하며, 태조의 만수무강을 기원함	악장가사
근천정 (覲天庭)	하륜 (河崙)	태종2 (1402)	한시체	시경의 아송체를 모방하여 지은 것으로, 태조의 공덕을 찬양함	악학궤범
상대별곡 (霜臺別曲)	권근 (權近)	태종9 (1409)	경기체 가체	상대 사헌부(司憲府)에서의 생활을 통하여 조선 창업의 위대함을 노래함	악장가사
화산별곡 (華山別曲)	변계량 (卞季良)	세종7 (1425)	경기체 가체	조선의 개국 창업을 찬양함	악장가사
봉황음 (鳳凰吟)	윤회 (尹淮)	세종11 (1429)	한시체	조선의 문물과 왕가의 축수(祝壽)를 노래함	악학궤범
유림가 (儒林歌)	윤회	미상	속요체	조선의 창업 송축과 유교 정치를 찬양함	악장가사, 시용향악보
오륜가 (五倫歌)	윤회	미상	경기체 가체	오륜에 대하여 부른 송가	악장가사
용비어천가 (龍飛御天歌)	정인지 권제 안지	세종27 (1445)	신체	조선의 여러 조종(祖宗)의 위업을 찬양하고, 후대의 왕에게 권계(權戒)의 뜻을 일깨움. 악장의 대표작. 서사시	단행본
월인천강지곡 (月印千江之曲)	세종	세종29 (1447)	신체	《석보상절(釋譜詳節)》을 보고 지은 석가모니(釋迦牟尼)의 찬송가	단행본
감군은 (感君恩)	상진 (尙震)	명종1	속요체	임금의 성덕(聖德)과 성은(聖恩)의 그지없음을 칭송한 노래. 서사시	악장가사 고금가곡

• 한시체: 한시에 토만 우리말을 붙인 형식
• 경기체가체: 경기체가의 형식을 계승한 형태
• 속요체: 고려가요의 형식을 이어받은 형태
• 신체: 악장체라고도 하며, 악장으로 사용하기 위해 새롭게 만든 형식

Check✔ 문제

01 악장에 대한 설명으로 옳지 않은 것은?
　① 조선 초기의 송축가이다.
　② 궁중의 의식과 행사에 쓰였다.
　③ 조선 건국의 정당성을 노래했다.
　④ 일반 백성과 귀족층이 함께 향유한 문학이었다.

　[정답] ④
　풀이 악장의 작가층은 대부분은 권신(權臣)이었다. 향유 계층도 주로 특권 귀족층에 한정되어 있었다.

용비어천가(龍飛御天歌)

정호국어

악장

연대

1445년(세종 27) 4월에 편찬되어 1447년(세종 29) 5월에 간행되었다.

작자

정인지, 권제, 안지 등

제목

주역(周易) 건괘(乾卦) 풀이에 있는 '시승육룡이어천(時乘六龍以御天)'에서 유래한 말이다. '용비(龍飛)'는 '용이 난다'는 뜻인데, 이는 영웅이 뜻을 얻어 흥기(興起)한다는 비유로, 여기에서는 임금이 위(位)에 오름을 나타내었다. '어천(御天)'은 '하늘을 어거함'의 뜻인데, 이는 천도(天道)·천명(天命)에 맞도록 처신하는 것을 말한다. 따라서 '용비어천가'는 '용이 날아서 하늘을 본받아 처신한다.'는 뜻으로, 조선 건국의 천명성(天命性)을 표현한 말이다.

주제

조선 창업의 정당성

특징

한글로 기록된 최초의 장편 서사시로 '월인천강지곡'과 함께 악장 문학의 대표작이다. 조선을 건국한 육조(六祖)의 공적 찬양을 통해 조선 건국의 정당성을 표명하고, 후대 왕에 대해서는 왕권의 수호를 권계하는 내용을 담고 있는 일종의 영웅 서사시에 해당된다.

성격

서사시, 송축가(頌祝歌)

형식

악장(樂章). 2절 4구(전절은 중국 제왕(帝王)의 사적을, 후절은 조선 왕조의 사적을 찬양)

구성

10권 5책 125장

형식	성격	주제
서사 개국송(開國頌)	제1장	조선 창업의 정당성을 밝힘.
	제2장	조선의 무궁한 발전을 송축함.
본사 사적찬(事績讚)	제3장~제8장	태조의 선조인 사조(四祖)의 사적을 노래함.
	제9장~제89장	태조의 인품과 업적을 노래함.
	제90장~제109장	태종의 위업을 찬양함.
결사 계왕훈(戒王訓)	제110장~125장	후대 왕에게 권계함.

국문학상 의의

① 훈민정음으로 기록된 최초의 문헌
② 훈민정음으로 기록된 최초의 장편 영웅 서사시
③ 월인천강지곡과 함께 악장 문학의 대표작
④ 세종 당시 국어 연구의 귀중한 자료
⑤ 역사 연구의 보조 자료가 됨

창작 동기

① 조선 건국의 정당성 도모
② 후대왕(後代王)에 대한 권계
③ 훈민정음의 시험과 국자(國字)의 권위 부여

제 1 장

海東(해동) 六龍(육룡)이 ᄂᆞᄅᆞ샤 일마다 天福(천복) 이시니

古聖(고성)이 同符(동부)ᄒᆞ시니

▶ 한역가

海東六龍飛(해동육룡비) 莫非天所扶(막비천소부) 古聖同符(고성동부)

▶ 전문 풀이

우리 나라에 여섯 성인이 웅비(雄飛)하시어, (하시는) 일마다 모두 하늘이 내린 복이시니.

(이것은) 중국 고대의 여러 성군(聖君)이 하신 일과 부절을 맞춘 것처럼 일치하십니다.

(1) 명칭: 해동장(海東章)

(2) 주제: 조선 창업의 정당성

(3) 성격: 송축가(개국송(開國頌))

(4) 형식: 1절 3구(형식상 파괴)

제 2 장

불휘 기픈 남ᄀᆞᆫ ᄇᆞᄅᆞ매 아니 뮐씨 곶 됴코 여름 하ᄂᆞ니

ᄉᆡ미 기픈 므른 ᄀᆞᄆᆞ래 아니 그츨씨 내히 이러 바ᄅᆞ래 가ᄂᆞ니

▶ 한역가

根深之木 風亦不兀 有灼其華 有蕡其實　源遠之水 旱亦不竭 有斯爲川 于海必達

근심지목 풍역불올 유작기화 유분기실　원원지수 한역불갈 유사위천 우해필달

▶ 전문 풀이

뿌리가 깊은 나무는 바람에 흔들리지 아니하므로, 꽃이 찬란하게 피고 열매가 많습니다.

원천이 깊은 물은 가뭄에도 끊이지 아니하므로 내를 이루어 바다로 흘러갑니다.

(1) 명칭: 근심장(根深章)

(2) 주제: 조선 왕조의 운명

(3) 성격: 송축가(개국송)

(4) 형식: 2절 4구

(5) 이해와 감상

　　'불휘 기픈 남ᄀᆞᆫ'은 국기(國基)가 튼튼함을, 'ᄉᆡ미 기픈 므른'은 유서가 깊음을 비유하였고, '곶 됴코 여름 하ᄂᆞ니'는 문화가 융성함을, '내히 이러 바ᄅᆞ래 가ᄂᆞ니'는 무궁한 발전을 비유하여 조선 창업이 정당하며 왕조의 운명이 영원할 것임을 밝히고 있다. 한편 이 장은 고유어로만 쓰였고, 중국 고사가 전혀 없으며, 비유가 돋보여 용비어천가 125장 중에서 가장 문학성이 뛰어나다는 평가를 받고 있다.

제4장

狄人(적인)ㅅ 서리예 가샤 狄人(적인)이 ᄀᆞᆯ외어늘 岐山(기산) 올ᄆᆞ샴도 하ᄂᆞᆯ ᄠᅳ디시니.

野人(야인)ㅅ 서리예 가샤 野人(야인)이 ᄀᆞᆯ외어늘 德源(덕원) 올ᄆᆞ샴도 하ᄂᆞᆯ ᄠᅳ디시니.

▶ 한역가
狄人與處 狄人于侵 岐山之遷 實維天心
적인여처 적인우침 기산지천 실유천심
野人與處 野人不禮 德源之徙 實是天啓
야인여처 야인불례 덕원지도 실시천계

▶ 전문 풀이
(주나라 태왕 고공단보가) 북쪽 오랑캐 사이에 사시는데, 그들 오랑캐가 침범하므로 기산으로 옮으심도 하늘의 뜻이시도다.
(익조가 목조 때부터 살던) 여진족 사이에 사시는데, 그들 여진족이 침범하므로 덕원으로 옮으심도 하늘의 뜻이시도다.

(1) **배경 고사**

(전절) 주나라 태왕(太王) 고공단보가 빈곡에 살고 있을 때에, 적인(狄人)의 침범이 잦으므로 피폐 (皮弊)와 견마(犬馬), 주옥(珠玉) 등을 주어 달랬으나, 이에 응하지 않으므로 칠수(漆水)와 저 수(沮水) 두 강을 건너 기산 밑에 가서 살자, 빈곡 사람들이 따르는 자가 많아 시장과 같았 다.

(후절) 목조(穆祖)의 뒤를 이어 익조(翼祖)가 오동에서 원나라 벼슬인 오천호 소장(五千戶所長)으로 있으면서 인심을 얻으니, 여진(女眞) 장수들이 시기하여 죽이려 하므로 적도(赤島)로 피하였 다가 덕원으로 옮겼다. 이에 경흥 백성들이 따라 옮기는 자가 많아서 시장과 같았으니, 이것 이 다 하늘의 뜻이라 하였다.

(2) **주제:** 조상 때부터 천명이 내림

(3) **성격:** 송축가 ─ 사적찬(事蹟讚)

(4) **형식:** 2절 4구

(5) **이해와 감상**

주나라 태왕 고공단보의 고사에 견주어 익조의 고사를 대비시킨 것으로, 후손 이성계가 나라를 세 울 것이므로, 그 조상 때부터 천심이 내리고 인심이 모이고 있다는 것을 강조하고 있다.

제 7 장

블근 새 그를 므러 寢室(침실) 이페 안즈니 聖子革命(성자혁명)에 帝祜(제호)를 뵈슨ᄫᆞ니.

ᄇᆞ야미 가칠 므러 즘겟 가재 연즈니 聖孫將興(성손 장흥)에 嘉祥(가상)이 몬졔시니.

▶ 한역가
赤爵啣書 止室之戶 聖子革命 爰示帝祜
적작함서 지실지호 성자혁명 원시제호
大蛇啣鵲 寘樹之揚 聖孫將興 爰先嘉祥
대사함작 치수지양 성손장흥 원선가상

▶ 전문 풀이
붉은 새가 글을 물고 (문왕의) 침실문 앞에 앉으니 거룩한 임금의 아들(무왕)이 혁명을 일으키려 하매 하느님이 주신 복을 미리 보이신 것입니다.
뱀이 까치를 물어다가 큰 나뭇가지에 얹으니, 거룩한 임금의 성손(聖孫)인 태조가 장차 일어남에 있어 경사로운 징조를 먼저 보이신 것입니다.

(1) 배경 고사

　(전절) 주나라 문왕(文王) 때 천명을 받아 표시로 붉은 새가 다음과 같은 글을 물고 문왕 침실문에 와 앉았다. "부지런한 사람은 길(吉)하고 게으른 사람은 망한다. 의리(義理)를 지키는 사람은 흥하고 사욕(私慾)을 탐하는 자가 흉(凶)하다. 무릇 모든 일이 억지로 하지 않으면 사곡(邪曲)이 생기지 않고, 굳세지 못하면 바르지 못한다. 사곡(邪曲)이 일면 망할 것이고, 굳센 사람은 만세를 누린다. 인(仁)으로써 얻고, 인(仁)으로써 다스리면 백 세를 누릴 것이고, 불인(不仁)으로써 얻고 불인(不仁)으로써 다스리면 당세(當世)를 마치지 못하리라."

　(후절) 다조(度祖)가 행영(行營 – 야영을 하는 곳)에 있을 때, 까치 두 마리가 영중(營中)의 나무에 앉았다. 도조(度祖)가 그것을 쏘고자 하니 휘하 군사들이 모두, "몇 백 보나 되는 먼 곳이니 맞히니 못할 것입니다."라고 하였으나, 도조(度祖)는 활을 쏘아 두 마리의 까치를 땅에 떨어뜨렸다. 마침 그 때 큰 뱀이 나와서 물어다가 나무 위에 가져다 놓고 먹지 않았다. 사람들이 신기하게 여기며 모두 칭송하였다.

(2) 주제: 조선 왕조의 영원한 발전 기원

(3) 성격: 송축가 – 사적찬(事蹟讚)

(4) 형식: 2절 4구

(5) 핵심어: 聖孫將興(성손 장흥), 嘉祥(가상)

제 48 장

굴형에 ᄆᆞ롤 디내샤 도ᄌᆞ기 다 도라가니 半(반)길 노ᄑᆡᆫᄃᆞᆯ 년기 다니리잇가
石壁(석벽)에 ᄆᆞ롤 올이샤 도ᄌᆞᄀᆞᆯ 다 자ᄇᆞ시니 현번 ᄢᅴ운ᄃᆞᆯ ᄂᆞ미 오ᄅᆞ리잇가

▶ 한역가
深巷過馬 賊皆回去 雖半身高 誰得能度
심항과마 적개회거 수반신고 수득능도
絶壁躍馬 賊以悉獲 雖百騰奮 誰得能陟
절벽약마 적이실획 수백등분 수득능척

▶ 전문 풀이
구렁에 말을 지나게 하시어 도둑이 다 돌아가니, 반 길 높인들 다른 사람이 지나가겠습니까?
석벽에 말을 올리시어 도독을 다 잡으시니, 몇 번 뛰어오르게 한들 남이 오르겠습니까?

(1) 배경 고사

(전절) 금태조가 적에 쫓겨 골목에 들어 길을 잃었는데, 적이 급히 쫓는지라 높은 언덕을 대번에 뛰
     어 넘어가니 적이 쫓아오지 못했다.

(후절) 이태조가 지리산에서 왜적을 토벌할 때 왜적이 절벽 위에서 대치하거늘, 장수들이 모두 올라
     갈 수 없다하므로, 태조가 칼등으로 말을 쳐서 한달음으로 올라가니 군사들이 뒤쫓아 적을
     섬멸하였다.

(2) 주제: 태조의 초인간적 용맹

(3) 성격: 송축가 – 사적찬(事蹟讚)

(4) 형식: 2절 4구

(5) 핵심어: 石壁(석벽)에 ᄆᆞ롤 올이샤

제 67 장

ᄀ룺 ᄀ새 자거늘 밀므리 사ᄋ리로디 나거사 ᄌ무니이다.
셤 안해 자싫 제 한비 사ᄋ리로디 뷔어사 ᄌ무니이다.

▶ 한역가
宿于江沙 不潮三日 迨其出矣 江沙迺沒
숙우강사 부조삼일 태기출의 강사내몰
宿于島嶼 大雨三日 迨其空矣 島嶼迺沒
숙우도서 대우삼일 태기공의 도서내몰

▶ 전문 풀이
(원나라 백안(伯顔)의 군사가 송나라를 치려고) 전당강 가에 진을 치고 자는데, 밀물이 사흘이나 이르지 않다가 떠난 뒤에야 그 자리가 물 속에 잠기었습니다.
(이태조가) 위화도에서 묵으실 때, 큰 비가 사흘이나 계속되되, 섬이 회군한 뒤에야 온 섬이 물 속에 잠기었습니다.

(1) 배경 고사
　　(전절) 원세조(元世祖)의 중서승상(中書丞相) 백안(伯顔)이 송나라를 치려고 군사를 전당강 가에 주
　　　　　둔시키니, 항주(杭州) 사람이 이를 보고 곧 조수(潮水)에 잠길 것이라 생각하여 기뻐하였는
　　　　　데, 밀물이 사흘 동안이나 이르지 않다가 떠난 뒤에야 그 곳이 물 속에 잠기었다.
　　(후절) 이태조가 위화도에 군사를 주둔시키니, 장마비가 수일 동안이나 내렸으나 물이 붇지 않더니
　　　　　회군한 뒤에야 비로소 온 섬이 물 속에 잠기었다.
(2) 주제: 천우신조(天佑神助)
(3) 성격: 송축가 − 사적찬(事蹟讚)
(4) 형식: 2절 4구
(5) 핵심어: 뷔어사 ᄌ무니이다

➕ 참 고　　'용비어천가'의 대구 형식

'용비어천가'의 본사(제3장∼제109장)는 전절(前節)과 후절(後節)의 대구형식으로 이루어져 있으며, 이를 통해 조선 건국의 정당성과 천명성을 강조하였다.

제 125 장

千世(천세) 우희 미리 定(정)ᄒ샨 漢水(한수) 北(북)에 累仁開國(누인개국)ᄒ샤 卜年(복년)이 ᄀᆞᆺ 업스시니
聖神(성신)이 니ᅀᅥ 샤도 敬天勤民(경천근민) ᄒ샤ᅀᅡ 더욱 구드시리이다
님금하 아ᄅᆞ쇼셔 落水(낙수)예 山行(산행) 가 이셔 하나빌 미드니잇가.

▶ 한역가
　千世黙定 漢水陽 累仁開國 卜年無彊　　子子孫孫 聖神雖繼 敬天勤民 酒盆永世
　천세묵정 한수양 누인개국 복년무강　　자자손손 성신수계 경천근민 내익영세
　嗚呼 嗣王監此 洛表游畋 皇祖其恃
　오호 사왕감차 낙표유전 황조기시
▶ 전문 풀이
천세 전부터 미리 정하신 한양에, 어진 덕을 쌓아 나라를 여시어, 나라의 운명이 끝이 없으시니. 성스러운 임금이 이으시
어도 하늘을 공경하고 백성을 부지런히 돌보셔야 더욱 굳으실 것입니다. 임금이시여. 아소서. 낙수에 사냥 가 있으며
할아버지를 믿었습니까?

(1) 배경 고사

〈도선(道詵)의 비결서(秘訣書)〉 신라 때의 중 도선의 비결서에 의하면, 삼각산의 남쪽, 곧 한수(漢水)의 북쪽에 도읍을 정하면 나라가 흥하리라고 하였다. '한수북(漢水北)'은 도선의 풍수지리설에 의하면 '水之北日陽(강의 북쪽을 陽이라 한다.)'이라 하였으니, '한수북(漢水北)'은 '한양'을 가리킨다.

〈하(夏)나라 태강왕〉 하나라 태강(太康)이 임금으로 있으면서 놀음에 빠져 그 덕을 잃으니 백성이 모두 다른 마음을 먹었다. 그런데도 할아버지인 우왕(禹王)의 덕만 믿고 그 버릇을 고치지 못하더니, 마침내는 사냥을 절도(節度) 없이 해서 뤄수이(洛水) 밖으로 사냥간 지 백 날이 넘어도 돌아오지 않으므로, 궁(窮)나라 후(后) 예(羿)가 백성을 위하여 참을 수 없다 하여 태강을 허베이(河北)에 돌아오지 못하게 하고, 폐위시켜 버렸다.

(2) 주제: 후왕(後王)에 대한 경계

(3) 성격: 송축가 – 계왕훈(戒王訓)

(4) 형식: 3절 9구(형식상 파괴)

(5) 핵심어: 경천근민(敬天勤民)

(6) 이해와 감상

조상의 어진 덕으로 개국한 총결사(總結詞)에 해당된다. 조상의 어진 덕으로 개국한 나라의 운명은 영원하리라는 국운(國運)의 송축에 이어, 왕조의 무궁한 발전을 위해서는 후대 왕들은 하늘을 공경하고 백성 다스리는 제 게을리하지 말아야 한다는 것을 하(夏)나라 태강왕(太康王)의 고사를 인용하여 타산지석(他山之石)으로 삼도록 권계(勸戒)하고 있다. '여민락(與民樂), 치화평(致和平), 취풍형(醉豊亨)' 등 궁중 음악에도 활용되었던 이 장은 '용비어천가' 전체의 내용을 함축하고 있다.

01 이 노래의 국문학상 가치로 옳은 것은?

① 최초의 서사시이다.
② 최초의 분장(分章) 형식의 노래이다.
③ 훈민정음으로 기록된 최초의 노래이다.
④ 한역시(漢譯詩)가 존재하는 최초의 노래이다.

[정답] ③

[풀이] '용비어천가'는 '훈민정음'으로 기록된 최초의 작품으로, 조선 건국의 정당성을 입증하고, 새로 만든 문자의 실용성을 시험하기 위해 창작되었다.

02 다음 글에 대한 설명으로 잘못된 것은? [2017. 군무원]

> 불휘 기픈 남ᄀᆞᆫ ᄇᆞᄅᆞ매 아니 뮐씨 곶 됴코 여름 하ᄂᆞ니
> 시미 기픈 므른 ᄀᆞ모래 아니 그츨씨 내히 이러 바ᄅᆞ래 가ᄂᆞ니
>
> 　　　　　　　　　　　　　　　　　　　　　　 ─〈용비어천가〉 제2장─

① 경기체가의 대표작이다.
② '불휘 기픈 남ᄀᆞᆫ'은 나라의 기초가 튼튼함을 상징한다.
③ '여름 하ᄂᆞ니'는 열매가 많다는 뜻이다.
④ '내히 이러'는 내(냇물)을 이룬다는 뜻이다.

[정답] ①

[풀이] 해당하는 작품은 〈용비어천가〉의 제2장이다. 〈용비어천가〉는 조선시대 고전시가 갈래 가운데 악장에 해당된다.

03 다음 작품에 대한 설명으로 적절하지 않은 것은? [2015. 수능 기출]

> 뿌리 깊은 나무는 바람에 아니 뮐새 꽃 좋고 열매 많나니
> 샘이 깊은 물은 가뭄에 아니 그칠새 내가 일어 바다에 가나니　　　　　　 〈제2장〉
>
> 천세(千世) 전에 미리 정하신 한강 북녘에 누인개국(累仁開國)하시어 복년(卜年)*이 가없으시니
> 성신(聖神)*이 이으셔도 경천근민(敬天勤民)하셔야 더욱 굳으시리이다
> 임금하 아소서 낙수(洛水)에 사냥 가 있어 조상만 믿겠습니까　　　　　　 〈제125장〉
>
> 　　　　　　　　　　　　　　　　　　 ─정인지 외, 〈용비어천가(龍飛御天歌)〉─

① 〈제2장〉에서는 유사한 자연의 이치가 내포된 두 사례를 나란히 배열하고 있다.
② 〈제125장〉에서는 행에 따라 종결 어미를 달리하고 있다.
③ 〈제2장〉과 달리, 〈제125장〉은 전언의 수신자를 명시하고 있다.
④ 〈제125장〉과 달리, 〈제2장〉은 한자어를 배제하고 순 우리말의 어감을 살리고 있다.
⑤ 〈제2장〉과 〈제125장〉은 모두 자연 현상과 인간의 삶을 대조적으로 보여 주고 있다.

[정답] ⑤

풀이 제2장은 '뿌리 깊은 나무'와 '샘이 깊은 물'의 두 사례의 열거를 통해 튼튼한 기초를 바탕으로 발전된 미래가 가능함을 강조하는 내용이다. 표면에 드러난 내용은 자연 현상에 국한되어 있으므로, 자연 현상과 인간의 삶이 대조되고 있지는 않다. 제125장은 천명을 받은 조선 건국의 정당성, 영원무궁한 발전 송축의 내용을 담고 있으며, 이어서 경천근민의 왕들이 지녀야 할 자세를 강조하면서 하나라 태강왕 고사를 언급하며 설의법을 통해 교훈적 의도를 부각하고 있다. 역시 자연 현상과 대조된 인간의 삶이 나타나지는 않는다.

오답 ① 근원이 깊고 튼튼한 존재의 의미를 드러내기 위해 '뿌리 깊은 나무', '샘이 깊은 물' 등의 유사한 자연의 이치가 내포된 두 사례를 열거하고 있다.
② 제 125장의 첫 행은 '-으시니', 2행은 '-으시리이다', 3행은 '-겠습니까'로 서로 다른 종결 어미를 사용하고 있다.
③ 제125장의 3행 '임금하'에서 이 노래의 수신자(청자)가 후대의 임금들임을 알 수 있다.
④ 제125장은 '천세', '누인개국', '복년', '성신', '경천근민', '낙수' 등 한자어의 사용이 비교적 많지만, 제2장의 경우 한자어는 사용하지 않은 채 순우리말만을 구사하고 있다.

04 다음은 고전시가 작품의 일부분이다. 현대역 한 것 중 가장 적절하지 않은 것은? [2019. 경찰직 2차]
① 둘하 노피곰 도두샤 → 달님이시여, 높이높이 돋으시어
② 곶 됴코 여름 하나니 → 꽃이 좋고, 열매가 많으니
③ 시절이 하 수상하니 → 시절이 너무 수상하니
④ 한중진미(閑中眞味)를 알 니 업시 호재로다 → 한중진미를 알 리 없이 혼자로구나

[정답] ④

풀이 정극인의 가사 〈상춘곡〉의 일부이다. 여기서 '알 니'는 '알 사람이' 또는 '알아줄 사람이'로 해석해야 된다. 참고로 '한중진미(閑中眞味)'는 '한가한 가운데서 맛보는 참된 즐거움'을 뜻한다. 올바르게 해석하면 "한중진미를 알 사람 없이 혼자로구나"가 적절하다.

오답 ① 백제 가요인 〈정읍사〉의 일부이다. "둘하 노피곰 도두샤 / 어긔야 머리곰 비취오시라"(달님이시여, 높이 높이 돋으시어 / 멀리 멀리 비춰 주소서.
② 악장인 〈용비어천가〉의 2장 중 일부이다. "불휘 기픈 남곤 부른매 아니 뮐씨 곶 됴코 여름 하느니" (뿌리가 깊은 나무는 바람에 흔들리지 아니하므로, 꽃이 찬란하게 피고 열매가 많습니다.)
③ 김상헌의 시조 중 일부이다.

05 '용비어천가 125장'에 대한 설명으로 틀린 것은? [2013. 국회직 9급]
① 조선 세종 29년(1447년)에 간행된 악장·서사시이다.
② '累仁開國'은 '어진 덕을 쌓아서 나라를 열었다.'라는 뜻이다.
③ '聖神'은 '聖子神孫'의 준말이다. 위대한 후대 왕들을 지칭한다.
④ 앞에는 중국 역사상의 사적을 적고, 뒤에는 앞의 것에 부합되는 조선 건국의 사적을 적고 있다.
⑤ 용비어천가는 전반적으로 조선 건국의 당위성을 담고 있는데 이 125장은 후대 왕에게 주는 권계(勸誡)가 그 주제가 된다.

[정답] ④

풀이 〈용비어천가〉는 1장과 2장, 109장부터 125장까지를 제외한 나머지 장에서 중국의 고사를 먼저 기술하고 이에 대응하는 조선 건국 시조 6명의 업적을 뒤에 덧붙여 기술하였다.

오답 ① 〈용비어천가〉는 1445년(세종 27) 4월에 편찬되어 1447년(세종 29) 5월에 간행되었다.

Part 6
고시조

회고가(懷古歌)

기개 · 호기(氣槪 · 豪氣)

연군충절 · 우국(戀君忠節 · 憂國)

계유정난과 충신들의 절의

연군지정(戀君之情)

강호한정 · 자연예찬(江湖閑情 · 自然禮讚)

애정과 이별(愛情 · 離別)

풍자와 해학(諷刺 · 諧謔)

삶의 정서

교훈 · 처세(敎訓 · 處世)

(1) 명칭과 개념

고려말에 형식이 완성된 3장 6구 45자 내외의 정형시. 신곡(新曲), 단가(短歌), 시여(詩餘), 영언(永言), 신조(新調), 가요(歌謠) 등으로 불리다가, 조선 영조 때 가객 이세춘이 시절가조(時節歌調－당대의 유행가조)라 한 데에서 시조란 명칭이 생겼다.

(2) 기원

① 무당의 노랫가락

② 향가 기원설(3장 형식의 10구체 향가), 고려속요 기원설(특히 만전춘 별사의 3장 형식)

(3) 형식

3장 6구 45자 내외로, 3 · 4, 또는 4 · 4조의 음수율을 기본으로 하는 4음보의 율격을 이룬다. 종장의 음수율은 3 · 5 · 4 · 3의 형태가 많다.

(4) 종류

① 평시조(단형)

② 엇시조: 종장의 첫 구절을 제외하고 어느 한 구절이 길어진 것.

③ 사설시조: 종장의 첫 구절을 제외하고 두 구절 이상이 길어진 것. 대체로 중장이 파격을 이루는 경우가 많다.

(5) 내용

① 조선 전기

　㉠ 유교적 충의 사상

　㉡ 강호한정(유교적 충의 이념과 결부된 경우가 많음)

　㉢ 기녀들의 작품은 애정을 진솔하게 드러냄

② 조선 후기: 평민 의식의 각성과 산문 정신의 발로로 사설시조가 등장하여 실제 생활에서 우러나오는 진솔한 감정을 표출하였다. 즉, 애정, 자기 폭로, 구체적인 이야기 등 희극미가 두드러진다.

(6) 시조의 종장

① 종장은 시조 작품성의 핵심이다.

② 종장이 지닌 형식상의 파격은 바로 종장이 의미론적으로 지니게 되는 비약의 표현이다. 아울러 갈등을 해소하고, 작품의 전체적인 균형을 가능하게 한다.

③ 따라서, 시조의 종장에서 삶의 태도 · 정서 · 주제 등을 찾을 수 있다.

01 시조에 대한 설명으로 옳은 것은? [2009. 서울시 9급 복원]

① 경기체가 붕괴 이후에 생겨났으며, 이세춘이 '시절가조(詩節歌調)'라고 했다.
② 시조의 발생은 조선 시대에 처음으로 등장하였다.
③ 작품으로 〈정과정〉, 〈상저가〉, 〈오우가〉 등이 있다.
④ '시절가조'를 줄여 '시조(詩調)'라고 쓴다.
⑤ 정형시가이며, 현대 시조로 계승되었다.

[정답] ⑤

풀이 시조는 형식이 일정하게 정해진 정형시가에 속하며, 고전 시가 중에서 유일하게 현대로까지 계승된 갈래이다. 현대시조로 계승되어 현재까지 전하고 있다.

오답 ① 경기체가 붕괴 과정에서 생겨난 장르는 '가사'이다. '시절'의 '시'의 한자는 '詩'가 아니라 '時(때 시)'가 맞다.
② 시조가 발생한 시기는 고려 중엽이며, 그 형식이 완성된 시기는 고려 말엽이다.
③ 〈정과정〉은 향가계 여요이며, 〈상저가〉는 고려속요이다. 〈오우가〉는 윤선도의 시조이다.
④ '詩(시)'가 아니라 '時(시)'가 맞다. '시조'란 명칭은 조선 영조 때 가객 이세춘이 '時節歌調(시절가조)'라고 말한 데에서 유래하였다.

02 조선 시대 후기의 문학에 대한 다음 설명 중 잘못된 것은? [2005. 국회직 8급]

① 〈봉산탈춤〉과 같은 민속극이 성행하였다.
② 〈한중록〉, 〈인현왕후전〉 등의 궁중 수필이 창작되었다.
③ 실사구시의 사상을 배경으로 구체적 현실을 대상으로 한 작품들이 양산되었다.
④ 강호가도(江湖歌道) 계열의 작품이 유행하고 개인 시조집의 편찬이 시작되었다.
⑤ 서민 정신과 산문 정신의 발흥으로 엄격한 정격(定格) 형식보다는 느슨한 변격(變格) 형식이 유행했다.

[정답] ④

풀이 '강호가도'는 조선 전기 문학에 대한 설명이고, 개인 시조집은 조선 후기 문학의 특징이다. 참고로, 최초의 시조집은 김천택의 《청구영언》(1728)이다.

03 다음 중 시가의 발생순서로 알맞은 것은? [2006. 군무원]

① 향가 → 속요 → 시조 → 가사
② 속요 → 향가 → 시조 → 가사
③ 별곡 → 향가 → 가사 → 시조
④ 향가 → 별곡 → 가사 → 시조

[정답] ①

풀이 향가(신라) → 속요(고려) → 시조(고려 중엽, 말) → 가사(조선)

04 〈보기〉에서 설명한 문학 갈래에 해당하는 작품으로 가장 옳은 것은? [2020. 서울시 9급]

> **보기**
>
> 조선 시대 시가문학을 대표하는 갈래이다. 고려 후기에 성립되었지만, 조선 시대의 새로운 지도 이념인 성리학을 기반으로 더욱 융성해졌다. 3장 6구의 절제된 형식과 유장한 기품을 특징으로 하고, 여러 장을 한 편에 담은 연장체 형식으로도 창작되었다.

① 〈한림별곡〉   ② 〈월인천강지곡〉

③ 〈상춘곡〉   ④ 〈도산십이곡〉

[정답] ④

풀이 〈보기〉는 시조에 대한 설명이다. 〈도산십이곡〉은 조선 중기에 이황(李滉)이 지은 연시조이다.

오답 ① 〈한림별곡〉은 경기체가, ② 〈월인천강지곡〉은 악장, ③ 〈상춘곡〉은 가사이다.

회고가(懷古歌)

조선 건국 이후 고려의 유신들은 나라의 멸망을 슬퍼하며, 자신이 평온하게 살던 고려 시절을 회고하는 심정을 시조로 나타내었다. 이러한 노래들을 '회고가'라 한다. 그러나 그 중에서 조선 개국 공신인 정도 전은 고려가 망한 데 대해 허망한 심정을 드러내면서도, 새 시대를 따라야 함을 은근히 드러내고 있다.

오백년 都邑地(도읍지)를 匹馬(필마)로 돌아드니
山川(산천)은 依舊(의구)ᄒ되 人傑(인걸)은 간 듸 업다
어즈버 太平烟月(태평연월)이 꿈이런가 ᄒ노라

– 길재 –

▸ 도읍지: 고려의 옛 수도
▸ 필마: 벼슬이 없는 평범한 사람이 타는 말.
▸ 인걸: 고려의 유신들
▸ 태평연월: 고려의 융성기

- 고려 왕조의 멸망을 슬퍼함(세상살이의 무상함과 망국의 한)
- 정서: 맥수지탄(麥秀之嘆), 인생무상(人生無常)
- 화자의 정서를 집약하는 시어: 꿈
- 대구, 대조법, 영탄법

산천 의구ᄒ되	↔	인걸 간듸업다
변하지 않음		**변함**

興亡(흥망)이 有數(유수)ᄒ니 滿月臺(만월대)도 秋草(추초)ㅣ로다.
五百年(오백 년) 王業(왕업)이 牧笛(목적)에 부쳐시니,
夕陽(석양)에 지나ᄂᆞ 客(객)이 눈물계워 ᄒ노라.

– 원천석 –

▸ 유수ᄒ니: 운수가 정해져 있으니
▸ 만월대: 고려 오아조의 궁터
▸ 추초: 고려 왕조를 비유
▸ 목적: 목동의 피리소리

- 망국의 슬픔: 폐허가 된 왕궁터에서 고려왕조 멸망의 한을 노래
- 지배적 이미지: 추초, 목적, 석양
- 기본정서: 허무감
- 화자의 태도: '객이 눈물계워' 한다고 하여 과거로 돌아가지 못함을 애석하게 여기고 있다. 즉, 멸망한 고려에 대해 애착이 드러난다.

仙人橋(선인교) 나린 물이 紫霞洞(자하동)에 흘너드러
半千年(반천 년) 王業(왕업)이 물소리 섇이로다.
아희야, 故國興亡(고국흥망)을 무러 무슴ᄒᆞ리요.

－정도전－

▶ 선인교, 자하동: 흥성했던 고려 왕조의 표상

- 망국의 슬픔과 역사의 허망함
- 망국에 대한 화자의 태도: '무러 무슴ᄒᆞ리요'라 하여 과거와 현재를 구별함. 즉, 과거와의 단절을 통해 현실을 수용하려는 태도
- 물소리: 역사의 흐름(끊임없이 새로운 물이 흘러 들고, 따라서 물소리도 같은 소리가 아님. 흘러간 물과 함께 사라짐). 청각적 이미지
- 세(時勢)에 따라야 함을 은근히 드러냄 → 현실타협적

Check 문제

01 다음 시조에 드러난 화자의 정서와 가장 가까운 것은?　　　　　　　　　　[2014. 지방직 9급]

> 흥망(興亡)이 유수(有數)ᄒᆞ니 만월대(滿月臺)도 추초(秋草) l 로다.
> 오백 년(五百年) 왕업(王業)이 목적(牧笛)에 부쳐시니
> 석양(夕陽)에 지나는 객(客)이 눈물계워 ᄒᆞ노라.

① 서리지탄(黍離之歎)　　　　　　② 만시지탄(晚時之歎)
③ 망양지탄(亡羊之歎)　　　　　　④ 비육지탄(髀肉之歎)

[정답] ①

풀이 '서리지탄(黍離之歎)'과 '맥수지탄(麥秀之嘆)'과 같은 뜻의 한자성어이다. 나라가 멸망하여 옛 궁궐터에는 기장만이 무성한 것을 탄식한다는 뜻으로, 세상의 영고성쇠가 무상함을 탄식하며 이르는 말 또는 나라를 잃은 슬픔이다.

기개·호기(氣槪·豪氣)

綠耳霜蹄(녹이 상제) 살지게 먹여 시냇물에 씻겨 타고
龍泉雪鍔(용천 설악) 들게 갈아 두러메고
丈夫(장부)의 爲國忠節(위국충절)을 세워 볼까 하노라.

－최영－

▶ 녹이상제: 준마(駿馬). 좋은 말. 녹이는 주나라 목왕의 말 이름. 상제는 굽에 흰 털이 난 좋은 말이란 뜻.
▶ 용천설악: 좋은 칼. 보검. 용천은 보검 이름. 설악은 날카로운 칼날.
▶ 최영: 공민왕 때 홍건적을 물리치고, 우왕 때 왜구를 물리쳤다.

• **위국충절.** 무인(武人)의 기개가 잘 나타난다.

삭풍(朔風)는 나모 긋틱 불고 명월(明月)은 눈 속에 춘듸
만리변성(萬里邊城)에 일장검(一長劍) 집고 셔셔,
긴 프람 큰 흔 소릭에 거칠 거시 업세라

－김종서－

▶ 삭풍: 북풍. 계절감. 변방의 황량한 풍경
▶ 만리변성: 서울에서 멀리 떨어진 변방의 성

• 대장부의 호방한 기개
• 정서: 호쾌함, 씩씩함, 호연지기
• 함길도 관찰사로 야인(野人)을 격퇴하고 육진을 개척한 작자의 호방한 기개를 읊은 호기가

> 적토마(赤兎馬) 슬디게 먹여 두만강에 싯겨 셰고
> 용천검(龍泉劍) 드는 칼을 선쯧 쎅쳐 두러메고
> 장부(丈夫)의 입신양명(立身揚名)을 시험헐까 흐노라.
>
> －남이－
>
> ▶ 쎅쳐: (칼을) 빼서

- 대장부의 호방한 기개
- **적토마**: 준마, 용천검: 보검 ⇒ 대구
- 태도: 유교적 출세주의

> 장검을 쎄여들고 백두산(白頭山)에 올나보니
> 대명천지(大明天地)에 성진(腥塵)이 잠겼애라
> 언제나 남북풍진(南北風塵)을 헤쳐볼고 흐노라
>
> －남이－
>
> ▶ 제잠: 우리나라의 별칭
> ▶ 대명천지: 환하게 밝은 세상
> ▶ 성진: 싸움으로 인한 먼지
> ▶ 풍진: 어지러운 병란(兵亂)
> ▶ 헤쳐볼고: 평정하여 볼까

- 무장의 호방한 기개
- 이시애의 난을 평정하고 돌아오는 길에 지음(1467, 세조 13년)

> 십년(十年) フ온 칼이 갑리(匣裏)에 우노미라
> 관산(關山)을 브라보며 째째로 믄져 보니
> 장부(丈夫)의 위국충절(爲國忠節)을 어늬 째에 드리올고
>
> — 이순신 —
>
> ▶ フ온: 갈아 온(칼을 갈다)
> ▶ 갑리: 칼집 속
> ▶ 우노미라: 우는구나
> ▶ 관산: 관문. 국경이나 요새의 성문

• **위국충절**: 나라가 위태로움에 처하면 목숨을 던져 나라를 구하겠다는, 무인으로서의 굳은 결의와 충성심이 잘 드러나 있다.
• **초장**: 오랫동안 연마해 온 무예를 나라를 위해 쓰고 싶음을 간접적으로 나타냄.

> 閑山(한산)셤 둘 불근 밤의 戍樓(수루)에 혼자 안자
> 큰 칼 녀픠 추고 기픈 시름 ᄒᆞ는 적의
> 어듸셔 一聲胡茄(일성호가)는 놈의 애롤 긋ᄂᆞ니
>
> — 이순신 —
>
> ▶ 수루: 적의 동정을 살피기 위해 성 위에 만든 누각
> ▶ 일성호가: 한 곡조의 피리 소리. '호가'는 갈댓잎으로 만든 피리 소리. 매우 처량함.

• **우국충정**: 나라가 위기에 처했을 때 자신의 몸을 바쳐 나라를 지키려는 장수의 우국충정을 나타낸다.
• **종장**에서 나라의 안위를 걱정하는 마음을 읽을 수 있다.

01 ㈎와 ㈏의 종장에 나타나는 화자의 정서를 바르게 연결한 것은? [2024. 지방직 7급]

> ㈎ 朔風(삭풍)은 나모 긋퇴 불고 明月(명월)은 눈 속에 춘듸
>   萬里邊城(만리변성)에 一長劒(일장검) 집고 셔셔
>   긴 푸람 큰 흔소릐에 거칠 거시 업세라
>
> ㈏ 閑山(한산)셤 둘 불근 밤의 戍樓(수루)에 혼자 안자
>   큰 칼 녀픠 추고 기픈 시름 ㅎ는 적의
>   어듸셔 一聲胡笳(일성호가)는 놈의 애롤 긋느니

	(가)	(나)		(가)	(나)
①	호방함	호방함	②	호방함	애달픔
③	애달픔	호방함	④	애달픔	애달픔

[정답] ②

풀이 ㈎는 '호방함', ㈏는 '애달픔'이 적절하다.

연군충절·우국(戀君忠節·憂國)

구름이 무심툰 말이 아마도 虛浪(허랑)ᄒ다.
中天(중천)에 써 이셔 任意(임의)로 ᄃ니면셔
구틱야 光明(광명)ᄒ 날빛을 ᄯᅡ라가며 덥ᄂ니

　　　　　　　　　　　　　　　　　　　　　－이존오－

▶ 구룸: 신돈(간신배)
▶ 허랑ᄒ다: 거짓이 많아 미덥지 못하다.
▶ 날빗: 공민왕의 총명
▶ 무심툰: 사심(邪心)이 없다는
▶ 임의로: 마음대로
▶ 중천: 임금의 총애를 한 몸에 지닌 높은 '권세' 비유

• 권력을 등에 업은 간신배의 횡포를 풍자하였다.
• 고려 말, 신돈이라는 승려가 공민왕의 총애를 악용하여 높은 관직에 올라 나라를 어지럽게 해서 이를 개탄하면서 풍자한 작품. 당시 정언(正言)으로 있던 작자는 신돈을 비난하는 상소를 올렸다가 투옥되었는데, 이때 지은 것으로 전한다.
• 자연물과 인간을 상응시켜 비유적으로 표현하였다.
• 정조: 개탄

백설이 ᄌ자진 골에 구름이 머흐레라
반가온 매화는 어늬 곳에 픠엿ᄂ고
석양에 홀로 셔 이셔 갈 곳 몰라 ᄒ노라

　　　　　　　　　　　　　　　　　　　　　－이색－

▶ 백설: 고려의 유신
▶ 구름: 신흥세력
▶ 매화: 고려의 충신, 시적 화자의 삶의 지표
▶ ᄌ자진: 녹아 없어진
▶ 머흐레라: 험하구나
▶ 석양: 기울어가는 고려 왕조

• 역사의 전환기에 처한 지식인의 고뇌(우국충정－憂國衷情)
• 고려 유신으로 기울어져 가는 나라를 바라보며 안타까워하는 모습
• 정조: 안타까움과 근심

이몸이 죽어죽어 일백번 고쳐 죽어

백골(白骨)이 진토(塵土) ㅣ 되어 넋이라도 있고 없고

임향한 일편단심(一片丹心)이야 가실 줄이 이시랴

- 정몽주 -

▶ 진토: 티끌과 흙
▶ 임: 임금(고려 공양왕)
▶ 일편단심: 진정에서 우러나오는 충성스런 마음.
▶ 가실 줄이 이시랴: 변할 리가 있겠는가

- 변함없는 충절(이방원의 회유에 대한 자기 다짐)
- 일명 '단심가(丹心歌)'
- 점층적인 표현으로 주제 강조
- 이 작품은 조선 태조 이성계의 아들 이방원이 건국 과정에서 고려의 충신 정몽주를 회유하려고 부른 '하여가(何如歌)'에 대한 답가이다. 정몽주의 굳은 충절을 확인한 이방원은 집으로 돌아가는 그를 선죽교에서 살해하였다고 전한다.

➕ 참고   이방원의 하여가

이런들 엇더ᄒ며 저런들 엇더ᄒ리
蔓壽山(만수산) 드렁칡이 얼거진들 긔 엇더ᄒ리.
우리도 이 ᄀᆞ치 얼거져 百年(백년)ᄭᅡ지 누리리라.

- 현실타협적인 태도
- 시세에 따라 새로운 국가 건설에 참여하는 것이 어떠냐고 넌지시 떠보는 노래

눈 마자 휘어진 대를 뉘라셔 굽다턴고

구블 절(節)이면 눈 속에 프를소냐

아마도 세한고절(歲寒孤節)은 너ᄲᅮᆫ인가 ᄒ노라

- 원천석 -

▶ 굽다턴고: 굽었다고 하던가

- 은둔하면서 절개를 지키려는 고려 유신의 우국충정

휘다		굽다
곧음을 회복할 수 있는 상태	↔	곧음을 회복할 수 없는 상태

- 세한고절: 한겨울 추위도 이기는 높은 절개

계유정난과 충신들의 절의

수양대군의 왕위 찬탈 사건(계유정난) 이후 집현전 학사 출신들을 중심으로 한 충의지사들이 단종에 대한 충절과 절의를 시조로 나타내었다. 계유정난과 관련하여 이해해야 할 작품은 성삼문, 박팽년, 유응부, 이개, 왕방연, 원호 등의 것이다.

이 몸이 주거 가셔 무어시 될고 ᄒᆞ니
봉래산(蓬萊山) 제일봉(第一峰)에 낙락장송(落落長松) 되야이셔
백설(白雪)이 만건곤(滿乾坤)ᄒᆞᆯ 제 독야청청(獨也靑靑)ᄒᆞ리라

－성삼문－

▶ 봉래산: 신선의 땅, 순수 이념의 공간
▶ 낙락장송: 가지가 축축 늘어진 큰 소나무. 굽힘 없는 '지조', 또는 '고고한 존재'를 뜻함.
▶ 독야청청: 홀로 푸르고 푸름. 굳은 절개.

• 굳은 절의를 굽힐 수 없다.
• '백설이 만건곤할 제'는 '부당하게 왕위를 찬탈한 세조의 세력이 온 나라를 뒤덮을 때'를 나타낸다. '백설'은 수양대군을 추종하는 세력을 뜻할 수 있다.
•

백설		낙락장송
세조일파	↔	시적화자

→ 독야청청(화자의 굳은 절개)

수양산 바라보며 이제를 한(恨)하노라
주려 죽은진들 채미(採薇)도 하난 것가
비록애 푸새엣것인들 긔 뉘 따헤 낫다니

－성삼문－

▶ 이제: 백이와 숙제   ▶ 채미: 고사리를 캠.
▶ 푸새엣것인들: 풀일망정, 푸성귀일망정

• 굳은 절개
• 은나라 충신 백이, 숙제와 자신을 비교하면서, 수양대군의 어떤 호의도 거절하겠다는 굳은 의지와 절개를 강조하고 있다.

- **백이 숙제 고사:** 무왕(주나라)이 은나라의 주왕을 치러 가는 것을 만류하다가 뜻을 이루지 못하고, 왕을 치고 세운 주나라에서 나는 곡식을 먹지 않겠다 하고 수양산에 들어가 고사리를 캐어 먹으며 살았다는 고사.
- **중의법:** 수양산 – ① 백이 숙제가 은거하던 산 이름. ② 수양대군
- 백이 숙제는 절개가 곧은 신하, 즉 충신불사이군(忠臣不事二君)을 실천한 신하의 대명사처럼 여겨져 온 사람인데, 성삼문은 그들조차 충절이 철저하지 못했음을 나무라고 있다. 비록 보잘 것 없는 푸성귀라 해도 이미 주나라 땅이 된 수양산에서 난 것임을 환기시키고 있다. 자신은 차라리 굶어죽을지언정, 세조가 내리는 어떠한 것도 받지 않겠다 하며 대쪽 같은 충절을 강조하고 있다. 실제로 성삼문은 세조가 내린 녹봉을 손 하나 대지 않고 창고에 그대로 쌓아 두었다 한다.

Check 문제

01 이 시조에 대한 설명으로 가장 옳지 않은 것은? [2019. 서울시 9급 추가]

① 시인은 사육신의 한 명이다.
② 중의법을 사용하고 있다.
③ 중국의 고사를 인용하고 있다.
④ 단종의 죽음에 대한 복수를 다짐하고 있다.

[정답] ④

풀이 이 시조는 세조의 단종 폐위에 항거한 작자의 의지를 은유적으로 드러낸 '절의가(節義歌)'이다. 주(周)나라의 충신 백이(伯夷), 숙제(叔齊)와 자신을 비교하면서 자신의 굳은 의지를 강조하고 있다. '복수(復讐. 원수를 갚음)를 다짐'한 것은 아니다.

오답 ① 세조가 단종을 폐위시키고 스스로 왕위에 오르자, 이에 항거한 성삼문이 지은 작품이다. '사육신(死六臣)'은 조선 세조 2년(1456)에 단종의 복위를 꾀하다가 처형된 여섯 명의 충신을 말한다. 이개, 하위지, 유성원, 성삼문, 유응부, 박팽년을 이른다.
② '수양산'은 '백이, 숙제가 은둔 생활을 한 중국의 산'이며, 여기서는 '수양 대군'을 가리키기도 한다.

참고 성삼문의 시조

- **주제:** 굳은 절의(節義)와 지조(志操)
- **작자:** 성삼문(成三問, 1418~1456). 호는 매죽헌(梅竹軒). 세종 때 학자.
- **표현:** 중의법(重義法) , 설의법(設疑法)
- **시어 풀이**
  - 채미(採薇): 고사리를 캠. 고사리를 뜯는 일
  - 흐는 것가: 하는 것인가. 해서야 되겠는가
  - 푸새엣 것: 산과 들에 절로 나는 풀 따위.

금생여수(金生麗水)] 라 흔들 물마다 金(금)이 나며
옥출곤강(玉出崑崗)이라 흔들 뫼마다 玉(옥)이 날쏜야
암으리 사랑(思郞)이 重(중)타 흔들 님님마다 좃츨야.

－박팽년－

▶ 금생여수: 금은 여수(중국의 강 이름)에서 남.
▶ 날쏜야: 나겠느냐
▶ 옥출곤강: 옥은 곤륜산(중국의 산 이름)에서 남.
▶ 좃츨야: 따르랴

• 충신불사이군(忠臣不事二君)
• 대구(초중장): 종장에 대한 전제
• 금과 옥이 아무 물이나 산에서 나는 것이 아니듯이 임(임금)은 아무나 되는 것이 아니라는 뜻. 사랑이 소중하다 해도 오로지 한 임(임금, 단종)만 따르겠다는 충절을 나타냄. '金=玉=님'

가마귀 눈비 마자 희는 듯 검노믹라
야광명월(夜光明月)이 밤인들 어두오랴
님 향(向)흔 일편단심(一片丹心)이야 고칠 줄이 이시랴

－박팽년－

▶ 가마귀: 세조와 그의 추종자
▶ 희는 듯 검노믹라: 본질이 감춰지지 않고 드러남
▶ 야광명월: 광채 나는 보석 이름. 단종과 작자의 일편단심(중의적)을 나타냄.

• 임금(단종)에 대한 절개
• 일편단심(어떤 역경에 처할지라도 절개를 굽힐 수 없음)

간밤의 부던 브람에 눈서리 치단 말가
낙락장송(落落長松)이 다 기우러 가노믹라
흐믈며 못다 핀 곳이야 닐러 무슴흐리오

－유응부－

▶ 간밤의 부던 브람: 계유정난
▶ 눈서리: 세조의 횡포
▶ 낙락장송: 김종서와 같은 중신(重臣)
▶ 못다 핀 곳: 젊은 선비

• 세조의 횡포(집권을 위한 학살)를 개탄함.

房(방) 안에 혓는 燭(촉)불 눌과 離別(이별)ᄒ엿관ᄃᆡ
겉흐로 눈물 디고 속타는 줄 모로ᄂᆞ고
뎌 燭(촉)불 날과 갓트여 속타는 줄 모로도다.

－이개－

▶ 혓ᄂᆞ: 켠, 켜있는 ▶ 눌과: 누구와

- 단종과의 이별을 슬퍼함. (감정이입)
- 영월에 유배되는 단종과 이별하는 마음을 촛불에 감정을 이입하여 노래(겉으로 보이는 것은 눈물뿐이지만 속에서는 더 뜨거운 충정이 타고 있음을 완곡한 어조로 표현).

간밤에 우던 여흘 슬피 우러 지내여다.
이제야 싱각ᄒ니 님이 우러 보내도다
져 믈이 거스리 흐르고져 나도 우러 녜리라

－원호－

▶ 거스리: 거슬러 ▶ 녜리라: 가겠도다

- 단종과 이별한 애절한 슬픔.
- **여흘(여울물)**: 임과 서정적 자아의 매개물.
- **거스리**: 거슬러(거꾸로). 시간의 흐름을 돌이켜 저 물을 거꾸로 흐르게 하여, 나의 슬픈 심정을 단종 임금께 전하고 싶구나.(감정 이입적 표현. 냇물을 단종의 눈물로 받아들이고, 자신도 냇물을 눈물 삼아 거꾸로 흐르게 하여 자신의 심정을 전하고 싶다는 의미)
- 무심히 흐르는 여울물에 의탁하여 간절한 이별의 슬픔을 노래하여, 임에 대한 끝없는 충정을 나타냄.

천만리 머나먼 길에 고운 님 여희옵고
내 ᄆᆞ음 둘 듸 업서 냇ᄀᆞ에 안즈이다
져 믈도 내 안과 갓틔여 우러 밤길 녜놋다

— 왕방연 —

▶ 안: 마음
▶ 우러 밤길 녜놋다: 울면서 밤길을 흘러가는구나

- 유배 생활을 하게 된 단종에 대한 연민과 사모.
- 의금부 도사로 자기 손으로 단종을 유배지에 호송하고 돌아오면서 느낀 죄책감과 가련한 심정을 냇물에 의탁하여 읊은 연군가
- 감정이입, 의인법

Check 문제

01 (가)와 (나)에 대한 이해로 적절하지 않은 것은?   [2013. 수능]

> (가) 천만리 머나먼 길에 고운 님 여의옵고
>   내 ᄆᆞ음 둘 듸 업서 냇ᄀᆞ에 안즈이다
>   져 믈도 내 안과 갓틔여 우러 밤길 녜놋다
> (나) 靑草(청초) 우거진 골에 자ᄂᆞᆫ다 누엇ᄂᆞᆫ다.
>   紅顔(홍안)을 어듸 두고 白骨(백골)만 무쳣ᄂᆞ이.
>   盞(잔) 자바 勸(권)ᄒᆞ리 업스니 그를 슬허 ᄒᆞ노라.

① (가)의 '천만리 머나먼 길에 고운 님 여의옵고'는 과장된 표현을 통해 '님'과 이별한 상황을 강조하고 있다.
② (가)의 '저 믈도 내 안 같아서'는 인간과 자연물의 동일시를 통해 화자의 슬픔을 표현하고 있다.
③ (가)의 '밤길 가는구나'는 캄캄한 '밤'의 속성을 통해 화자의 암담한 심경을 표현하고 있다.
④ (나)의 '홍안을 어듸 두고 백골만 묻혔느냐'는 시어의 대비를 통해 화자의 무상감을 드러내고 잇다.
⑤ (나)의 '잔 잡아 권할 이 없으니'는 각박한 세태의 제시를 통해 속세에서 벗어나고자 하는 염원을 드러내고 있다.

[정답] ⑤
풀이 '잔 잡아 권할 이 없으니'라고 한 것은 잔을 권하는 상대방의 죽음을 의미하는 것이지 각박한 세태를 나타내는 것은 아니다. 상실감, 슬픔, 안타까움의 정서를 드러내는 것으로 보는 것이 적절하다.
오답 ① 이별한 임과의 거리를 '천만리'라고 과장하여 표현한 것은 돌이킬 수 없는 이별의 상황을 강조하여 표현한 것으로 볼 수 있다.

연군지정(戀君之情)

고시조

特賜黃菊玉堂歌(자상 특사 황국 옥당가)
風霜(풍상)이 섯거 친 날에 ㄴ 픠온 黃菊花(황국화)를
金盆(금분)에 가득 다마 玉堂(옥당)에 보닉오니
桃李(도리)야, 곳이오냥 마라 님의 뜻을 알괘라

― 송순 ―

▶ 금분: 좋은 화분
▶ 옥당: 홍문관의 별칭.
▶ 도리: 복숭아꽃과 오얏꽃. 경박한 신하를 비유한 말
▶ 곳이오냥: 꽃인 체

• 임금의 은혜에 감사하며 변함없는 충성을 다짐함.
• 명종이 궁전에 핀 국화를 옥당에 하사하고 시를 지으라 했으나, 옥당관은 짓지 못하고 숙직을 하고 있던 송순에게 짓게 하였다. 명종이 이 사실을 알고 송순에게 상을 내렸다 한다. '님의 뜻'을 국화가 바람과 서리를 이기고 피어나듯이, 역경에 처해도 절개를 지키라는 것으로 이해했다.

Check 문제

01 시조 '풍상이 이 친 날에'에 대한 설명으로 옳지 않은 것은?   [2024. 국회직 9급]

① '風霜'은 바람과 서리로서 시련을 의미한다.
② '黃菊花'는 지조와 절개를 지키는 신하를 비유한다.
③ '金盆'은 임금의 자애로운 마음을 보여 준다.
④ '玉堂'은 임금이 머무는 처소를 의미한다.
⑤ '桃李'는 임금에게 교언영색하는 존재를 비유한다.

[정답] ④

풀이   송순의 시조이다. 이 시에서 '옥당(玉堂)'은 '홍문관(弘文館)'이다. 홍문관은 학사(學士)들이 임금의 자문에 응하는 일을 맡아보던 관아이다. 이 작품은 홍문관의 한 관리가 숙직을 하고 있을 때 임금이 이 국화를 보내면서 시 한 수를 지어 올리라고 하여 그 관리가 쩔쩔 매고 있었을 때 작자가 대신 지어 올려 임금의 탄성을 자아내었다고 전해지는 시조이다.

내 무음 버혀내여 뎌 둘을 밍글고져,
구만 리 댱텬의 번드시 걸려 이셔,
고온 님 겨신 고딕 가 비최여나 보리라.

－정철－

▶ 밍글고져: 만들고 싶구나

• 연군의 정(자기 마음을 알아주기를 바라는 하소연)
• **둘**: 연군의 정을 나타내는 시적 상관물

쓴 ᄂᆞᄆᆞᆯ 데온 물이 고기도곤 마시 이셰
초옥(草屋) 조븐 줄이 긔 더욱 내 분(分)이라
다만당 님 그린 타스로 시름계워 ᄒᆞ노라

－정철－

▶ 쓴 ᄂᆞᄆᆞᆯ: 맛이 쓴 나물
▶ 고기도곤 마시 이셰: 고기보다 맛이 있구나
▶ 다만당: 다만, '－당'은 음수율을 맞추기 위한 무의미한 소리

• 안빈낙도의 생활을 지향하면서도 임금을 그리워 함.
• **초장중장**: 안빈낙도
• **종장**: 연군(자연에 완전 동화되지 않음)

가노라 삼각산(三角山)아, 다시 보쟈 한강수(漢江水)야
고국산천(故國山川)을 쩌나고쟈 ᄒᆞ랴마는
시절(時節)이 하 수상(殊常)ᄒᆞ니 올동말동ᄒᆞ여라

－김상헌－

▶ 시절: 시국
▶ 하: 하도, 몹시

- 조국에 대한 뜨거운 사랑
- 병자호란으로 청나라에 항복한 뒤, 왕자와 끝까지 투쟁할 것을 주장했던 신하(척화파)가 인질로 잡혀 가게 되었다. 작자가 청나라로 잡혀가면서 부른 노래(고국산천에 대한 절실한 사랑, 오랑캐 땅에 잡 혀가는 비장감, 귀국에 대한 불안의식 등이 뒤섞인 작자의 심정을 직설적인 표현방식으로 드러냄)
- **삼각산(북한산), 한강수**: 조선의 왕도 상징
- 의인법

청석령(靑石嶺) 지나거냐, 초하구(草河溝)ㅣ 어디매오.

호풍(胡風)도 참도찰샤, 궂은 비난 무스 일고.

아므나 행색 그려 내어 님 겨신 데 드리고쟈

－효종(봉림대군)－

▶ 청석령, 초하구: 만주의 지명
▶ 호풍: 북풍. 오랑캐 땅에서 부는 바람
▶ 행색: 모습

- 병자호란 뒤 소현세자와 함께 청나라에 볼모로 잡혀가는 처참한 심정

철령 높은 봉에 쉬어 넘난 저 구름아

孤臣寃淚(고신 원루)롤 비삼아 띄어다가

님 계신 九重深處(구중심처)에 뿌려 본들 어떠리

－이항복－

- 연군의 정
- **고신원루**: 임금의 사랑을 못받는 신하의 원통한 눈물.　**구중심처**－임금 계시는 대궐
- 광해군 때 인목대비 폐위에 반대하다가 북청으로 귀양가는 길에 지은 노래. 광해군에게까지 전해져 이 노래를 듣고 울었다 한다.
- **구름**: 귀양길에 발길이 떨어지지 않는 자신의 억울한 심정을 감정이입한 소재

三冬(삼동)에 뵈옷 닙고 巖穴(암혈)에 눈비마자

구름 씬 볏뉘도 쬔적이 업건마는

西山(서산)에 히지다 ᄒ니 눈물겨워 ᄒ노라

— 조식 —

- 임금의 승하(죽음)를 애도함
- 해석

> 한겨울에도 베옷을 입고 바위굴에서 눈과 비를 맞으며
> (벼슬 한 적 없이 산중에 은거하고 있으면서)
> 구름 사이로 비취는 햇볕도 쬔 적이 없지만
> (임금의 은혜를 입은 적도 없지만)
> 서산에 해가 졌다(임금께서 승하하셨다) 하니 눈물이 나는구나

- **구름 씬 볏뉘**: 임금의 작은 은총

Check 문제

01 (가)~(라)의 ㉠~㉣에 대한 설명으로 적절하지 않은 것은?

[2022. 국가직 9급]

> (가) 간밤의 부던 ᄇ람에 눈서리 치단 말가
> ㉠ 낙락장송(落落長松)이 다 기우러 가노믜라
> ᄒ믈며 못다 핀 곳이야 닐러 무슴 ᄒ리오.
> (나) 철령 노픈 봉에 쉬여 넘는 져 구름아
> 고신원루(孤臣寃淚)를 비 사마 씌여다가
> ㉡ 님 계신 구중심처(九重深處)에 색려 본들 엇드리.
> (다) 이화우(梨花雨) 홋색릴 제 울며 잡고 이별ᄒ 님
> 추풍낙엽(秋風落葉)에 ㉢ 저도 날 싱각는가
> 천리(千里)에 외로온 쑴만 오락가락 ᄒ노매.
> (라) 삼동(三冬)의 뵈옷 닙고 암혈(巖穴)의 눈비 마자
> 구름 씬 볏뉘도 쬔 적이 업건마는
> 서산의 ㉣ 히 디다 ᄒ니 그룰 셜워 ᄒ노라.

① ㉠은 억울하게 해를 입은 충신을 가리킨다.

② ㉡은 궁궐에 계신 임금을 가리킨다.

③ ㉢은 헤어진 연인을 가리킨다.

④ ㉣은 오랜 세월을 함께한 벗을 가리킨다.

[정답] ④

> **풀이** 조식의 시조이다. 임금의 승하를 애도하는 내용이다. 군신유의(君臣有義)의 유교 정신을 잘 보여 주는 작품으로 군신(君臣) 간의 의(義)를 노래한 작품이다. 작자는 벼슬을 하지 않고 산중에서 은거하는 몸이라 국록(國祿)을 먹거나 군은(君恩)을 입은 바 없지마는, 임금(중종)이 승하했다는 소식을 접하고 애도하는 마음을 읊은 시조이다. ㉠은 이승을 떠난 임금(중종)을 뜻한다.

견회요 (遺懷謠)

윤선도

슬프나 즐거오나 옳다 하나 외다 하나
내 몸의 해올 일만 닦고 닦을 뿐이언정
그 밧긔 여남은 일이야 分別(분별)할 줄 이시랴

                ⇨ 내가 할 일만 하면 그뿐, 뒤에 귀양을 가던 죽음을 당하건 알 바 없다는
                               고산의 도도하고 강직한 태도를 엿볼 수 있다.

내 일 망녕된 줄 내라 하여 모랄손가
이 마음 어리기도 님 위한 탓이로세
아뫼 아무리 일러도 임이 혜여 보소서

秋城(추성) 鎭胡樓(진호루) 밧긔 울어 예는 저 시내야
무음 호리라 晝夜(주야)에 흐르는다
님 향한 내 뜻을 조차 그칠 뉘를 모르나다

뫼흔 길고 길고 물은 멀고 멀고
어버이 그린 뜻은 많고 많고 하고 하고
어디서 외기러기는 울고 울고 가느니

                     ⇨ 유배지에서 어버이를 그리워함 (의미가 같은 말이면서도
                           형태가 다른 말을 반복하여 리듬감을 살림)

어버이 그릴 줄은 처엄부터 알아마는
님군 향한 뜻은 하날이 삼겨시니
진실로 님군을 잊으면 긔 不孝(불효)인가 여기노라.

                                    ⇨ 임금을 그리워함

▶ 외다: 그르다
▶ 그 밧긔 여남은 일이야 分別(분별)할 줄 이시랴: 그 밖의 세상사에 대해 생각하거나 근심할 필요가 있겠는가?
▶ 내 일 망녕된 줄 내라 하여 모랄손가: 이이첨의 횡포에 대해 상소한 일을 가리킴. 이 일로 함경도 경원으로 유배되었다.
▶ 아뫼 아무리 일러도 임이 혜여 보소서: 아무가(누가) 아무리 헐뜯더라도 임금께서 헤아려 주십시오.
▶ 하날이 삼겨시니: 하늘이 만들었으니

- 견회요(遺懷謠): '마음을 달래는 노래'라는 뜻.
- 32세 때 귀양간 함경도 경원(慶源)에서 지은 작품으로 모두 5수. 자연과 더불어 수양하는 은둔생활, 억울한 심정의 고백, 임금에의 그리움, 사친(思親) 및 충효(忠孝) 등이 각 수의 주제인데,《고산유고(孤山遺稿)》에 전한다.

Check✔ 문제

01 다음 작품에 대한 감상으로 적절하지 않은 것은?　　　　　　　　　　　　　[2020. 국가직 7급]

> (가) 슬프나 즐거오나 옳다 하나 외다 하나
> 　　 내 몸의 해올 일만 닦고 닦을 뿐이언정
> 　　 그 밧긔 여남은 일이야 분별(分別)할 줄 이시랴
> (나) 내 일 망녕된 줄 내라 하여 모랄손가
> 　　 이 마음 어리기도 님 위한 탓이로세
> 　　 아뫼 아무리 일러도 임이 혜여 보소서
> (다) 추성(秋城) 진호루(鎭胡樓) 밧긔 울어 예는 저 시내야
> 　　 무음 호리라 주야(晝夜)에 흐르는다
> 　　 님 향한 내 뜻을 조차 그칠 뉘를 모르나다
> (라) 뫼흔 길고 길고 물은 멀고 멀고
> 　　 어버이 그린 뜻은 많고 많고 하고 하고
> 　　 어디서 외기러기는 울고 울고 가느니
>
> 　　　　　　　　　　　　　　　　　　　　 — 윤선도, 〈견회요〉에서 —

① (가)에서 슬프든 즐겁든 자신의 할 일만 닦을 뿐이라는 것으로 보아 화자의 강직한 태도를 엿볼 수 있군.
② (나)에서 자신의 잘못을 잘 안다고 한 것으로 보아 타인을 원망하기보다는 화자 스스로의 잘못을 더 뉘우치고 있군.
③ (다)에서 임을 향한 뜻을 밤낮 흐르는 시냇물에 비유한 것으로 보아 화자가 지닌 변함없는 연군의 심정을 느낄 수 있군.
④ (라)에서 어버이를 그리는 절절한 정이 표현되는 것으로 보아 화자의 인간적인 면모를 짐작할 수 있군.

[정답] ②

풀이 (나)에서 화자는 자신이 한 잘못된 일은 모두 임(임금)을 위한 것이었으므로 다른 사람이 모함하더라도 임께서 헤아려 달라 하고 있다. 이는 화자가 상대방에게 자신의 처지를 하소연을 하는 것이지, 자신의 잘못을 뉘우치고 있는 것은 아니다.

오답 ① (가)에서 화자는 '슬프나 즐거오나 ~ 내 몸의 해올 일만 닦고 닦을 뿐'이라며 '그 밧긔 여남은 일(그 밖의 다른 일)'에는 관심을 두지 않겠다고 하였다. 이는 자신의 감정과 그 밖의 것에 상관없이 자신이 해야 할 일을 하겠다는 강직한 태도라 볼 수 있다.
③ (다)에서 임을 향한 뜻을 밤낮 흐르는 시냇물에 비유한 것으로 볼 때 화자가 지닌 변함는 연군의 심정을 느낄 수 있다.
④ (라)에서 화자는 '어버이 그린 뜻은 많고 많고 하고 하고'라며 어버이에 대한 그리움을 드러내고 있다. 이를 통해 화자의 인간적인 면모를 알 수 있다.

올히 댤은 다리 학긔 다리 되도록애
거믄 가마괴 해오라비 되도록애
향복무강(享福無彊)ㅎ샤 억만세(億萬歲)를 누리소셔.

－김구－

▶ 향복무강: 언제까지나 복을 누리시어

• 해석

> 오리의 짧은 다리가 학의 다리처럼 길어질 때까지.
> 검은 까마귀가 해오라기처럼 희게 될 때까지.
> 무궁토록 복을 누리시며 억만 년까지라도 잘 사소서.

• 중종 임금의 향복무강을 바람
• 지은이가 달밤에 옥당에서 글을 읽고 있었는데, 중종 임금께서 그 소리를 들으시고 술을 내리시며, 노래도 잘할 터이니 한 번 불러 보라고 술가지 내다주시매, 감격하여 즉석에서 지은 연시조 두 수를 지어 바쳤다. 그 중의 하나이다.
• 성격: 축수가(祝壽歌)

구렁에 낫는 풀이 봄비에 절로 길어
알을 일 업스니 긔 아니 조흘소냐
우리는 너희만 못ㅎ야 실람 계워 ㅎ노라

－이정환－

▶ 구렁: 땅이 움푹 패인 곳. 골짜기   ▶ 낫는 풀: 자라난 풀
▶ 알을 일: 앓을 일. 애통하며 아플 일   ▶ 실람: 시름
▶ 계워: 겨워

• 병자호란 패전에 대한 비분강개(지각이 없는 풀을 부러워한다고 하여 전쟁에 패한 참담한 심정을 표현함)
• 병자호란을 비분강개하여 지은 '비가(悲歌) 10수' 중 8번째 수
• 병자호란으로 청나라에 끌려간 세자를 걱정

강호한정 · 자연예찬(江湖閑情 · 自然禮讚)

빈천(貧賤)을 팔랴 하고 권문(權門)에 들어가니
침없는 흥정을 뉘 먼저 하쟈 하리
강산과 풍월을 달라 하니 그는 그리 못하리

– 조찬한 –

▶ 빈천: 가난하고 천함
▶ 권문: 권세 있는 집안
▶ 침없는: 치름 없는, (대가를) 치르지 않는

• 권세보다 자연을 사랑함.

초암(草庵)이 적료(寂寥)흔듸 벗업시 혼자 안자
평조(平調) 한닙헤 백운(白雲) 절로 존다
어느 뉘 이 죠흔 쯧을 알리 잇다 흐리오

– 김수장 –

▶ 초암: 초가 암자
▶ 적료: 적적하고 고요함
▶ 평조: 평화스럽고 낮은 곡조. 우리 나라 속악의 음조
▶ 한닙: 곡조 이름인 대엽(大葉)
▶ 죠흔: 맑은, 깨끗한

• 자연 속에서 유유자적하게 삶
• 평조(平調) 한닙헤 백운(白雲) 절로 존다: 평조의 노래를 대엽으로 부르니(노래를 한 곡조 부르니) 김수장이 가객이었음을 상기하면, 자연 속에서 혼자 노래하고 있는 모습을 연상할 수 있다.
• 김수장은 김천택과 더불어 시조와 노래로 당대에 이름을 떨친 가객이다. 풍류를 즐기는 가객의 자부심이 드러난다.

뵈잠방이 호믜 메고 논밧 가라 기음 미고
농가(農歌)를 부르며 둘을 씌고 도라오니
지어미 술을 거르며 닉일 뒷밧 미옵셰 ᄒ더라

－신희문－

▶ 뵈잠방이: 베로 만든 남자용 홑바지   ▶ 기음: 김
▶ 둘을 씌고: 달빛을 받으며   ▶ 지어미: 아내

• 전원에서 일하며 사는 즐거움

비록 못 일워도 임천(林泉)이 좋으니라
무심어조(無心魚鳥)는 자한한(自閑閑)하얏나니
조만(早晚)에 세사(世事)를 잊고 너를 좇으려 하노라

－권호문(한거십팔곡(閑居十八曲)중의 한 수)－

▶ 비록 못 일워도: 비록 (벼슬의 꿈은) 못 이루어도
▶ 임천: 자연
▶ 자한한: 구속받지 않고 스스로 한가로움
▶ 조만: 늦든 빠르든

• 세상을 떠나 자연 속에서 한거하고 싶음

대쵸 볼 불근 골에 밤은 어이 뜻드르며
벼 뷘 그르헤 게는 어이 ᄂᆞ리는고
술 닉쟈 체 쟝스 도라가니 아니 먹고 어이리

－황희－

▶ 대쵸 볼: 대추의 볼. 대추가 붉게 익은 것을 볼이 붉은 것으로 비유.
▶ 뜻드르며: 떨어지며
▶ 벼 뷘 그르헤: 벼를 벤 그루터기에
▶ 체 쟝스 도라가니: 체를 사서 그것으로 술을 걸러서(대추, 밤, 게를 안주삼아 아니 마시고 어이하리)

• 풍요로운 가을 농촌의 흥취

秋江(추강)에 밤이 드니 물결이 차노매라
낚시 드리치니 고기 아니 무노매라
무심한 달빛만 싣고 빈 배 저어 오노라

－월산 대군－

▶ 추강: 가을철의 강
▶ 종장: 탈속의 경지
▶ 무심한: 욕심이 없는. 사심(私心)이 없는
▶ 정서: 유유자적. 한가로움

• 평화롭고 한가하게 가을 달밤의 정취를 즐김(물욕과 명리를 초월한 작가의 유유자적하는 삶의 정신을 달빛만 가득 싣고 빈배로 돌아오는 정경에서 느껴보자.)

Check 문제

01 〈보기〉의 ⑺와 ⑷의 공통점에 대한 설명으로 가장 옳지 않은 것은? [2022. 서울시 9급 2차]

보기

⑺ 강호(江湖)에 ᄀᆞ을이 드니 고기마다 슬져 잇다
　소정(小艇)에 그물 시러 흘니 씌여 더져 두고
　이 몸이 소일(消日)하옴도 역군은(亦君恩)이샷다

⑷ 추강(秋江)에 밤이 드니 물결이 ᄎᆞ노믹라
　낙시 드리치니 고기 아니 무노믹라
　무심(無心)ᄒᆞᆫ 달빗만 싯고 븬빅 저어 오노라.

① 자연 속에서 한가롭게 지내는 삶을 표현하였다.
② 배를 타고 낚시를 즐기는 내용이 포함되어 있다
③ 동일한 문학 장르의 정형시 작품들이다.
④ 임금의 은혜를 생각하는 마음이 표현되어 있다.

[정답] ④

풀이 ⑺는 맹사성의 〈강호사시가〉이다. ⑺는 '역군은(亦君恩)이샷다'에서 임금의 은혜를 생각하는 마음이 표현되어 있다. 그러나 ⑷는 임금의 은혜와 관련이 없다.

오답 ① ⑺는 강호에서 자연을 즐기며 임금의 은혜를 생각하는 내용이다. ⑷는 가을 강가에서 한가롭게 자연을 즐기는 내용이다.
② ⑺는 '소정에 그물 시러', ⑷는 '븬빅 저어 오노라'에서 배를 타고 낚시를 즐기는 내용을 알 수 있다.
③ ⑺는 맹사성의 연시조이고, ⑷는 이조년의 시조이다. 둘 다 문학 장르는 시조이며 정형시이다.

말 업슨 靑山(청산)이요, 態(태) 업슨 流水(유수)ㅣ로다
갑 업슨 淸風(청풍)이요, 님ᄌ 업슨 明月(명월)이라
이 中(중)에 病(병) 업슨 이 몸이 分別(분별)업시 늙으리라

－성혼－

▶ 態(태) 업슨: 꾸밈이 없는   ▶ 님ᄌ 업슨: 임재(주인)가 없는
▶ 分別(분별)업시: 걱정 없이, 근심 없이

· 자연을 귀의하여 근심 없이 살고자 함
· **표현**: 초장·중장 대구
· **정서**: 자연친화. 자연에 몸을 맡긴 물아일체(物我一體)의 경지

十年(십년)을 經營(경영)ᄒ야 초려삼간(草廬三間) 지여 내니
나 ᄒ 간 돌 ᄒ 간에 淸風(청풍) ᄒ 간 맛져 두고
江山(강산)을 드릴 듸 업스니 둘러 두고 보리라

－송순－

▶ 十年(십년)을 經營(경영)ᄒ야: 십년이나 계획을 세우고 기초를 닦아
▶ 초려: 초가집
▶ 맛져 두고: 맡겨 두고

· 자연과 혼연 일체가 되어 즐기는 생활(물아일체, 물심일여의 생활)

聾巖(농암)애 올아 보니 老眼(노안)이 猶明(유명)이로다
人事(인사)이 變(변)혼 둘 山川(산천)잇둔 가실가.
巖前(암전)에 某水某丘(모수모구)이 어제 본 둣 ᄒ예라

— 이현보 —

▶ 농암: 작장의 고향인 예안에 있는 바위 이름
▶ 노안: 늙은이의 눈
▶ 유명: 오히려 밝음(벼슬에 나아가 세상 일에 분주하던 젊은 시절에는 미처 느끼지 못했던 자연의 영원성을 나이가 들어서 새롭게 느낀다는 뜻.)
▶ 가실가: 변할까
▶ 암전에 모수모구이: 바위 앞의 물과 언덕이

• 변함 없는 고향의 자연을 예찬함
• 人事(변함) ↔ 山川(변하지 않음)
• 작가가 벼슬을 그만두고 만년에 고향에 은거하며 지은 시조이다. '농암가'라는 제목이 붙어 있다.

頭流山(두류산) 兩端水(양단수)를 녜 둣고 이제 보니,
桃花(도화) 쓴 말근 물에 山影(산영)조차 좀겨세라.
아희야, 武陵(무릉)이 어딕미오 나는 옌가 ᄒ노라.

— 조식 —

▶ 두류산: 지리산의 별칭
▶ 양단수: 두 갈래로 갈라져 흐르는 물
▶ 녜 둣고: 옛날에 듣고
▶ 산영: 산 그림자
▶ 무릉: 무릉도원(武陵桃源). 이상향. 별천지. 도연명의 도화원기에 나오는 선경(仙境).

• 자연에 귀의하여 살고 싶음. 지리산 양단수의 절경을 예찬.

집 방석 내지 마라 낙엽엔들 못 앉으랴
솔불 혀지 마라 어제 진 달 돋아 온다.
아희야 薄酒山菜(박주산채)ㄹ망정 없다 말고 내어라

– 한호 –

▶ 집 방석: 짚으로 만든 방석. 인공적. '낙엽'과 대조
▶ 솔불: 관솔에 붙인 불
▶ 박주산채: 막걸리와 산나물. 소박한 술과 안주. 대유법

• 자연과 합일된 삶의 풍류, 소박한 삶.
• 집방석, 솔불(인위적) ↔ 낙엽, 달(자연적)

재너머 成勸農(성권롱) 집의 술 닉닷 말 어제 듯고
누은 쇼 발로 박차 언치 노하 지즐투고
아희야, 네 勸農(권롱) 겨시냐 鄭座首(뎡좌수) 왓다 ᄒ여라

– 정철 –

▶ 성권롱: 정철의 술친구인 성혼(成渾)을 가리킴. '권농'은 농사를 장려하는 소임을 맡은 관리
▶ 언치: 안장 밑에 까는 짚이나 천.
▶ 지즐투고: 눌러 타고
▶ 뎡좌수: 정철 자신을 가리킴. '좌수'는 고을의 장(長)

• 시골 마을에서 한가하게 생활하는 흥취, 전원 한정
• 한가하게 지내면서 친구를 만나러 가는 기쁨을 비약적인 표현으로 잘 나타내고 있다.

01 정철의 시조 '재너머 성권롱 집의'에 대한 설명으로 적절하지 않은 것은? [2017. 지방직 9급]

① '아히'는 화자의 의사를 간접적으로 전달하는 존재이면서 대화체로 이끄는 영탄적 어구이다.
② '언치 노하'는 엄격한 격식을 갖추려는 태도를 드러낸다.
③ '박차'라는 표현에서 역동성과 생동감을 느낄 수 있다.
④ 화자는 소박한 풍류를 즐기며 살고 있다.

[정답] ②

풀이 ② '언치'는 말이나 소의 안장이나 길마에 까는 담요나 방석이다. 말에 안장을 얹는 것이 아니라 소 등에 깔개를 얹고 탄다는 내용이다. 화자의 소박하고 향토적인 생활과 정서를 느낄 수 있다.

02 이 시조에 대한 설명으로 잘못된 것은? [2007. 서울시 9급]

① '지즐 투고'는 '눌러탄다'는 뜻이다.
② '언치'는 안장 밑에 까는 담요를 뜻한다.
③ 전원의 향취가 시 전체에 무르익어 있다.
④ 술과 멋을 좋아하는 작가의 품성이 잘 제시되고 있다.
⑤ 세련되고 우아한 시어를 비유적으로 사용하여 주제를 전달하고 있다.

[정답] ⑤

풀이 일상적 시어로 자연을 즐기는 모습이 보이나, 비유적 언어는 사용되지 않았다.

강호사시가(江湖四時歌)

江湖(강호)에 봄이 드니 미친 興(흥)이 절로 난다
濁醪溪邊(탁료계변)에 錦鱗魚(금린어) ㅣ 안주로다
이 몸이 閑暇(한가)히옴도 亦君恩(역군은)이샷다

> 춘사: 흥겹고 풍류스런 강호생활

江湖에 녀름이 드니 草堂(초당)에 일이 업다
有信(유신)혼 江波(강파)는 보내느니 브람이로다
이 몸이 서늘히옴도 亦君恩이샷다

> 하사: 한가한 초당생활

江湖에 고올이 드니 고기마다 술져 잇다
小艇(소정)에 그믈 시러 흘리 띄여 더뎌 두고
이 몸이 消日(소일)히옴도 亦君恩이샷다

> 추사: 고기 잡으며 즐기는 생활

江湖에 겨월이 드니 눈 기픠 자희 남다
삿갓 빗기 쓰고 누역으로 오슬 삼아
이 몸이 칩지 아니히옴도 亦君恩이샷다

> 동사: 안빈낙도하는 생활

▶ 탁료계변: 막걸리를 마시며 노는 시냇가
▶ 금린어: 싱싱한 물고기
▶ 초당: 초가집. 은사들이 즐겨 지내던 별채
▶ 유신한 강파: 신의 있는 강 물결
▶ 보내느니: 보내는 것이
▶ 소정: 작은 배.
▶ 흘리 띄여 더뎌 두고: 물결 따라 흘러가게 던져 두고
▶ 자히 남다: 한 자가 넘는다.
▶ 빗기: 비스듬히
▶ 누역: 도롱이(짚 따위로 만든 비옷)

• 자연을 즐기며 임금의 은혜에 감사함.
• 자연을 즐기며 살아가는 풍류속에서도 성리학적 충의 이념과 결부시킴(자연과 정치현실을 일체화함
  –자연에 동화된 경지가 아님)
• 강호: 隱士(은사)가 숨어사는 시골. 자연.
• **역군은**: 또한 임금의 은혜. 충의 사상에 바탕을 둔 자연애를 잘 보여주는 구절.
  → 송순의 가사 면앙정가의 끝 구절도 '이 몸이 이렁굼도 역군은 이샷다'로 되어 있다.
• 자연의 생활을 노래한 4수의 연시조이다. '사시한정가(四時閑情歌)'라고도 하며, 현전하는 연시조의
  최초 작품이다.

만흥(漫興)

> ▶ 만흥(漫興): 저절로 일어나는 흥.
> ▶ 유유자적(悠悠自適), 안분지족(安分知足), 안빈낙도(安貧樂道)의 자세와 정서를 드러냄

산수간(山水間) 바회 아래 뛰집을 짓노라 ㅎ니
그 모론 놈들은 욷는다 ㅎ다마는
어리고 햐암의 뜻의는 내 分인가 ㅎ노라 〈1〉

> ▶ 뛰집: 초가집. 움막. 띠로 엮은 집
> ▶ 햐암: 향암(鄕闇). 시골뜨기. 자신을 낮춰 이르는 말

• 혼란한 정계에서 벗어나 자연 속에 묻히는 평화스러운 마음: 안분지족(安分知足)의 삶

보리밥 픗ᄂᆞ믈을 알마초 머근 후에
바횟긋 믉ᄀᆞ의 슬ᄏᆞ지 노니노라
그 나믄 녀나믄 일이야 부를 줄이 이시랴 〈2〉

> ▶ 알마초: 알맞게
> ▶ 그 나믄 녀나믄: 그밖에 다른
> ▶ 슬ᄏᆞ지: 실컷, 마음껏
> ▶ 부를: 부러울

• 단사표음(簞食瓢飮: 험한 음식과 누추한 거처, 즉 간소하고 소박한 생활)의 생활이나, 자연과 벗하며
유유자적하는 마음. 안빈낙도(安貧樂道)의 삶

잔 들고 혼자 먼 뫼흘 ᄇᆞ라보니
그리던 님이 오다 반가움이 이러ᄒᆞ랴
말ᄉᆞᆷ도 우움도 아녀도 몯내 됴하 ㅎ노라. 〈3〉

> ▶ 오다: 온다고
> ▶ 아녀도: 아니 하여도

• 자연에 몰입하여 자연과 일체가 된 흥취(먼 산과 일체감을 느낌)
• 종장: 물아일체(物我一體)의 경지

> 누고셔 삼공(三公)도곤 낫다ᄒ더니 만승(萬乘)이 이만ᄒ랴
> 이제로 헤어든 소부허유(巢父許由) 낙돗더라
> 아마도 임천한흥(林泉閑興)을 비길 곳이 없어라. 〈4〉

▶ 삼공: 조선 시대의 삼정승. 곧 가장 높은 벼슬   ▶ 도곤: (비교)보다
▶ 만승: 천자, 천자의 자리   ▶ 임천한흥: 자연 속에서 즐기는 한가한 흥취.

• 세속의 명리를 떠나 산림에 파묻혀 한가하게 지내는 생활: 강호한정의 삶
• 해석

> 누가 삼공보다 낫다고 하더니, 천자의 자리인들 이만하겠는가.
> 이제 헤아려 보니 소부와 허유가 은거하면서 도를 즐겼더라.
> 아마도 (내가 즐기는) 자연 속의 한가한 흥취는 비할 데가 없도다.

• **소부 · 허유**: 고대 중국 전설상의 인물로 세속적 명리를 초월하여 자연 속에서 은거한 사람. 요 임금이 허유에게 왕위를 물려주려 하였으나 받지 않고, 도리어 그 말에 자기 귀가 더러워졌다 하며 영천의 물에 귀를 씻고 기산에 들어가 숨었다고 한다. 허유가 영천에서 귀를 씻자, 소에게 물을 먹이던 소부 역시 더러운 말을 들은 귀를 씻어 더러워진 물을 소에게 먹일 수 없다 하였다고 한다.

> 내 셩이 게으르더니 하ᄂᆞᆯ히 아ᄅᆞ실샤
> 인간 만사(人間萬事)를 ᄒᆞᆫ 일도 아니 맛뎌
> 다만당 ᄃᆞ토리 업슨 강산(江山)을 딕희라 ᄒᆞ시도다 〈5〉

▶ 셩: 성품, 성질   ▶ 인간 만사: 세상의 많은 일
▶ ᄃᆞ토리: 다툴 것이.

• 자연에 묻혀 삶을 운명으로 받아들여, 자연을 완상하며 떠나지 않겠다는 심회. 자연 귀의의 삶

> 강산이 됴타ᄒᆞᆫ들 내 분(分)으로 누얻ᄂᆞ냐
> 님군 은혜(恩惠)를 이제 더옥 아노이다.
> 아므리 갑고쟈 ᄒᆞ야도 히올 일이 업세라. 〈6〉

• 자연에 묻혀 행복하게 지내는 것도 임금의 은혜로 여기고, 그 성은의 무궁함을 노래[성은(聖恩) 찬양]

오우가(五友歌)

윤선도

┌ 내 버디 몇치나 ᄒ니 수석(水石)과 송죽(松竹)이라.
(가) 동산(東山)의 ᄃᆞᆯ 오르니 긔 더옥 반갑고야
└ 두어라 이 다숫밧긔 또 더ᄒᆞ야 머엇ᄒ리.

⇨ 오우(물, 돌, 솔, 대, 달)로 자족(自足)함

구룸빗치 조타 ᄒ나 검기를 ᄌ로 ᄒ다.
ᄇᆞ람 소ᄅᆡ 묽다 ᄒ나 그칠 적이 하노매라
조코도 그츨 뉘 업기는 믈뿐인가 ᄒ노라.

⇨ 물의 변함없는 속성

고즌 므스 일로 픠며서 쉬이 디고
플은 어이ᄒᆞ야 프르는 ᄃᆞᆺ 누르ᄂᆞ니
아마도 변티 아닐슨 바회뿐인가 ᄒ노라.

⇨ 바위의 불변성

더우면 곳 픠고 치우면 닙 디거늘
솔아 너는 얻디 눈서리를 모ᄅᆞᆫ다
구천(九泉)의 블휘 고ᄃᆞᆫ 줄을 글로 ᄒᆞ야 아노라.

⇨ 소나무의 꿋꿋한 절개

나모도 아닌 거시 플도 아닌 거시
곳기는 뉘 시기며 속은 어이 뷔연ᄂᆞᆫ다
져러코 사시(四時)에 프르니 그를 됴하ᄒ노라.

⇨ 대나무의 변함없는 지조

쟈근 거시 노피 떠서 만물(萬物)을 다 비취니
밤듕의 광명(光明)이 너만ᄒ니 ᄯ또 잇ᄂᆞ냐
보고도 말 아니ᄒ니 내 벋인가 ᄒ노라.

⇨ 군자의 미덕을 갖춘 밝은 달

▶ 조타: 깨끗하다
▶ 프르는 ᄃᆞᆺ 누르ᄂᆞ니: 푸르러지자 곧 누렇게 되느냐
▶ 아닐손: 아니하는 것은
▶ 불휘: 뿌리
▶ 너만ᄒ니: 너만한 것이

▶ ᄌ로: 자주
▶ 구천: 땅 속(저승)
▶ 글로: 그것으로

• **연대**: 조선 인조 때
• **갈래**: 평시조. 연시조(6수)
• **성격**: 찬미적(讚美的)
• **제재**: 水, 石, 松, 竹, 月

- 오우(五友)인 水, 石, 松, 竹, 月을 기림
- 지은이가 56세 때 전라도 해남 금쇄동(金鎖洞)에 은거할 무렵에 지은 〈산중신곡(山中新曲)〉 속에 들어 있는 6수의 시조이다. 수(水－물), 석(石－돌), 송(松－솔), 죽(竹－대), 월(月－달)을 다섯 벗으로 삼아, 서시(序詩) 다음에 각각 그 자연물들의 특질을 들어 자신의 자연애(自然愛)와 관조를 담았다. 고산 윤선도 문학의 대표작이라 할 만한 것으로서, 우리말의 아름다움을 잘 나타내어 시조를 절묘한 경지로 이끈 작품이다.

- 해석

> 나의 벗이 몇인가 하니 물과 돌과 소나무, 대나무다.
> 동산에 달이 떠오르니 그 더욱 반갑구나.
> 두어라, 이 다섯 가지밖에 또 더하면 무엇하리?
>
> 구름 빛깔이 깨끗하다고는 하지만, 검기를 자주 한다.
> 바람 소리가 맑다고 하지만, 그칠 때가 많도다.
> 깨끗하고도 그칠 적이 없는 것은 물뿐인가 하노라.
>
> 꽃은 무슨 일로 피자마자 곧 지고,
> 풀은 또 어찌하여 푸르러지자 곧 누른빛을 띠는가?
> 아마도 변하지 않는 것은 바위뿐인가 하노라.
>
> 따뜻해지면 꽃이 피고, 추우면 나뭇잎은 떨어지는데,
> 소나무여, 너는 어찌하여 눈과 서리를 모르느냐?
> 깊은 땅 속까지 뿌리가 곧은 줄을 그것으로 알겠구나.
>
> 나무도 아니고 풀도 아닌 것이,
> 곧기는 누가 시켰으며, 속은 어찌하여 비어 있느냐?
> 저러고도 네 계절에 늘 푸르니, 나는 그것을 좋아하노라.
>
> 작은 것이 높이 떠서 온 세상을 다 비추니
> 한밤중에 광명이 너만한 것이 또 있겠느냐?
> 보고도 말을 하지 않으니 나의 벗인가 하노라.

Check 문제

01 '변덕이 많다'는 의미와 거리가 먼 것을 〈오우가〉에서 찾으면? ［1995년 수능］

① 구룸빗치 조타 ᄒ나 검기를 ᄌ로 ᄒ다
② ᄇ람 소ᄅᆡ 묽다 ᄒ나 그칠 적이 하노매라
③ 고즌 므스 일로 퓌며서 쉬이 디고
④ 플은 어이ᄒ야 프ᄅᄂᆞᆫ 둣 누르ᄂᆞ니
⑤ 나모도 아닌 거시 플도 아닌 거시

[정답] ⑤

풀이 구룸(구름), ᄇ람(바람), 곳(꽃), 플(풀)은 모두 변하는 '변덕스러운' 존재에 해당된다. 그러나 나무는 그와 대조적 소재이다.

02 위 작품의 내용으로 볼 때 ⑺ 부분의 역할로 가장 적절한 것은? ［2022. 소방직 경력채용］

① 앞으로 등장할 대상들을 소개하는 성격을 지니고 있다.
② 수미상관의 표현 기법을 통해 형태적 안정감을 주고 있다.
③ 점층적인 시상 전개로 주제를 요약적으로 제시하고 있다.
④ 문답법과 설의법을 활용하여 시적 대상을 모호화하고 있다.

[정답] ①

풀이 모두 6수의 연시조이다. 첫째 수는 이 작품의 서시(序詩)이다. 초, 중장은 문답식으로 다섯 벗인 '水, 石, 松, 竹, 月'을 나열하였다. 자연과 벗이 된 청초하고 순결한 자연관을 순우리말로 잘 표현하였다.

오답 ① 초장에서 문답법을 활용했고, 종장에서 설의법을 활용하기는 했으나 대상을 모호화하지 않았다.

어부사시사(漁父四時詞)

윤선도

▶ 자신이 은거하던 보길도의 춘하추동 사계절의 경치를 10수씩으로 읊은 40수의 연시조이다.
▶ 이 작품의 시적 관심은 강호의 생활에서 누리는 날들의 여유로움과 아름다움에 집중되어 있다. 여기에서 작자는 기쁨과 충족감을 느끼고 그것이 '흥(興)'이라는 말에 압축되어 있다. 생활과 밀착된 자연관이요, 현실관이다.
▶ 초장과 중장, 중장과 종장 사이에 '여음'이 들어 있다. 중장과 종장 사이의 여음은 '지국총 지국총 어사와'[찌거덕 찌거덕 엇써. 노젓는 소리와 노를 저을 때 외치는 소리의 음차(音借)]로 일정하나 초장 다음의 여음은 일정한 규칙성을 가지고 반복된다.(배를 타고 가서 돌아오기까지의 과정)

1수	ᄇᆡ 떠라 ᄇᆡ 떠라	6수	돈 디여라 돈 디여라
2수	닫 드러라 닫 드러라	7수	ᄇᆡ 셰여라 ᄇᆡ 셰여라
3수	돈 ᄃᆞ라라 돈 ᄃᆞ라라	8수	ᄇᆡ 미여라 ᄇᆡ 미여라
4수	이어라 이어라	9수	닫 디여라 닫 디여라
5수	이어라 이어라	10수	ᄇᆡ 브텨라 ᄇᆡ 브텨라

春詞(춘사)

압개예 안개 것고 뒫뫼희 히 비친다.
빈떠라 빈떠라
밤믈은 거의 디고 낟믈이 미러 온다.
지국총 지국총 어사와
江村(강촌) 온갖 고지 먼 빗치 더옥 됴타

東風(동풍)이 건듯 부니 믉결이 고이 닌다
돋 두라라 돋 두라라
東湖(동호)를 도라보며 西湖(서호)로 가쟈스라
지국총 지국총 어사와
압뫼희 디나가고 뒫뫼히 나아온다

▶ 동풍: 춘풍(春風). 샛바람.
▶ 종장: 배를 타 앞으로 나아가는 속도감을 느끼게 한다.

우는 거시 벅구기가, 프른 거시 버들숩가.
이어라 이어라
어촌 두어 집이 닛속의 나락들락.
지국총 치국총 어사와
말가흔 기픈 소희 온간 고기 쒸노누다.

앞 포구에 안개가 걷히고 뒷산에 해가 비친다.
썰물은 거의 나가고 밀물이 밀려온다.
강촌의 온갖 꽃이 먼 빛에서 보니 더욱 좋다.

⇨ 봄날 강촌의 평화로운 정경(춘사1)

동풍이 문득 부니 물결이 고이 인다.
동호를 돌아보며 서호로 가자꾸나.
앞산이 지나가고 뒷산이 나타난다.

⇨ 봄바다에 배를 띄워 달리는 흥취(춘사3)

우는 것이 뻐꾸기인가 푸른 것이 버들숲인가.
어촌 두어집이 안개 속사이로 보였다 안 보였다
하는구나.
맑고 깊은 연못에서는 온갖 고기들이 뛰놀고 있구나.

⇨ 아름답고 한적한 어촌의 봄경치(춘사4)

夏詞(하사)

구즌비 머저 가고 시냇믈이 묽아온다
빈떠라 딕떠라
낫대롤 두러메니 기픈 興(흥)을 禁(금) 못홀돠
지국총 지국총 어사와
煙江疊嶂(연강첩장)은 뉘라셔 그려 낸고

년닙희 밥 싸 두고 반찬으란 장만 마라
닫드러라 닫드러라,
청약립은 써 잇노라, 녹사의 가져오냐
지국총 지국총 어사와
무심한 백구는 내 좃는가 제 좃는가

굳은 비도 이제는 멎어가고 시냇물도 맑아져 간다.
낚싯대를 둘러메니 마음 속 깊이 솟구치는 흥겨움
을 참을 길이 없구나.
안개 자욱한 강과 겹겹이 둘러싼 봉우리는 누가
(그림으로) 그려냈는가?

⇨ 비 갠 후의 어촌 생활의 흥겨움(하사1)

연잎에 밥을 싸서 준비하고 반찬일랑 장만하지 마라.
청약립(푸른 갈대로 만든 갓)은 이미 쓰고 있노라,
도롱이(비옷) 가져오느냐
무심한 갈매기는 내가 저를 좇는 것이냐 제가 나를
좇는 것이냐

⇨ 소박하고 유유자적한 어촌 생활(하사2)

秋詞(추사)

物外(물외)예 조흔 일이 漁父生涯(어부 생애) 아니러냐
빈떠라 빈떠라
漁翁(어옹)을 욷디 마라, 그림마다 그럿더라
지국총 지국총 어사와
四時興(사시흥)이 호가지나 秋江(추강)이 은듬이라

▶ 어부(漁父): 고기잡이를 풍류로 즐기는 사람
▶ 어부(漁夫): 고기잡이를 직업으로 하는 사람

속세를 벗어난 곳에서 깨끗한 일로 소일함이 어부의 생활 아니더냐.
고기 잡는 노인이라 비웃지 마라, 그림마다 그려져 있더라.
사계절 흥겨움이 다 같지만 그 중에서도 가을철 강의 흥취가 으뜸이라.
⇨ 가을 강에 배를 띄우는 흥취(추사1)

水國(수국)의 フ올히 드니 고기마다 술져 인다
닫 드러라 닫 드러라
萬頃澄波(만경징파)의 슬카지 容與(용여)ᄒ쟈
지국총 지국총 어사와
人間(인간)을 도라보니 머도록 더옥 됴타

▶ 수국: 강촌
▶ 만경징파: 넓고 맑은 물결
▶ 용여ᄒ쟈: 한가롭고 흥겹게 노닐자
▶ 머도록: 멀수록

바다에 가을이 찾아오니 고기마다 살쪄있다.
아득히 넓고 맑은 파도에 실컷 한가롭게 노닐자.
인간세상을 돌아보니 멀수록 더욱 좋다.
⇨ 속세를 떠나 강촌에서 유유자적함(추사2)

冬詞(동사)

구룸 거든 후의 힛빗치 두텁거다.
빈 떠라 빈 떠라
天地閉塞(천지폐색)호딕 바다흔 依舊(의구)ᄒ다
지국총 지국총 어사와
フ업슨 믉결이 깁편돗 하여 잇다.

▶ 천지폐색: 천지가 얼음으로 덮여 생기를 잃음.
▶ 의구ᄒ다: 변함이 없다.
▶ 깁편돗: 비단을 펼쳐 놓은 듯

구름이 걷힌 후에 햇빛이 두텁게 내리쬤다.
천지가 생기를 잃었으나 바다만은 여전하다.
끝없는 물결이 비단을 펼쳐놓은 듯하다.
⇨ 맑은 겨울 바다에 배를 띄우는 흥취(동사1)

간밤의 눈 갠 後(후)에 景物(경물)이 달랃고야
이어라 이어라
압희ᄂᆞᆫ 萬頃琉璃(만경유리) 뒤희ᄂᆞᆫ 千疊玉山(천첩옥산)
지국총 지국총 어사와
仙界(선계)ㄴ가 佛界(불계)ㄴ가 人間이 아니로다

▶ 경물: 시절에 따라 다른 경치
▶ 만경유리: 넓고 넓은 유리같은 겨울바다
▶ 천첩옥산: 백설에 덮인 아름다운 산

간밤에 눈 갠 뒤에 경치와 물색이 달라졌구나.
앞에는 맑고 넓은 바다,
뒤에는 겹겹이 둘러쌓인 눈덮인 산.
신선의 세계인가 부처의 세계인가, 인간의 세계는 아니로구나.
⇨ 눈 내린 뒤의 아름다운 바다 풍경(동사4)

➕ 참고　　**'동사 4'에 나타는 관습적 표현**

'동사(冬詞) 4'의 종장은 이백의 시 '산중문답(山中問答)'에서 인용한 것이다. 인간 세상과 대조되는 이상향을 제시하기 위한 관습적인 표현으로 볼 수 있다.

산중문답(山中問答)

— 이백(李白) —

묻노니, 그대는 왜 푸른 산에 사는가.
웃을 뿐, 답은 않고 마음이 한가롭네.
복사꽃 띄워 물은 아득히 흘러가나니,
별천지 따로 있어 인간 세상 아니네.

問爾何事棲碧山(문여하사서벽산)
笑而不答心自閑(소이부답심자현)
桃花流水杳然去(도화유수묘연거)
別有天地非人間(별유천지비인간)

산촌에 눈이 오니 돌길이 무쳐세라
柴扉(시비)를 여지 마라 날 추즈리 뉘 이시리
밤중만 一片明月(일편명월)이 긔 벗인가 호노라

— 신흠 —

▶ 무쳐세라: 묻혔구나
▶ 시비: 사립문
▶ 일편명월: 한 조각 밝은 달

• 산촌에 은거하면서 자연을 벗하여 삶.

江山(강산) 죠흔 景(경)을 힘셰이 닷톨 양이면
닉 힘과 닉 分(분)으로 어이ᄒ여 엇들쏜이
眞實(진실)로 禁(금)ᄒ리 업쓸씩 나도 두고 논이노라

— 김천택 —

▶ 힘셰이 닷톨 양이면: 아름다운 경치를 구경하려고 힘센 사람과 다툴 것 같으면
▶ 엇들쏜이: 얻을 수 있겠는가?　　　　▶ 금ᄒ리: 금할 사람이

• 자연의 아름다움을 만끽하고 싶은 열망을 나타냄(수직적 신분 질서가 존재하던 당대의 사회적 분위기)

田園(전원)에 나믄 興(흥)을 전나귀에 모도 싯고
溪山(계산) 니근 길로 흥치며 도라와셔
아히 琴書(금서)를 다스려라 나믄 히를 보내리라

－김천택－

▶ 전나귀: 발을 저는 나귀　　　　　　　▶ 금서: 거문고와 서책

• 자연 속에서 흥겹게 지냄(자연에 몰입된 심정)
• 해석

전원을 완상하고 남은 흥을 발을 저는 나귀에 모두 싣고
계곡을 낀 산의 익숙한 길로 흥에 겨워 돌아와서
아이에게 거문고를 타게 하고 책을 읽게 하며 남은 해(여생)를 보내리라

이 듕에 시름 업스니 어부(漁父) 생애이로다.
일엽편주(一葉片舟)를 만경파(萬頃波)에 띄워 두고
인세(人世)를 다 니젯거니 날 가는 줄롤 안가.

－이현보－

▶ 이 듕에 시름 업스니: 인간 생활 중에 시름 없는 것은　▶ 일엽편주: 작은 한 척의 배
▶ 니젯거니: 잊고 있거니　　　　　　　　　　　　　　　▶ 만경파: 넓은 바다(='만경창파')

• 번거로운 세상에서 초탈한 어부의 생활

비 오는딕 들희 가랴 사립 닷고 쇼 머겨라
마히 미양이랴 잠기 연장 다스려라
쉬다가 개는 날 보아 스래 긴 밧 가라라

－윤선도－

▶ 들희: 들에　　　　　　　　　　　　　▶ 쇼: 소(牛)
▶ 마히 미양이랴: 장마가 늘 계속되랴　　▶ 잠기: 쟁기
▶ 다스려라: 손질해 두어라　　　　　　　▶ 스래: 이랑

• 장마철의 농촌 생활(장마에도 모든 일을 미리 준비해 두는 부지런한 농촌 생활)
• 내면적 의미는 현실 정치상황을 빗대어 표현한 것으로 볼 수 있다.

국화(菊花)야 너는 어이 삼월춘풍(三月春風) 다 보닉고
낙목한천(落木寒天)에 네 홀노 픠엿는다
아마도 오상고절(傲霜孤節)은 너쑨인가 ᄒ노라

— 이정보 —

▶ 낙목한천: 나뭇잎이 떨어진 때의 추운 날씨
▶ 오상고절: 서리를 이기는 굳은 절개

• 국화의 절개 찬양(지조 있는 선비로 바르게 살고자 함)

매화사(梅花詞) (또는 영매가 – 咏梅歌. 전8수)

안민영

어리고 셩귄 가지 너를 밋지 아녓더니,
눈 期約(기약) 能(능)히 직혀 두세 송이 픠엿구나.
燭(촉) 줍고 갓가이 ᄉ랑홀 제 暗香(암향)조차 浮動(부동)터라.
⇨ 추울 때 피어난 매화를 예찬함(제2수)

氷姿玉質(빙자옥질)이여 눈 속에 네로구나
가만히 香氣(향기) 노아 黃昏月(황혼월)을 期約(기약)ᄒ니
아마도 雅致高節(아치고절)은 너쑨인가 ᄒ노라
⇨ 매화의 풍치와 절개를 예찬함(제3수)

▶ 셩귄: 사이가 뜬.
▶ 눈 기약: 눈 내릴 때 꽃을 피우겠다는 약속.
▶ 암향조차 부동터라: 그윽한 향기조차 풍겨 오더라.
▶ 빙자옥질: 얼음같이 깨끗하고 맑은 살결과 옥같이 아름다운 뼈대.
▶ 황혼월: 저녁달
▶ 아치고절: 아담한 풍치와 높은 절개

• 매화 예찬. 영매가(詠梅歌)
• 의인법, 영탄법, 설의법

'매화사'는 사군자(四君子)의 하나여서 '절개' 혹은 '지조'의 관습적 상징이 있다. 이를 인격화하여 지조 높은 선비의 모습을 상징적으로 표현했다.

	시어	의미
1수	매영(梅影)	풍류의 배경
2수	암향 부동(暗香浮動)	고결, 그윽한 성품
3수	빙자옥질(氷姿玉質)	맑고 깨끗한 자태와 성품
	아치 고절(雅致孤節)	아담한 풍치와 높은 절개
6수	봄 쯧(↔ ᄇ람, 눈, 찬 기운)	봄이 찾아옴을 알리겠다는 의지
8수	백설 양춘(白雪陽春)(↔ 척촉, 두견화)	지조, 절개

애정과 이별(愛情·離別)

冬至(동지)ㅅ둘 기나긴 밤을 혼 허리를 버혀내여
春風(춘풍) 니불 아레 서리서리 너헛다가
어론 님 오신 날 밤이여든 구뷔구뷔 펴리라

ㅡ 황진이 ㅡ

▸ 춘풍 니불: 봄바람처럼 향긋하고 따스한 이불
▸ 어른 님: 얼은 임. 정(情)을 맺는 임

• 임을 그리는 애타는 심정
• 서리서리 너헛다가~구뷔구뷔 펴리라: 추상적인 시간을 구체적인 사물로 형상화하여 임에 대한 애틋한
  그리움과 사랑을 절실히 환기시킨다 → 시간의 사물화(관념의 구체화)

Check 문제

01 이 시에 대한 설명으로 가장 옳지 않은 것은? [2018. 서울시 9급 특별채용]

① 사랑하는 임의 안위에 대해 걱정하고 있다.
② 추상적인 시간을 구체화하여 제시하고 있다.
③ 의태어를 사용하여 생동감을 자아내고 있다.
④ '어론님 오신날'은 화자의 소망과 관련된 구절이다.

[정답] ①

[풀이] 이 시는 황진이의 시조이며, '임을 그리워하는 애타는 심정'을 주제로 한다. 하지만 사랑하는 임의 안위
(安危)(: 편안함과 위태함)을 걱정한다는 것은 적절하지 않다. 참고로, ①은 백제 가요인 〈정읍사〉에
해당한다.

[오답] ③ '구뷔구뷔 (펴리라)'를 사용하여 생동감을 자아내고 있다.

어져 내 일이야 그릴 줄을 모로ᄃ냐

이시라 ᄒ더면 가랴마ᄂ 제 구팈야

보ᄂ고 그리ᄂ 정(情)은 나도 몰라 ᄒ노라

－황진이－

▶ 내 일이야: 내가 한 일이여
▶ 그릴줄을 모로ᄃ냐: 그리워 할 줄을 몰랐더냐

• 연모의 정
• **시상 전개**: 자탄－자탄의 이유－자탄의 심화
• 자존심과 연정 사이에서 한 여인이 겪는 오묘한 심리적 갈등을 나타냄.
• 가시리와 진달래꽃을 매개하는 뛰어난 이별의 노래
• **제 구팈야**: 행간 걸침
  ㉠ '이시라 ᄒ더면 제 구팈야 가랴마ᄂ'의 도치: '제'는 '임', 즉 '내가 있으라고 했더라면 임이 구태여 갔겠는가마는'의 뜻.
  ㉡ '제 구팈야 보내고'로 보면 '제'는 시적 자아. 즉, '내가 있으라고 했으면 임이 갔겠는가마는 내가 구태여 임을 보내고' 의 뜻.

靑山(청산)은 내 ᄯᅳᆺ이오 綠水(녹수)ᄂ 님의 情(정)이

綠水(녹수)ㅣ 흘러간들 靑山(청산)이야 變(변)ᄒᆯ손가

綠水(녹수)도 靑山(청산)을 못 니져 우러예어 가ᄂ고

－황진이－

▶ 정이: 정이로다

• **임을 향한 변함없는 사랑**: 변함없는 자신을 청산으로, 흐르는 물과 같은 임의 정을 녹수로 비유하여 자신에 대한 임의 사랑은 변하더라도 임에 대한 자신의 사랑은 변함이 없을 것임을 나타냄.

青山裏(청산리) 碧溪水(벽계수)ㅣ야 수이 감을 자랑마라
一到滄海(일도창해)ᄒ면 도라오기 어려오니
明月(명월)이 滿空山(만공산)ᄒ니 수여 간들 엇더리.

－황진이－

▶ 청산리 벽계수야: 청산 속에 흐르는 푸른 시냇물아
▶ 수이: 쉽게
▶ 일도창해: 한 번 바다에 다다르면(한 번 늙게 되면)
▶ 明月(명월)이 滿空山(만공산)ᄒ니: 밝은 달빛이 빈 산에 가득하니

• 즐기며 살자고 유혹함.
• 중의법: '벽계수'는 푸른 시냇물과 사람 이름, '명월'은 밝은 달과 황진이 자신
• 배경 고사
  당시 왕족이던 벽계수(본명은 이은원)가 뭇 남성이 황진이에게 반하지 않은 이가 없다고 하자, 자신은 그렇지 않으리라 장담하였다. 황진이가 이 말을 듣고, 그를 유혹해 보려고 사람을 시켜 송도에 오게 하였다. 벽계수가 나귀를 타고 만월대에 이르렀을 때, 황진이가 곱게 단장하고 나타나 이 노래를 불렀다. 황진이를 본 벽계수는 웬 선녀인가 하여 저도 모르게 나귀에서 내렸다는 이야기가 있다.

닉 언지 無信(무신)ᄒ여 님을 언지 속엿관듸
月沈 三更(월침삼경)에 온 쯧지 숏(전)혀 업닉
秋風(추풍)에 지는 닙 소릭야 닉들 어이 ᄒ리오.

－황진이－

▶ 월침삼경: 달이 기운 한밤중

• 임이 찾아 주기를 간절히 바람
• 서경덕의 시조 '마음이 어린 후(後)ㅣ니~'에 대한 대답으로 지은 시조라고 한다. 임에 대한 신의가 변함없음을 밝히고, 임이 찾아주지 않는 데 대한 안타까움을 드러내고 있다.
• 초중장은 임에 대한 원망이며 탄식이다. 종장에서 일어나는 환각적인 상황도 임에 대한 그리움의 결과이다.

마음이 어린 後(후) | 니 하난 일이 다 어리다
萬重 雲山(만중운산)에 어내 님 오리마난,
지난 닢 부난 바람에 행여 긘가 하노라

- 서경덕 -

▶ 어린 後(후) | 니: 어리석은 까닭으로
▶ 만중운산: 구름이 겹겹이 낀 산

• 임을 그리워하며 기다림
• 황진이를 생각하며 지은 노래라 한다. 자신을 어리석다고 낮추고 있지만 누를 수 없는 그리움과 안타까움, 기다림의 심정을 진솔하게 드러내고 있다.
황진이는 서경덕을 유혹하려다가 실패하고, 그의 높은 인격과 학식에 매료되어 사제 관계를 맺은 적이 있다고 전한다.

묏버들 갈히 것거 보내노라 님의손딕
자시는 窓(창) 밧긔 심거 두고 보쇼셔
밤비예 새닙곳 나거든 날인가도 너기쇼셔

- 홍랑 -

▶ 묏버들: 산버들
▶ 갈히: 골라

• 임에게 보내는 사랑
• 묏버들: 임에게 바치는 지고지순한 사랑. 기생인 자신의 신분을 자각한 겸손한 사랑의 표현. 즉, 자신을 산에서 자라는 버들에 비겨 '창 밖에' 심어 두고 보라 하였다.
• 선조 때 최경창이 북해 평사로 경성에 가 있을 때 친해진 홍랑이 이듬해 최경창이 서울로 돌아가게 되자, 영흥까지 배웅하였다. 함관령에 이르렀을 때 저문날 내리는 비를 맞으며 이 노래와 버들가지를 보냈다 한다.

梨花雨(이화우) 훗쑥릴 제 울며 잡고 離別(이별)ᄒᆞᆫ 님
秋風落葉(추풍낙엽)에 저도 날 싱각ᄂᆞᆫ가.
千里(천리)에 외로운 쑴만 오락가락 ᄒᆞ노매

－계랑－

• 멀리 있는 임을 간절히 그리워함
• 이화우(봄): 눈물 ↔ 추풍낙엽(가을)－쓸쓸함, 시간적 거리감
• 천리: 공간적 거리감
• 전북 부안의 명기 계랑이 떠난 후 소식이 없는 정든 임 유희경을 그리워하며 읊은 노래. 이 작품을
  짓고 수절했다 한다.

山村(산촌)에 밤이 드니 먼뒷 기 즈져온다.
柴扉(시비)를 열고 보니 하늘이 챠고 달이로다
뎌 기야, 空山(공산) 잠든 달을 즈져 무슴ᄒᆞ리오.

－천금－

▶ 먼뒷 기: 먼 곳의 개
▶ 시비: 사립문.
▶ 공산: 아무도 없는 빈 산

• 임을 기다리는 외로움
• 종장의 '空山 잠든 달을 즈져 므슴ᄒᆞ리오'는 자신에게 하는 자탄의 소리.

雪月(설월)이 滿庭(만정)ᄒᆞᆫ듸 ᄇᆞ룸아 부지 마라
曳履聲(예리성) 아닌줄을 판연히 알건마ᄂᆞᆫ
그립고 아쉬온 적이면 힝여 귄가 ᄒᆞ노라

－작자 미상－

• 임을 기다리는 애타는 마음
• 해석

> 눈과 달빛이 뜰에 가득한데, 바람아 불지 마라
> 신발 끄는 소리(임이 오는 기척)가 아닌 줄을 분명히 알지마는
> 그립고 아쉬운 때면 행여 그인가 하노라

• 중장과 종장에서 바람소리를 임의 발자국 소리로 착각할 만큼 간절한 그리움을 표현.

이시렴 브디 갈 씨 아니 가든 못홀쏜냐
무단이 슬튼야 눔의 말을 드럿느냐.
그려도 하 애도래라, 가는 쯧을 닐러라

-성종-

- 애닯은 마음으로 신하를 떠나 보냄.
- 해석

있으려무나, 꼭 가야겠느냐? 아니 가지는 못하겠느냐?
공연히 (내가) 싫어졌느냐? 남이 권하는 말을 들었느냐?
그래도 너무 애닯구나. 가는 뜻이나 분명히 말해 보려무나.

- 초장 · 중장: 만류하는 마음
- 종장: 이별의 슬픔
- 성종 때 유호인이 늙은 어머니를 봉양하기 위해 벼슬에서 물러나 고향으로 내려가게 되자, 성종이 여러 번 만류하다가 할 수 없어 친히 주연을 베풀어 술을 권하며 읊은 작품. 그 자리에 있던 사람들이 모두 감격의 눈물을 흘렸다 한다.

공산에 우난 접동, 너난 어이 우짖난다.
너도 날과 같이 무음 이별하였나냐
아모리 피나게 운들 대답이나 하더냐.

-박효관-

▶ 공산: 아무도 없는 빈 산
▶ 접동: 접동새(감정 이입의 대상)
▶ 무음: 무슨

- 이별을 슬퍼함

바룸도 쉬여 넘는 고기 구름이라도 쉬여 넘는 고기
산진이 수진이 海東靑(해동청) 보라미라도 다 쉬여 넘는 高峯(고봉) 장성령 고기
그 넘어 님이 왓다 ᄒ면 나는 아니 흔 번도 쉬여 넘으리라

-작자 미상-

- 임을 기다리는 마음
- 산진이 수진이 海東靑(해동청) 보라미 → 매(산진이는 산에서 자란 매, 수진이는 집에서 키운 매, 해동청은 송골매, 보라매는 그 해에 난 새끼를 길들여서 사냥에 쓰는 매)
- 열거법, 점층법

> 창밖이 어른어른ㅎ거늘 님만 너겨 펄떡 뛰어 뚝 나서 보니,
> 님은 아니 오고 으스름 달빛에 열 구름 날 속였고나.
> 맞초아 밤일세 망정 행여 낮이런들 남 우일 뻔 하여라
>
> −작자 미상−

- 임을 애타게 기다림
- 해석

> 창 밖에 그림자가 어른어른하거늘 님인가 여겨 펄떡 뛰어 뚝 나서보니
> 님은 아니 오고 으스름한 달빛에 지나가는 구름이 날 속였구나.
> 마침 밤이기에 망정이지 혹시 낮이었던들 남들에게 웃음을 받을 뻔(창피를 당할 뻔) 했구나.

> 귓도리 져 귓도리 에엿부다 져 귓도리
> 어인 귓도리 지는 둘 새는 밤의 긴소리 쟈른 소리 절절이 슬픈 소리 제 혼자 우러 네어 紗窓 (사창)여
> 윈 줌을 술드리도 씨오는고야
> 두어라 제 비록 微物(미물)이나 無人洞房(무인동방)에 내 쯧 알리는 저샌인가 ㅎ노라
>
> −작자 미상−

- 가을밤 임 그리는 외로운 여심(감정이입)
- 해석

> 귀뚜라미, 저 귀뚜라미, 불쌍하다 저 귀뚜라미
> 어찌된 귀뚜라미가 지는 달, 새는 밤에 긴 소리 짧은 소리로 마디마디 슬픈 소리로 저 혼자 계속 울어
> 비단 창문(여자가 거처하는 방의 창을 미화시킨 표현) 안에 얕은 잠을 잘도 깨우는구나.
> 두어라 제가 비록 미물이나 독수공방하는 나의 뜻을 아는 이는 저 귀뚜라미뿐인가 하노라.

> 개를 여라문이나 기르되 요 개ヌ치 얄믜오랴
> 믜온 님 오며는 쇠리를 홰홰 치며 쒸락 누리 쒸락 반겨서 내닷고 고온 님 오며는 뒷발을 버동버동
> 므르락 나으락 캉캉 즈져서 도라가게 흔다
> 쉰밥이 그릇그릇 난들 너 머길 줄이 이시랴
>
> −작자 미상−

- 임을 애타게 기다리는 심정
- 그리운 임과 만나지 못하는 것을 개의 탓으로 돌려 해학적으로 표현.

> 나모도 바희돌도 업슨 뫼헤 매게 쪼친 가토리 안과,
>
> 大川(대천)바다 한 가온대 일천석 시른 빈에 노도 일코 닷도 일코 농총도 근코 돗대도 것고 치도 싸지고 ᄇ람 부러 물결치고 안개 뒤섯계 ᄌ자진 날에 갈길은 千里 萬里(천리 만리) 나믄듸 四面(사면)이 거머어득 져뭇 天地(천지) 寂寞(적막) 가치노을 썻는듸 水賊(수적) 만난 도사공의 안과
>
> 엇그제 님 여흰 내 안이야 엇다가 ᄀ을ᄒ리오
>
> — 작자 미상 —

- 임을 여읜 절망적인 슬픔
- 해석

> 나무도 바윗돌도 없는(숨을 곳도 없는) 산에서 매에게 쫓기는 까투리의 마음과
>
> 대천 바다 한가운데에서 일천 석(많은 짐) 실은 배에 노도 잃고 닻도 잃고 용총줄(돛대에 맨 굵은 줄)도 끊어지고 돛대도 꺾이고 키(방향 조절 기구)도 빠졌는데(배를 움직이거나 정박시킬 수단이 하나도 남지 않은 상황), 바람 불어 물결치고 안개까지 뒤섞여 자욱한 날에 갈 길은 천리 만리 남았는데 사면이 어둑어둑 저물어 천지가 적막하고, 사나운 파도가 치는데 해적을 만난 도사공(선장)의 마음과
>
> 엊그제 임을 여읜 내 마음이야 어디에 견주리오.

- 비교 · 점층법
- 정서: 절망감
- 중장의 상황: 雪上加霜(설상가상)
- 천지 적막: 바람이 불고 파도가 치는 상황에 어울리지 않는 표현

Check 문제

01 이 시의 '가토릭'와 '都沙工'의 상황을 표현한 한자 성어로 가장 적절한 것은? [2019. 국가직 7급]

① 孤子單身
② 螳螂拒轍
③ 磨杵作針
④ 百尺竿頭

[정답] ④

[풀이] 매에게 쫓겨 위험에 빠진 까투리와, 바다 가운데에서 위험에 빠진 도사공을 제시하였다. 이 둘의 위태로운 상황보다 이별한 화자의 마음이 더 아플 수 있다며, 화자는 자신의 슬픔을 강조했다. 따라서 '백척간두(百尺竿頭)'가 적절하다.

▶ 百尺竿頭(백척간두): 백 자나 되는 높은 장대 위에 올라섰다는 뜻으로, 몹시 어렵고 위태로운 지경을 이르는 말.

[오답] ① 孤子單身(고혈단신): 피붙이가 전혀 없는 외로운 몸.
② 螳螂拒轍(당랑거철): 제 역량을 생각하지 않고, 강한 상대나 되지 않을 일에 덤벼드는 무모한 행동 거지를 비유적으로 이르는 말. 중국 제나라 장공(莊公)이 사냥을 나가는데 사마귀가 앞발을 들고 수레바퀴를 멈추려 했다는 데서 유래한다.
③ 磨杵作針(마저작침): 쇠공이를 갈아서 바늘을 만든다.

풍자와 해학(諷刺·諧謔)

딕들에 ㉠ <u>동난지이</u> 사오. 져 쟝수야, 네 ㉡ <u>황화</u> 긔 무서시라 웨난다, 사쟈.

外骨內肉(외골내육) 兩目(양목)이 上天(상천), 前行後行(전행후행), 小(소)아리 八 足(팔족) 大(대)아리 二足(이족) ㉢ <u>쳥장</u> ᄋ스슥ᄒᄂᆫ 동난지이 사오

쟝수야 하 거복이 웨지말고 ㉣ <u>게젓</u>이라 ᄒ렴은

―작자 미상―

▶ 동난지이: 게젓, 동란젓 　　　　　　　▶ 황화: 팔려고 내놓은 물건

- 허장성세의 세태풍자
- 해학미, 희극미: 게를 묘사한 대목(중장)
- 쉽게 말해도 될 것을 현학적인 수사를 동원하여 허세를 부리는 태도를 풍자함.
- 해석

> 여러 사람들이여 동난젓 사오. 저 장수야 네 물건 무엇이라 외치느냐, 사자.
> 밖은 단단하고 안은 연한 살이며 두 눈은 위로 하늘을 향하고, 앞뒤로 왔다 갔다 하는 작은 발 여덟 개, 큰 발 두 개 푸른 장(게의 뱃속에 들어 있는 푸른 빛깔의 장)이 아스슥하는 동난젓 사오.
> 장수야 너무 거북하게 외치지 말고 게젓이라 하렴.

Check 문제

01 위 시조에 대한 설명 중 가장 옳지 않은 것은?　　　　　　[2021. 해경 2차]

① 음성 상징어를 활용하여 생동감을 느끼게 하고 있다.
② 추상적 사물을 구체적 사물로 표현하고 있다.
③ 대상의 외양과 움직임에 대한 묘사가 있다.
④ 지적하려고 하는 내용을 직접적으로 제시하고 있다.

[정답] ②

풀이 매에게 '동난지이'는 방게를 간장에 넣어 담근 젓을 뜻하는 말로 '게젓' 또는 '방게젓'과 같은 말이다. 이 시조는 구체적인 사물인 '게'를 한자어로 묘사하고 있다. 추상적인 사물을 대상으로 삼지 않았다.

오답 ① 'ᄋ스슥'에서 음성 상징어인 의성어를 사용했다.
③ '게'의 외양과 움직임을 한자어로 묘사했다.
④ 손님이 '동난지이'가 무엇인지 지적하여 물어보자 장사꾼은 그것이 '게'임을 한자어로 직접 설명하고 있다.

02 위 시조의 ㉠~㉣ 중 가리키는 대상이 나머지 셋과 다른 것은? [2023. 서울시 9급]

① ㉠   ② ㉡

③ ㉢   ④ ㉣

[정답] ③

풀이 '동난지이'는 '게젓'을 뜻하는 말이며, '게젓'은 염장한 게를 간장에 숙성한 음식을 가리키는 말이다. 보통 '게장'이라고 부르는 음식이다. '청장'은 게의 뱃속에 들어있는 푸른 빛깔의 장이다. 나머지는 '게젓' 또는 '게'를 가리키는 말이다.

㉠ <u>두터비</u> ᄑ리를 물고 두험 우희 치ᄃ라 안자 것넌 山(산) ᄇ라보니 ㉡ <u>白松鶻(백송골)</u>이 써 잇거ᄂᆞᆯ 가슴이 금즉ᄒ여 풀덕 쮜여 내ᄃᆞᆺ다가 두험 아래 잣바지거고
모쳐라 놀낸 낼싀만졍 에헐질번 ᄒ괘라.

—작자미상—

▶ 두험: 두엄(거름 무더기)
▶ 금즉하여: 섬뜩하여

• 양반들의 허장성세 풍자
• 파리: 평민계층(피지배 계층, 소작인)
• 두꺼비: 양반계층(지배 계층, 악덕 지주)
• 백송골: 외세(최고 권력자, 관(官))
• 종장: 다행하게도 날랜 나이기에 망정이지, 하마터면 다쳐서 멍이 들 뻔하였구나.

Check 문제

01 위 시조에서 ㉡의 '白松鶻'이 ㉠의 '두터비'에게 할 수 있는 말로 적절한 것은? [2023. 국회직 9급]

① 고인도 날 못 보고 나도 고인 못 뵈 / 고인을 못 뵈도 녀던 길 앞에 있네 / 녀던 길 앞에 있거든 아니 녀고 어쩔고

② 굼벵이 매미가 되어 나래 돋쳐 날아올라 / 높으나 높은 나무 소리는 좋거니와 / 그 위에 거미줄 있으니 그를 조심하여라

③ 바람이 눈을 몰아 산창에 부딪치니 / 찬 기운 새어 들어 잠든 매화를 침노한다 / 아무리 얼리려 한들 봄뜻이야 빼앗을소냐

④ 청산리 벽계수야 수이 감을 자랑 마라 / 일도창해하면 돌아오기 어려우니 / 명월이 만공산 하니 쉬어 간들 어떠리

⑤ 재 너머 성권롱 집에 술 익닷 말 어제 듣고 / 누은 소 발로 박차 언치 놓아 지즐 타고 / 아이야 네 권롱 계시냐 정 좌수 왔다 하여라

풀이 이 작품은 조선 후기의 전형적인 사설시조로, 탐관오리가 자신의 실수를 합리화(合理化)하는 내용을 담고 있다. 초장의 '프리(파리)'는 힘없는 백성 혹은 선비를 나타내고, '두터비(두꺼비)'는 부패한 양반 관리를 가리킨다. 그리고 중장의 '白松骨(백송골)'은 두꺼비보다 높은 중앙 관리를 비유한다. '두꺼비'가 힘없는 백성인 '파리'를 착취하는 상황이다. '백송골'은 두꺼비를 훈계하고 행동을 조심할 것을 경계하는 내용이 적절하다. ②의 종장인 '조심하여라'에서 내용을 찾을 수 있다.

오답 ① 이황의 〈도산십이곡〉이다. 옛 성현의 뜻을 이어 학문에 정진할 것을 다짐하는 내용이다.
③ 안민영의 시조 〈매화사〉의 일부이다. 시련에 굴하지 않는 매화의 의지를 예찬한 내용이다.
④ 황진이의 시조이다. 인생의 덧없음을 표현한 시조이다.
⑤ 정철의 시조이다. 전원 생활의 흥취를 표현한 시조이다.

붉가버슨 兒孩(아해)ㅣ 들리 거믜쥴 테를 들고 기川(천)으로 往來(왕래)ᄒ며,

붉가숭아 붉가숭아 져리 가면 죽ᄂ니라. 이리 오면 스ᄂ니라. 부로나니 붉가숭이로다.

아마도 世上(세상) 일이 다 이러훈가 ᄒ노라.

−작자 미상−

• 서로 모해(謀害)하는 세상사를 해학적으로 풍자함 (해학미, 희극미)
• **붉**가버슨 兒孩(아해)ㅣ들: 남을 모해하는 자
• **붉**가숭아 − 발가숭이야. 발가숭이는 잠자리나 고추 잠자리

아이들이 잠자리를 잡기 위해서 저리 가면 죽고 이리 오면 산다고 하나, 실은 잠자리가 저리 가야 살고 이리 오면 아이들에게 잡혀 죽게 되는 것이다. 이처럼 세상 일에도 역설적인 요소가 있음을 나타낸 표현이다. 여기서 '발가숭이'는 어린아이와 잠자리의 뜻으로 중의적으로 비유되고 있다.

> 싀어머님 며느릭기 낫바 벽 바닥을 구루지 마오
>
> 빗에 바든 며느린가 갑세 쳐 온 며느린가. 밤나모 셕은 등걸에 휘초리 나니 ㄱ치 알살픠신 싀아버님,
> 볏 뵌 쇠똥ㄱ치 되죵고신 싀어마님, 삼 년 겨론 망태에 새 송곳 부리ㄱ치 쏖족ᄒ신 싀누의님, 당피 가론
> 밧틔 돌피 나니ㄱ치 싀노란 윗곳 ㄱ튼 핏똥 누ᄂ 아들 하나 두고
>
> 건 밧틔 메곳 ㄱ튼 며나리를 어듸를 낫바 ᄒ시ᄂ고
>
> —작자 미상—

- 며느리가 시어머니를 원망함.

- 해석

  > 시어머님, 며느리가 밉다고 부엌 바닥을 구르지 마오.
  >
  > 빚 대신으로 받은 며느린가, 무슨 물건 값으로 데려온 며느린가. 밤나무 썩은 등걸에 난 회초리같이 매
  > 서운 시아버님, 볕을 쬔 쇠똥같이 말라빠지신 시어머님, 삼 년간이나 걸려서 엮은 망태기에 새 송곳 부리
  > 같이 뾰족하신 시누님, 좋은 곡식을 심은 밭에 돌피(품질 나쁜 곡식)가 난 것같이 샛노란 오이꽃같은 피
  > 똥이나 누는 아들 하나 두고.
  >
  > 기름진 밭에 메꽃같은 며느리를 어디를 나빠 하시는고.

- 옛 여인들의 맵고 고된 시집살이의 어려움이 실감나는 노래. 며느리의 관점에서 보는 시집 식구들의
  성품을 풍자적으로 그리고 있다.

삶의 정서

> 춘산에 눈 녹인 바룸 건듯 불고 간 듸 없다.
> 져근덧 비러다가 불니고겨 마리 우희
> 귀 밋틔 히묵은 서리룰 녹여 볼가 ᄒ노라.
>
> ─우탁─

- 늙음을 한탄함(봄 산에 쌓인 눈을 녹여주는 봄바람으로 하얗게 된 백발을 눈 녹이듯 녹여 자신의 젊음을 되찾고 싶다)
- **히묵은 서리**: 하얗게 된 백발을 비유함. '탄로가(嘆老歌)'

> 흔 손에 막듸 잡고 쏘 흔 손에 가싀 쥐고
> 늙는 길 가싀로 막고, 오는 白髮(백발) 막듸로 치려터니
> 白髮(백발)이 제 몬겨 알고 즈럼길노 오더라.
>
> ─우탁─

▶ 즈럼길: 지름길

- 늙음을 한탄함. '탄로가(嘆老歌)'

Check 문제

01 다음 시조에 대한 이해로 적절하지 않은 것은? [2021. 지방직 7급]

> 흔 손에 막듸 잡고 쏘 흔 손에 가싀 쥐고
> 늙는 길 가싀로 막고 오는 백발(白髮) 막듸로 치려터니
> 백발(白髮)이 제 몬겨 알고 즈럼길노 오더라
>
> ─우탁─

① 인생의 덧없음을 관조적으로 표현하고 있다.
② 대상을 의인화하여 생동감 있게 표현하고 있다.
③ 거스를 수 없는 자연의 섭리를 해학적으로 표현하고 있다.
④ 인간의 한계를 드러내어 운명은 거부할 수 없음을 표현하고 있다.

[정답] ①

풀이 이 시조는 '탄로가(嘆老歌)'라고 하여 늙음을 탄식하는 노래이다. 늙음을 피하고 싶으나 그럴 수 없음을 탄식하고 있다는 면에서 인생의 덧없음을 표현했다고 볼 수 있다. 그러나 이를 관조적으로 표현하고 있지는 않다. 문학에서 '관조적'은 '고요한 마음으로 사물이나 현상을 관찰하거나 비추어 보는 것', 또는 '행동력이 없이 무관심하게 보거나 수수방관하는 것'을 의미한다.

오답 화자는 '늙는 길'을 가시로 막고 '백발'을 막대로 막아 보려 하지만 '백발'이 지름길로 오더라는 의인화를 통해, 인위적으로 늙는 것을 피할 수 없다는 섭리를 해학적으로 표현하고 있다.

梨花(이화)에 월백(月白)ᄒ고 銀漢(은한)이 三更(삼경)인 제
일지춘심(一枝春心)을 子規(자규)ㅣ야 알랴마ᄂᆞᆫ
多情(다정)도 病(병)인 양ᄒ여 ᄌᆞᆷ 못 드러 ᄒ노라

— 이조년 —

• 봄밤의 애상적 정감[다정가(多情歌)로 불림]
• 해석

> 하얗게 핀 배꽃에 달이 비쳐 꽃은 더욱 희게 보이고 은하수는 한밤중을 알리는데
> 배나무 한 가지에 서린 애틋한 봄날의 정서를 자규가 알고 저렇게 울 것일까마는
> 너무 다정다감한 것도 병인 듯하여 잠을 이루지 못하노라

• 이화: 청초, 결백, 냉담, 애상 (백색이미지 – 이화, 월백, 은한) ⇒ 애상적 정한
• 자규: 처절, 애원, 고독. 시적 화자의 정서를 심화시키는 대상물
• 감각적 이미지 제시
• 정조: 애상감과 고독

[01~02] 다음 글을 읽고 물음에 답하시오.

[2021. 소방직]

(가) 이화(梨花)에 월백(月白)ᄒ고 은한(銀漢)이 삼경(三更)인 제
　　일지춘심(一枝春心)을 ㉠ 자규(子規)] 야 아라마ᄂ
　　다정(多情)도 병(病)인 냥ᄒ여 좀 못 드러 ᄒ노라

　　　　　　　　　　　　　　　　　　　　　　　　　　　－이조년－

(나)　　님이 오마 ᄒ거ᄂ 저녁밥을 일 지어 먹고
　　　중문(中門) 나셔 대문(大門) 나가 지방(地方) 우희 치ᄃ라 안자 ㉡ 이수(以手)로 가액(加額)ᄒ고
　　오ᄂ가 가ᄂ가 건넌산(山) ᄇ라보니 거머횟들 셔 잇거ᄂ 져야 님이로다 보션 버서 품에 품고 신
　　버서 손에 쥐고 곰븨님븨 님븨곰븨 천방지방 지방천방 ㉢ 즌 디 므른 디 골희지 말고 워렁충창
　　건너가셔 정(情)엣 말 ᄒ려 ᄒ고 겻눈을 흘깃 보니 상년(上年) 칠월(七月) 열사흔날 골가 벅긴 주
　　추리 삼대 술드리도 날 소겨다
　　　모쳐라 밤일싀 만졍 ᄒᆡᆼ혀 낫이런들 ㉣ ᄂᆞ 우일 번 ᄒ괘라

　　　　　　　　　　　　　　　　　　　　　　　　　　　－작자 미상－

01 (가)와 (나)의 공통점으로 가장 적절한 것은?

① 밤으로 설정된 배경이 주제와 호응하고 있다.
② 음성 상징어를 사용하여 생동감을 부여하고 있다.
③ 색채를 대비하여 시적 대상을 감각적으로 형상화하고 있다.
④ 자연물에 감정을 이입하여 자연 친화적 태도를 드러내고 있다.

[정답] ①

풀이　(가)는 '월백'과 '은한'을 통해 시간적 배경이 밤임을 알 수 있다. 봄의 계절적 배경과 밤의 시간적 배경이
'봄밤의 애상'이라는 주제와 잘 호응하고 있다. (나)는 임을 기다리는 화자의 모습을 해학적으로 그리고
있다. 임이 오는 모습을 본 화자는 임을 만나러 급히 뛰어가지만 자신이 본 대상은 임이 아니라 주추리
삼대(씨를 받는라고 그냥 밭머리에 세워 둔 삼의 줄기)라는 것을 알게 된다. 이에 겸연쩍은 화자는
밤이어서 자신이 사물을 잘못 본 것이라고 변명하고 있다. 밤은 임을 애타게 기다리는 화자의 마음과
이를 해학적으로 그리고 있는 주제 의식과 잘 호응한다.

오답　② 음성 상징어는 (나)의 '거머횟들, 곰븨님븨 님븨곰븨 처방지방 지방천방, 워렁충창'에만 나타난다.
　　　 (가)에는 음성 상징어가 없다.
　　③ (가)와 (나) 모두 색채 대비가 없다.
　　④ (가)와 (나) 모두 자연물에 감정을 이입하지 않았다. (가)의 '자규'는 객관적 상관물로 볼 수는 있으나
　　　 감정 이입으로 볼 근거는 없다.

02 ㉠~㉣의 설명으로 가장 적절하지 않은 것은?

① ㉠: 두견새가 알겠느냐마는
② ㉡: 양손을 반갑게 흔들고
③ ㉢: 진 곳 마른 곳 가리지 않고
④ ㉣: 남을 웃길 뻔하였구나

[정답] ②

풀이　'이수(以手)로'는 '손으로'이며 '가액(加額)하고'는 '이마를 가리고'이다. 손으로 이마를 가리며 임의 모습
을 관찰하는 모습을 시적으로 표현한 구절이다.

오답　① '자규'는 '두견새'이다.

장진주사(將進酒辭)

> 한 盞(잔) 먹새그려 또 한 盞(잔) 먹새그려 곳 것거 算(산) 노코 無盡無盡(무진 무진) 먹새그려.
>
> 이 몸 죽은 後(후)면 지게 우희 거적 더퍼 주리혀 미여가나 流蘇 寶帳(유소 보장)의 萬人(만인)이 우러 네나 어욱새 속새 덥가나모 白楊(백양) 수페 가기곳 가면 누른 히 흰 돌 ㄱㄴ 비 굴근 눈 쇼쇼리ㅂ람 불 제 뉘 한 盞(잔) 먹자 흘고
>
> 흐믈며 무덤 우희 진나비 ㅍ람 불 제 뉘우친달 엇디리

- 무상한 인생을 술로 달램.
- 해석

> 한 잔 먹세그려, 또 한 잔 먹세그려. 꽃 꺾어 수를 세어가며(풍류를 즐기며 운치 있게) 끝없이 먹세그려.
>
> 이 몸 죽은 뒤엔 지게 위에 거적을 덮어 졸라매어 가나, 곱게 꾸민 상여에 많은 사람들이 울며 따라가나, 억새풀, 속새풀 떡갈나무 백양 숲 속에 가기만 하면 누른 해와 흰 달이 비치고 가느다란 비와 굵은 눈 내리며 회오리바람 불 터인데 그 때에 누가 한 잔 먹자 할 것인가?
>
> 하물며 무덤 위에 원숭이 휘파람 불 때 뉘우친들 어찌하리.

> 窓(창) 내고쟈 窓(창)을 내고쟈 이 내 가슴에 窓(창)을 내고쟈
>
> 고모장지 셰살장지 들장지 열장지 암돌져귀 수돌져귀 비목걸새 크나큰 쟝도리로 똥닥 바가 이내 가슴에 窓(창) 내고쟈
>
> 잇다감 하 답답흘 제면 여다져 볼가 흐노라.
>
> — 작자 미상 —

- 인생살이의 답답함에서 벗어나고 싶음.
- **중장**: 고무래 장지(든) 세살장지 문이든 또는 들창문, 열창문에 암돌쩌귀, 수돌쩌귀, 문고리에 꿰는 쇠를 큰 장도리로 뚝딱 박아서 이 나의 가슴에 창을 내고 싶다.
- 답답한 심정을 폐쇄된 공간(방)으로 나타내고, 거기에 문을 만들어 이따금 여닫을 수 있도록 창을 내고 싶다고 하였다. 불가능한 일이지만 답답한 마음을 해소하고 싶은 욕망을 기발한 착상과 해학적인 표현으로 구체화 하였다. 또한 생활 속의 언어를 그대로 써서 생활에서 생기는 어려움에서 벗어나고 싶은 서민들의 정서를 잘 나타낸 작품이다.

지당(池塘)에 비 쑤리고 양류(楊柳)에 닉 씨인 제,

사공(沙工)은 어듸 가고 뷘 빗만 믹엿는고.

석양(夕陽)에 싹 일흔 갈며기는 오락가락 ᄒ노매.

－조헌－

▶ 닉: '이내'의 고어. 해질 무렵 멀리 보이는 푸르스름하고 흐릿한 기운

• 외로운 심정으로 봄날 석양의 경치를 바라봄

• 서경 묘사를 통해 서정을 드러낸다. 즉, 구체적 대상이 지닌 이미지를 통해 정서 표현－'빈 배'와 '짝 잃은 갈매기'가 적막한 분위기를 자아내며 시적 자아의 외로운 심정을 고조시키는 정경으로 제시되고 있다.

悟桐(오동)에 듯는 빗발 無心(무심)이 듯건마ᄂᆞᆫ

나의 시름 하니 닙닙히 愁聲(수성)이로다.

이 後(후)야 입 넙은 남기야 시물 줄이 이시랴.

－김상용－

▶ 듯는: 떨어지는　　　　　　　　▶ 수성: 근심의 소리

• 빗소리를 들으며 더욱 시름에 젖음.

• 오동잎에 떨어지는 빗방울 소리는 무심하지만, 시름 많은 시적 자아에게는 근심어린 소리로 들린다고 하여 오동잎에 떨어지는 빗소리에 자신의 심정을 투영하였다. 잎 넓은 오동잎을 탓하면서 시름에 쌓인 자신의 심정을 드러내었다. (인조반정과 병자호란을 겪으면서 힘들고 마음 편할 날 없었던 작자 자신의 삶이 배어 있다.)

한숨아 셰 한숨아 네 어닉 틈으로 드러온다

고모장ᄌ 셰살장ᄌ 가로다지 여다지에 암돌져귀 수돌져귀 빗목걸새 쑥닥 박고 용(龍) 거북 ᄌ물쇠로 수기수기 ᄎ엿ᄂ듸 병풍(屛風)이라 덜걱 져븐 족자(簇子) ㅣ라 ᄃᆡᄃᆡ글 몬다 네 어닉 틈으로 드러온다

어인지 너 온 날 밤이면 ᄌᆞᆷ 못 드러 ᄒᆞ노라

―작자 미상―

▶ 고모 장ᄌ: 고무래 장지. 자 모양의 장지
▶ 셰살 장ᄌ: 가는 살로 만든 장지
▶ 들 장지: 들장지. 들어 올려서 매달아 놓게 된 장지
▶ 암돌격귀: 암돌쩌귀
▶ 빗목걸쇠: 문고리를 거는 쇠
▶ 낫바: 나빠. '싫어', '미워서'의 뜻
▶ 벽: 부엌

• 갈래: 사설시조
• 성격: 수심가(愁心歌), 해학적(諧謔的)
• 제재: 한숨(시름)
• 주제: 그칠 줄 모르는 시름

Check 문제

01 시조에 대한 이해로 적절하지 않은 것은? [2022. 지방직 7급]

① 부사어를 활용하여 시적 대상의 존재를 부각하고 있다.
② 의인화한 시적 대상과의 대화를 통해 시상을 전개하고 있다.
③ 동일한 구절을 반복하여 시적 대상에 대한 화자의 감정을 강조하고 있다.
④ 유사한 종류의 사물들을 열거하여 시적 대상을 향한 화자의 의지를 나타내고 있다

[정답] ②

풀이 시조에서 화자는 '한숨'을 의인화하여 '너'로 부르고 있다. 그러나 한숨이 화자와 대화를 하고 있지는 않다. 시의 화자는 한숨에게 일방적으로 말을 할 뿐 대화를 하지는 않았다.

오답 ① '덜걱(덜컥)', 'ᄃᆡᄃᆡ글(데굴데굴)'은 모두 부사어이다. 시적 대상인 '한숨'의 존재를 부각하고 있다.
③ '네 어닉 틈으로 드러온다'는 구절을 반복하여 한숨이 계속 들어와 잠을 이루지 못하는 화자의 원망스런 감정을 강조하고 있다.
④ 시조의 중장에서 여러 잠금장치를 열거하여 들어오는 한숨을 막으려는 화자의 의지를 나타내고 있다.

솔이 솔이라 흔이 므슨 솔만 넉이는다.
천심절벽에 落落長松(낙락장송) 내 긔로다
길 알에 樵童(초동)의 졉낫이야 걸어 볼 쑬 잇시랴

－송이－

▶ 천심절벽: 천 길 낭떠러지
▶ 낙락장송: 가지가 축축 늘어진 큰 소나무
▶ 초동: 나무하는 아이
▶ 졉낫: 조그마한 낫

• 의연한 자세로 지조와 긍지를 내세움
• **송이(松伊)**: 기생. 이름으로 쓴 한자의 뜻을 풀어 부르면 '솔이'가 된다. 작품의 '솔'은 바로 자신을 비유한 말이다. 비록 기생이지만 아무나 노리갯감으로 여길 수 있는 존재가 아니며, 하찮은 남성 따위는 거들떠보지도 않겠다는 강한 자부심을 드러내고 있다.

산은 녯 산이로되 물은 녯 물이 안이로다.
晝夜(주야)에 흐르니 녯 물이 이실쏜야.
人傑(인걸)도 물과 ᄀ티 ᄒ야 가고 안이 오노미라.

－황진이－

• 인생무상
• 스승이었던 서경덕의 죽음을 애도하여 지은 노래.
• 변함이 없는 산과 끊임없이 흘러가는 물과의 대조, 흐르는 물과 사라지는 인간과의 비교를 통하여 인생에 대한 허망함을 구체화시키고 있다(정서: 무상감).

盤中(반중) 早紅(조홍)감이 고와도 보이나다
柚子(유자)] 아니라도 품엄 즉도 하다마난
품어 가 반길 이 없을새 글로 설워하나이다.

－박인로－

▶ 반중 조홍감: 쟁반에 담긴 일찍 익은 홍시
▶ 유자: 귤
▶ 글노: 그것을

• 지극한 마음으로 돌아가신 어버이를 그리워함[풍수지탄(風樹之嘆)].
• 박인로가 이덕형의 집에서 홍시 대접을 받고, '육적의 회귤고사' 인용
  ※ **육적의 회귤고사**: 육적이 원술이란 사람의 집에 가서 귤을 대접 받았는데, 부모님께 드리려고 귤 3개를 품에 넣어 가다가 하직 인사를 할 때 귤을 떨어뜨려 들키고 말았다. 원술이 그 연유를 알고 육적의 효심에 감동하였다 한다.

Check 문제

01 위 시조에 대한 설명으로 적절하지 않은 것은? [2013. 가상직 9급]
  ① '조홍감'이 창작의 계기가 된다.
  ② 독자에게 생전에 효도를 다하자는 교훈을 준다.
  ③ '유자' 관련 고사는 주제를 효과적으로 부각시킨다.
  ④ 주제와 관련된 한자성어는 맥수지탄(麥秀之嘆)이다.

[정답] ④

풀이 '효(孝)'와 관련된 한자성어는 맥수지탄이 아니라 풍수지탄(風樹之嘆)이다.
  • **풍수지탄(風樹之嘆)**: 효도를 다하지 못한 채 어버이를 여읜 자식의 슬픔을 이르는 말.
  • **맥수지탄(麥秀之嘆)**: 고국의 멸망을 한탄함을 이르는 말. 기자(箕子)가 은(殷)나라가 망한 뒤에도 보리만은 잘 자라는 것을 보고 한탄하였다는 데서 유래한다.

(가) 반중(盤中) 조홍(早紅)감이 고아도 보이ᄂᆞ다
　　유자 안이라도 품엄즉도 ᄒᆞ다마는
　　품어 가 반기리 업슬새 글노 설워ᄒᆞᄂᆞ이다

(나) 동짓ᄃᆞᆯ 기 나긴 밤을 한 허리를 버혀 내여
　　춘풍 니불 아래 서리서리 너헛다가
　　어론 님 오신 날 밤이여든 구뷔구뷔 펴리라

(다) 말 업슨 청산(靑山)이오 태(態) 업슨 유수(流水)로다
　　갑 업슨 청풍(淸風)이오 님ᄌᆞ 업슨 명월(明月)이로다
　　이 중에 병 업슨 이 몸이 분별 업시 늘그리라

(라) 농암(籠巖)에 올라보니 노안(老眼)이 유명(猶明)이로다
　　인사(人事)이 변ᄒᆞᆫ들 산천이ᄯᆞᆫ 가샐가
　　암전(巖前)에 모수 모구(某水 某丘)이 어제 본 ᄃᆞᆺᄒᆞ예라

① (가)는 고사의 인용을 통해 돌아가신 부모님에 대한 그리움을 표현하고 있다.
② (나)는 의태적 심상을 통해 임에 대한 기다림을 표현하고 있다.
③ (다)는 대구와 반복을 통해 자연에 귀의하려는 의지를 표현하고 있다.
④ (라)는 자연과의 대조를 통해 허약해진 노년의 무력함을 표현하고 있다.

[정답] ④

풀이 (라)에서 화자는 자신을 포함한 '인사(人事)'는 변하지만 자연인 '산천'은 변하지 않는다고 했으므로 자연과 인간이 대조되고 있다. 하지만 이 작품은 허약해진 노년의 무력함과는 관련이 없다. 오히려 화자는 '노안'이 밝다고 언급했다.

오답 ① 집에 계신 어머니를 생각하며 귤을 품어 가려던 육적회귤(陸績懷橘) 고사가 인용되어 있다. '육적회귤'은 효심이 지극함을 뜻하는 사자성어이다. 중국 오나라 때 육적이라는 효자가 대접받은 귤을 어머니께 가져다 드리고 싶어서 먹는 시늉만 하고 몰래 자신의 품속에 감추었다는 이야기에서 유래되었다.
② 임을 기다리는 심정을 의태어 '서리서리', '구뷔구뷔'로 표현하고 있다.
③ 초장과 중장에서 '~업슨 ~이오, ~업슨 ~로다'의 대구와 반복이 나타난다. 화자는 자연을 긍정적으로 인식하고 있으며 자연에 귀의하려는 의지를 드러내고 있다.

교훈·처세(敎訓·處世)

고시조

도산십이곡(陶山十二曲)

이황

▶ 총 12수. 앞의 6곡을 '언지(言志)'라 하여 자신이 세운 도산서원 주변의 자연 경관에서 일어나는 감흥을 읊었고, 뒤의 6곡을 '언학(言學)'이라 하여 학문과 수양에 임하는 심경을 노래하였다.

이런둘 엇다ᄒᆞ며 뎌런둘 엇다ᄒᆞ료
草野愚生(초야우생)이 이러타 엇다ᄒᆞ료
ᄒᆞ믈며 泉石膏肓(천석고황)을 고텨 므슴ᄒᆞ료 〈1〉

▶ 초야우생: 시골에 묻혀 사는 어리석은 사람.
▶ 천석고황: 자연을 사랑하는 마음이 고칠 수 없는 병이 됨. 즉 자연 속에 묻혀 살고 싶은 마음이 절실함
(= 煙霞痼疾 연하고질).

• 세속의 명리를 떠나 자연에 묻혀 한가로이 삶.
• 초장: 모든 세속적인 것에 구애받지 않는 태도

古人(고인)도 날 몯 보고 나도 古人 몯 뵈.
古人을 못 뵈도 녀던 길 알ᄑᆡ 잇늬
녀던 길 알ᄑᆡ 잇거든 아니 녀고 엇멸고. 〈9〉

▶ 고인: 옛 성현
▶ 녀던 길: 행하던 길

• 옛 성현을 본받아 학문수양에 전념하고자 함.

> 唐詩(당시)예 녀든 길흘 몃히룰 부려 두고
> 어듸 가 둔니다가 이제사 도라온고
> 이제나 도라오나니 년 듸 마숨 마로리 〈10〉
>
> ▶ 년 듸 마숨 마로리: 다른 곳에 마음을 쓰지 않으리.

• 학문 수양에 전념할 것을 다짐함.
• 학문과 수양의 길을 저버리고 벼슬길에 올랐던 자신을 탓하며 이제라도 학문수양에 전념하겠다는 결의 표명

> 靑山(청산)는 엇뎨ᄒ야 萬古(만고)애 프르르며
> 流水(유수)는 엇뎨ᄒ야 晝夜(주야)애 긋디 아니ᄂᆞᆫ고
> 우리도 그치디 마라 萬古常靑(만고상청)호리라 〈11〉
>
> ▶ 만고상청: 영원히 변함없이 푸름

• 끊임없는 학문수양으로 영원한 진리의 세계에 도달하고 싶다
• 우리(순간, 가변) ⇒ 청산, 유수(영원, 불변)
• 초장, 중장 대구

> 愚夫(우부)도 알며 ᄒ거니 그 아니 쉬운가?
> 聖人(성인)도 몯다 ᄒ시니 그 아니 어려운가?
> 쉽거나 어렵거낫 듕에 늙는 주를 몰래라 〈12〉

• 쉼없는 학문정진의 자세.
• 학문은 누구나 할 수 있는 쉬운 길인 동시에, 누구도 궁극에 도달하기는 어려운 오묘한 길임을 말하면서 학문에 몰두하면 늙어가는 것도 모른다고 노래하고 있다.

01 '도산 노인'의 생각에 대한 이해로 옳지 않은 것은?

[2022. 국회직 8급]

> 〈도산십이곡〉은 도산 노인이 지은 것이다. 노인이 이를 지은 것은 무엇 때문인가. 우리나라의 가곡은 대체로 음란하여 족히 말할 것이 없으니 〈한림별곡〉과 같은 것도 문인의 입에서 나왔으나, 교만하고 방탕하며 겸하여 점잖지 못하고 장난기가 있어 더욱 군자가 숭상해야 할 바가 아니다. 다만 근세에 이별의 〈육가〉라는 것이 있어 세상에 성대하게 전해지는데, 저것보다 낫기는 하나 또한 세상을 희롱하는 불공한 뜻만 있으며, 온유돈후의 실질이 적은 것을 애석하게 여겼다.
>
> 노인은 평소 음악을 이해하지는 못하나 오히려 세속의 음악이 듣기 싫은 것을 알아, 한가히 살면서 병을 돌보는 여가에 무릇 성정에서 느낌이 일어나는 것을 매양 시로 나타내었다. 그러나 지금의 시는 옛날의 시와는 달라서 읊을 수는 있어도 노래로 부를 수는 없다. 만약 노래로 부르려면 반드시 시속의 말로 엮어야 되니, 대개 우리나라 음절이 그렇게 하지 않고서는 안 되기 때문이다.
>
> 그래서 내가 일찍이 대략 이별의 노래를 본떠 도산육곡이란 것을 지은 것이 둘이니, 그 하나는 언지(言志)이고 다른 하나는 언학(言學)이다. 아이들로 하여금 아침저녁으로 익혀서 노래하게 하여 안석에 기대어 이를 듣고자 했다. 또한 아이들로 하여금 스스로 노래하고 춤추고 뛰게 한다면, 비루하고 더러운 마음을 깨끗이 씻어버리고, 느낌이 일어나 두루 통하게 될 것이니 노래하는 자와 듣는 자가 서로 유익함이 없지 않을 것이다.
>
> 돌이켜보면 나의 자취가 자못 어그러졌으니, 이 같은 한가한 일이 혹시나 시끄러운 일을 야기하게 될지 모르겠고, 또 곡조에 얹었을 때 음절이 맞을는지도 알 수 없어 우선 한 부를 베껴 상자 속에 담아 두고, 때때로 꺼내 완상하여 스스로를 반성하며, 또 훗날에 보는 자가 이를 버리거나 취하기를 기다릴 따름이다.
>
> ー이황, 〈도산십이곡발〉 ー

① 우리말 노래가 대체로 품격이 떨어진다고 보아 만족하지 못하고 있었다.
② 우리나라에서 한시를 노래로 부르는 전통을 되살리려고 한다.
③ 자신이 지은 노래를 부르는 아이들에게도 유익함이 있을 것이라 생각한다.
④ 자신이 노래를 지은 것을 불만스럽게 생각할 사람이 있을 수 있다고 예상한다.
⑤ 자신이 지은 노래가 후세에 전해져서 평가의 대상이 될 것을 기대한다.

[정답] ②

풀이 제시문에는 '한시'에 대한 구체적인 언급이 없다. 〈도산십이곡〉은 조선시대의 시조이기 때문에 이를 지식으로 둘째 문단을 추론하여 노래로 부를 수 있는 '옛날의 시'를 한시로 본다 하더라도 이를 노래로 부르는 전통을 살리자고 주장하지는 않았다. 글쓴이는 도산육곡을 노래로 부르게 하도록 주장했을 뿐이다.

오답 ① 첫째 문단의 '우리나라의 가곡은 대체로 음란하여 족히 말할 것이 없으니'로 알 수 있다.
③ 셋째 문단에서, 자신이 지은 도산육곡을 아이들로 하여금 노래하게 하면 아이들이 비루하고 더러운 마음을 씻을 수 있다고 주장했다.
④ 마지막 문단의 '이 같은 한가한 일이 혹시나 시끄러운 일을 야기하게 될지 모르겠고'로 알 수 있다.
⑤ 마지막 문단의 '또 훗날에 보는 자가 이를 버리거나 취하기를 기다릴 따름이다.'로 알 수 있다.

고산구곡가(高山九曲歌)

▶ 총 10수. 이이가 해주에서 후학(後學)들을 가르치고 있을 때, 그곳 고산의 아홉 굽이 경치를 읊은 연시조로, 주자의 '무이구곡가'를 본떠 지었다.

高山九曲潭(고산구곡담)을 살롬이 몰으든이
誅茅卜居(주모복거)ᄒ니 벗님네 다 오신다
어즙어 武夷(무이)를 想像(상상)ᄒ고 學朱子(학주자)를 ᄒ리라 〈1〉

• 아름다운 자연을 벗하며 주자학을 연구하고자 함.
• 해석

> 고산의 아홉 굽이 계곡의 아름다움을 사람들이 모르더니
> 내가 풀을 베어 터를 닦아 집을 지어 사니 (그 때서야) 벗님네들이 다 오신다.
> 아, 주자(朱子)가 읊은 무이산의 아름다움을 상상하면서 주자학을 연구하리라.

二曲(이곡)은 어드ᄆ이오, 花岩(화암)에 春晚(춘만)커다.
碧波(벽파)에 곳츨 씌워 野外(야외)로 보내노다.
살롬이 勝地(승지)를 모르니 알게 ᄒ들 엇더리.〈3〉

• 이곡의 아름다운 경치를 세상 사람들과 함께 즐기고 싶음.
• 해석

> 이곡은 어디인가, 화암(바위 이름)에 봄이 무르익었구나.
> 푸른 시냇물에 꽃을 띄워 들 밖으로 보내노래(무릉도원을 연상함)
> 세상 사람들이 경치가 아름다운 곳을 모르니 알게 한들 어떠리(이 아름다운 곳을 어찌 나 혼자만의 것으로 즐기겠는가).

➕ 참고 '고산구곡가'의 전체 짜임

서곡	주자학을 연구하고자 하는 결의	제5곡	수변 정사에서의 강학과 영월 음풍의 즐거움
제1곡	관암의 아침 경치	제6곡	조협의 야경
제2곡	화암의 늦은 경치	제7곡	단풍으로 덮인 풍암에서의 흥취
제3곡	취병의 여름 경치	제8곡	금탄의 흥겨운 물소리
제4곡	송애의 황혼녘 경치	제9곡	문산의 아름다움과 세속의 경박함

훈민가(訓民歌)

정철

▶ 강원도 관찰사 재직 중에 지은 백성의 교화를 목적으로 한 계몽적, 교훈적 성격의 연시조. 쉽고 순수한 우리말과 청유형이나 명령형의 어미로 백성들을 설득하고, 백성들이 친근감을 느끼게 하고 있다.

어버이 사라신 제 셤길 일란 다ᄒᆞ여라.
디나간 후면 애ᄃᆞᆲ다 엇디ᄒᆞ리
ᄑᆞ生(평생)애 곳텨 못ᄒᆞᆯ 일이 잇ᄲᅮᆫ인가 ᄒᆞ노라 〈4〉

• 부모가 살아 계실 때 효도를 다해야 함. (風樹之嘆: 풍수지탄. 효도하고자 하나 부모님이 돌아가시고 안 계심)

> ➊ 참고   정인보, 〈자모사〉
>
> 설워라 설워라 해도 아들도 딴 몸이라 / 무덤 풀 욱은 오늘 이 '살' 붙어 있단 말가 / 빈말로 설운 양함을 뉘나 믿지 마옵소

ᄆᆞ옳 사ᄅᆞᆷ들아 올흔 일 ᄒᆞ쟈스라
사ᄅᆞᆷ이 되어나셔 올치옷 못하면
마쇼랄 갓 곳갈 씌워 밥머기나 다르랴. 〈8〉

• 선행을 권유함.(사람으로 태어나서 옳은 일을 하지 못하면 마소와 다름이 없다고 직설적으로 표현)

오ᄂᆞᆯ도 다 새거다, 호ᄆᆡ 메고 가쟈스라.
내 논 다 ᄆᆡ여든 네 논 졈 ᄆᆡ어 주마
올 길헤 ᄲᅩᆼ ᄯᆞ다가 누에 머겨 보쟈스라 〈13〉

• 서로 돕고 살아야 함.
• 초장 · 종장: 근면 / 중장: 상부상조

이고 진 뎌 늘그니 짐 푸러 나를 주오.

나는 져멋거니 돌히라 무거올가

늘거도 셜웨라터든 짐을조차 지실가 〈16〉

▶ 져멋거니: 젊었으니
▶ 돌히라: 돌이라도

• 노인을 공경해야 함.
• 종장: 늙는 것도 서럽다고 하거늘 무거운 짐까지 (어찌) 지시겠습니까?

오륜가 (五倫歌)

주세붕

아바님 날 나ᄒ시고 어마님 날 기르시니,

父母(부모)옷 아니시면 내 몸이 업실낫다.

이 德(덕)을 갑흐려 ᄒ니 하늘 ᄀ이 업스샷다.

• 부자유친(父子有親): 낳아주고 길러주신 부모님의 은혜가 끝이 없음.

지아비 받 갈나 간 듸 밥고리 이고 가,

반상을 들오듸 눈섭의 마초이다

친코도 고마오시니 손이시나 다르실가

• 부부유별(夫婦有別): 지성으로 남편을 공경함.
• 중장: 후한 때 맹광이 그 남편 양홍을 지극한 정성으로 섬겼다는 고사 인용. 남편에게 밥상을 올릴 때 눈썹높이까지 들어 올려 지극히 공손한 태도로 대했다는 '거안제미(擧案齊眉)' 고사.
• 종장: 마치 손님을 대하듯 조심스러운 태도로 공경해야 한다는 뜻

내히 죠타 ᄒ고 ᄂᆞᆷ 슬흔 일 ᄒᆞ지 말며
ᄂᆞᆷ이 ᄒᆞᆫ다 ᄒ고 義(의) 아니면 좃지 말니
우리는 天性(천성)을 직희여 삼긴 대로 ᄒᆞ리라

– 변계량 –

- 타고난 착한 천성대로 살아야 함. ('초장 중장'은 대구로, 종장의 전제)
- 이기적인 행위나, 부화뇌동(附和雷同)하지 말고, 무슨 일이든지 옳고 그름을 잘 가려서 행해야 함을 경계하여 지은 작품.

굼벙이 매암이 되야 ᄂᆞ래 도쳐 ᄂᆞ라 올라
노프나 노픈 남게 소릐는 죠커니와
그 우희 거믜줄 이시니 그를 조심ᄒᆞ여라

– 작자 미상 –

- 조심스러운 처세 강조
- 매미가 되었다고 우쭐거리다가는 거미줄에 걸릴 염려가 있다는 뜻. 이름 없는 선비가 벼슬길에 올랐다고 자만하다가 예기치 않은 일이나 상급자의 미움을 받아 낭패를 (환해풍파 – 宦海風波 – 벼슬길에서 마주치게 되는 어려움) 당할 수도 있음을 경계하는 것으로 볼 수도 있다.)

01 〈보기〉의 두 시조에 대한 설명으로 가장 옳지 않은 것은? [2019. 서울시 9급 추가]

━ 보기 ━

> (가) 임 그린 상사몽이 ㉠ 실솔의 넋이 되어
> 가을철 깊은 밤에 임의 방에 들었다가
> 날 잊고 깊이 든 잠을 깨워 볼까 하노라.

> (나) 이 몸이 죽어져서 ㉡ 접동새 넋이 되어
> 이화 핀 가지 속잎에 싸였다가
> 밤중만 살아서 우리 임의 귀에 들리리라.

① ㉠은 귀뚜라미를 뜻한다.
② (가), (나) 모두 임에 대한 그리움을 노래하고 있다.
③ ㉡은 울음소리가 돌아갈 귀(歸), 촉나라 촉(蜀), '귀촉 귀촉'으로 들려 귀촉도라고도 한다.
④ (가), (나)의 작가는 모두 미상이다.

[정답] ④

[풀이] (가)는 박효관의 시조이고, (나)는 작자 미상의 시조이다.

[오답] ① '실솔(蟋蟀)(귀뚜라미 실, 귀뚜라미 솔)'은 귀뚜라미를 뜻한다.
③ '접동새'는 밤에 우는 새로, '한(恨)'의 감정을 나타낸다. '두견, 소쩍새, 귀촉도, 자규(子規)' 등으로도 불린다.

> **참고**
>
> (가) 박효관의 시조
> • 주제: 임에 대한 애타는 그리움과 가벼운 원망
> • 제재: 실솔(蟋蟀. 귀뚜라미)
> • 표현: 추상적인 감정인 연정을 귀뚜라미라는 구체적 제재로 형상화함
>
> (나) 작자 미상의 시조
> • 주제: 임에 대한 사랑과 정한(情恨)
> • 접동새: 비애의 정서를 환기함

02 괄호에 들어갈 한자어로 옳은 것은? [2015. 경찰직(3차) 9급]

> 梨花에 月白ᄒ고 銀漢이 三更인 제
> 一枝春心을 (   )ㅣ야 아랴마는
> 多情도 병인 냥ᄒ여 좀 못 드러 ᄒ노라
>
> ─이조년, 〈多情歌〉─

① 子規   ② 細雨
③ 陰雨   ④ 錦繡

[정답] ①

[풀이] 이조년의 시조이며, '자규(子規)'가 들어가야 한다.

[오답] ② 세우(細雨). ③ 음우(陰雨). ④ 금수(錦繡).

[참고] 주제: 봄밤의 애상적(哀傷的) 정감

03 〈보기〉의 시조에 대한 설명으로 옳지 않은 것은? [2019. 서울시 9급 추가]

┌─ 보기 ───┐

우는 거시 벅구기가 프른 거시 버들숩가.
이어라 이어라
漁어村촌 두어 집이 닛 속의 나락들락.
至지국國恩총 至지국國恩총 於어思ᄉ臥와
말가흔 기픈 소희 온갇 고기 쮜노ᄂ다.

년닙희 밥 싸 두고 반찬으란 쟝만 마라.
닫 드러라 닫 드러라
靑청蒻약笠립은 써 잇노라, 綠녹蓑사衣의 가져오나.
至지국國恩총 至지국國恩총 於어思ᄉ臥와
無무心심흔 白백鷗구는 내 좃ᄂ가 제 좃ᄂ가.

└──┘

① 임금에 대한 그리움을 함축적으로 표현하고 있다.
② 청각적 이미지를 활용하고 있다.
③ 대구법을 사용하고 있다.
④ 후렴구를 제외하면 전형적인 3장 6구의 시조 형식을 갖추고 있다.

[정답] ①

풀이 〈보기〉의 시조에는 임금에 대한 그리움이 나타나지 않는다. 제시된 작품은 강호(江湖)의 생활에서 누리는 4계절의 여유로움과 무욕(無慾)의 즐거움에 집중되어 있다.

오답 ② '우는 거시 벅구기가'에서 청각적 이미지가 사용되었다.
③ 1행에 대구법이 사용되었다.
④ '이어라 이어라', '닫 드러라 닫 드러라', '至지국恩총 至지국恩총 於어思ᄉ臥와'를 제외하면 완전한 3장 6구의 시조 형식을 지닌다.

참고 윤선도, 〈어부사시사(漁父四時詞)〉(1653)

- **종류:** 연시조(전 40수), 평시조
- **주제:** 자연 속에서 한가롭게 살아가는 여유와 즐거움
- **성격:** 한정가(閑情歌)
- **배경:** 효종 4년(1653), 작자 나이 67세 이후 전남 보길도에 은거하면서 지은 것으로, 춘하추동 4계절을 각각 10수씩으로 읊은 40수로 된 연시조이다.
- **의의:** 조선 후기 대표적인 연시조

04 〈보기〉는 황진이가 지은 시조이다. 빈칸에 들어갈 알맞은 낱말끼리 짝지은 것은? [2019. 서울시 9급]

┌─ 보기 ───┐

冬至ᄉ돌 기나긴 밤을 한 (㉠)를 버혀 내여
(㉡) 니불 아레 서리서리 너헛다가
어론 님 오신 날 밤이여든 구뷔구뷔 펴리라.

└──┘

	㉠	㉡			㉠	㉡
①	허리	春風		②	허리	秋風
③	머리	春風		④	머리	秋風

[정답] ①

참고 황진이 시조의 원문과 풀이

冬至(동지)ㅅ둘 기나진 밤을 한 허리를 버혀 내여,
  春風(춘풍) 니불 아릭 서리서리 너헛다가,
어론님 오신 날 밤이여든 구뷔구뷔 펴리라.

  동짓달 기나긴 밤의 한가운데를 베어 내어
  봄바람처럼 따뜻한 이불 속에다 서리서리 넣어 두었다가
  정든 임이 오신 밤이면 굽이굽이 펼쳐 내어 그 밤이 오래오래 새도록 이으리라.

• 갈래: 평시조
• 성격: 감상적, 낭만적, 연정가
• 표현: 은유법, 의태법
• 제재: 동짓달 밤
• 주제: 임을 기다리는 절실한 그리움

05 밑줄 친 ㉠~㉣의 현대어 풀이로 옳지 않은 것은?   [2011. 국가직 9급]

말 업슨 靑山(청산)이오 態(태) 업슨 流水(유수)ㅣ로다.
갑 업슨 淸風(청풍)이오 님ㅈ업슨 明月(명월)이라.
이 中(중)에 病(병)업슨 이 몸이 ㉠分別(분별) 업시 늘그리라. −성혼−

재너머 성권롱(勸農) 집의 술 ㉡닉닷 말 어제 듯고
누은 쇼 발로 박차 언치 노하 지즐 타고
아희야, 네 권롱(勸農) 겨시냐 뎡(鄭) 좌슈(座首) 왓다 하여라 −정철−

ᄆᆞ음이 ㉢어린 後(후)ㅣ니 ᄒᆞᄂᆞᆫ 일이 다 어리다.
萬重雲山(만중 운산)에 어늬 님 오리마는
지ᄂᆞᆫ 닙 부ᄂᆞᆫ 보람에 幸(행)혀 ᄀᆞᆫ가 ᄒᆞ노라. −서경덕−

동기로 세 몸 되어 한 몸 같이 지내다가
두 아운 어디 가서 돌아올 줄 모르는고
날마다 석양 문외에 한숨 ㉣겨워 하노라. −박인로−

① ㉠: 걱정   ② ㉡: 있다는
③ ㉢: 어리석은   ④ ㉣: 못 이기어

[정답] ②

풀이 ㉡은 '있다'가 아닌 '익다'의 의미이다. '닉다'는 '익다'의 옛말이다.

06 〈보기〉의 밑줄 친 부분과 가장 가까운 내용을 담은 시조는? [2019. 서울시 9급]

━■ 보기 ┃━

성현의 경전을 읽고 자기를 돌이켜 보아서 환히 이해되지 않는 것이 있거든 모름지기 성현이 준 가르침이란 반드시 사람이 알 수 있고 행할 수도 있는 것에 대하여 말한 것임을 생각하라. 성현의 말과 나의 소견이 다르다면 이것은 내가 힘쓴 노력이 철저하지 못한 까닭이다. 성현이 어찌 알기 어렵고 행하기 어려운 것으로 나를 속이겠는가? 성현의 말을 더욱 믿어서 딴 생각이 없이 간절히 찾으면 장차 얻는 바가 있을 것이다.

① 십년 ᄀ온 칼이 갑리(匣裏)에 우노미라.
　관산(關山)을 ᄇ라보며 쌔쌔로 ᄆ져 보니
　장부(丈夫)의 위국공훈(爲國功勳)을 어니째에 드리올고.
② 구곡(九曲)은 어드미고 문산(文山)에 세모(歲暮)커다.
　기암괴석(奇巖怪石)이 눈속에 뭇쳣셰라.
　유인(遊人)은 오지 안이ᄒ고 볼껏업다 ᄒ드라.
③ 강호(江湖)에 겨월이 드니 눈 기픠 자히 남다.
　삿갓 빗기 쓰고 누역으로 오슬 삼아,
　이 몸이 칩지 아니ᄒ옴도 역군은(亦君恩)이샷다.
④ 고인(古人)도 날 못 보고 나도 고인 못 뵈.
　고인을 못 봐도 녀든 길 알픠 잇닉.
　녀든 길 알픠 잇거든 아니 녀고 엇절고.

[정답] ④

풀이 밑줄 친 내용에는 '학문(學問)'에 힘쓰겠다는 글쓴이의 뜻이 담겨 있다.
④는 이황의 시조 〈도산십이곡(陶山十二曲)〉 중에서 제9곡으로, 고인(古人: 옛 성현)이 행하던 도리(道理: 사람이 마땅이 해야 할 도리. 학문)를 자신도 배우고 따르겠다는 의지를 밝히고 있는 부분이다.

옛 어른도 나를 보지 못하고 나도 그 분들을 보지 못하네.
하지만 그 분들이 행하던 길은 지금도 가르침으로 남아 있네.
이렇듯 올바른 길이 우리 앞에 있는데 따르지 않고 어쩌겠는가?

오답
① 이순신의 시조이다. 우국충정(憂國衷情)과 장부의 호탕한 기개가 주제이다.

10년이나 갈아온 칼이 칼집 속에서 울고 있구나.
관문을 바라보며 때때로 만져볼 뿐이니.
장부의 나라를 위한 큰 공훈을 어느 때나 청사(靑史)에 기록할까?

② 이이의 〈고산구곡가〉이다. 고산의 아름다운 경치를 예찬하고 있다.

아홉 번째 계곡은 어디인가? 문산에 한 해가 저무는구나
기이하게 생긴 바위와 돌이 눈 속에 묻혔구나
세상 사람들은 와보지도 않고 볼 것 없다 하더라

③ 맹사성의 〈강호사시가〉 중 '동사(冬詞)'이다. 자연에서 안빈낙도하며 임금의 은혜를 예찬하고 있다.

강호에 겨울이 닥치니 쌓인 눈의 깊이가 한 자가 넘는다
삿갓을 비스듬히 쓰고 도롱이를 둘러 입어 덧옷을 삼으니
늙은 이 몸이 이렇듯 추위를 모르고 지내는 것도 역시 임금의 은혜이다

07 ⑦~㉣에 대한 이해로 적절하지 않은 것은?　　　　　　　　　　　　[2024. 지방직 9급]

> (가) 추강(秋江)에 밤이 드니 물결이 초노민라
> 　　낙시 드리치니 고기 아니 무노민라
> 　　무심(無心)훈 둘빗만 싯고 ⑦ 뷘 빈 저어 오노라.
>
> (나) 이런돌 엇더후며 뎌런돌 엇더후료
> 　　ⓛ 초야우생(草野愚生)이 이러타 엇더후료
> 　　후믈며 천석고황(泉石膏肓)을 고텨 므슴후료.
>
> (다) 십 년을 경영후여 초려삼간 지여 내니
> 　　나 훈 간 둘 훈 간에 청풍 훈 간 맛져 두고
> 　　ⓒ 강산은 들일 듸 업스니 둘러 두고 보리라.
>
> (라) 말 업슨 청산이오 태 업슨 유수로다
> 　　갑 업슨 청풍이오 님즈 업슨 명월이로다
> 　　이 즁에 병 업슨 ㉣ 이 몸이 분별 업시 늘그리라.

① ⑦에서 욕심 없는 화자의 모습을 볼 수 있다.
② ⓛ에서 속세를 그리워하는 화자의 모습을 볼 수 있다.
③ ⓒ에서 자연의 일부가 되어 살아가는 화자의 모습을 볼 수 있다.
④ ㉣에서 현실의 근심으로부터 초탈한 화자의 모습을 볼 수 있다.

[정답] ②

풀이 이황의 연시조 〈도산십이곡〉의 제1곡이다. '초야우생'은 자연에 묻혀 사는 어리석은 사람이라는 뜻이며, 화자가 자신을 겸손히 부른 말이다. 세속이나 부귀영화에는 휩쓸리지 않겠다는 화자의 태도를 알수 있다. 속세를 그리워한다는 설명은 잘못되었다. 속세를 멀리하려는 태도이다.

오답 ① 월산대군의 시조이다. 화자는 고기를 잡지 못했다. 그러나 무심히 '둘빗(달빛)'과 함께 돌아간다. 자연과 함께 욕심 없는 삶을 그리고 있다.
③ 송순의 시조이다. 방 세 칸의 집에 '달'과 '청풍'을 들이고자 한다. '강산'도 들이려 하나 방이 없다. '달', '청풍', '강산'은 모두 '자연'을 상징하는 시어이다. 자연과 함께 살아가려는 화자의 모습을 알수 있다.
④ '말, 태, 갑, 님즈'는 모두 세속적인 것들을 상징하는 시어이다. 화자는 세속과 관련이 없다. 세속과 관련이 없으니 '분별 업시' 살 수 있기 때문에 근심으로부터 초탈한 모습이다.

08 다음 시조에 대한 설명으로 옳지 않은 것은?　　　　　　　　　　　[2014. 국가직 7급]

> 길 위에 두 돌부처 벗고 굵고 마주 서서
> 바람비 눈서리를 맞도록 맞을망정
> 人間의 離別을 모르니 그를 불워하노라.

① 돌부처에 대한 신앙을 풍자하고 있다.
② 작자가 전달하려는 메시지는 마지막 줄에 있다.
③ 무정의 존재에 빗대어 작자의 감정을 표현했다.
④ 한 줄은 모두 네 개의 호흡 단위(음보)로 끊어진다.

[정답] ①

풀이 송강 정철이 지은 이별의 시조이다. 돌부처는 마주 보며 이별하지 않지만, 인간은 이별하기에 슬프다는 내용이다. '돌부처에 대한 신앙'이나 '풍자'와는 관계가 없다.

09 (가)~(라)에 대한 설명으로 적절하지 않은 것은? [2019. 지방직 9급]

> (가) 고인(古人)도 날 몯 보고 나도 고인(古人) 몯 뵈
> 고인(古人)을 몯 뵈도 녀던 길 알픽 잇닉
> 녀던 길 알픽 잇거든 아니 녀고 엇멸고
>
> (나) 술은 어이ᄒ야 됴ᄒ니 누룩 섯글 타시러라
> 국은 어이ᄒ야 됴ᄒ니 염매(鹽梅) 톨 타시러라
> 이 음식 이 뜯을 알면 만수무강(萬壽無疆)ᄒ리라
>
> (다) 우레ᄀ치 소릭나ᄂᆞᆫ 님을 번기ᄀ치 번뜻 만나
> 비ᄀ치 오락기락 구름ᄀ치 헤여지니
> 흉중(胸中)에 ᄇ람ᄀ튼 흔슘이 안기 피듯 ᄒ여라
>
> (라) 하하 허허 흔들 내 우음이 졍 우움가
> 하 어쳑 업서셔 늣기다가 그리 되게
> 벗님닉 웃디들 말구려 아귀 뻑여디리라

① (가): 연쇄법을 활용하여 고인의 길을 따르겠다는 의지를 드러내고 있다.
② (나): 문답법과 대조법을 활용하여 임의 만수무강을 기원하고 있다.
③ (다): 'ᄀ치'를 반복적으로 표현하여 운율감을 더하고 있다.
④ (라): 냉소적 어조를 통해 상대에 대한 불편한 심기를 표출하고 있다.

[정답] ②

풀이 (나)는 윤선도의 시조로, 대구법을 통해 '모든 것이 적절하게 조화를 이루어야 만수무강할 수 있다.'고 말하고 있다. 문답법이나 대조법이 사용되지 않았고, '임의 만수무강 기원'과도 관계가 없다.

오답 ① 연쇄법을 통해 고인(옛 성현)의 길을 따라 학문하겠다는 다짐을 드러내고 있다. (이황, 〈도산십이곡〉中)
③ '같이'(직유법)를 반복적으로 표현해 운율감을 더하고 있다.
④ 이 시조는 당시의 정치 현실에 대한 환멸감과 비판적 시각을 표현한 작품으로, 화자와 벗님네의 대조적 상황을 통해 어처구니없는 정치 현실을 개탄하고 있다. 자신의 웃음은 진정한 웃음이 아니라 어처구니가 없어서 웃는 것이라고 한 후, 이런 부정적 세태 속에서 웃고 있는 자들은 아귀가 찢어질 것이라 하여 현실에 대한 냉소적 태도와 비판적 안목을 보여주고 있다.

참고 작품 해석

(나) 윤선도의 시조

술은 어이하여 좋으니 누룩 섞을 탓이러라.
국은 어이하여 좋으니 염매(鹽梅. 음식의 간을 알맞게 맞춤) 탈 탓이러라.
이 음식 이 뜻을 알면 만수무강하리라.

(다) 작자 미상의 시조

우레같이 소리난 님을 번개같이 번쩍 만나
비같이 오락개락 구름같이 헤어지니
흉중에 바람 같은 한숨이 나서 안개 피듯 하여라.

(라) 권섭의 시조

하하 허허 하고 웃는 내 웃음이 정말 웃음인가.
세상일이 하도 어처구니가 없어서 느끼다가 그렇게 웃는 것이네.
벗님네들이여, 웃지들 말구려, 입아귀 찢어지리라.

10 ○~②에 대한 설명으로 적절하지 않은 것은?　　　　　　　　　　　[2015. 국가직 9급]

> ■ 보기 ■
>
> 삼동(三冬)에 ○베옷 입고 암혈(巖穴)에 ○눈비 맞아
> 구름 낀 볕뉘도 쬔 적이 없건마는
> ©서산에 해 지다 하니 ②눈물겨워 하노라.

① ○: 화자의 처지나 생활을 추측할 수 있게 한다.
② ○: 화자와 중심 대상 사이를 연결하는 매개체이다.
③ ©: 화자가 머물고 있는 공간과 구별되는 공간이다.
④ ②: 상황에 대한 화자의 감정이 직접 표출되고 있다.

[정답] ②

[풀이] '눈비'는 고생스러운 생활을 의미할 뿐 화자와 대상을 연결하는 매개체가 아니다.

[참고] 〈보기〉는 임금(중종)의 승하를 슬퍼하는 조식의 시조이다. 해석은 '벼슬을 아니하며 평민으로 청빈하게 살아가니 임금의 은총을 입은 바 없지만 그래도 임금께서 돌아가셨다니 슬픔을 이기지 못하겠노라.'이다.

11 다음 글에 대한 이해로 가장 적절한 것은?　　　　　　　　　　　[2018. 국가직 9급]

> (가) 내 마음 베어 내어 저 달을 만들고져
> 　　구만 리 장천(長天)의 번듯이 걸려 있어
> 　　고운 님 계신 곳에 가 비추어나 보리라
>
> (나) 열다섯 아리따운 아가씨가
> 　　남부끄러워 이별의 말 못 하고
> 　　돌아와 겹겹이 문을 닫고는
> 　　배꽃 비친 달 보며 흐느낀다

① (가)와 (나)에서 '달'은 사랑하는 마음을 임에게 전달하는 매개체이다.
② (가)의 '고운 님'과, (나)의 '아리따운 아가씨'는 화자가 사랑하는 대상이다.
③ (가)의 '나'는 적극적인 태도로, (나)의 '아가씨'는 소극적인 태도로 정서를 드러낸다.
④ (가)의 '장천(長天)'은 사랑하는 임이 머무르는 공간이고, (나)의 '문'은 사랑하는 임에 대한 마음을 숨기는 공간이다.

[정답] ③

[풀이] (가)는 '내 마음을 베어 내어 달을 만들어 임 계신 곳에 비추겠다.'는 적극적인 태도로 임에 대한 그리움과 사랑을 표현하고 있다. 반면, (나)는 부끄러워 임에게 이별의 말을 못하고 돌아와 홀로 흐느끼는 소극적인 화자의 태도가 나타나 있다.

[오답] ① (가)에만 해당하는 설명이다. (나)의 '달'은 작품의 배경 구실을 한다. 임의 모습을 더욱 생각나게 하는 소재이며, 화자의 슬픔을 심화시키는 역할을 한다.
　　② (가)에만 해당하는 설명이다. (나)의 '아리따운 아가씨'는 이 작품에서 화자가 관찰하는 대상이자 시적 행위의 주체일 뿐, 화자가 사랑하는 대상이 아니다.
　　④ (나)에만 해당하는 설명이다. (가)의 '장천(長天)'은 달이 걸려 있는 공간일 뿐이다.

참고 작품 해석

(가) 정철의 시조
- 주제: 임(임금)을 그리워하는 안타까운 마음
- 특징: 추상적 대상인 '마음'을 구체적 사물인 '달'로 형상화함.
- 내용: 유배지에서 임금인 선조에 대한 그리움과 충성심을 노래한 충신연주지사(忠臣戀主之詞)

(나) 임제, 무어별(無語別: 말 없는 이별)(한시)
- 주제: 이별의 슬픔(이별의 안타까움)

12 〈보기〉의 시조를 이해한 내용으로 가장 옳지 않은 것은?

[2018. 서울시 9급]

▪보기▪

가노라 ㉠三角山아 다시 보쟈 ㉡漢江水야
㉢故國山川을 써ᄂ고쟈 ᄒ랴마ᄂ
시절(時節)이 하 ㉣殊常ᄒ니 올동 말동 ᄒ여라

－김상헌－

① ㉠의 다른 명칭은 '인왕산'이다.
② ㉡은 여전히 사용하는 명칭이다.
③ ㉢의 당시 국호는 '조선'이다.
④ ㉣은 병자호란 직후의 상황을 뜻한다.

[정답] ①

[풀이] '삼각산(三角山)'의 다른 명칭은 '북한산(北漢山)'이다. 서울특별시의 북부와 경기도 고양시 사이에 있는 산으로, 백운대, 인수봉, 만경대의 세 봉우리가 있어 삼각산(三角山)이라고 한다. 참고로, '인왕산(仁王山)'은 서울 서쪽, 종로구와 서대문구 사이에 있는 산이다. 인왕산은 인왕사(仁王寺)에서 유래한 것이며 다른 이름으로는 '필운산(弼雲山)'이 있다.

[오답] ② '한강(漢江)'은 현재도 사용하는 명칭이다. 다만, 한강의 물을 '한강수(漢江水)'로 쓸 수는 있으나 현재는 잘 사용하지 않는 말이다.
③ 이 시조는 김상헌이 병자호란 당시 예조판서로 있으면서 청나라에 대항하여 끝까지 싸우기를 주장하다가 청나라 심양으로 잡혀가면서 당시의 심경을 읊은 것이다. '고국(故國)'이라는 말이 '남의 나라에 있는 사람이 자신의 조상 때부터 살던 나라'를 뜻한다고 보면, 여기서 '고국'은 조선을 말하는 것이다.
④ 이 시조는 병자호란(1636) 직후를 시대적 배경으로 담고 있다.

Memo

Part 7
가사

(1) 개관

시조와 함께 조선시대를 대표하는 시가 장르로 개화기까지 주도적 역할을 하였다.

(2) 시대별 가사의 특징

① 조선 전기

ㄱ 양반 가사

ㄴ 자연을 완상하며 음풍 농월하는 유학자들의 작품이 주류.

② 조선 후기

ㄱ 평민 가사

ㄴ 실제 생활에서 취재, 형식 변화.

ㄷ 작자층 다양, 장편화 경향. 장편 기행가사, 유배가사, 규방가사 등장.

③ 개화기

ㄱ 더욱 산문화·보편화되고 작자층도 다양, 동학 가사, 개화 가사, 의병 가사.

ㄴ 애국 계몽, 자주 독립, 부국 강병 등 개화기의 사회 문제와 고민을 다룸.

ㄷ 최제우의 용담유사(龍潭遺事)에서 비롯됨. 창가 형성에 영향 미침.

(3) 발생

정극인, 상춘곡(사대부 가사의 첫 작품)

(4) 가사의 기원

① 고려속요 또는 경기체가

② 용비어천가, 월인천강지곡 등의 시형

③ 4음보 연속체의 교술 민요가 기록 문학으로 전환되면서 이루어짐.

(5) 장르적 성격

① 시가와 문필의 중간 형태.(趙潤濟)

② 율문으로 된 수필.(李能雨, 張德順)

③ 율문으로 된 교술문학.(趙東一 : 현실적이고 설득적인 유교 이념을 표현하는 데 가장 알맞은 형태, 시조와 함께 사대부들의 사적인 문학 양식)

(6) 형식

3·4조 또는 4·4조의 4음보 연속체 운문

(7) 조선 전기 가사

작품명	작자	연대	내용
상춘곡 (常春曲)	정극인 (鄭克仁)	성종	태인에 은거하면서 자연에서 즐기는 봄의 즐거움을 읊음
면앙정가 (俛仰亭歌)	송순 (宋純)	중종9	면앙정 주위의 자연의 아름다움과 자연에서 즐기는 정취를 읊음

관서별곡 (關西別曲)	백광홍 (白光弘)	명종11	관서 지방의 아름다운 경치를 노래함. 기행 가사의 일종
성산별곡 (星山別曲)	정철 (鄭澈)	명종15	김성원의 풍류와 성산의 풍물을 노래함
관동별곡 (關東別曲)	정철	선조13	관찰사로 부임해 간 관동 지방의 봄 경치를 노래함. 연군과 우국의 정서가 금강산이나 동해 인근의 묘사 속에 녹아 있음
사미인곡 (思美人曲)	정철	선조	귀양 간 신하가 임금을 그리는 마음을 임과 헤어진 여인에 빗대어 노래함. 충신연주지사(忠臣戀主之詞)
속미인곡 (續美人曲)	정철	선조	두 여인의 대화 형식을 통해 임금에 대한 간절한 사랑과 그리움을 표현함. 국문 표현이 두드러지며 문학성이 매우 높음
규원가 (閨怨歌)	허난설헌 (許蘭雪軒)	선조	가정에 깊이 파묻혀 있으면서 난봉꾼인 남편을 기다리는 여자의 애환과 원망을 노래함

(8) 조선 후기 가사

작품명	작자	연대	내용
고공가 (雇工歌)	허전 (許䃶)	선조	나라일을 농사에 빗대어 관리들의 부패를 비판함
고공답주인가 (雇工答主人歌)	이원익 (李元翼)	선조	〈고공가〉의 답가. 나라를 다스리는 도리를 농사에 빗대어 표현함
태평사 (太平詞)	박인로 (朴仁老)	선조	임진왜란이 끝나고 태평성대가 다시 돌아왔음을 노래하여 병졸들을 위로함
선상탄 (船上嘆)	박인로	선조	통수사로 뽑혀 부산에 가서 지은 노래. 전쟁의 비애와 평화에 대한 갈망을 노래함
누항사 (陋巷詞)	박인로	광해군3	두메 산골의 빈이무원(貧而無怨)하는 생활을 노래함
일동장유가 (日東壯遊歌)	김인겸 (金仁謙)	영조39	사신으로 일본에 다녀와서 그 견문을 적음. 장편 기행 가사
만언사 (萬言詞)	안조환 (安肇煥)	정조	남해에 귀양 가서 겪은 심회를 적음. 유배 가사
농가월령가 (農家月令歌)	정학유 (丁學遊)	헌종10	농촌의 연중 행사와 풍경을 달에 맞추어 월령체로 노래함
우부가 (愚夫歌)	정학유	헌종10	예의와 염치를 모르고 못된 짓을 하는 한량패를 희화화함
북천가 (北遷歌)	김진형 (金鎭衡)	철종	함경도에 귀양 갔다 오기까지의 생활과 견문을 씀. 유배 가사
연행가 (燕行歌)	홍순학 (洪淳學)	고종3	청나라에 가는 사신의 서장관이 되어 북경에 다녀온 동안의 견문을 적음. 기행 가사
용부가 (庸婦歌)	미상	미상	못난 여인이 시집살이를 하는 동안 저지르는 행동을 풍자적으로 노래함
화전가 (花煎歌)	미상	미상	봄철을 맞은 여인들이 잠시 시집살이의 굴레를 벗어나서 경치 좋은 곳을 찾아 즐겁게 화전놀이를 하며 읊음. 내방 가사
규중행실가 (閨中行實歌)	미상	미상	시집살이를 하고 있는 딸에게 시집살이의 도리와 범절을 훈계함. 내방 가사

01 다음 중 고려시대 작품이 아닌 것은? [2012. 서울시 9급]

① 서경별곡   ② 상춘곡

③ 쌍화점   ④ 이상곡

⑤ 만전춘별사

[정답] ②

풀이   정극인의 〈상춘곡(賞春曲)〉은 고려 시대가 아니라 조선 성종(15C) 때 지은 최초의 가사(歌辭)이다. 나머지는 모두 고려시대 때의 속요(俗謠)이다.

02 다음 시가의 양식적 특징에 대한 설명으로 가장 적절한 것은? [2017. 서울시 7급]

> 인심이 ᄎᄌᄐ야 보도록 새롭거놀
> 세사는 구롬이라 머흐도 머흘시고
> 엊그제 비즌 술이 어도록 니건느니
> 잡거니 밀거니 슬ᄏ장 거후로니
> ᄆᆞ음의 미친 시름 져그나 ᄒᆞ리느다
> 거문고 시옭 언저 풍입송 이아고야
> 손인동 주인인동 다 니저 ᄇᆞ려셰라

① 조선 왕조의 창업과 번영을 송축하기 위하여 만들어졌다.

② 10구체의 경우 당대의 귀족, 지배층의 정신 세계를 노래하였다.

③ 조선 후기의 시정(市井)에서 직업적, 반직업적 소리꾼에 의해 가창된 노래이다.

④ 시조와 상보적인 관계를 형성하면서 활발하게 창작되었다.

[정답] ④

풀이   제시문은 정철의 가사인 〈성산별곡〉의 마지막 부분이다. 시조가 길어진 교술 갈래인 가사는 조선 시대에 주로 창작되었고 개화 가사를 끝으로 더는 즐기지 않는다. 강호한정 등의 짧은 소회는 시조를 통해, 기행을 통한 견문이나 정서 및 줄거리를 가진 사연을 감정적으로 드러낼 때에는 가사를 활용하였다.

오답   ① 악장, ② 향가, ③ 잡가

03 다음 〈보기〉의 내용에 해당하는 작품명은? [2010 서울시 9급 복원]

┌─ 보기 ─

이 작품은 작자가 식영정(息影亭)을 찾아가 주인인 김성원이 산수에 묻혀 지내면서 모든 시름을 잊고 지내는 풍류스러운 삶을 칭송한 작품이다.

① 성산별곡   ② 관동별곡

③ 사미인곡   ④ 속미인곡

⑤ 장진주사

[정답] ①

풀이   선택지의 내용은 모두 정철의 작품으로, ①~④는 가사 작품이고 ⑤는 사설시조이다. 제시문은 작자가 25세인 명종 15년(1560)에 지었다고 하는 가사(歌辭)에 대한 설명이다. 전라도 담양에 있는 성산(星山)의 춘하추동에 따라 변하는 자연 풍경과, 서하당(棲霞堂)과 식영정(息影亭)을 중심으로 한 김성원의 풍류를 노래한 작품이다.

상춘곡(賞春曲)

창작 연대와 기록

- 창작 연대는 확실히 알 수는 없다. 단지 정극인이 만년에 고향인 태안으로 물러가 후배를 교육하던 성종 때에 지었으리라 추정할 뿐이다.
- 이 노래는 창작 당시(성종 때)의 기록이 아니라, 조선 정조(1786) 때 그의 후손 정효목이 기록한 것이다.

개관

(1) 작자: 정극인

(2) 내용: 대자연 속에서 봄 경치를 완상하면서 풍류와 안분지족(安分知足)의 생활을 노래하였다.

(3) 주제: 봄 경치를 완상(玩賞)하며 안빈낙도를 지향함.

의의

- '상춘곡' → 송순의 '면앙정가' → 정철의 '성산별곡'으로 이어지는 강호가도의 시풍 형성.
- 조선 사대부 가사의 첫 작품.

강호가도(江湖歌道)

① 유교적 가치관인 충(忠)에 바탕한 자연 친화의식을 나타낸 작품을 가리킨다. 따라서 자연에 완전히 몰입하는 모습을 보여주지는 않는다.

② 조선 전기 사대부 문학의 주제는 두 가지가 대부분이다. 즉, '나라와 임금에 대한 충성'과 '자연 친화의식'이다. 당시 사대부들은 학문을 닦은 후 벼슬길에 나아가 그것을 현실 정치에 적용(뜻을 폄)한 후 물러나 자연과 함께 하는 것(치사한정 致仕閑情: 벼슬에서 물러나 한가하게 지냄)을 이상적인 생활로 여겼다. 그러나, 자연과 함께 한다고는 하여도 마음 속에는 항상 현실이 자리하고 있었다. 이를테면 '관동별곡'에서 '자연 속에 은거하는 것이 고칠 수 없는 병처럼 되었다'고 하면서도 임금이 벼슬을 내리니까 '아, 성은이 갈수록 망극하다' 하고 즉시 뛰어나가는 것이 그런 모습이다. 결국 이들은 벼슬을 하는 것도 자연을 즐기는 것도 '임금의 은혜'로 여기는 것이다.

'安貧樂道'란, 소극적으로는 수신 지분(修身持分)하는 경지요, 적극적으로는 자기의 긍지(矜持) 속에서 도(道)를 즐기는 경지를 뜻한다.

〈서사〉 풍월주인이 되어 지락을 누림.

紅塵(홍진)에 뭇친 분네 이 내 生涯(생애) 엇더ᄒᆞᆫ고. 녯 사ᄅᆞᆷ 風流(풍류)를 미출가 못 미출가.
↳ 붉은 먼지, 어지러운 세상 　　↳ 생활 　↳ 어떠한가(자부심)

天地間(천지간) 男子(남자)몸이 날만ᄒᆞᆫ 이 하건마ᄂᆞᆫ, 山林(산림)에 뭇쳐 이셔 至樂(지락)을 ᄆᆞ를 것가.
　　　　　　　　　　　↳ 많지만 　　　　　　　↳ 더할 나위 없는 즐거움

數間茅屋(수간모옥)을 碧溪水(벽계수) 앒픠 두고,
↳ 초가삼간 – 소박한 생활

松竹(송죽) 鬱鬱裏(울울리)예 風月主人(풍월주인) 되어셔라.
　　　　　　　　↳ 속세를 떠나 자연을 벗삼아 사는 사람
　　　　　　　　　수간모옥(數間茅屋)과 호응됨.

• 해석

세속에 묻혀 사는 사람들아. 이 나의 살아가는 모습이 어떠한고? 옛 사람의 풍류를 따를 것인가 못 때를 것인가? 천지간 남자의 몸이 나와 같은 사람이 많건마는, 산림에 묻히어서 지극한 즐거움을 모른다는 말인가? 초가삼간을 시냇물 앞에 두고, 소나무와 대나무 울창한 속에 자연을 즐기는 사람이 되었구나.

• 풍월주인(風月主人): 송나라 때 시인 소동파의 '적벽부(赤壁賦)'라는 시에 다음과 같은 구절이 있다. "또한 천지간 만물에는 다 주인이 있어 나의 소유가 아닐진대, 비록 털끝만큼이라도 이를 취해서는 안 되거니와 오직 강산의 청풍과 산간의 명월만은 귀가 이를 얻어 소리가 되고, 눈이 이를 만나 빛을 이루니, 아무리 이를 취하여도 금함이 없고, 이를 써도 마르지 않으니, 과연 조물주의 무진함이라. 그리하여 나와 그대와 함께 즐기는 바이다."

홍진(속세)		산림(자연)
입신양명과 부귀공명의 공간	↔	학문, 풍류, 물아일체, 강호가도의 공간

〈본사 1〉 한중진미의 생활. 봄의 흥취.

엇그제 겨을 지나 새봄이 도라오니, 桃花杏花(도화행화)는 夕陽裏(석양리)예 퓌여 잇고,

綠楊芳草(녹양방초)는 細雨中(세우중)에 프르도다. 칼로 몰아 낸가, 붓으로 그려 낸가.
　　　　　　　　　↳가랑비　　　　　　　　　　　　　　　　↳재단하다

造化神功(조화신공)이 物物(물물)마다 헌ᄉᆞ롭다.

수풀에 우는 <u>새</u>는 <u>春氣(춘기)를 못내 계워 소ᄅᆡ마다 嬌態(교태)로다</u>.
　　　　　　　↳서정적 자아의 춘흥(春興)을 자연물(새)에 이입시켜 표현한 구절
　　　　　　　　춘흥의 극치를 보여주는 구절이라 할 수 있다.

物我一體(물아일체)어니 興(흥)이이 다ᄅᆞᆯ소냐.
　↳화자와 대상의 일체감을 나타냄.
　　자연에 몰입된 서정적 자아의 상태 의미

柴扉(시비)예 거러 보고, 亭子(정자)애 안자 보니, 逍遙吟詠(소요음영)ᄒᆞ야,
　↳사립문　　　　　　　　　　　　　　　↳속된 세상을 초월하여 아무런거리낌이 없는 자유로운 세계에
　　　　　　　　　　　　　　　　　　　　마음을 노닐게 하는 至人(지인－덕이 썩 높은 사람)의 경지

山日이 寂寂(적적)ᄒᆞᄃᆡ, 閒中眞味(한중진미)를 알 니 업시 호재로다.
　　　　　　　　　　　　　↳봄의 흥취에 빠진 서정적 자아의 심정을 잘 나타냄.

• 해석

엇그제 겨울 지나 새봄이 돌아오니, 복숭아꽃과 살구꽃은 저녁 햇살 속에 피어 있고, 푸르른 버들과 꽃다운 풀은 가랑비 속에 푸르도다. 칼로 오려낸 것인가, 붓으로 그려낸 것인가? 조물주의 신비한 공덕이 사물마다 야단스럽다. 수풀에 우는 새는 봄 기운을 끝내 못이기어 소리마다 아양떠는 모습이로다. 자연과 내가 한 몸이니 흥이 이와 다르겠는가? 사립문 앞을 이리저리 걸어도 보고, 정자에 안자도 보니, 천천히 거닐며 시를 읊조려 산 속의 하루가 적적한데, 한가한 가운데 맛보는 진정한 즐거움을 아는 사람없이 혼자로다.
　　　　　　　　　　　　　　　　　⇨ 선경후정(先景後情)의 구성방식으로 봄의 경치를 묘사

• 〈상춘곡〉에 나타나는 표현법

감정 이입	수풀에 우는 새는 춘기를 못내 계워 소리마다 교태로다
대유법	산림, 풍월, 청풍명월
대구법	• 도화 행화는 석양리예 퓌여 잇고, 녹양방초는 세우 중에 프르도다 • 칼로 몰아 낸가, 붓으로 그려 낸가
상징법	• ᄯᅥ오ᄂᆞ니 도화ㅣ로다. • 무릉이 갓갑도다
의인법	청풍명월 외예 엇던 벗이 잇ᄉᆞ올고
직유법	연하일휘는 금수를 재폇는 ᄃᆞᆺ
설의법	• 녯 사ᄅᆞᆷ 풍류를 미촐가 못 미촐가 • 청풍명월 외예 엇던 벗이 잇ᄉᆞ올고

〈본사 2〉 아름다운 봄풍경에 젖어 즐거움을 누림.

이바 니웃드라 山水 求景(구경) 가쟈스라. 踏靑(답청)으란 오늘 ᄒ고, 浴沂(욕기)란 來日ᄒ새.
　　　　　　　　　　↳보리 밟기(삼월 삼짇날의 한 행사)　　　↳목욕

아ᄎ음에 探山(채산)하고, 나조히 釣水(조수)ᄒ세.
　　　　↳채산채–산나물을 캐고　　↳낚시

ᄀᆞᆺ 괴여 닉은 술을 葛巾(갈건)으로 밧타 노코, 곳나모 가지 것거 수 노코 먹으리라.
　　　　　　　　　↳칡으로 만든 두건. 隱士(은사)가 쓰는 두건.　　　　　　↳수를 세어가며

和風(화풍)이 건ᄃᆞᆺ 부러 綠水(녹수)를 건너오니, 淸香(청향)은 잔에 지고, 落紅(낙홍)은 옷새 진다.
↳화창한 봄바람　　　　　　　　　　　　　　　　　　　　　　↳떨어지는 꽃잎

- 해석

> 여보시오. 이웃 사람들아. 산수 구경 가자꾸나. 풀 밟기는 오늘하고 목욕은 내일하세. 아침에 산나물 캐고, 낮에는 낚시질 하세. 막 익은 술을 두건으로 걸러 놓고 꽃나무 가지 꺾어 수 놓고 먹으리라. 따뜻한 바람이 문득 불어 푸르른 물을 건너오니, 맑은 향기는 잔에 지고, 떨어지는 꽃잎은 옷에 진다.

- 욕기: 《論語》에 나오는 말로 공자가 하루는 가까운 제자들을 앉혀 놓고 평소의 포부를 물었더니, 자로를 비롯한 좌중의 제자들이 모여 정치적 야심을 토로하였는데 비하여, 증점이라는 제자는 "늦은 봄에 봄옷을 갈아 입고 젊은 사람 5·6인(제자들)과 沂水(기수)에서 沐浴(목욕)하고, 기우제(祈雨祭) 터에 올라 바람을 쐬고, 시를 읊으며, 집으로 돌아 오겠습니다."하였더니 孔子가 "나는 점(증점)에게 편들마."하였다 한다.
- 곳나모 가지 것거 수 노코 먹으리라: 정철의 《將進酒辭(장진주사)》 서두에 "한 잔 먹새근여, 또 한 잔 먹새근여. 곳 것거 산(算)노코, 무궁무진 먹새근여"라는 내용이 나오는데, 시에서 풍기는 느낌은 약간 다르나 시어의 유사성이 짙다.

　정철의 시에서 풍기는 것이 인생의 허무감을 노래한 권주가라면, 여기서는 단지 흥(興)을 돋우고 멋을 살리기 위해 사용되었을 뿐이다.
- 공간(시선)의 이동에 따른 시상 전개

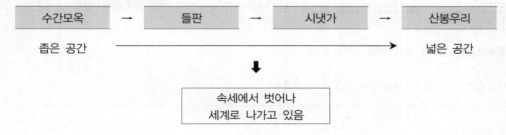

〈본사 3〉 별천지와 같은 아름다운 봄풍경.

樽中(준중)이 뷔엿거든 날두려 알외어라. 小童(소동) 아히두려 酒家(주가)에 술을 믈어,
  ↳술동이   ↳어린 아이에게

얼운은 막대 집고 아히는 술을 메고, 微吟緩步(미음완보)ᄒ야 시냇ᄀ의 호자 안자,
                              ↳나직이 시를 읊조리며 천천히 걸어

明沙(명사) 조흔 믈에 잔 시어 부어 들고, 淸流(청류)를 굽어보니 써오ᄂ니 桃花(도화)ㅣ로다.
      ↳깨끗한   ↳떠오른 것이

武陵(무릉)이 갓갑도다, 져 ᄆ이 긘 거인고. 松間細路(송간세로)에 杜鵑花(두견화)를 부치 들고,
  ↳봄경치에 도취된 심경을 나타냄. ↳들판   ↳소나무 숲 사이 좁은 길   ↳잡아
  ▶ 무릉도원 – 진나라 사람 도연명의《도화원기》에 나오는 말로 '별천지' 또는 '선경(仙境)'의 의미.

峰頭(봉두)에 급피 올나 구름 속긔 안자 보니, 千村萬落(천촌만락)이 곳곳이 버러 잇ᄂ.
                              ↳수많은 촌락

煙霞日輝(연하일휘)는 錦繡(금수)를 재폇ᄂ 듯, 엇그제 검은 들이 봄빗도 有餘(유여)홀샤.
  ↳겨울의 은유적 표현   ↳수놓은 비단

• 해석

> 술독이 비었거든 나에게 알리어라. 어린아이에게 술집에 술이 있는지 없는지를 물어. 어른은 막대 집고 아이는 술을 메고, 나직이 시를 읊조리며 천천히 걸어서 시냇가에 혼자 앉아, 깨끗한 모래 위를 흐르는 맑은 물에 잔 씻어 (술을) 부어 들고 맑은 물을 굽어보니 떠내려 오는 것이 복숭아꽃이로구나. 무릉도원이 가깝도다. 아마도 저 들이 그것인 것인고. 소나무숲으로 난 가느다란 길에 진달래꽃을 붙들어 들고, 산봉우리에 급히 올라 구름 속에 앉아 보니, 수많은 촌락들이 곳곳에 널려 있네. 아름다운 자연은 비단을 펼쳐 놓은 듯, 엊그제까지만 하여도 겨울 들판이던 것이 (이제 보니) 봄빛이 넘쳐 흐르는 도다.

〈결사〉 안빈낙도의 생활에 만족함.

功名(공명)도 날 씌우고, 富貴(부귀)도 날 씌우니, 淸風明月(청풍명월) 外(외)예엇던 벗이 잇ᄉ올고.
  ↳주객전도 표현: 대상(객체)인 '공명'과 '부귀'를 주체로,
    작가 자신을 개체로 전도한 표현

簞瓢陋巷(단표누항)에 훗튼 혜음 아니 ᄒ닉.
  ↳소박한 음식과 초라한 집   ↳헛된 생각

아모타, 百年行樂(백년 행락)이 이만흔들 엇지ᄒ리.

• 해석

> 공명도 날 꺼리고, 부귀도 날 꺼리니. 청량한 바람과 밝은 달 이외에 어떤 벗이 있겠느냐. 청빈한 선비의 살림에 헛된 생각 아니하네. 아무튼 한평생 즐겁게 지내는 일이 이만하면 어떠한가.

- 功名(공명)도 날 씌우고, 富貴(부귀)도 날 씌우니: 주체와 객체를 전도시킨 표현
  → 같은 발상
    조지훈 〈민들레꽃〉,
    정철, 〈관동별곡〉
    藍남輿여 緩완步보ᄒᆞ야 山산映영樓누의 올나ᄒᆞ니,
    玲녕瓏농 碧벽溪계와 數수聲셩啼뎨鳥됴ᄂᆞᆫ 離니別별을 怨원ᄒᆞᄂᆞᆫ 듯,
- 簞瓢陋巷(단표누항): 簞瓢(단표)는 '一簞食 一瓢飮(일단사 일표음)'의 준말로 '한 소쿠리의 밥과 한 표주박의 마실 물'이라 풀이할 수 있는 말이다. 즉, 보잘 것 없는 음식을 의미한다. 陋杭(누항)은 '누추한 거리'라는 뜻으로 자신이 사는 곳을 낮추어 일컫는 말이라 할 수 있다.

Check 문제

01 이 글에 대한 설명으로 가장 적절하지 않은 것은? [2014. 법원직 9급]
① 계절의 변화에 따른 대상의 차이에 주목하고 있다.
② 속세를 떠나 자연 속에서 자연과 동화된 삶을 자랑스럽게 여긴다.
③ 설의법, 의인법, 직유법 등의 여러 가지 표현 기법을 사용하고 있다.
④ 화자의 시선 이동이 좁은 공간에서 넓은 공간으로 옮겨지면서 확대되고 있다.

[정답] ①
풀이 최초의 가사인 정극인의 〈상춘곡(賞春曲)〉은 '봄날의 경치에 대한 완상(玩賞)과 안빈낙도'를 주제로 한다. 따라서 '계절'은 있지만 '계절의 변화'는 없다.
오답 ④ 화자의 시선이 좁은 공간인 '수간모옥'에서 점차 '들판', '시냇가', '봉두(峰頭)'와 같이 넓은 공간으로 옮겨지면서 확대되고 있다.

02 이 작품에 대한 설명으로 적절하지 않은 것은? [2014. 기상직 9급]
① 연속된 4음보의 율격으로 안정된 리듬감을 형성하고 있다.
② 주체와 객체가 전도된 표현으로 화자의 인생관을 드러내고 있다.
③ 시적 화자는 자연의 영원함을 통해 인간의 유한함을 자각하고 있다.
④ 마지막 행이 시조의 종장 형식과 유사하여 정격가사임을 알 수 있다.

[정답] ③
풀이 이 작품은 자연을 소재로 했지만 '자연의 영원함'이나 '인간의 유한함'을 노래한 것이 아니다. 참고로, '산천은 의구하되 인걸은 간 데 없다'처럼 고려 말 무상감을 노래한 작품이라면 ③에 해당한다.
오답 ① 모든 가사는 4음보의 연속체에 해당한다.
② '功名(공명)도 날 씌우고, 富貴(부귀)도 날 씌우니'에 주객전도된 표현이 나타나 있다.
④ '아모타'라는 3음절을 통해 정격가사임을 알 수 있다.

03 이 글의 시적 화자가 지닌 삶의 태도와 가장 유사한 것은? [2014. 법원직 9급]

① 전원(田園)에 나믄 흥(興)을 전나귀에 모도 싯고
   계산(溪山) 니근 길로 흥치며 도라와셔
   아히 금서(琴書)를 다스려라 나믄해를 보내리라 －김천택－

② 슬프나 즐거오나 옳다 하나 외다 하나
   내 몸의 해올 일만 닦고 닦을 뿐이언정
   그 밧긔 여남은 일이야 분별(分別)할 줄 이시랴 －윤선도－

③ 오늘도 다 새거다 호미 메고 가쟈스라
   내 논 다 매여든 네 논 좀 매어 주마
   올 길헤 뽕 따다가 누에 머겨 보쟈스라 －정철－

④ 노래 삼긴 사름 시름도 하도할샤
   닐러 다 못닐러 블러나 푸돗둔가
   진실로 풀릴 거시면은 나도 불러 보리라 －신흠－

[정답] ①

풀이 〈상춘곡〉과 ①의 시조는 모두 '자연 속에서 누리는 풍류와 즐거움'을 나타내고 있다.

오답 ② 윤선도가 유배지에서 쓴 연시조 〈견회요(遣懷謠)〉의 일부로, '자신의 신념에 따라 행동하려는 소신과 강직한 의지'를 주제로 한다.
③ 정철의 연시조 〈훈민가(訓民歌)〉의 일부로, '농사일에서의 근면과 상부상조 권장'을 주제로 한다.
④ '노래를 불러 시름을 해소하고자 함'이 주제이다.

04 밑줄 친 ㉠~㉤ 구절에 대한 풀이로 옳지 않은 것은? [2008. 국회직 8급]

> ㉠紅塵(홍진)에 뭇친 분네 이내 生涯(생애) 엇더흔고, 녯사롬 風流(풍류)를 미출가 못 미출가. 天地間(천지간) 男子(남자) 몸이 날만흔 이 하건마눈, 山林(산림)에 뭇쳐 이셔 至樂(지락)을 무롤 것가. 數間茅屋(수간 모옥)을 碧溪水(벽계수) 앏픠두고, 松竹(송죽) 鬱鬱裏(울울리)예 ㉡風月主人(풍월 주인) 되어셔라. (중략) ㉢칼로 몰아 낸가, 붓으로 그려 낸가, 造化神功(조화 신공)이 ㉣物物(물물)마다 헌스롭다. (중략) 柴扉(시비)예 거러 보고, 亭子(정자)애 안자 보니, ㉤逍遙吟詠(소요 음영)호야, 山日(산일)이 寂寂(적적)흔듸, 閒中眞味(한중 진미)를 알 니 업시 호재로다.

① ㉠－속세에 묻혀 사는 사람들이여
② ㉡－자연의 주인이 되었구나
③ ㉢－칼로 재단해 놓았느냐
④ ㉣－사물마다 한가하구나
⑤ ㉤－천천히 거닐며 조용히 시를 읊으니

[정답] ④

풀이 '조화신공이 물물마다 헌스룹다.'는 조물주의 신비스러운 솜씨로 자연이 매우 다채롭게 창조되었다는 뜻으로, '사물마다 야단스럽구나' 정도로 파악해야 한다.

05 이 작품의 내용과 관련되지 않은 것은? [2005. 국가직 7급]

① 산촌생활의 한가로운 모습을 그려내고 있다.

② 산수구경을 하고 싶은 욕망을 노래하고 있다.

③ 도화를 보고 이상향을 생각하는 모습을 그려내고 있다.

④ 풍류를 즐기며 입신양명의 꿈을 키우고 있다.

[정답] ④

풀이 이 작품에서는 자연을 완상하며 풍류를 즐기는 삶의 즐거움을 노래하고 있다. 입신양명 같은 세속적인 욕망을 꿈꾸고 있지는 않다.

[참고] 주제: 봄의 완상(玩賞)과 안빈낙도(安貧樂道)

06 다음 구절에 대한 설명으로 가장 적절한 것은? [2014. 법원직 9급]

① '홍진(紅塵)에 뭇친 분네'는 작가와 대조되는 삶을 살고 있는 사람들로서, 화자가 안타까움을 느끼는 대상이다.

② '흥(興)이 이이 다룰소냐'는 '흥이 이에 미치겠는가'라는 의미로, 자연이 인간보다 우위에 있음을 드러낸다.

③ '나조히 조수(釣水) 후새'는 '저녁에 낚시하세'라는 뜻으로, 문제 해결에 있어 선공후사(先公後私)의 태도를 견지하는 모습을 보여준다.

④ '봉두(峯頭)에 급피 올나 구름 소긔 안자 보니, 천촌만락(千村萬落)이 곳곳이 버러 잇니'와 같은 백성의 삶에 대한 관심은, 위정자로서의 책임감이 반영된 결과이다.

[정답] ①

풀이 '홍진(紅塵)에 뭇친 분네'는 '속세에 묻혀 사는 사람들'이라는 말이다. 자연과 더불어 운치 있는 풍류 생활을 하고 있는 화자는 "나처럼 산림에 묻혀 사는 지극한 즐거움을 왜 모른단 말인가?"라고 하면서 그들의 삶을 안타깝게 여기고 있다.

오답 ② '물아일체이거니, (새와 나의) 흥이 다르겠는가?'라는 말이다. 자연과 어울려 하나가 된 즐거움을 표현한 구절이다.

③ '선공후사(先公後私)'란 공적인 일을 먼저 하고 사사로운 일은 뒤로 미룬다는 말이다. 지시적인 뜻풀이는 맞지만 한자 성어가 어울리지 않는다.

관동별곡(關東別曲)

창작연대

선조 13, 작자 45세 때

개관

(1) **작자**: 정철. 가사 작품으로 '관동별곡', '사미인곡', '속미인곡'(김만중은 우리나라의 참된 문장은 오직 이 세 편 뿐이라고 극찬. "左海眞文章只此三篇"), '성산별곡' 등이 있고 시조로 '훈민가' 등을 남겼다.
(2) **성격**: 기행가사, 정격가사, 양반가사(1580년)
(3) **사상적 배경**: 유교적 충의사상, 도교적 신선사상

영향관계

관동별곡(안축), 관서별곡(백광홍), 면앙정가(송순)

표현

① 감탄사의 첩용, 대구, 적절한 생략법의 구사
② 득의한 때의 작품인만큼 전체 분위기가 명쾌하고 화려하며, 호탕한 기상이 나타나 있다.
③ 우리말의 아름다움을 잘 살려 뛰어난 언어적 기교가 드러난다.

구성

| 서사 | 관찰사 배명과 부임 |
| | 관내순력 · 포부 |

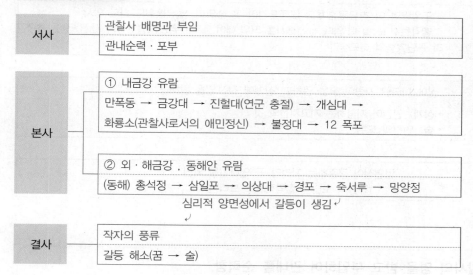

본사	① 내금강 유람
	만폭동 → 금강대 → 진헐대(연군 충절) → 개심대 →
	화룡소(관찰사로서의 애민정신) → 불정대 → 12 폭포
	② 외 · 해금강 . 동해안 유람
	(동해) 총석정 → 삼일포 → 의상대 → 경포 → 죽서루 → 망양정
	심리적 양면성에서 갈등이 생김

| 결사 | 작자의 풍류 |
| | 갈등 해소(꿈 → 술) |

관동별곡의 구절정리

(1) 작가의 현실 인식

우국지정 (憂國之情)	• 孤고臣신 去거國국에 白빅髮발도 하도 할샤 • 뎌 긔운 흐터 내야 人인傑걸을 믄돌고쟈 • 아마도 녈구름 근쳐의 머믈셰라
연군지정 (戀君之情)	• 昭쇼陽양江강 느린 믈이 어드러로 든단 말고 • 三삼角각山산 第뎨一일峰봉이 흐마면 뵈리로다 • 출하리 漢한江강의 木목覓멱의 다히고져
선정(善政)에의 포부(抱負)	• 汲급長댱儒유 風풍 彩치를 고텨 아니 볼 게이고 • 陰음崖애예 이온 플을 다 살와 내여스라 • 일이 됴흔 世셰界계 놈대되 다 뵈고져 • 이 술 가져다가 四사海해예 고로 논화, 億억萬만蒼창生싱을 다 醉취케 밍근후의

(2) 작품 속 고사(古事)

- 궁왕 고사: 동주 – 인생무상
- 회양 고사: 한 무제 때의 급장유의 선정
- 호의현상: 소동파의 '후적벽부', 원관념 – 학
- 서호 녯 주인: 송대의 시인 임포의 고사, 매처학자의 주인공
- 녀산 진면목: 소동파의 '서림사벽'
- 동산 태산 고사: 출전 – 맹자, 주인공 – 공자
- 녀산 폭포: 이백의 '망여산폭포'
- 해타: 이백의 '등금릉봉황대'. 우국지정
- 홍장 고사: 서거정의 '동인시화. 주인공은 박신과 홍장

(3) 결사 부분의 갈등과 해소

두 모습 갈등	王왕程뎡 이 有유限흔ᄒᆞ고 風풍景경이 못 슬믜니, 幽유懷회도 하도 할샤, 客긱愁수 도 둘 듸 업다. 仙션槎사롤 ᄯᅴ워 내여 斗두牛우로 向향ᄒᆞ살가, 仙션人인을 ᄎᆞᄌᆞ려 丹단穴혈의 머므살가.

↓

갈등의 해결	꿈에 나타난 사람이 술을 권하고 '상계에 진선'임을 말해줌 • 상계: 인간이 지향하는 지고지선의 것 • 술: 인간의 도취

↓

양면성이 공존하는 자리가 곧 인간임을 확인 (인간의 모습을 집약적으로 드러냄)

〈서사〉 관찰사의 명을 받고 부임하여 관내를 순력함.

泉石膏肓(천석고황), 煙霞痼疾(연하고질), 煙霞之癖(연하지벽)　　　　　　주체: 선조

江강湖호애 病병이 깁퍼 竹듁林님의 누엇더니, 關관 東동 八팔百빅里니에 方방面면을 맛디시니, 어와
　자연(대유), 隱棲地 → 듁님　　　　　　　은거지 창평(송강의 고향). 은유.　　　　　方面之任. 관찰사의 소임을
벼슬에서 물러나 고향에서　　　　　　　　　竹林七賢(자연 친화의 은둔사
은거하고 있을 때　　　　　　　　　　　경복궁 서쪽문　　　　　　　　　광화문

聖셩恩은이야 가디록 罔망極극ᄒᆞ다. 延연秋츄門문 드리ᄃᆞ라 慶경會회南남門문 ᄇᆞ라보며, 下하直딕고
　임금의 은혜　　　　　그지없다. → 벼슬에 대한 애착　　　　달려들어가. 들다(入)+닫다(走)　　　운율 고려
　　　　　　　　　　　　　　　　　　　　　　　　(성은에 대한 감격이 행동으로 나타남)　ᄒᆞ 생략

믈너나니 玉옥節졀이 알픠 셧다. 平평丘구驛역 물을 ᄀᆞ라 黑흑水슈로 도라드니, 蟾셤江강은 어듸메오,
　　　관찰사를 상징하는 신표　　　　　양주　　　　　　　여주　　　　　　원주

▶ 연츄문~알픠 셧다: 생략과 비약적인 표현으로 작자의 호탕한 성격과 성은에 감격하는 모습을 효과적으로 나타냄.)

　　　　　　　　　　　　　　　　　　　　　　　임금 곁을 떠난 외로운 신하
雉티岳악이 여긔로다. 昭쇼陽양江강 ᄂᆞ린 믈이 어드러로 든단 말고. 孤고臣신去거國국에
　원주　　　　　　　　　　　　　　　　　　　　　한양을 떠남

白빅髮발도 하도 할샤. 東동州쥐 밤 계오 새와 北븍寬관亭뎡의 올나ᄒᆞ니, 三삼角각山산 第뎨一일峯봉이
　근심, 걱정. 우국의 정　　　철원　　　　　　　　북한산. 白雲,國望,仁壽峯(백운 국망 인수봉 세 봉우리)

　　　　　　　태봉국 궁예
ᄒᆞ마면 뵈리로다. ᄀᆞ궁王왕 大대闕궐 터희 鳥오鵲쟉이 지지괴니, 千천古고 興흥亡망을 아ᄂᆞᆫ다, 몰ᄋᆞᄂᆞ다.
　웬만하면　　연군의 정　　　　　　ᄭᅡ막ᄭᅡ치. 자연물에 의탁한 연군의 정　인생무상

　　　　　　　　　　　　　　　　　　　　다시 볼 것이 아닌가
淮회陽양 녜 일홈이 마초아 ᄀᆞ틀시고. 汲급長댱孺유 風풍彩치를 고텨 아니 볼 게이고.
　강원도의 지면　　　마침, 공교롭게도　　　한 무제 때의 신하. 무제가 회양 태수로 좌천시켰으나 정사를 잘 돌보아
　　　　　　　　　　　　　　　　　　　臥治淮陽(와치회양)이란 칭찬을 받음.
　　　　　　　　　　　　　　　　　　　(급장유 → 작가=목민관. 선정을 베풀겠다는 관찰사로서의 의지 ⇒ 훈민가)

▶ 연추문: 경복궁의 서쪽문(영추문)
▶ 쇼양강 ᄂᆞ린 믈이~뎨일봉이 ᄒᆞ마면 뵈리로다: '소양강 → 한양 → 임금'. 연상을 통한 연군지정

• 해석

> 　벼슬을 그만두고 자연을 사랑하는 마음이 고질병처럼 되어, 은서지(창평)에서 한가하게 지내고 있었는데, 800리나 되는 강원도 관찰사의 직분을 맡기시니, 아, 임금님의 은혜야말로 갈수록 그지없다. 연추문(경복궁 서쪽 문)으로 달려들어가 (임금님을 배알하고)경회루 남쪽 문을 바라보며 임금님께 하직 인사를 드리고 물러나니, 관찰사의 신표가 앞에 서 있다. 평구역(양주)에서 말을 갈아타고 흑수(여주)로 돌아드니, 섬강(원주)은 어디인가, 치악이 여기로다.
> 　소양강에서 흘러내리는 물이 어디로 간다는 말인고? 임금님 곁을 떠난 외로운 신하가 근심이 많기도 많구나. 철원의 하룻밤을 겨우 새워 북관정에 오르니 삼각산 높은 봉이 웬만하면 보일 것도 같구나. 태봉국을 세웠던 궁예 왕의 대궐 터에 까막까치가 지저귀니 역사의 흥망을 아는가, 모르는가?
> 　회양이라는 옛 한나라의 고을 이름과 이 곳 회양의 이름이 마침(공교롭게도) 같구나. 급장유의 풍채를 다시 보게 되지 않겠는가?(나를 통해 급장유의 풍채를 다시 보게 될 것이다)

• 화자의 이동경로

　㉠ 부임: 한양 → 평구 → 흑수 → 섬강 · 치악

　㉡ 관내 순력: 춘천 → 철원 → 회양

➕ **참 고**　　**망국(亡國)에 대한 감회를 나타낸 시조**　　　　　　　* 시조 부분 참고

흥망이 유수ᄒᆞ니 滿月臺(만월대)도 추초(秋草)로다.
五百年(오백 년) 王業(왕업)이 牧笛(목적)에 부쳐시니,
夕陽(석양)에 지나ᄂᆞᆫ 客(객)이 눈물계워 ᄒᆞ더라.

－ 원천석 －

오백년 都邑地(도읍지)를 匹馬(필마)로 돌아드니
山川(산천)은 依舊(의구)ᄒᆞ되 人傑(인걸)은 간 ᄃᆡ 업다
어즈버 太平烟月(태평연월)이 ᄭᅮᆷ이런가 ᄒᆞ노라

－ 길재 －

仙人橋(선인교) 나린 물이 紫霞洞(자하동)에 흘너드러,
半千年(반천 년) 王業(왕업)이 물소리 ᄲᅮᆫ이로다.
아희야, 故國興亡(고국흥망)을 무러 무ᄉᆞᆷᄒᆞ리요.

－ 정도전 －

〈본사 1〉 내금강 유람.

＾계절

營영中듕이 無무事亽ᄒ고 時시節졀이 三삼月월인 제, 三月 ⇨ 花 川 ⇨ 시내길 ＝ 연쇄적 표현
↘감영 안. 관찰사가 머물러 있는 회양부. 지금의 도청.   꽃의 이미지   시내의 이미지

＾회양 동쪽 고을 이름
花화川쳔 시내길히 風풍岳악으로 버더 잇다.
↘금강산. '삼월'과 어울리지 않으나 산의 아름다운 이미지를 살리기 위한 의도로 짐작
春金剛 夏蓬萊 秋楓岳 冬뽈骨(봄 − 금강 여름 − 봉래 가을 − 풍악 겨울 − 개골)

行ᄒᆡᆼ裝장을 다 썰티고 石셕逕경의 막대 디퍼, 百ᄇᆡᆨ川쳔洞동 겨틱 두고 萬만瀑폭洞동 드러가니,
↘여행할 때의 채비. 관찰사의 위의(威儀)를 드러내는 행장은 하지 않고

銀은 ᄀᆞ튼 무지게, 玉옥 ᄀᆞ튼 龍룡의 초리, ▶ 폭포의 모습과 색채를 시각적으로 표현(직유)
↘꼬리(현대어 − 눈초리, 회초리) − 폭포

섯돌며 ᄲᅭᆷᄂᆞᆫ 소리 十십里리의 ᄌᆞ자시니, 들을 제ᄂᆞᆫ 우레러니 보니ᄂᆞᆫ 눈이로다.
↘섯다(混) + 돌다(廻)   ↘펴졌으니, 연이어서 끊이지 않으니   ▶ 직유, 은유, 대구. 시각적 이미지(은, 옥, 눈)와 청각적 이미지(우레)의 조화

• 해석

> 감영 안에 일이 없고 시절이 춘삼월인 때에, 화천 고을의 시내를 따라 난 길이 금강산으로 뻗어 있다. 행장을 다 떨쳐 버리고 가벼운 차림새로 좁은 돌길에 지팡이를 짚고 백천동 곁을 지나 만폭동 계곡으로 들어가니, 은같이 하얀 무지개, 옥같이 고운 용의 꼬리, 이런 폭포가 섞여 돌며 내는 소리가 십리 밖에까지 퍼졌으니, 먼데서 들을 때는 우레 소리 같더니, 가까이 가서 보니 눈같이 흰 물이로구나

金금剛강臺ᄃᆡ 맏 우層층의 仙션鶴학이 삿기 치니 春츈風풍 玉옥笛뎍聲셩의 첫ᄌᆞᆷ을 ᄭᆡ돗던디,
↘신선이 타고 논다는 학   ↘산 속 봄바람소리 미화

縞호衣의玄현裳상이 半반空공의 소소 ᄠᅳ니, 西셔湖호 녯 主쥬人인을 반겨셔 넘노ᄂᆞᆫ 듯.
↘원관념: 선학. 흰 옷. 검은 치마를 입은 선녀에 견줌 − 학의 흰 몸매와   ↘임포(송나라 때 '치인)의 고사: 서호에 은거하며 매
검은 날갯죽지. 소동파 '후적벽부'에서 따옴.   화를 아내로, 학을 아들로 삼아(梅妻鶴子) 풍류를
                                                                        즐기며 살았다는 고사

▶ 학이 송강 자신을 임포로 알고 반긴다(시공의 한계 초월): 자신을 임포에 비유
▶ 자신을 은근히 신선에 비김(자기 과시)

• 해석

> 금강대 맨 꼭대기에 선학이 새끼를 치니, 옥피리 소리 같은 봄바람에 선잠을 깨었던지, 흰 저고리, 검은 치마를 입은 듯한 학이 공중에 높이 솟아오르니, 서호의 옛 주인인 임포를 반기듯, 나를 반겨 넘나들며 노는 듯 하구나.

쇼香향爐노 大대香향爐노 눈 아래 구버보고, 正정陽양寺스 　眞진歇헐臺딕　 고텨 올나 안준마리,
　　　↳크고 작은 봉우리(향로처럼 생김)　　　　　↳표훈사 북쪽 절　　　　　　　　　　　↳앉으니

廬녀山산 眞진面면目목이 여긔야 다 뵈ᄂ다.
↳중국의 명산(→ 금강산)　　　　　　　↳금강산의 참모습(아름다운 모습). 소동파의 시구에서 인용(題西林寺壁)
　　　　　　　　　　　　　　　　　　橫看成嶺側成峰 / 遠近高低各不同 / 不識廬山眞面目 / 只緣身在此山中
　　　　　　　　　　　　　　　　　　(비스듬히 보면 영마루가 되고, 옆에서 보면 봉우리도 되니, 멀리서 가까이서, 높은데서 낮은데
　　　　　　　　　　　　　　　　　　서 보는 것이 다 다르니, 여산의 참모습을 알지 못하겠구나. 그것은 다만 내가 이 산(여산)
　　　　　　　　　　　　　　　　　　속에 있기 때문이로다)

어와, 造조化화翁옹이 헌ᄉ토 헌ᄉ홀샤. 놀거든 쮜디 마나, 셧거든 솟디 마나.
　　　↳조물주　　　　　　　↳야단스럽다　　　　　　　　　　↳산봉우리의 변화무쌍한 모습(동적인 모습)

芙부蓉용을 고잣ᄂ 듯, 白빅玉옥을 믓것ᄂ 듯, 東동溟명을 박츠ᄂ 듯, 北북極극을 괴왓ᄂ 듯.
↳연꽃　　　　　　　　　　　↳(정적인 모습)　↳동해　　　　　　↳하늘,북극성. 임금 상징

놉흘시고 望망高고臺딕, 외로올샤 穴혈望망峰봉이 하늘의 추미러 무ᄉ 일을 ᄉ로리라
　　　↳높은 의지　↳고고한 절개　　　　　↳임금　↳치밀어　　　　↳사뢰려고

千천萬만劫겁 디나ᄃ록 구필 줄 모ᄅᄂ다. 어와 너여이고, 너 ᄀ트니 ᄯ 잇ᄂ가.
　　　　　　　　↳지사적 풍모

▶ 의연한 모습─의지와 절개 → 자신의 절의 다짐
　사회적 풍토를 개탄하는 뜻이 담겨 있다고도 볼 수 있다.

• 해석

> 소향로, 대향로봉을 눈 아래 굽어보고, 정양사, 진헐대에 다시 올라앉으니 금강산의 참모습이 여기(진헐
> 대)에서 다 보이는구나. 아, 조물주가 야단스럽기도 야단스럽구나. 날거든 뛰지 말거나, 섰거든 솟지 말거
> 나 할 것이지.(날고 뛰고 섰고 솟은 변화무쌍한 산봉우리여) 부용(연꽃)을 꽂아 놓은 듯, 백옥을 묶어 놓은
> 듯, 그렇게도 아름다운 산봉우리여. 동해 바다를 박차는 듯, 북극을 괴어 놓은 듯 하구나. 높구나 망고대.
> 외롭구나 혈망봉이 하늘에 치밀어 무슨 말씀을 사뢰려고 오랜 세월이 지나도록 굽힐 줄 모르는가? 아,
> 너로구나. 너같이 장한 기상을 지닌 것이 어디에 또 있는가?

• 놀거든 쮜디 마나, 셧거든 솟디 마나. 芙부蓉용을 고잣ᄂ 듯, 白빅玉옥을 믓것ᄂ 듯

→ 비교: 송순, 〈면앙정가〉

㉠ 넙거든 기노라 프르거든 희지 마나: 넓거든 길지나, 푸르거든 희지나 말거나(넓으면서도 길며, 푸
　르면서도 희다는 뜻)

㉡ 쌍용이 뒤트ᄂ 닷 긴 깁을 치펏ᄂ 닷: 쌍룡이 몸을 뒤트는 듯, 긴 비단을 가득 펼쳐 놓은 듯

開기心심臺딩 고텨 올나 衆듕香향城셩 ㅂ라보며, 萬만二이千쳔峯봉을 歷녁歷녁히 혀여ㅎ니
↳정양사 위에 있는 대   ↳봉우리 이름   ↳금강산(대유)   ↳분명히, 똑똑히 ↳헤아리니

峰봉마다 밋쳐 잇고 긋마다 서린 긔운, 묽거든 조티 마나, 조커든 묽디 마나.
         ↳끝(봉우리)마다   ↳깨끗하다

                                    ↳산의 생김새(정적인 모습)
뎌 긔운 흐터 내야 人인傑걸을 ㅁ돌고쟈. 形형容용도 그지업고 體톄勢셰도 하도 할샤.
         ↳우국의 정(인재다운 인재가 없음을 암시)   ↳산의 모습(동적인 모습)
                                                    → 다양한 산의 형세에 대해 경탄함

天텬地디 삼기실 제 自ㅈ然연이 되연마ᄂ, 이제 와 보게 되니 有유情졍도 有유情졍ㅎ샤.
         ↳저절로   ↳조물주의 뜻(의도)이 있기도 있구나

毗비盧로峰봉 上샹上샹頭두의 올나보니 긔 뉘신고. 東동山산 泰태山산이 어ᄂ야 놉둣던고.
              ↳맨꼭대기   ↳동산과 태산 어느 것이 비로봉보다 높던가?

魯노國국 조븐 줄도 우리ᄂ 모ᄅ거든, 넙거나 넙은 天텬下하 엇찌ㅎ야 젹닷 말고.
         ↳공자의 고향

                                        ↳이상할까, 괴이할까
어와 뎌 디위ᄅ 어이ᄒ면 알 거이고. 오ᄅ디 못ᄒ거니 ᄂ려가미 고이홀가.
         ↳경지(→浩然之氣)   ↳공자의 큰 덕에는 아무리 해도 미치지 못하겠다

• 해석

　개심대에 다시 올라 중향성을 바라보며, 만이천봉을 똑똑히 헤아려 보니, 봉우리마다 맺혀 있고 산끝마다 서린 기운, 맑거든 깨끗하지 말거나, 깨끗하거든 맑지나 말 것이지.(맑고도 깨끗하다) 저 기운을 흩어 내어 뛰어난 인재를 만들고 싶구나. 생김새도 한이 없고, 형세도 다양하기도 하구나. 천지가 처음 생겨날 때에 저절로 되었건만, 이제 와서 보니 조물주의 깊은 뜻이 담겼구나.
　(금강산 최고봉인)비로봉 꼭대기에 올라가 본 사람이 그 누구인고. 동산과 태산 어느 것이 비로봉보다 높던고? 노나라 좁은 줄도 우리는 모르는데 넓고 넓은 천하가 어이하여 적다는 말인가? 아, (공자의) 저 경지를 어이하면 알 것인가? 올라갈 수 없는데 내려감이 이상할까?

• 毗비盧로峰봉 上샹上샹頭두의 올나보니 긔 뉘신고. 東동山산 泰태山산이 어ᄂ야 놉둣던고.
孟子 盡心章)孔子登東山而小魯 登泰山而小天下: 도달하는 경지가 높고 크면 클수록 群小의 것은 작은 것으로 비치게 마련 ⇨ 聖人之道의 우월성을 나타낸 말 → 공자의 활달한 정신적 경지(浩然之氣)를 흠모함(인격 완성을 바람).

圓원通통골 ▽는 길로 獅〈子ㅈ峰봉을 추자가니, 그 알픽 너러바회 │化화龍룡쇠│ 되어셰라.
　　↳가느다란 길, 행로는 '가는 길로 표기　　　　　　　↳너력바위(평평한 바위)

千쳔年년 老노龍룡이 구빅구빅 서려 이셔, 晝듀夜야의 흘녀 내여 滄창海힉예 니어시니,
　　　　　↳1) 화룡소의 물, 2) 작자—중의법

　　　　　　　　　　　　　　　　　　　　↳그늘진 절벽　↳(중의)
風풍雲운을 언제 어더 三삼日일雨우를 디련는다. 陰음崖애예 이온 플을 다 살와 내여ᄉ라.
　　　　　　　　↳흡족한 비　　↳내리려 하는가　　　↳시든　　　　↳살려 내려무나

磨마訶하衍연 妙묘吉길祥샹 雁안門문재 너머 디여,
　　↳폭동 상류 가장 깊은 곳의 지명

외나모 뻐근 ᄃ리 │佛블頂뎡臺딕│ 올라ᄒ니, 千쳔尋심絶결壁벽을 半반空공애 셰여 두고,
　　↳마하연 → 유점사 도중의 고개　↳바위 이름　　　　↳천 길 절벽　　↳공중에(허공)　↳세워

銀은河하水슈 한 구빅롤 촌촌이 버혀 내여, 실ᄀ티 플텨이셔 뵈ᄀ티 거러시니,
　　↳폭포(은유)　↳大 굽이　↳마디마디 베어내어　↳세밀하게 묘사　　　↳원경(遠景)

圖도經경 열 두 구빅, 내 보매는 여러히라.
　　↳지도책에는 열두굽이(십이폭포)이나

李니謫뎍仙션 이제 이셔 고텨 의논ᄒ게 되면, 廬녀山산이 여긔도곤 낫단 말 못 ᄒ려니.
　　↳당나라 시인 이백　　　　　　　　　↳여산의 폭포가

• 해석

　　원통골의 좁은 길을 따라 사자봉을 찾아가니 그 앞의 너럭바위가 화룡소가 되었구나. 천년 묵은 늙은 용이 굽이굽이 서려 있어, 밤낮으로 물을 흘려 내려 푸른 바다에 이었으니, 저 노룡은 바람과 구름을 언제 얻어서 흡족한 비를 내리려느냐? 그늘진 언덕의 시든 풀을 다 살려 내려무나.
　　마하연, 묘길상을 보고, 안문재를 넘어 내려가 썩은 외나무다리를 건너 불정대에 오르니 (조물주가) 천 길이나 되는 절벽을 공중에 세워 두고, 은하수 큰 굽이를 마디마디 잘라내어, 실처럼 풀어서 베처럼 걸었으니(그렇게 십이폭포의 모습이 아름다우니) 도경에 그려진 십이폭포가 내 보기에는 여럿이구나. 이백이 ('망여산폭포'에서 여산의 폭포를 극찬했는데) 이제 있어서 다시 의논하게 되면, 여산폭포가 십이폭포보다 낫다는 말을 못 할 것이다.

• 화자의 이동경로

만폭동 → 금강대 → 진헐대 → 개심대 → 화룡소 → 불정대

• 관찰사로서의 애민정신

노룡		풍운		삼일우		이온 풀을 살림
작자	→	때를 만남	→	백성에게 베푸는 혜택(선정)	→	고통받는(소외된) 백성들을 살림 (선정에 대한 포부)

• 銀은河하水슈 한 구빅롤 촌촌이 버혀 내여, 실ᄀ티 플텨이셔 뵈ᄀ티 거러시니
열두 단으로 흐르는 십이폭포가 마디마디 끊어져 베틀에 걸어놓은 날실 모양으로 가지런하게 걸　려 있다는 말 → 십이폭포의 장관 (은하수, 실 뵈 → 폭포의 보조관념)

日照香爐生紫煙(일조향로생자연)	해가 향로봉을 비추니 자줏빛 안개가 피어나고
遙看瀑布掛長川(요간폭포괘장천)	멀리 폭포를 바라보니 긴 냇물을 걸어놓은 듯 하다
飛流直下三千尺(비류직하삼천척)	나는 듯이 흘러 곧바로 삼천 척을 떨어지니
疑是銀河落九天(의시은하낙구천)	이는 아마 은하수가 하늘에서 떨어지는 것이 아닌가?

〈본사 2〉 외 · 해금강, 동해안 – 관동팔경 유람.

山산中듕을 미양 보랴, 東동海히 로 가쟈스라. 藍남輿여 緩완步보ㅎ야
↳덮개 없는 작은 가마   ↳가마를 타고 천천히 걸어서

山산映영樓누 의 올나ㅎ니, 玲녕瓏농 碧벽溪계와 數수聲셩啼뎨鳥됴는 離니別별을 怨원ㅎ는 둧,
↳유점사 앞의 누각   ↳원망

↳청홍흑백황   ↳북과 피리를 섞어 부니
旌졍旗긔를 썰티니 五오色식이 넘노는 둧, 鼓고角각을 섯부니 海히雲운이 것는 둧.
↳관찰사 행렬을 상징하는) 깃발   ↳넘나들며 노니는 듯(깃발이 서로 뒤섞여 나부끼는 모양)   ↳걷히는 듯
화자가 관리의 신분임을 나타내는 용어

↳익숙한   ↳자연에 도취한 신선. 작자 자신을 가리킴
鳴명沙사길 니근 물이 醉취仙션을 빗기 시러, 바다흘 겻티 두고 海히棠당花화로 드러가니,
↳밟으면 쉿소리가 난다는 모래밭   ↳비스듬히 태워   ↳해당화가 피어있는 곳으로

白빅鷗구야 ᄂ디 마라, 네 버딘 줄 엇디 아는.
↳흰 갈매기. 자연친화의 대상   ↳자연친화의식. 물아일체(物我一體)의 경지
위정자로서의 삶이 흔들림(갈등이 시작됨)

金금蘭난窟굴 도라드러 叢총石셕亭명 올나ㅎ니, 白빅玉옥樓누 남은 기동 다만 네히 셔 잇고야.
↳통천 바닷가 벼랑에 있는 굴   ↳옥황상제가 거처한다는 누각

工공垂슈의 셩녕인가, 鬼귀斧부로 다ᄃ몬가. 구ᄐ야 六뉵面면은 므어슬 象샹톳던고.
↳옛날 중국의 명장   ↳귀신의 도끼. 신기한 연장   ↳天地四方 → 우주 상징

高고城셩을란 뎌만 두고 三삼日일浦포 룰 ᄎ자가니,
↳신라의 네 국선 술랑 · 남랑 · 영랑 · 안상이 사흘동안 놀았다는 곳

丹단書셔는 宛완然연ㅎ되 四ᄉ仙션은 어듸 가니, 예 사흘 머믄 後후의 어듸 가 쏘 머믈고.
↳붉은 글씨. 영랑도남석행(永郎徒南石行)이라 쓰여 있음   ↳三日浦 명칭의 유래

仙션遊유潭담 永영郎낭湖호 거긔나 가 잇ᄂ가. 淸청澗간亭명 萬만景경臺딕 몃 고딕 안돗던고.
↳간성 남쪽에 있는 사선들이 놀았다는 못   ↳돌봉우리로 된 대

- 해석

> 산중만 매양 보겠는가. 동해로 가자꾸나. 남여를 타고 천천히 걸어서 산영루에 오르니, 맑고 푸른 시냇물과 아름다운 소리로 지저귀는 새는 이별을 원망하는 듯. 깃발을 떨치니 오색이 넘나들며 노니는 듯. 북과 피리를 섞어 부니 바다 구름이 다 걷히는 듯 하다. 밟을 때마다 소리를 내는 모랫길에 익숙한 말이 취한 신선을 비스듬히 태우고 해변을 따라 해당화가 만발한 곳으로 들어가니 갈매기야 날아가지 말아라. 네 벗인 줄 어찌 알겠느냐(아느냐)?
>
> 금란굴을 돌아 총석정에 오르니, 백옥루 남은 기둥 다만 넷이 서 있구나. 공수의 솜씨로 된 공작품인가. 신기한 연장으로 다듬었는가? 구태여 육면으로 된 모습은 무엇을 본떴던가?
>
> 고성을랑 저만큼 두고 삼일포를 찾아가니, 벼랑에 쓴 붉은 글씨는 뚜렷하되, 사선은 어디갔는가? 여기서 사흘 동안 머문 후에 어디 가서 또 머물렀던고? 선유담. 영랑호 거기에나 갔는가?, 청간정. 만경대 몇 곳에 앉았던가?

- 玲녕瓏농 碧벽溪계와 數수聲성啼뎨鳥됴는 離니別별을 怨원ᄒᆞ는 듯
  - ㉠ 반짝이는 시냇물(눈부시게 찬란한 맑고 아름다운 시냇물)과 여러가지 소리로 우는 새는 나와 이별함을 원망하는 듯 하구나 → 내금강의 아름다운 경치를 두고 떠나야 하는 아쉬움을 자연물에 의탁하여 표현(감정이입)
  - ㉡ 주체와 객체를 전도시킨 표현 수법(상춘곡 – 功名(공명)도 날 씌우고, 富貴(부귀)도 날 씌우니
  - ㉢ 유사한 표현: 縞호衣의玄현裳상이 半반空공의 소소 쁘니, 西셔湖호 녯 主쥬人인을 반겨셔 넘노는 듯
- 叢총石셕亭뎡: 금란굴 북쪽의 바닷가에 여러 개의 돌기둥을 묶어 세운 듯한 석벽 위에 있는 정자. 네 개의 돌기둥이 육각으로 되어 있고, 신라 때 네 국선이 놀았다 하여 사선봉(四仙峰)이라 한다.
- 관동팔경

1. 통천 총석정
2. 고성 삼일포
3. 간성 청간정
4. 양양 낙산사
5. 강릉 경포대
6. 삼척 죽서루
7. 울진 망양정
8. 평해 월송정

➕ 참고 '산 → 바다'로의 공간 이동과 화자의 심리 변화

산	바다
• 위정자로서의 책임감과 포부 • 유교적 충의 사상: 연군, 우국, 애민, 선정에의 포부	• 인간 내면의 자유로운 욕구 • 도교의 신선 사상: 자연을 즐기고 싶은 욕망

梨니花화는 볼셔 디고 접동새 슬피 울 제, 洛낙山산 東동畔반으로 [義의相샹臺딕]예 올라 안자,
　　↳ 계절＝늦봄　　　　　　　　　　　↳ 동쪽 언덕

　　　　　　　　　　　　　　　　　　　　　　　　　↗ 떠받치는 듯
日일出츌을 보리라 밤듕만 니러ㅎ니, 祥샹雲운이 집픠는 동, 六뉵龍뇽이 바퇴는 동,
　　　　　　↳ 밤중쯤　　　　　　　↳ 상서로운 구름이 뭉게뭉게 피어나는 듯

　　　　　　　　↗ 해는 임금, 구름은 간신을 상징
바다히 써날 제는 萬만國국이 일위더니, 天텬中듕의 티쁘니 毫호髮발을 혜리로다.
　　　　　　　↳ 온 세상이 흔들리는 듯 하더니　　↳ 치솟아 뜨니 가느다란 터럭을 헤아리겠다
　　　　　　　　　　　　　　　　　　　　　　→ 임금의 총명, 예지를 비유

아마도 녈구름 근쳐의 머믈셰라.
　　↳ 간신　　　　↳ 지나가는 구름 근처에 머물까 두렵구나.

詩시仙션은 어딕 가고 咳히唾타만 나맛ㄴ니 天텬地디間간 壯장흔 긔별 주셔히도 홀셔이고.
　↳ 李白　　　　↳ 훌륭한 사람의 입에서 나온 말이나 글. 이백의 시구를 말함　　　↳ 이백의 시구를
　　　　　　　　　　　　　　　　　　　　　　　　　　　　　　　　　　찬양함

　　　　　　　　　　　　　　　　　▶ 이백의 시구를 연상하여 인용. '히타'에 해당되는 구절

• 해석

> 배꽃은 벌써 지고 접동새 슬피 울 때, 낙산 동쪽 언덕으로 의상대에 올라앉아, 해돋이를 보려고 한밤중에 일어나니, 상서로운 구름이 마구 피어나는 듯, 여섯 용이 해를 떠받치는 듯, 바다에서 해가 떠날 적에는 온 세상이 일렁거리더니, 하늘에 치솟아 뜨니 미세한 것도 셀 수 있을 만큼 밝구나. 혹시나 지나가는 구름이 해의 근처에 머무를까 두렵구나. 시선 이백은 어디 가고 그의 시구만 남았느냐? 세상의 굉장한 내막을 자세히도 나타내었구나.

• 시상의 전개 과정: 애상적인 분위기 ～ 원망(願望) ～ 경탄(驚歎) ～ 감상(感傷)

➕ 참고

이백, 〈登金陵鳳凰臺(등 금릉 봉황대)〉

鳳凰臺上鳳凰遊	봉황대상봉황유	옛날 봉황대 위에 봉황이 놀더니
鳳去臺空江自流	봉거대공강자류	봉황은 가고 대는 비어 강물만 흐르는구나
吳宮花草埋幽徑	오궁화초매유경	오나라 궁터의 화초는 오솔길을 뒤덮을 듯이 무성하고
晉代衣冠成古丘	진대의관성고구	진나라 귀인들도 옛 언덕의 무덤이 되었구나
三山半落靑天外	삼산반락청천외	세 산은 반쯤 푸른 하늘 밖에 솟고
二水中分白鷺州	이수중분백로주	진·회 두 물줄기는 가운데 백로주를 끼고 나뉘어 흐른다
總爲浮雲能蔽日	총위부운능폐일	다 뜬구름이 되어 능히 햇빛을 가리니
長安不見使人愁	장안불견사인수	장안마저 볼 수 없어 사람으로 하여금 시름겹게 한다.

이존오

> 구름이 무심툰 말이 아마도 허랑ㅎ다.
> 중천에 써 이셔 임의로 돈니면셔
> 구투야 광명흔 날빛을 짜라가며 덥ㄴ니

정철, 〈사미인곡〉

珊산瑚호樹슈 지게 우희 白빅玉옥涵함의 다마두고,
님의게 보내오려 님 겨신 디 부라보니,
山산인가 구롬인가 머흐도 머흘시고.

斜샤陽양 峴현山산의 躑텩躅튝을 므니불와 翄우蓋개芝지輪륜이 [鏡경浦포]로 ᄂ려가니,
↘석양 ↘양양 북쪽의 산이름 ↘철쭉 ↘잇따라 밟아 ↘(새깃으로 뚜껑을 꾸민)신선·귀인이 탔다는 수레

十십里리 氷빙紈환을 다리고 고텨 다려, 長댱松숑 울흔 소개 슬ᄏ장 펴뎌시니,
↘맑고 잔잔한 수면(원-얼음같이 희고 깨끗한 얇은 비단) ↘둘러싼 ↘펼쳐 졌으니

믈결도 자도 잘샤 모래를 혜리로다. 孤고舟쥬 解ᄒ히纜람ᄒ야 亭뎡子ᄌ 우희 올나가니,
↘잔잔하기도 ↘한 척의 배를 띄워

江강門문橋교 너믄 겨틱 大대洋양이 거긔로다. 從동容용흔댜 이 氣긔像샹,
↘경포 동쪽 입구 다리 ↘동해 바다 ↘조용하구나

闊활遠원흔댜 뎌 境경界계, 이도곤 ᄀ준 딕 또 어듸 잇단 말고.
↘넓고 아득하구나 ↘이보다 고루 갖춘 데가

紅홍粧장 古고事ᄉ룰 헌ᄉ타 ᄒ리로다. 江강陵能 大대都도護호 風풍俗쇽이 됴흘시고,
↘경포의 아름다움을 강조
1) 조용한 경포의 분위기에 비해 야단스럽다.
2) 그런 고사가 있음직한 勝景

節절孝효旌졍門문이 골골이 버러시니 比비屋옥可가封봉이 이제도 잇다 ᄒ다.
↘고을마다 벌여 있으니
↘충신·효자·열녀 등을 ↘즐비하게 늘어선 집집마다 벼슬을 주어도
표창하기 위해 세운 붉은 문 좋을 만큼 풍속이 좋다는 요순시대처럼 강릉의 풍속이 좋다.

• 해석

석양녘 현산의 철쭉꽃을 잇따라 밟아 신선이 탄다는 수레를 타고 경포로 내려가니, 십리나 되는 잔잔한 호수가 큰 소나무 둘러싼 속에 실컷 펼쳐졌으니, 물결도 잔잔하기도 잔잔하여 모래를 헤아릴 만하구나. 한 척의 배를 띄워 정자 위에 올라가니, 강문교를 넘어선 곁에 큰 바다가 바로 거기로다. 조용하도다 이 기상, 너르고 멀구나 저 경계. 여기보다 더 아름다움을 갖춘 데가 또 어디에 있다는 말인가. 홍장의 고사가 야단스럽다 하겠다. 강릉 대도호부의 풍속이 좋기도 좋구나. 충신·효자·열녀를 표창한 정문이 고을마다 널렸으니, 요순 시대와 같은 태평성대가 이제도 있다 할 것이다.

• 紅홍粧장 古고事ᄉ

고려 우왕 때 박신이 강원 감사로 강릉에 왔다가 명기 홍장을 만나 깊이 사랑하게 되었다. 만기가 되어 떠나려는데, 강릉 부사 조운흘이 와서 거짓으로 홍장이 갑자기 죽었다 하였다. 박신이 슬퍼하고 있는데, 부사가 경포 뱃놀이에 초대하였다. 부사는 홍장에게 선녀같이 꾸며서 나오도록 하였다. 박신이 그 배를 보고 선녀라 하며 놀라다가 홍장임을 알게 되고, 좌중은 손뼉을 치고 웃었다는 이야기.

- 比비屋옥可가封봉이 이제도 잇다 ᄒᆞ다.: 강릉의 미풍양속 예찬, 태평 성대임을 나타냄. → 강구연월(康衢煙月), 태평연월(太平烟月)

眞진珠쥬館관 [竹듁西셔樓루] 五오十십川천 ᄂᆞ린 믈이 太태白빅山산 그림재롤
　↳객관(공무 여행자를 위한 숙박 시설)　　　　　　　　　　　　　↳태백산 절경을

東동海ᄒᆡ로 다마 가니, 출하리 漢한江강의 木목覓멱의 다히고져.
　　　　　　　　　　　　↳서울 남산　　↳닿게 하고 싶다

王왕程뎡이 有유限ᄒᆞᆫ호고 風풍景경이 못 슬믜니, 幽유懷회도 하도 할샤,
　↳관리의 여정　　　　　　　　　　↳싫지(싫증나지) 않으니

　　↳나그네의 우수(기행문임을 알 수 있다)　　　　　　　↳북두성, 견우성
客긱愁수도 둘 듸 업다. 仙션槎ᄉᆞ롤 ᄯᅴ워 내여 斗두牛우로 向향ᄒᆞᆯ살가,
　　　　　　　↳선사 1) 신선의 뗏목(한나라 장건이 선사를 타고 은하수에 올라 직녀를 만나
　　　　　　　　서 베틀을 괸 돌을 얻어 왔다는 고사
　　　　　　　　2) 울진의 옛 이름 →중의법

　　　　　　　　　　　↳하늘의 끝
仙션人인을 ᄎᆞᄌᆞ려 丹단穴혈의 머므살가. 天텬根근을 못내 보와 [望망洋양亭뎡]의 올은말이,
　　　　　↳(고성 남쪽)신라 사선이 놀았다는 굴　　　　　　　　　　　　↳올랐더니

바다 밧근 하늘이니 하늘 밧근 무서신고. ᄀᆞᆺ득 노ᄒᆞᆫ 고래, 뉘라셔 놀내관ᄃᆡ,
　　　　　　　　　　　　　　　　　↳파도

블거니 ᄲᅵᆷ거니 어즈러이 구ᄂᆞᆫ디고. 銀은山산을 것거 내여 六뉵合합의 ᄂᆞ리ᄂᆞᆫ 듯,
　　　　　　　　　　　　　　　↳흰 물결　　　　　　↳온 세상(천지사방, 동서남북상하)

五오月월 長댱天텬의 白빅雪셜은 므ᄉᆞ 일고.
　　　　　　　　↳물보라

- 해석

> 　진주관 죽서루 아래 오십천에서 흘러내린 물이, 태백산 그림자를 동해로 담아가니, 차라리 이를 남산에 닿게 하고 싶다. 관원의 여정은 한계가 있고, 경치는 싫증나지 않으니, 그윽한 회포가 많기도 많구나. 나그네의 수심도 둘 데가 없다. 신선이 탄다는 뗏목을 띄워서 북두성과 견우성으로 향할까. 신라의 사선을 찾으러 단혈에나 가서 머무를까.
> 　하늘의 끝을 끝내 보지 못하여 망양정에 올랐더니, 바다 밖은 하늘이니, 하늘 밖은 무엇인고? 가뜩이나 노한 고래를 누가 놀라게 하기에, 물을 불거니 뿜거니 하면서 어지럽게 구는 것인고. 은으로 된 산을 깎아내어 온 천지에 흩뿌려 내리는 듯 하니, 오월의 하늘에서 흰 눈이 내리는 것은 무슨 영문인고.

- 화자의 이동경로

　산영루 → 총석정 → 삼일포 → 의상대 → 경포 → 죽서루 → 망양정

〈결사〉 작자의 풍류.

져근덧 밤이 드러 風풍浪낭이 定뎡ᄒ거늘, 扶부桑상 咫지尺쳑의 明명月월을 기ᄃ리니,
　　↳잠깐 사이에　　　　　　↳가라 앉거늘　　　　　↳해 뜨는 곳(↔ 해지는 곳은 함지(咸池))

　　　　　　　　　　　　　　　　　　↳옥과 같이 희고 고운 섬돌
瑞셔光광 千쳔丈댱이 뵈ᄂᆞᆫ 듯 숨ᄂ고야. 珠쥬簾렴을 고텨 것고, 玉옥階계ᄅᆞᆯ 다시 쓸며,
　↳길게 뻗친 상서로운 달빛(소동파의 시구 인용)
　　소동파. 중추명월(仲秋明月) – 명월미출군산고 서광천장생백호(明月未出群山高 瑞光千丈生白毫)

　　　　　　　　　　　↳꼿꼿이
啓계明명星셩 돗도록 곳초 안자 ᄇ라보니, 白ᄇᆡᆨ蓮년花화ᄒᆞᆫ 가지ᄅᆞᆯ 뉘라셔 보내신고.
　　↳샛별, 금성, 계성, 효성　　　　　　　↳明月(은유)

　　　　　　　　　　　↳신선이 마신다는 술(자신을 신선에 비김)
일이 됴흔 世세界계 ᄂᆞᆷ대되 다 뵈고져, 流뉴霞하酒쥬ᄅᆞᆯ ᄀᆞ득 부어 ᄃᆞᆯᄃᆞ려 무론 말이,
　　　↳목민관으로서의 애민정신(음애예 이온 플을 다 살와 내여ᄉᆞ라)

英영雄웅은 어ᄃᆡ 가며, 四ᄉ仙션은 긔 뉘러니, 아ᄆᆞ나 맛나 보아 녯 긔별 뭇쟈 ᄒᆞ니,
　↳이백　　　　　　↳삼일포에서의 사선과 동일함　　　　　↳영웅, 사선의

仙션山산 東동海ᄒ예 갈 길히 머도 멀샤.
　　↳신선이 사는 삼신산이 있다는 동해

松숑根근을 볘여 누어 풋ᄌᆞᆷ을 얼픗 드니, 꿈애 ᄒᆞᆫ 사ᄅᆞᆷ이 날ᄃᆞ려 닐온 말이, 그ᄃᆡ를 내 모ᄅᆞ랴,
　　　　　　　　　　　↳갈등 해소의 매체

上샹界계예 眞진仙션이라. 黃황庭뎡經경 一일字ᄌᆞ를 엇디 그릇 닐거 두고,
　　　　　　　　↳도교의 경전

人인間간의 ᄂᆞ려와셔 우리ᄅᆞᆯ ᄯ로ᄂᆞᆫ다. 져근덧 가디 마오 이 술 ᄒᆞᆫ 잔 머거 보오.
　　　　　　▶ 謫仙(적선 – 귀양 온 신선)

北븍斗두星셩 기우려 滄챵海ᄒ예水슈 부어 내여 저 먹고 날 머겨ᄂᆞᆯ 서너 잔 거후로니,
　↳술국자, 술잔　　　　　↳술

和화風풍이 習습習습ᄒᆞ야 兩냥腋익을 추혀 ᄃᆞ니, 九구萬만里리 長댱空공애 져기면 ᄂᆞᆯ리로다.
　　↳봄바람이 산들산들하여　　↳추켜　　　　　　　　　　　　　↳웬만하면(→ 소동파,
　　　　　　　　　　　　　　　　　　　　　　　　　　　　　　　　　　적벽부.羽化而登仙)

이 술 가져다가 四ᄉ海ᄒ예예 고로 ᄂᆞ화 億억萬만 蒼챵生ᄉᆡᆼ을 다 醉취케 ᄆᆡᆼ근 후의,
　　　　　　　　　　　　　　　　　　　　　　↳애민정신

　　　　　　　　　↳끝나자마자
그제야 고텨 맛나 ᄯᅩ ᄒᆞᆫ 잔 ᄒᆞ잣고야. 말 디쟈 鶴학을 ᄐᆞ고 九구空공의 올나가니,
　　　　　　▶ 宋, 범중엄. 先憂後樂(선우후락 – 천하가 걱정하는 것을 앞서서 걱정하며, 천하가 즐거움을 누
　　　　　　　린 뒤에야 즐거움을 누린다고 하리라. 이런 사람이 없으면 나는 누구를 좇아 함께 갈 것인가?)

空공中듕 玉옥簫쇼 소ᄅᆡ 어제런가 그제런가. 나도 ᄌᆞᆷ을 ᄭᆡ여 바다ᄒᆞᆯ 구버보니,
　　　　　　　　↳환청

　　　　　　　　　　　　　　　↳온 세상(四海)
기픠를 모ᄅᆞ거니 ᄀᆞᆺ인들 엇디 알리. 明명月월이 千쳔山산萬만落낙의 아니 비쵠 ᄃᆡ 업다.
　　　　　　　　↳ᄀᆞᆺ(邊)　　　↳1) 달 2) 임금의 은혜(성은)
　　　　　　　　　　　　　　→ '어와 성은이야 가디록 망극하다' 의 관념을 상징적으로 드러냄

• 해석

　　잠깐 사이에 밤이 되어 물결이 가라앉기에. 해와 달이 뜬다는 부상 가까이에서 밝은 달을 기다리니, 천
길이나 길게 뻗친 상서로운 빛이 나타났다가는 이내 숨는구나. 구슬 발을 다시 걷어 올리고 옥같은 섬돌
을 다시 쓸며, 샛별이 돋아나도록 꼿꼿이 앉아 바라보니, 흰 연꽃 한 가지(밝은 달)를 누가 보내셨는고.

이렇게 좋은 세계를 남들에게 다 보이고 싶구나. 신선주를 가득 부어 들고 달에게 묻기를 "영웅은 어디 갔으며, 사선은 그 누구이던가?" 아무나 만나보아 옛 소식 물으려 하니, 삼신산이 있다는 동해에 갈 길이 멀기도 멀구나.

　소나무 뿌리를 베고 누워 선잠이 잠깐 드니, 꿈에 한 사람이 나에게 이르기를 "그대를 내가 모르랴? 그대는 하늘나라의 참된 신선이라. 황정경 한 글자를 어찌 잘못 읽어서 인간 세계에 내려와 우리를 따르는가. 잠깐 동안 가지 마오. 이 술 한 잔 먹어 보오." 북두칠성을 기울여 푸른 바닷물을 부어내어 저도 먹고 나에게도 먹이기에, 서너 잔을 기울이니, 훈훈한 바람이 산들산들 불어 겨드랑이를 추켜 올리니, 구만리나 되는 멀고 높은 하늘도 웬만하면 날아갈 듯하구나. "이 술을 가져가서 온 천하에 고루 나누어 모든 백성을 다 취하게 한 후에, 그 때에야 다시 만나 또 한 잔 하자꾸나." 그 말이 끝나자 신선은 학을 타고 높은 창공으로 올라가니, 옥통소 소리가 어제던가 그제던가 쉽게 어렴풋하구나.

　나도 잠을 깨어 바다를 굽어보니, 깊이를 모르는데 그 바다 끝을 어찌 알겠는가? 밝은 달빛이 온 세상에 비치지 않은 곳이 없다.

Check 문제

[01~04] 다음을 읽고 물음에 답하시오.　　　　　　　　　　　　　　[2016. 법원직 9급]

(가) 昭쇼陽양江강 느린 믈이 어드러로 든단 말고. ㉠孤고臣신 去거國국에 白빅髮발도 하도 할샤. 東동州쥐 밤 계오 새와 北북寬관亭뎡의 올나ᄒ니, ㉡三삼角각山산 第뎨一일峯봉이 ᄒ마면 뵈리로다. 弓궁王왕 大대闕궐 터희 烏오鵲쟉이 지지괴니, 千쳔古고 興흥亡망을 아는다, 몰으는다. ⓐ淮회陽양 녜 일홈이 마초아 ᄀᆞ톨시고. ㉢汲급長댱孺유 風풍彩치를 고텨 아니 볼 게이고.

(나) 營영中듕이 無무事ᄉ호고 時시節졀이 三삼月월인제, 花화川쳔 시내길히 楓풍岳악으로 버더 잇다. 行ᄒᆡᆼ裝쟝을 다 썰티고 石셕逕경의 막대 디퍼, 百백川쳔洞동 겨틔 두고 萬만瀑폭洞동 드러가니, 銀은 ᄀᆞᆮ튼 무지게, 玉옥 ᄀᆞᆮ튼 龍룡의 초리, ⓑ섯돌며 ᄲᅵᆷ는 소ᄅᆡ 十십里리의 ᄌᆞ자시니, 들을 제는 우레러니 보니는 눈이로다.

(다) 開ᄀᆡ心심臺ᄃᆡ 고텨 올나 衆듕香향城셩 ᄇᆞ라보며, 萬만二이千쳔峯봉을 歷녁歷녁히 혀여ᄒᆞ니 峰봉마다 밋쳐 잇고 긋마다 서린 긔운, ㉢ᄆᆞᆰ거든 조티 마나, 조커든 ᄆᆞᆰ디 마나. ㉣뎌 긔운 흐터 내야 人인傑걸을 ᄆᆞᆫ들고쟈. 形형容용도 그지업고 體톄勢셰도 하도 할샤. 天텬地디 삼기실 제 自ᄌᆞ然연이 되연마는, 이제 와 보게 되니 有유情정도 有유情정홀샤.

(라) 毗비盧로峰봉 上샹上샹頭두의 올라 보니 긔 뉘신고. 東동山산 泰태山산이 어ᄂᆞ야 놉돗던고. 魯노國국 조븐 줄도 우리는 모르거든, 넙거나 넙은 天텬下하 엇씨ᄒᆞ야 젹닷 말고. 어와 뎌 디위를 어이ᄒᆞ면 알 거이고. 오르디 못ᄒᆞ거니 ᄂᆞ려가미 고이홀가.

(마) 山산中듕을 ᄆᆡ양 보랴, 東동海ᄒᆡ로 가쟈ᄉᆞ라. 藍남輿여 緩완步보ᄒᆞ야 山산映영樓누의 올나ᄒ니, 玲녕瓏롱 碧벽溪계와 數수聲셩 啼뎨鳥됴는 離니別별을 怨원ᄒᆞ는 둣, 旌졍旗긔를 썰티니 五오色싴이 넘노는 둣, 鼓고角각을 섯부니 海ᄒᆡ雲운이 다 것는 둣. 鳴명沙사길 니근 믈이 醉醉취仙션을 빗기 시러, 바다흘 겻틔 두고 海ᄒᆡ棠당花화로 드러가니, 白빅鷗구야 ᄂᆞ디 마라, 네 버딘 줄 엇디 아는.

(바) ㉤이 술 가져다가 四ᄉ海ᄒᆡ예 고로 ᄂᆞ화, 億억萬만 蒼창生ᄉᆡᆼ을 다 醉醉케 밍근 後후의, 그제야 고텨 맛나 ᄯᅩ 흔 잔 ᄒᆞ쟛고야. ⓓ말 디쟈 鶴학을 ᄐᆞ고 九구空공의 올나가니, 空공中듕 玉옥簫쇼 소ᄅᆡ 어제런가 그제런가. 나도 ᄌᆞᆷ을 씨여 바다흘 구버보니, 기픠를 모르거니 ᄀᆞᆫ인들 엇디 알리. 明명月월이 千쳔山산萬만落낙의 아니 비췬 ᄃᆡ업다.

01 다음은 가사문학의 일반적인 특징을 정리한 것이다. 윗글과 가장 관련이 없는 것은?

> 가사는 ⑦ 4음보격 연속체 율문의 운문 문학의 일종이면서도 다양한 내용들을 폭넓게 수용한다는 점에서 일반적인 서정시와 판이한 갈래다. 특히, 양반 가사의 경우에는 ⑭ 자기의 체험과 흥취를 낭만적으로 표현하거나 ⑮ 자신의 정치적 신념을 보다 자유롭게 노래하거나 ⑯ 벼슬길이 막힌 것에 대한 좌절감을 문학으로 승화하고자 하기도 했다.

① ⑦   ② ⑭
③ ⑮   ④ ⑯

[정답] ④

풀이 이 작품은 관찰사가 되어 선정의 포부를 드러내고 있으며, 여러 여정을 돌아보며 자연을 대하는 자신의 포부를 담고 있다. 임금으로부터 벼슬을 받은 상황이므로 벼슬길이 막혔다고 하는 것은 잘못된 해석이다.

오답 ① 이 글은 4·4조, 4음보의 운율을 지닌 가사 문학이다.
② 이 글은 기행 가사이며, ⑮와 ⑯를 통해 흥취를 확인할 수 있다.
③ 이 글에는 애민(愛民) 정신과 선정(善政)의 포부가 드러나 있다.

02 〈보기〉를 참조할 때, ㉠~㉤ 중 화자의 태도가 유사한 것끼리 묶인 것은?

보기

> 정철의 '관동별곡'에 드러난 화자의 선비로서의 태도는 크게 '연군(戀君)의 정서', '우국(憂國)의 태도', '선정(善政)에의 포부'로 나뉜다.

① ㉠, ㉡   ② ㉡, ㉢
③ ㉢, ㉤   ④ ㉠, ㉡, ㉢

[정답] ③

풀이 ㉢과 ㉤에는 선정에 대한 포부가 드러나 있다. ㉢은 조선의 급장유가 되어 회양 사람들을 잘 다스리겠다는 포부가 있고, ㉤은 선우후락(先憂後樂)의 정신으로 백성들을 먼저 생각하겠다고 다짐하고 있다.

오답 ㉠과 ㉣에는 나라를 근심하는 우국(憂國)의 태도가 있으며, ㉡에는 임금을 생각하는 연군(戀君)의 정이 나타나 있다.

03 ⓐ~ⓓ에 관한 풀이로 가장 적절한 것은?

① ⓐ: 회양, 네가 이룬 것이(내가 강원도 관찰사를 하며 이룰 것과) 마침 같구나.
② ⓑ: 섞어 돌며 뿜어낸다는 소문이 십리 밖에도 자자하게 퍼져 있으니
③ ⓒ: 맑거든 좋지 말거나 좋거든 맑지 말거나 할 것이지(맑고도 좋은 기운을 가졌구나)
④ ⓓ: 말이 끝나자 학을 타고 높고 아득한 하늘로 올라가니

[정답] ④

풀이 ⓓ는 화자의 말이 끝나자 꿈속에서 만난 신선이 학을 타고 구만리 하늘로 올라갔다는 뜻이다.

오답 ① 중국 한나라의 회양 고사를 인용하여 회양의 지명이 그곳과 마침 같음을 말하고 있다.
② (폭포)가 섞어 돌며 뿜어내는 소리가 십 리 밖까지 퍼지고 있음을 말하고 있다.
③ 맑거든 깨끗하지 말거나 깨끗하면 맑지나 말거나 할 것이지(맑고도 깨끗하구나).

04 〈보기〉의 설명을 모두 충족하는 시어는?

> **보기**
> • 화자의 사상과 감정을 드러내는 데 사용된 구체적인 사물
> • 자연과 내가 하나가 된 경지를 표현하는 대상

① 烏오鵲작 　　　　② 뎌 디위
③ 白빅鷗구 　　　　④ 明명月월

[정답] ③

[풀이] 백구와 화자가 벗임을 밝히고 있으므로 자연친화적 사상과 물아일체(物我一體)의 경지가 함께 드러나고 있음을 확인할 수 있다.

[오답] ① 오작(까막까치)은 지난 역사의 무상감(無常感)을 드러내는 소재이다.
② 저 지위는 공자의 호연지기(浩然之氣)를 드러내는 소재이다.
④ 명월은 임금의 은혜를 드러내는 소재이다.

05 밑줄 친 ⊙~⊜에 대한 설명으로 옳지 않은 것은?　　　　　[2017. 소방직 9급(하반기)]

> 져근덧 밤이 드러 風풍浪낭이 定뎡ᄒᆞ거늘, 扶부桑상 咫지尺쳑의 明명月월을 기ᄃᆞ리니, 瑞셔光광 千쳔丈댱이 뵈ᄂᆞᆫ 듯 숨ᄂᆞᆫ고야. 珠쥬簾렴을 고텨 것고 玉옥階계를 다시 쓸며, 啓계明명星셩 돗도록 곳초 안자 ᄇᆞ라보니, ⊙白빅蓮년花화 ᄒᆞᆫ 가지를 뉘라셔 보내신고. 일이 됴흔 世셰界계 ᄂᆞᆷ대되 다 뵈고져. 流뉴霞하酒쥬 ᄀᆞᄃᆞᆨ 부어 ᄃᆞᆯ ᄃᆞ려 무론 말이, ⊙英영雄웅은 어ᄃᆡ 가며, 四ᄉᆞ仙션은 긔 뉘러니, 아ᄆᆡ나 맛나 보아 녯 긔별 뭇쟈 ᄒᆞ니, 仙션山산 東동海ᄒᆡ예 갈 길히 머도 멀샤.
> 松숑根근을 볘여 누어 픗ᄌᆞᆷ을 얼픗 드니, ᄭᅮᆷ애 ᄒᆞᆫ 사ᄅᆞᆷ이 날ᄃᆞ려 닐온 말이, 그ᄃᆡ를 내 모ᄅᆞ랴 上샹界계예 眞진仙션이라. 黃황庭뎡經경 一일字ᄌᆞ를 엇디 그릇 닐거 두고, 人인間간의 내려와셔 우리를 ᄯᆞᆯ오는다. 져근덧 가디 마오 이 술 ᄒᆞᆫ 잔 머거 보오. 北븍斗두星셩 기우려 滄창海ᄒᆡ水슈 부어 내여, 저 먹고 날 머겨ᄂᆞᆯ 서너 잔 거후로니, 和화風풍이 習습習습ᄒᆞ야 兩냥腋익을 추혀 드니, 九구萬만 里리 長댱空공애 져기면 ᄂᆞᆯ리로다. ⊙이 술 가져다가 四ᄉᆞ海ᄒᆡ예 고로 ᄂᆞᆫ화, 億억萬만 蒼창生ᄉᆡᆼ을 다 醉취케 밍근 後후의, 그제야 고텨 맛나 ᄯᅩ ᄒᆞᆫ 잔 ᄒᆞ쟛고야. 말 디쟈 鶴학을 ᄐᆞ고 九구空공의 올나가니, 空공中듕 玉옥簫쇼 소ᄅᆡ 어제런가 그제런가. 나도 ᄌᆞᆷ을 ᄭᆡ여 바다ᄒᆞᆯ 구버보니, 기픠를 모ᄅᆞ거니 ᄀᆞ인들 엇디 알리. ⊜明명月월이 千쳔山산 萬만落낙의 아니 비쵠 ᄃᆡ 업다.
>
> ―정철, 〈관동별곡〉―

① ⊙의 '白빅蓮년花화'는 연꽃같이 희고 아름다운 달을 의미한다.
② ⊙에서 화자는 '英영雄웅'과 '四ᄉᆞ仙션'을 만나 자신의 옛 소식을 얘기했다.
③ ⊙은 취중에도 백성을 생각하는 애민사상이 나타난 부분이다.
④ ⊜은 임금의 은혜가 온 세상을 비추고 있음을 의미한다.

[정답] ②

[풀이] ⊙은 화자가 달에게 묻는 장면이다. 너의 영웅(이백)은 어디에 갔으며 사선(신라 때 네 화랑)은 누구냐.라고 옛 기별을 묻고자 한다는 것이다. 문맥적으로는 화자가 달(백년화)을 보며 술을 마시는 흥취를 표현한 구절이다. 따라서 화자가 영웅과 사선을 만나 자신의 옛 소식을 이야기한다는 것은 적절하지 않다.

[오답] ① 白빅蓮년花화는 하얀 연꽃 같은 달을 의미한다.
③ 선우후락(先憂後樂) 의 애민 정신이 나타나 있다.
④ 明명月월은 임금의 은혜를 상징한다.

06 〈관동별곡〉 작품의 순서를 배열할 때 옳게 배열된 것은? [2015. 국회직 8급]

> ㈎ 강호애 병이 깁퍼 듁님의 누엇더니 관동 팔 빅 니에 방면을 맛디시니 어와 셩은이야 가디록 망극ᄒ다.
>
> ㈏ 회양 녜 일홈이 마초아 ᄀ틀시고 급댱유 풍 치를 고텨 아니 볼게이고 영듕이 무ᄉᄒ고 시졀 이 삼월인 제 화천 시내길히 풍악으로 버더 잇다.
>
> ㈐ 쇼양강 ᄂ린 믈이 어드러로 든단말고 고신 거국에 빅발도 하도 할샤 동쥐 밤 계오 새와 북관 명의 올나ᄒ니 삼각산 뎨일봉이 ᄒ마면 뵈리로다.
>
> ㈑ 궁왕 대궐 터희 오쟉이 지지괴니 천고흥망을 아는다 몰ᄋ는다.
>
> ㈒ 연츄문 드리ᄃ라 경회 남문 ᄇ라보며 하직고 믈너나니 옥졀이 알픠 셧다 평구역 믈을 ᄀ라 흑슈로 도라드니 셤강은 어듸메요 티악이 여긔로다.

① ㈎ − ㈏ − ㈐ − ㈑ − ㈒   ② ㈎ − ㈐ − ㈏ − ㈒ − ㈑
③ ㈎ − ㈐ − ㈑ − ㈒ − ㈏   ④ ㈎ − ㈒ − ㈏ − ㈐ − ㈑
⑤ ㈎ − ㈒ − ㈐ − ㈑ − ㈏

[정답] ⑤

풀이 ㈎는 관찰사에 임명된 첫 장면이다. 그리고 ㈒는 관찰사로 부름을 받아 한양으로 간 후 관동 지방으로 부임하는 여정이고, ㈐, ㈑, ㈏는 관내를 순력하며 선정에 대한 포부를 다짐하는 장면이다. 따라서 순서는 ㈎ − ㈒ − ㈐ − ㈑ − ㈏가 된다.

07 〈관동별곡〉의 중심 내용을 가장 바르게 나타낸 것은? [2010. 경북 교행]

① 은둔자의 즐거움을 나타내었다.
② 관동 지방의 절경을 표현하는 것이 가장 중요한 의도이다.
③ 연군과 애민의 심정을 자연물에 빗대어 나타내었다.
④ 후손들에 대한 경계를 주는 교훈적 의도를 지녔다.
⑤ 자연에 몰입한 삶의 아름다움을 예찬하고 있다.

[정답] ③

풀이 이 작품은 관동팔경을 유람하면서 연군(戀君)의 심정과 애민(愛民) 사상을 자연물에 빗대어 표현한 기행 가사이다.

오답 ② 관동 지방의 절경을 표현하는 것도 있지만 가장 중요한 의도는 연군, 애민의 정이므로 ②는 적절하 지 않다.

[08~09] 다음 글을 읽고 물음에 답하시오.

> <u>銀은 ᄀ튼 무지게, 玉옥 ᄀ튼 龍룡의 초리</u>, 섯돌며 쑴ᄂ 소릭 十십리리의 ᄌ자시니, 들을 제ᄂ 우레러 니 보니ᄂ 눈이로다.

08 밑줄 친 부분이 묘사한 대상은? [2006. 국가직 9급]

① 은하수   ② 폭포
③ 옷고름   ④ 파도

[정답] ②

풀이 은 같은 무지개, 옥 같은 용의 꼬리는 만폭동 폭포의 장관을 시각적으로 묘사한 구절이다.

09 위 부분에 대한 설명 중 옳지 않은 것은? [2008. 지방직 9급]

① 시각 인상과 청각 인상을 함께 사용한 복합 감각적 표현이다.

② 자연물에 의탁하여 애끓는 연군지정을 효과적으로 표현했다.

③ 비유법과 대구법을 적절하게 사용하여 자연의 위용을 화려하게 표현했다.

④ 기발한 조어(造語)와 형상적 문제로 금강산 폭포수를 묘사했다.

[정답] ②

풀이 이 부분에서 임금에 대한 그리움인 연군지정(戀君之情)은 나타나 있지 않다.

10 〈관동별곡〉의 다음 내용에 대한 설명으로 가장 적절하지 않은 것은? [2019. 경찰직 1차]

> 小쇼香향爐노 大대香향爐노 눈 아래 구버보고,
> 正졍陽양寺亽 眞진歇헐臺디 고텨 올나 안즌마리,
> 廬녀山산 眞진面면目목이 여긔야 다 뵈ᄂᆞ다.
> 어와, 造조化화翁옹이 ㉠ 헌亽토 헌亽할샤.
> 놀거든 쮜디 마나, 셧거든 솟디 마나.
> 芙부蓉용을 고잣ᄂᆞ듯, 白빅玉옥을 믓것ᄂᆞ듯,
> 東동溟명을 박ᄎᆞᄂᆞ듯, ㉡ 北북極극을 괴왓ᄂᆞ듯.
> 놉흘시고 望망高고臺디, 외로올샤 穴혈望망峰봉이
> 하ᄂᆞᆯ의 추미러 므ᄉ 일을 ᄉᆞ로리라
> 千쳔萬만劫겁 디나ᄃᆞ록 구필 줄 모ᄅᆞᆫ다.
> 어와 너여이고, 너 ᄀᆞᄐᆞ니 ᄯᅩ 잇ᄂᆞᆫ가

① ㉠을 현대어로 풀이하면 '야단스럽기도 야단스럽구나'이다.

② ㉡의 지시적 대상은 '북극성'이지만 '임금'을 의미하기도 한다.

③ 수사법 중에서 은유법, 과장법, 대구법, 반어법이 사용되었다.

④ 금강산 봉우리들의 모습에 지조와 절개를 지닌 충신으로서 작가 자신을 견주고 있다.

[정답] ③

풀이 은유법, 대구법, 과장법 등의 표현은 있으나, 반어법은 사용되지 않았다. 영탄법, 의인법, 활유법도 나타난다. 진헐대에서의 조망한 금강산의 아름다움을 '廬녀山산 眞진面면目목이 여긔야 다 뵈ᄂᆞ다'라고 표현한 것은 과장법에 해당된다. '하ᄂᆞᆯ의 추미러 므ᄉ 일을 ᄉᆞ로리라'도 과장법이다. '놀거든 쮜디 마나, 셧거든 솟디 마나'는 산봉우리의 변화 무쌍한 모습을 활유법, 대구법, 과장법으로 표현한 것이다. 그리고 '芙부蓉용을 고잣ᄂᆞ 톳, 白빅玉옥을 믓것ᄂᆞ 톳'은 산봉우리의 아름다운 모습을 직유법, 대구법으로 표현한 부분이다. '놉흘시고 望망高고臺디,~너 ᄀᆞᄐᆞ니 ᄯᅩ 잇ᄂᆞᆫ가'에도 도치법, 영탄법, 의인법이 드러난다. 그리고 '北북極극'과 '하ᄂᆞᆯ'은 임금을, '穴혈望망峰봉'은 작자 자신을 상징하는 은유법이다.

오답 ① ㉠ 헌亽토 헌亽ᄒᆞᆯ샤: 야단스럽기도 야단스럽구나

② ㉡ 北북極극: 임금

④ '望망高고臺디'와 '穴혈望망峰봉'은 작자 자신을 지조와 절개를 지닌 충신(忠臣)으로 형상화한 것이다.

11 밑줄 친 단어가 가리키는 대상을 노래한 것은?

珠簾을 고텨 것고 玉階를 다시 쓸며
啓明星돗도록 곳초 안자 ᄇ라보니
白蓮花ᄒᆞ 가지를 뉘라셔 보내신고

　　　　　　　　　　　－정철, 〈관동별곡(關東別曲)〉에서－

① 구룸 빗치 조타 ᄒᆞ나 검기를 ᄌᆞ로 ᄒᆞᆫ다
　　ᄇ람 소ᄅᆡ 묽다 ᄒᆞ나 그칠 적이 하노매라
　　조코도 그츨 뉘 업기는 믈뿐인가 ᄒᆞ노라
② 고즌 므스 일로 퓌며셔 쉬이 디고
　　플은 어이ᄒᆞ야 프르ᄂᆞᆫ 듯 누르ᄂᆞ니
　　아마도 변티 아닐슨 바회뿐인가 ᄒᆞ노라
③ 나모도 아닌 거시 플도 아닌 거시
　　곳기는 뉘 시기며 속은 어이 뷔연ᄂᆞᆫ다
　　뎌러코 四時예 프르니 그를 됴하ᄒᆞ노라
④ 쟈근 거시 노피 떠셔 萬物을 다 비취니
　　밤듕의 光明이 너만ᄒᆞ니 또 잇ᄂᆞ냐
　　보고도 말 아니 ᄒᆞ니 내 벋인가 ᄒᆞ노라

[정답] ④

풀이 밑줄 친 '백년화'는 '명월(달)'을 의미한다. ④에서 '작은 것', '광명(밝은 것)', '너', '내 벗'은 모두 '달'을 의미한다. 나머지 선택지는 모두 윤선도의 시조 〈오우가(五友歌)〉이며, ④는 '달'을 예찬한 부분이다.

사미인곡(思美人曲)

개관

(1) **작자**: 정철
(2) **주제**: 이별한 임의 안위를 걱정하며 그리워함(연군의 정)
(3) **의의**
　① '속미인곡'과 함께 가사문학의 절정을 이룸. → 우리말 구사가 뛰어남.
　② '정과정'의 전통을 이은 충신연주지사 → 김만중: 동방의 이소, 좌해 진문장 지차 삼편
(4) **갈래**: 서정가사 · 양반가사 · 정격가사
(5) **성격**: 서정적, 연모적, 여성적, 의지적

구성

4계절 경물(景物)의 변화에 따라 우러나는 연군의 정을, 이별한 임을 그리는 여인의 심정에 기탁하여 읊음.

서사		임과의 인연과 이별후의 그리움	
본사		임(임금)을 그리워하는 마음	
	춘원(春怨)	매화(충정)를 임에게 보내고 싶음	▶ 매화
	하원(夏怨)	임의 옷(정성)을 지어 보내고 싶음	▶ 옷
	추원(秋怨)	선정을 갈망함	▶ 청광
	동원(冬怨)	추운 겨울 긴 밤에 임을 그리워함 → 외로움이 점점 깊어짐	▶ 양춘(희)
결사		변함없는 충성심	▶ 범나비, 향

● 영향관계 ●

① 굴원의 이소: 이소 제9장 제목 '사미인'
② 충신연주지사라는 점에서: 정서, 정과정. 조위의 '만분가'를 모형으로 삼음─자기 처지를 천상 백옥경에서 버림받아 하계로 내려온 여인에다 비한 것이 그 증거.
③ 여성 화자의 목소리로 부재하는 임에 대한 희생적 사랑 표현─가시리에 접맥

➕ 참 고   조위, 〈만분가〉

天上 白玉京 十二樓 어듸메오
五色雲 깊은 곳의 紫淸殿이 ᄀ려시니
天門 九萬里를 움이라도 갈동말동
ᄎ라리 싀여지여 億萬번 變化ᄒ여
남산 늦즌 봄의 杜鵑의 넉시 되여
梨花 가디 우희 밤낫즐 못 울거든   ▶ 임금에게 마음 속의 심정을 아뢰고 싶은

• 유배가사
• 한탄적, 비분적
• 주제: 귀양살이의 억울함과 연군의 정
• 연대: 조선 전기 연산군 시기

● 사상적 배경 ●

① 유교: 추구하는 이념은 '忠'(연군의 정)
② 불교: 윤회사상을 바탕으로 함('忠'의 실현 방법)
③ 도교: 표현 수법(천상 백옥경에서 버림받아 하계로 내려온 여인)

〈서사〉

이 몸 삼기실 제 님을 조차 삼기시니, 혼싱 緣연分분이며 하늘 모를 일이런가.
↳(조물주가) 만드실 때　　　　　　　↳서로 관계를 맺게 되는 인연. '부부가 될 인연'

나 ᄒ나 졈어잇고 님 ᄒ나 날 괴시니, 이 ᄆᆞᅀᆞᆷ 이 ᄉᆞ랑 견졸ᄃᆡ 노여 업다.
↳오직, 오로지　　　　　↳괴다>사랑하다　　　　　　　↳전혀

平평生싱애 願원ᄒᆞ요ᄃᆡ ᄒᆞᆫᄃᆡ 녜쟈 ᄒᆞ얏더니, 늙거야 므ᄉᆞ 일로 외오 두고 글이ᄂᆞᆫ고.
↳지내고자, 살아가고자　　　　　　↳외따로　　↳그리워하는고

엇그제 님을 뫼셔 廣광寒한殿뎐의 올낫더니 그 더ᄃᆡ 엇디ᄒᆞ야 下하界계예 ᄂᆞ려오니.
↳달 속에 있다는 궁전　　　　　↳인간 세상
여기서는 임금(선조)이 계시는 대궐　　　여기서는 고향인 전남 창평

올 저긔 비슨 머리 얼킈연디 三삼年년이라. 臙연脂지粉분 잇니마ᄂᆞᆫ 눌 위ᄒᆞ야 고이 홀고.
↳헝클어진 지　↳임과 이별한 지 3년

ᄆᆞᄋᆞᆷ의 미친 실음 疊텹疊텹이 ᄡᅡ혀 이셔, 짓ᄂᆞ니 한숨이오, 디ᄂᆞ니 눈믈이라.
↳짓는 것이　　　↳떨어지는 것이

人인生싱은 有유限ᄒᆞᆫ ᄒᆞᆫᄃᆡ 시룸도 그지업다. 無무心심ᄒᆞᆫ 歲셰月월은 믈 흐르ᄃᆞᆺ ᄒᆞᄂᆞᆫ고야.

炎염凉냥이 ᄣᆡ를 아라 가ᄂᆞᆫ 듯 고텨 오니. 듯거니 보거니 늣길 일도 하도 할샤.
↳더움과 서늘함. 곧 계절의 순환　　　　↳듣기도 하고 보기도 하고

• 해석

이 몸이 태어날 때에 님을 따라 태어나니, 한평생 함께 살아 갈 인연이며, 하늘이 모를 일이던가? 나는 오직 젊어 있고 님은 오로지 나만을 사랑하시니, 이 마음과 이 사랑을 비교할 곳이 다시없다. 평생에 원하되 님과 함께 살아가려고 하였더니 늙어서야 무슨 일로 외따로 두고 그리워하는고? 엊그제는 님을 모시고 광한전(궁궐)에 올라 있었더니, 그 동안에 어찌하여 속세(창평)에 내려 왔느냐. 내려올 때에 빗은 머리가 헝클어진 지 3년일세. 연지와 분이 있네마는 누구를 위하여 곱게 단장할꼬? 마음에 맺힌 근심이 겹겹으로 쌓여 있어서 짓는 것이 한숨이요, 흐르는 것이 눈물이라. 인생은 한정이 있는데, 근심은 한이 없다. 무심한 세월은 물 흐르듯 흘러가는구나. 더웠다 서늘해졌다 하는 계절의 바뀜이 때를 알아 지나갔다가는 이내 다시 돌아오니, 듣거니 보거니 하는 가운데 느낄 일이 많기도 많구나. (이별 → 그리움 → 쌓이는 시름)

〈본사〉

東동風풍이 건듯 부러 積젹雪셜을 헤텨내니, 窓창 밧긔 심근 梅미花화 두세가지 픠여셰라.
　　　　↳잠깐, 문득
　↳봄바람, 샛바람

又득 冷닝 淡담흔 듸 暗암香향은 므스 일고. 黃황昏혼의 둘이조차 벼마틱 빗최니,
　　↳쌀쌀하고 담담한데
　↳가뜩이나, 그렇지 않아도　↳그윽한(은은한) 향기　　　　　　　↳베갯머리에

늣기는 둧 반기는 둧, 님이신가 아니신가. 뎌 梅미花화 것거내여 님 겨신 듸 보내오져.
　　　　　　　　　　　　　　　　↳임에 대한 그리움과 충정을 나타내는 애정의 상관물

님이 너를 보고 엇더타 너기실고.

• 해석

(春怨) 봄바람이 문득 불어 쌓인 눈을 헤쳐 내니, 창 밖에 심은 매화가 두세 가지 피었구나. 가뜩이나 쌀쌀하고 담담한데, 그윽히 풍겨오는 향기는 무슨 일인고? 황혼에 달이 따라와 베갯머리에 비치니, 느껴 우는 듯, 반가워 하는 듯 하니, (이달이 바로) 님이신가, 아니신가? 저 매화를 꺾어 내어 님 계신 곳에 보내고 싶다. 그러면 님이 너를 보고 어떻다 생각하실꼬?

• 핵심어: 매화

➕ 참 고

임포, 〈산원소매〉

疎影橫斜水淸淺 暗香浮動黃昏月(소영횡사수청천 암향부동황혼월)
성긴 그림자 옆으로 비껴 물은 맑고 잔잔한데 / 그윽한 향기 흐르는 으스름 달밤

안민영, 〈매화사〉

어리고 성권 가지 너를 믿지 아녓더니
눈 기약 능히 직혀 두세 송이 픠엿구나
촉(燭)잡고 갓가이 사랑홀 제 암향(暗香)조차 부동(浮動)터라.

곳 디고 새 닙 나니 綠녹陰음이 실렷ᄂᆞᆫᄃᆡ, 羅나幃위 寂젹寞막ᄒᆞ고 繡슈幕막이 뷔여 잇다.
　　　　　　　　　　　　　　　　↳ 가득이나, 그렇지 않아도　　　↳ 수놓은 장막

芙부蓉용을 거더 노코 孔공雀쟉을 둘러 두니, ᄀᆞ득 시름 한ᄃᆡ 날은 엇디 기돗던고.
　↳ 연꽃을 그린 휘장　　　　↳ 공작을 그린 병풍

鴛원鴦앙錦금 버혀 노코 五오色ᄉᆡ色線션 플텨내여,
　↳ 원앙을 수놓은 비단

금자히 견화이셔 님의 옷 지어내니, 手슈品품品도 ᄀᆞ니와 制졔度도도 ᄀᆞ줄시고.
　　　　　↳ 재어서　　　　　　　　↳ 솜씨는 말할 것도 없거니와 격식도 갖추었구나
　　　　　　　　　　　　　　　　　　(자신이 능력이 있음을 암시)

珊산瑚호樹슈 지게 우희 白ᄇᆡᆨ玉옥涵함의 다마 두고, 님의게 보내오려 님 겨신 ᄃᆡ ᄇᆞ라보니,

山산인가 구롬인가 머흐도 머흘시고. 千쳔里리 萬만里리 길흘 뉘라셔 ᄎᆞ자갈고.
　　↳ 자신과 임 사이의 장애물, 간신배

니거든 여러 두고 날인가 반기실가.

• 해석

(夏怨) 꽃잎이 지고 새 잎이 나니 녹음이 우거져 나무 그늘이 깔렸는데, (님이 없어) 비단 포장은 쓸쓸히 걸렸고 수놓은 장막만이 드리워져 텅 비어 있다. 부용꽃 무늬가 있는 방장(房帳)을 걷어 놓고, 공작을 수놓은 병풍을 둘러 두니, 가뜩이나 근심 걱정이 많은데, 날은 어찌 (그리도 지루하게) 길던고? 원앙새 무늬가 든 비단을 베어 놓고 오색 실을 풀어내어 금자로 재어서 님의 옷을 만들어 내니, 솜씨는 말할 것도 없거니와 격식도 갖추었구나. 산호수로 만든 지게 위에 백옥으로 만든 함에 (그 옷을) 담아 얹어 두고 님에게 보내려고 님계신 곳을 바라보니, 산인지 구름인지 험하기도 험하구나. 천만리나 되는 먼 길을 누가 찾아 갈꼬? 가거든 (이 함을) 열어 두고 나를 보신 듯이 반가워하실까?

• 핵심어: 옷

ᄒᆞᄅᆞ밤 서리김의 기러기 우러 녤 제, 危위樓루에 혼자 올나 水슈晶졍簾념 거든말이,
　　　　　↳ 서리 가운데　　　　　　↳ 높은 누각

東동山산의 ᄃᆞᆯ이 나고 北북極극의 별이 뵈니, 님이신가 반기니 눈믈이 절로 난다.
　　　　　　　　　↳ 임금 상징

淸쳥光광을 쥐여내여 鳳봉凰황樓누의 븟티고져. 樓누 우희 거러 두고 八팔荒황의 다 비최여,
　↳ 달빛　　　　　　　↳ 대궐　　　　　　　　　　　　　　　↳ 온 세상

深심山산窮궁谷곡 졈낫ᄀᆞ티 밍그쇼셔.
　↳ 온 나라 방방곡곡　↳ 대낮
　　　　　　▶ 선정에 대한 갈망

• 해석

(秋怨) 하룻밤 사이 서리내릴 무렵에 기러기가 울며 날아갈 때, 높은 누각에 혼자 올라서 수정 발을 걷으니, 동산에 달이 떠오르고 북극성이 보이므로, 님이신가 하여 반가워하니 눈물이 절로 난다. 저 맑은 달빛을 일으켜 내어 님이 계신 궁궐에 부쳐 보내고 싶다. (그러면 님께서는 그것을) 누각 위에 걸어 두고 온 세상에 다 비추어 깊은 산골짜기도 대낮같이 환하게 만드소서.

• 핵심어: 청광

乾건坤곤이 閉폐塞싁흐야 白빅雪셜이 흔 빗친 제, 사름은ᄏ니와 놀새도 긋처 잇다.
　↳닫히고 막혀(얼어붙어)
　　　　　　　　　↳유종원, 강설 – 千山鳥飛絕 萬徑人蹤滅(천산조비절 만경인종멸)
　　　　　　　　　　산이란 산에는 새 한 마리 날지 않고, 길마다 사람 자취 끊어졌다

瀟쇼湘샹南남畔반도 치오미 이러커든, 玉옥樓누高고處쳐야 더옥 닐너 므슴ᄒ리.
　↳전라도 창평　　　　　　　　　　↳임금 계시는 곳

陽양春츈을 부쳐내여 님 겨신 ᄃ 쏘이고져. 茅모簷쳠 비쵠 ᄒᄅ롤 玉옥樓縷누의 올리고져.
　↳따뜻한 봄기운　　　　　　　　　　　↳처마 밑

紅홍裳샹을 니믜츠고 翠취袖슈롤 半반만 거더, 日일暮모 修슈竹듀의 혬가림도 하도 할샤.
　　　↳두보, 가인 – 天寒翠袖薄 日暮倚脩竹(천한취수박 일모의수죽)　　　　　　　↳해저물 무렵 긴 대나무에 의지함
　　　　　　하늘은 춥고 푸른 소매 엷은데, 해 저문 저녁 나절 긴 대에 의지하였도다

댜ᄅ ᄒ 수이 디여 긴 밤을 고초 안자, 靑쳥燈등 거른 겻틱 鈿면空공侯후 노하두고,
　↳짧은　　　　　　　↳꼿꼿이

꿈의나 님을 보려 틱 밧고 비겨시니, 鴛앙鴦禽금도 ᄎ도 출샤 이 밤은 언제 샐고.

• 해석

(冬怨) 천지가 겨울 추위에 얼어 생기가 막혀, 흰 눈이 일색으로 덮여 있을 때 사람은 말할 것도 없거니와 날짐승도 날아다니지 않는다. (따뜻한 곳이라 하는) 소상강 남쪽 둔덕(전남 창평)도 추위가 이와 같거늘, 하물며 북쪽 임 계신 곳이야 더욱 말해 무엇하랴. 따뜻한 봄기운을 (부채로) 부쳐내어 님계신 곳에 쐬게 하고 싶다. 초가집 처마에 비친 따뜻한 햇볕을 님 계신 궁궐에 올리고 싶다. 붉은 치마를 여미어 입고 푸른 소매를 반쯤 걷어올려, 해는 저물었는데 밋밋하고 길게 자란 대나무에 기대어서 이것저것 생각함이 많기도 많구나. 짧은 겨울 해가 이내 넘어가고, 긴 밤을 꼿꼿이 앉아, 청사초롱을 걸어 둔 옆에 자개로 수놓은 공후를 놓아두고 꿈에나 님을 보려 턱을 받치고 기대어 있으니, 원앙새를 수놓은 이불이 차기도 차구나. (아, 이렇게 홀로 외로이 지내는)이 밤은 언제나 샐꼬?

• 핵심어: 양츈(희)

〈결사〉

ᄒᄅ도 열두 쌔 흔 돌도 셜흔날, 져근덧 싱각 마라 이 시름 닛쟈 ᄒ니,
ᄆ음의 미쳐 이셔 骨골髓슈의 쎄텨시니, 篇편鵲쟉이 열히 오나 이 병을 엇디 ᄒ리.
　　　　　　　　↳사무쳤으니　↳중국의 명의 – 대유법

어와, 내 병이야 이 님의 타시로다. 출하리 싀여디여 범나븨 되오리라.
곳나모 가지마다 간ᄃ 족족 안니다가, 향 므든 ᄂ래로 님의 오싀 올므리라.
　　　　　↳마다

님이야 날인 줄 모ᄅ셔도 내 님 조추려 ᄒ노라.　　　　　　　　↳임을 향한 일면단심

• 해석

(결사) 하루도 열두 때, 한달도 서른 날, 잠시라도 님 생각을 말아서 이 시름을 잊으려 해도 마음속에 맺혀 있어 뼈 속까지 사무쳤으니, 편작과 같은 명의가 열 명이 오더라도 이 병을 어떻게 하랴. 아, 내 병이야 님의 탓이로다. 차라리 죽어서 범나비가 되리라. 꽃나무 가지마다 간 데 족족 앉고 다니다가 향기 묻은 날개로 님의 옷에 옮으리라. 님께서야(그 범나비가) 나인 줄 모르셔도 나는 님을 따르려 하노라.

01 위 글에 대한 설명으로 가장 적절하지 않은 것은? [2012. 법원직 9급]

① 4음보의 리듬감이 나타난다.
② 여성 화자의 목소리가 나타난다.
③ 상대방에 대한 예찬을 주제로 한다.
④ 화자는 현재의 처지에서 벗어나고 싶어 한다.

[정답] ③

풀이 이 작품은 임금에 대한 그리움을 주제로 한다. 참고로, '예찬'은 충담사의 〈찬기파랑가(讚耆婆郎歌)〉에 어울린다.

02 이 시의 현대어 풀이로 잘못된 것은? [2011. 서울시 9급]

① 이 몸 삼기실 제 님을 조차 삼기시니: 이 몸이 태어날 때 임을 따라 태어나니
② 나 ᄒᆞ나 졈어 잇고 님 ᄒᆞ나 날 괴시니: 나 혼자만 젊어있고 임은 홀로 나를 괴로이 여기시니
③ 평싱(平生)애 원(願)ᄒᆞ요ᄃᆡ ᄒᆞᆫᄃᆡ 녜쟈 ᄒᆞ얏더니: 평생에 원하되 임과 함께 살아가려 했더니
④ 늙거야 므스 일로 외오 두고 글이ᄂᆞᆫ고: 늙어서야 무슨 일로 외따로 그리워하는고?
⑤ 그 더ᄃᆡ 엇디ᄒᆞ야 하계(下界)예 ᄂᆞ려오니: 그 동안에 어찌하여 속세에 내려왔는가?

[정답] ②

풀이 '날 괴시니'의 뜻은 '나를 사랑하시니'이다. '괴다'는 '사랑하다'의 뜻이다.

[03~04] 다음 글을 읽고 물음에 답하시오. [2016. 경찰직 2차]

(가) 곳 디고 새 닙 나니 綠녹陰음이 ᄭᆯ렷ᄂᆞᆫᄃᆡ, 羅나幃위 寂젹寞막ᄒᆞ고 繡슈幕막이 뷔여 잇다. 芙부蓉용을 거더 노코 孔공雀쟉을 둘러 두니, ᄀᆞ득 시름 한ᄃᆡ 날은 엇디 기돗던고. 鴛원鴦앙錦금 버혀 노코 五오色ᄉᆡᆨ線션 플텨 내여, 금자히 견화이셔 님의 옷 지어내니, 手슈品품은 ᄏᆞ니와 制졔度도도 ᄀᆞᆮ출시고. 珊산瑚호樹슈 지게 우히 白ᄇᆡᆨ玉옥函함의 다마 두고, 님의게 보내오려 님 겨신 ᄃᆡ ᄇᆞ라보니, 山산인가 구롬인가 머흐도 머흘시고. 千쳔里리 萬만里리 길히 뉘라셔 ᄎᆞ자 갈고. 니거든 여러 두고 날인가 반기실가.

(나) 乾건坤곤이 閉폐塞ᄉᆡᆨᄒᆞ야 白ᄇᆡᆨ雪셜이 ᄒᆞᆫ 비친 제, 사ᄅᆞᆷ은 ᄏᆞ니와 늘새도 긋쳐 잇다. 瀟쇼湘상 南남畔반도 치오미 이러커든 玉옥樓누 高고處쳐야 더옥 닐너 므슴ᄒᆞ리. 陽양春춘을 부처 내여 님 겨신 ᄃᆡ 쏘이고져. 茅모簷쳠 비쵠 히ᄅᆞᆯ 玉옥樓누의 올리고져. 紅홍裳샹을 니믜ᄎᆞ고 翠취袖슈ᄅᆞᆯ 반만 거더 日일暮모脩슈竹듁의 햄가림도 하도 할샤. 댜ᄅᆞᆫ 히 수이 디여 긴 밤을 고초 안자, 靑쳥燈등 거론 겻ᄐᆡ 鈿뎐箜공篌후 노하 두고, ᄭᅮᆷ의나 님을 보려 ᄐᆞᆨ밧고 비겨시니, 鴛鴦앙衾금도 ᄎᆞ도 출샤 이 밤은 언제 샐고.

(다) ᄒᆞᄅᆞ밤 서리김의 기러기 우러녤 제, 危위樓루에 혼자 올나 水슈晶졍簾념을 거든마리, 東동山산의 ᄃᆞᆯ이 나고 北븍極극의 별이 뵈니, 님이신가 반기니 눈물이 절로 난다. 淸쳥光광을 믜워 내여 鳳봉凰황樓누의 븟티고져. 樓누 우히 거러 두고 八팔荒황의 다 비최여, 深심山산 窮궁谷곡 졈낫ᄀᆞ티 밍그쇼셔.

(라) 東동風풍이 건듯 부러 積젹雪셜을 헤텨 내니, 窓창 밧긔 심근 梅ᄆᆡ花화 두세 가지 픠여셰라. ᄀᆞ득 冷닝淡담ᄒᆞᆫᄃᆡ 暗암香향은 므스 일고. 黃황昏혼의 ᄃᆞᆯ이 조차 벼마ᄐᆡ 빗최니, 늣기ᄂᆞᆫ ᄃᆞᆺ 반기ᄂᆞᆫ ᄃᆞᆺ 님이신가 아니신가. 뎌 梅ᄆᆡ花화 것거 내여 님 겨신 ᄃᆡ 보내오져. 님이 너ᄅᆞᆯ 보고 엇더타 너기실고.

03 이 글을 시간의 흐름에 맞게 배열한 것은?

① (가) → (나) → (다) → (라)

② (가) → (나) → (라) → (다)

③ (라) → (가) → (다) → (나)

④ (라) → (나) → (가) → (다)

[정답] ③

풀이 (라)의 '東동風풍이 건듯 부러 積적雪설을 헤텨 내니'는 봄
(가)의 '곳 디고 새 닙 나니 綠녹陰음이 설렷┝┤'에서 여름
(다)의 'ㅎㄹ밤 서리김의 기러기 우러녈'에서 가을
(나)의 '乾건坤곤이 閉폐塞ㅎ야 白뵉雪설이 혼 비친 제'에서 겨울임을 알 수 있다.

04 이 작품의 주제를 연군지정(戀君之情)이라 할 때, 각 단락에 나타난 중심 내용으로 적절하지 않은 것은?

① (가) – 자신의 정성을 임금에게 전하고자 함.

② (나) – 임금의 건강을 염려하고 임금을 그리워 함.

③ (다) – 자신과 임금이 영원히 함께 있고 싶어 함.

④ (라) – 임금에게 자신의 충성심을 알리고자 함.

[정답] ③

풀이 ③ 화자가 보내는 달빛을 온 세상을 비추어, 팔황(온 세상), 깊은 산골짜기에도 대낮같이 환하게 만들어 달라는 내용으로, 임금의 선정을 당부하고 있다.

속미인곡(續美人曲)

창작시기

사미인곡의 속편으로 송강이 50~54세까지 전남 담양군 창평에서 지낼 때 지은 작품.

개관

(1) 작자: 정철
(2) 주제: 충신연주지사. 멀리 있는 임(임금)을 그리워하며 끝까지 따르고자(충성을 다하고자) 함.
(3) 의의
   ① 사미인곡과 더불어 가사문학의 절정을 이룸.
   ② 순 우리말을 절묘하게 구사한 대화체 시가
(4) 형식: 두 여인의 대화체

특징

① 시적 자아의 처지를 천상 백옥경에서 버림받아 하계에 내려온 여인에다 비한 것이라는 점은 사미인곡과 같다.
② 사미인곡과 같이 왕과 자신의 관계를 직접적으로 드러내지 않고 님의 사랑을 받지 못한 여인의 애절한 심정을 절실하게 하소연하는 방식으로 독자의 공감을 얻고 있다.
▶ 인간의 보편적 감정에 호소함으로써 작자가 표현하고자 하는 의도가 더욱 폭넓은 공감대를 형성하게 됨

두 화자의 성격

갑녀(甲女)	을녀(乙女)
• 을녀의 하소연을 유발하고, 더욱 극적으로 작품의 결말을 짓게 함 • 작품의 전개와 종결을 위한 기능적 역할 • 보조적 위치	• 갑녀의 질문에 응하여 신세 한탄을 함으로써 작품의 정서적 분위기를 주도함 • 작품의 주제 구현의 주도적 역할 • 작가의 처지를 대변하는 중심 화자

서사	임과 이별한 사연
	• 甲女의 물음: 백옥경을 떠난 이유
	• 乙女의 대답: 조물의 탓(자책과 체념)
본사	이별 후의 사랑과 그리움
	• 甲女의 위로
	• 乙女의 애달픈 사연(임에 대한 충정과 그리움)
결사	죽어서라도 이루려는 사랑
	• 乙女: 사설의 결말(임에 대한 간절한 사모의 정)
	• 甲女의 結言

김만중의 평(서포만필)

송강의 관동별곡과 전후미인가는 우리나라의 이소(離騷: 굴원이 楚의 회왕을 섬겼다가 참소로 쫓겨난 뒤 자기 심정을 토로한 작품. 離=憂, 騷=詩賦)이다. 한문으로는 표기할 수 없기 때문에 악인(樂人) 등이 입으로 서로 전수하거나 국문으로만 전한다. …… 지금 우리 나라의 詩文은 자기 말을 버리고 남의 나라 말을 입내내어 쓴 것이니, 설령 아주 비슷하다 해도 앵무새가 사람의 말을 흉내내는 것일 뿐이다. 여항(閭巷－마을, 민간)에서 나무하는 아이들이나 물긷는 아낙네들이 에야 데야 하며 서로 화창(話唱) 하는 것이 비록 비리(鄙俚－풍속·언어 등이 상스러움)하다 할지 모르나 그 참과 거짓됨을 따진다면 학사대부(學士大夫)들의 이른바 시부(詩賦)라고 하는 것 따위와 같이 논할 수가 없다. 하물며, 이 세 별곡은 천기(天機)가 절로 발로되어 있고, 이속(夷俗)의 천박함이 없으니, 예로부터 우리 나라의 진문장(眞文章)은 오직 이 세 편뿐이다. 그러나, 세 편을 논하면, '후미인(後美人)'이 더욱 높다. '관동(關東)'과 '전미인(前美人)'은 그래도 한문의 어구로 그 표현을 수식했다.

〈서사〉임과 이별한 사연.

데 가는 뎌 각시 본 듯도 호뎌이고. 天텬上샹 白빅玉옥京경을 엇디호야 離니別별호고,
↳도가(道家), 옥황상제가 있는 곳 – 대궐

히 다뎌 겨믄 날의 눌을 보라 가시는고.

어와 네여이고 내 스셜 드러보오.
↳사정 이야기

내 얼굴 이 거동이 님 괴얌즉 흔가마는 엇딘디 날 보시고 네로다 녀기실싀
↳형체(形體)   ↳님의 사랑을 받을만 하지 못한데도   ↳특별히 사랑하시므로

↳아양과 응석, 아양이야 · 재롱이야

나도 님을 미더 군쁘디 전혀 업서 이리야 교틴야 어즈러이 구돗쩐디
↳딴 생각이   ↳여자의 요염한 자태, 아양 떠는 모습

반기시는 눗비치 녜와 엇디 다ᄅ신고. 누어 싱각ᄒ고 니러 안자 혜여ᄒ니
↳안면(顔面)   ↳실연의 애수   ↳님의 태도가 달라진 이유를

내 몸의 지은 죄 뫼ᄀ티 싸혀시니 하늘히라 원망ᄒ며 사ᄅᆷ이라 허믈ᄒ랴 셜워 플텨 혜니
↳체념, 자책(임금에 대해 무조건 복종하는 당대 사대부의 사고방식),
수원수구(誰怨誰咎)

造조物물의 타시로다.
↳운명론적 태도

• 해석

(甲女) 저기 가는 저 부인. 본 듯도 하구나. 임금이 계시는 대궐을 어찌하여 이별하고, 해가 다 져서 저문 날에 누구를 만나러 가시는고?   ⇨ 甲女의 물음: 백옥경을 떠난 이유

(乙女) 아, 너로구나. 내 사정 이야기를 들어보오. 내 얼굴과 나의 태도는 님께서 사랑함직한가마는 어쩐지 나를 보시고 너로구나 하고 특별히 여기시기에 나도 님을 믿어 딴 생각이 전혀 없어. 응석과 아양을 부리며 지나치게 굴었던지 반기시는 낯빛이 옛날과 어찌 다르신고? 누워 생각하고 일어나 앉아 헤아려 보니, 내 몸의 지은 죄가 산같이 쌓였으니, 하늘을 원망하며 사람을 탓하랴. 서러워서 여러 가지 일을 풀어내어 헤아려 보니, 조물주의 탓이로다.   ⇨ 乙女의 대답: 조물의 탓(자책과 체념)

〈본사〉이별 후의 사랑과 그리움(여성의 섬세함이 잘 나타남).

글란 싱각 마오.

믜친 일이 이셔이다. 님을 뫼셔 이셔 님의 일을 내 알거니
↳사랑(충성)을 다하지 못함, 임을 제대로 모시지(임금을 제대로 보필하지) 못함

믈 ᄀ튼 얼굴이 편ᄒ실 적 몃 날일고, 春츈寒한 苦고熱열은 엇디ᄒ야 디내시며
↳허약한 체질

↳밥(궁중 용어 – 수라)

秋츄日일冬동天텬은 뉘라셔 뫼셧는고. 粥쥭무조飯반 朝조夕셕 뫼 녜와 ᄀ티 셰시는가.
↳가을 · 겨울의 추위   ↳아침밥 전에 먹는 죽, 자릿조반

기나긴 밤의 줌은 엇디 자시는고.

• 해석

(甲女) 그것을랑(그렇게는) 생각하지 마오.

(乙女) 마음 속에 맺힌 일이 있습니다. 예전에 님을 모시어서 님의 일을 내가 알거니, 물같이 연약한 몸이 편하실 때가 몇 날일꼬? 이른 봄날의 추위와 여름철의 무더위는 어떻게 지내시며, 가을날 겨울날은 누가 모셨는고? 자릿 조반과 아침 저녁 진지는 예전과 같이 잡수시는가? 기나긴 밤에 잠은 어떻게 주무시는가?

님다히 逍쇼息식을 아므려나 아쟈 ᄒ니 오늘도 거의로다. 너일이나 사름 올가. 내 ᄆᆞᆷ 둘ᄃᆡ 업다.
  ↳ 쪽, 편(면앙정가 – 무등산 한 활기 뫼히 동다히로 버더이셔)   ↳ 거의 기나갔구나

어드러로 가쟛 말고. 잡거니 밀거니 놉픈 뫼히 올라가 니 구롬은ᄏᆞ니와 안개는 므스 일고.
                                        ↳ 간신배   ↳ 설상가상(雪上加霜)

山산川쳔이 어둡거니 日일月월을 엇디 보며 咫지尺쳑을 모ᄅᆞ거든 千쳔里리를 ᄇᆞ라보랴.
                                ↳ 임금

ᄎᆞᆯ하리 믈ᄀᆞ의 가 ᄇᆡ 길히나 보쟈 ᄒ니 ᄇᆞ람이야 믈결이야 어둥졍 된뎌이고.
                                            ↳ 어수선하게

ᄉᆞ공은 어ᄃᆡ 가고 븬 ᄇᆡ만 걸렷ᄂᆞ니.
              ↳ 객관적 상관물(화자의 외로움 심화)

江강天쳔의 혼쟈 셔셔 디ᄂᆞᆫ ᄒᆡ를 구버보니 님다히 逍소息식이 더옥 아득ᄒ뎌이고.
  ↳ 툭트인 강가, 강가 하늘 아래

• 해석

님 계신 곳 소식을 어떻게 해서라도 알려고 하니, 오늘도 거의 저물었구나. 내일이나 님의 소식 전해 줄 사람이 올까? 내 마음 둘 곳이 없다. 어디로 가자는 말인고? (나무·바위 등을) 잡기도 하고 밀기도 하면서 높은 산에 올라가니, 구름은 물론이거니와 안개는 또 무슨 일로 저렇게 끼어 있는고? 산천이 어두운데 일월을 어떻게 바라보며, 눈 앞의 가까운 곳도 모르는데 천리나 되는 먼 곳을 바라볼 수 있으랴? 차라리 물가에 가서 뱃길이나 보려고 하니 바람과 물결로 어수선하게 되었구나. 뱃사공은 어디 가고 빈 배만 걸렸는고? 강가에 혼자 서서 지는 해를 굽어보니 님 계신 곳 소식은 더욱 아득하구나.

• '해'와 '구름': '임금'과 '간신배'의 뜻. (구름과 같은 의미: '바람', '물결')
• 유사한 뜻으로 쓰인 작품

登金陵鳳凰臺 —— 總爲浮雲能蔽日　長安不見使人愁
(다 뜬 구름이 되어 능히 해를 가리니, 장안을 볼 수 없어 시름겹게 하는구나.)
　　　　　　　　　　　　　　　　　　　　　　　　　　　　　　　　　　　　　　－ 李白 －

구름이 무심툰 말이 아마도 허랑ᄒ다.
중천에 ᄯᅥ 이셔 임의로 ᄃᆞ니면셔
구틱야 광명흔 날빛을 ᄯᅡ라가며 덥ᄂᆞ니
　　　　　　　　　　　　　　　　　　　　　　　　　　　　　　　　　　　　　　－ 이존오 －

珊산瑚호樹슈 지게 우희 白빅玉옥涵함의 다마 두고, 님의게 보내오려 님 겨신 ᄃᆡ ᄇᆞ라보니, 山산인가 구롬인가 머흐도 머흘시고.
　　　　　　　　　　　　　　　　　　　　　　　　　　　　　　　　　　　　－ 정철, 〈사미인곡〉 －

日일出출을 보리라 밤듕만 니러흐니, 祥샹雲운이 집픠는 동, 六뉵龍뇽이 바퇴는 동, 바다히 써날 제는 萬만國국이 일위더니, 天텬中듕의 티쓰니 毫호髮발을 헤리로다. <u>아마도 녈구름 근쳐의 머믈세라.</u> 詩시仙션은 어듸 가고 咳히唾타만 나맛느니

- 정철, 〈관동별곡〉 -

茅모簷쳠 춘 자리의 밤듕만 도라오니 半반壁벽靑쳥燈등은 눌 위흐야 볼갓는고.
↳ 띠로 지붕을 엮은 초가집　↳ 밤중쯤

　　　　　　　↳ 부질없이 왔다 갔다 하니(헤매며 서성대니)
오르며 느리며 헤쯔며 바니니 져근덧 力녁盡진흐야 풋줌을 잠간 드니
↳ 마음이 초조하여 허둥거리며　　　↳ 잠깐 동안에, 잠깐 사이에

精졍誠성이 지극흐야 꿈의 님을 보니 玉옥ᄀ툰 얼굴이 半반이나마 늘거셰라.
ᄆ음의 머근 말슴 슬ᄏ장 솗쟈 흐니 눈믈이 바라 나니 말인들 어이흐며 情졍을 못다흐야
　　　　↳ 그리움　　↳ 실컷 사뢰려고　↳ 곁따라, 연달아

목이조차 몌여흐니 오뎐된 鷄계聲셩의 좀은 엇디 씨돗던고.
　　　　　　↳ 방정맞은

• 해석

초가집 찬 잠자리에 한밤중에 돌아오니, 벽 가운데 걸려있는 등불은 누구를 위하여 밝았는고? 산을 오르내리며 강가를 헤매며 시름없이 오락가락하니, 잠깐 사이에 힘이 지쳐 풋잠을 잠간 드니, 정성이 지극하여 꿈에 님을 보니, 옥과 같이 곱던 얼굴이 반 넘어 늙었구나. 마음 속에 품은 생각을 실컷 사리려고 하였더니, 눈물이 쏟아지니 말인들 어찌하며, 정회(情懷)도 못 다 풀어 목마저 메니, 방정맞은 닭 울음소리에 잠은 어찌 깨었던고?

〈결사〉 죽어서라도 이루려는 사랑.

어와, 虛허事ᄉ로다. 이 님이 어듸 간고. 결의 니러 안자 窓창을 열고 ᄇ라보니
　　　　　　　　↳ 잠결에

어엿븐 그림재 날 조출 ᄲᆞᆫ이로다. 출하리 싀여디여 落낙月월이나 되야이셔
　↳ 자신의 가엾은 모습　　　　　↳ 화자의 분신

님 겨신 窓창 안히 번드시 비최리라.
각시님 둘이야ᄏ니와 <u>구준 비</u>나 되쇼셔.
　　　　　↳ 화자의 분신

• 해석

아, 허황한 일이로다. 이님이 어디 갔는고? 잠결에 일어나 앉아 창문을 열고 밖을 바라보니, 가엾은 그림자만이 나를 따를 뿐이로다. 차라리 죽어서 지는 달이나 되어서 님이 계신 창 안에 환하게 비치리라.

(甲女) 각시님, 달은 커녕 궂은비나 되십시오.

- '돌'과 '구즌 비'

'비'는 흔히 눈물로 비유됨 → 그리움(想思)에 지쳐 흐르는 눈물은 비로 전환되어 님의 몸과 마음을 적심(간절한 그리움의 역설적 표현)

돌	구즌 비
일시적	다소 지속적임
소극적(멀리서 바라 봄)	적극적
정서적 · 공간적 거리 멀다	밀착됨
밝음	침울한 분위기(버림받은 여인의 심정)
시각	청각(어둠 속에서도 느낌)

㉠ **돌**: 소극적인 태도로 멀리서 바라보는 시각적 이미지.

㉡ **구즌 비**: 침울한 분위기로 임의 청각을 지속적으로 자극하며, 임에게 밀착되어 긴 시간을 눈물로 적시게 함으로써 간절한 그리움을 나타냄.

- 이 작품의 시적 자아와 유사한 정서를 보여 주는 시조

내 무옴 버혀내여 뎌 돌을 밍글고져.
구만 리 댱텬(長天)의 번두시 걸려 이셔.
고온 님 겨신 고딕 가 비최여나 보리라.

― 정철 ―

梨花雨(이화우) 훗쑤릴 제 울며 잡고 離別(이별)흔 님
秋風落葉(추풍낙엽)에 저도 날 싱각는가?
千里(천리)에 외로운 꿈만 오락가락 흐노매

― 계랑 ―

深山(심산)의 밤이 드니 北風(북풍)이 더욱 차다

― 박인로 ―

玉樓高處(옥루고처)에도 이 바람 부난게오

―〈五倫歌〉 25수 중 ―

긴 밤의 치우신가 北斗(북두) 비겨 바래로라

― 君臣有義 ―

01 이 작품에 대한 설명으로 가장 적절한 것은? [2016. 국회직 8급]

① 우리말의 아름다움을 잘 살린 대표적인 시조 문학이다.
② 지은이는 이 작품을 짓고 다시 대화체의 속편을 지었다.
③ 한자어와 고사가 덜 사용되고 진솔한 심정을 간절히 표현했다.
④ 3·4(4·4)조의 4음보 연속체이며 서사와 본사 2단 구성으로 되어있다.
⑤ 버림받은 여인의 처지를 체념과 절망의 독백조로 읊고 있다.

[정답] ③

[풀이] 정철의 〈속미인곡〉이다. 어려운 한자어와 고사가 덜 사용되고 진솔한 심정을 간절히 표현했으므로 맞는 말이다.

[오답] ① 가사 문학이다.
② 사미인곡에 대한 설명이다.
④ 2단 구성이 아니다.
⑤ 두 여인의 대화체로 되어 있다.

02 이 시에서 '낙월'과 '구준비'를 비교한 것으로 가장 적절한 것은? [2017. 법원직]

① '낙월'과 '구준비'는 임에 대한 화자의 원망을 드러내는 소재이다.
② '낙월'과 '구준비'는 임과 화자 사이를 가로막는 장애물을 상징한다고 볼 수 있다.
③ '낙월'에 비해 '구준비'는 임에 대한 적극적 사랑의 모습을 드러낼 수 있는 소재이다.
④ '낙월'에 비해 '구준비'는 화자의 소망이 이루어지기 힘든 것임을 드러내고 있다.

[정답] ③

[풀이] '낙월'과 '구준비' 모두 임에 대한 화자의 사랑을 드러내는 소재이다. '낙월(落月: 지는 달)'은 잠깐 동안 임을 보다 사라지는 것이므로 임에 대한 화자의 소극적 사랑을 의미한다. 이에 비해 '구준비(궂은비)'는 오랫동안 내리며 임의 옷을 적실만큼 가까이 갈 수 있는 것이므로 임에게 화자의 간절한 마음을 전하는 적극적인 사랑을 의미한다. 따라서 '낙월'에 비해 '구준비'가 임에 대한 적극적인 사랑의 모습을 드러낸다.

03 ⓐ~ⓓ 중, 함축적 의미가 나머지 셋과 다른 하나는? [2009. 법원직]

> 어드러로 가쟛 말고. 잡거니 밀거니 높픈 뫼히 올라가니 ⓐ<u>구롬</u>은 카니와 ⓑ<u>안개</u>는 므스일고. 산山쳔川이 어둡거니 ⓒ<u>일日월月</u>을 엇디 보며 지咫쳑尺을 모르거든 쳔千리里롤 브라보랴. 출하리 믈ㄱ의 가 빅 길히나 보쟈 ㅎ니 ⓓ<u>브람</u>이야 믈결이야 어둥졍 된뎌이고.

① ⓐ   ② ⓑ
③ ⓒ   ④ ⓓ

[정답] ③

[풀이] '구롬, 안개, 브람, 믈결' 등은 조정을 어지럽히는 간신배를 뜻하고, '일월'은 임금을 빗댄 표현이다. '일월'은 화자가 보고자 하는 대상임을 알 수 있고, 임을 만나고 싶어 높은 산에 올라갔을 때 구름과 안개는 해와 달을 가려버리는 부정적 대상이다.

04 ㉠, ㉡에 나타난 화자의 태도로 옳은 것은?

[2001. 경남 지방교행 9급]

> ㉠어와 네여이고 내 스셜 드러보오. 내 얼굴 이 거동이 님 괴얌즉 혼가마는 엇딘디 날 보시고
> ㉡네로다 녀기실시

① ㉠ 경탄 – ㉡ 확신
② ㉠ 한탄 – ㉡ 확신
③ ㉠ 반가움 – ㉡ 반가움
④ ㉠ 허탈 – ㉡ 연민
⑤ ㉠ 원망 – ㉡ 반가움

[정답] ①

풀이 ㉠은 을녀(서정적 자아)가 갑녀를 만난 반가움, 경탄 등을 나타내고, ㉡은 님(임금)이 을녀에 대해 특별히 여기는 확신, 믿음 등을 나타낸다.

05 이 글에 대한 설명으로 적절하지 않은 것은?

[2020. 소방직]

① 화자는 꿈에서 임과 재회하고 있다.
② 밤에서 새벽으로 시간의 경과가 드러나 있다.
③ 임의 소식을 전해 주는 이는 오늘도 오지 않았다.
④ 사공은 화자의 절박한 상황을 알고 도와주고 있다.

[정답] ④

풀이 '사공은 어디 가고 빈 배만 걸렸는가'는 화자가 사공을 잃은 빈 배와 처지가 같은 것을 말하는 것이다. 따라서 사공은 화자의 절박한 상황을 알고 도와주고 있다는 것은 적절하지 않다. '사공'과 '빈 배'는 화자의 외로움을 강조하기 위한 소재이다.

오답 ① '져근덧 역진(力盡)ᄒ야 픗ᄌᆞᆷ을 잠간 드니 졍셩(精誠)이 지극ᄒ야 쑴의 님을 보니'를 보면 꿈에서 임을 만났음을 알 수 있다.
② '모쳠(茅簷) 춘 자리의 밤듕만 도라오니'는 밤이 되었음을 알려주고, '오뎐된 계셩(鷄聲)의 좀은 엇디 ᄭᅵ돗던고'는 새벽이 되었음을 알려준다.
③ '님다히 쇼식(消息)을 아므려나 아쟈 ᄒ니 오늘도 거의로다. 닉일이나 사ᄅᆞᆷ 올가.'를 보면 임의 소식을 전해 주는 사람이 오지 않았음을 알 수 있다.

06 윗글의 표현상 특징으로 가장 적절한 것은?

[2020. 소방직]

① 인물과의 대화를 통해 임에 대한 원망을 드러내고 있다.
② 여성 화자의 목소리를 통해 애절한 마음을 드러내고 있다.
③ 특정한 시어를 반복해 안빈낙도의 염원을 드러내고 있다.
④ 자연과 속세의 대비를 통해 시적 화자의 처지에 대한 만족감을 드러내고 있다.

[정답] ②

풀이 이 시에서 화자는 하늘의 선녀이고 임은 옥황상제이다. 화자는 본래 이 가사를 지은 정철을 뜻하며 정철은 신하이지만, 이 작품에서 화자는 하늘의 선녀로 바뀌어 옥황상제를 그리워하고 있다.

오답 ① 두 여인의 대화가 드러나지만 임에 대한 원망을 드러내지는 않았다.
③ 특정한 시어를 반복하지 않았고, 안빈낙도의 염원도 드러나지 않았다. 참고로 '안빈낙도(安貧樂道)'는 가난한 생활을 하면서도 편안한 마음으로 도를 즐겨 지키는 선비의 정신을 뜻한다.
④ 화자는 산천에 머물고 있으므로 자연이 드러나 있으나 속세는 이 작품과 관련이 없다. 자연과 속세의 대비는 이 글과 어울리지 않고, 화자의 만족감도 잘못되었다. 화자는 현재 임과 함께 있지 못하므로 불만족이라고 볼 수 있다.

면앙정가(俛仰亭歌)

가사

● 창작시기

작자(송순)가 41세 때 고향인 전남 담양의 제월봉 아래 면앙정이란 정자를 짓고, 아름다운 자연 속에서 노니는 자신의 풍류를 노래한 작품

● 주제

아름다운 자연 속에서 풍류를 즐기며 임금의 은혜에 감사함.

● 구성

서사		제월봉과 면앙정의 형세		봄	안개와 노을과 아지랑이가 아양 떠는 모습
본사	1	면앙정에서의 승경 조망		여름	나무가 우거지고 물 위에 시원한 바람이 불어오는 한가로움
	2	면앙정의 사시가경 →		가을	단풍으로 뒤덮인 산과 황금물결을 이룬 들판의 흥취
결사		작자의 풍류 생활		겨울	초목이 진 후 눈으로 뒤덮인 절경

● 시가사적 의의

상춘곡의 강호가도를 이어 받아, 성산별곡으로 이어주는 교량역할

정극인 '상춘곡'	→	송순 '면앙정가'	→	정철 '성산별곡'
강호가도의 시초		강호가도의 확립		강호가도의 발전

⊕ 참고 **강호가도(江湖歌道)**

시가문학에서는 자연을 예찬하고 자연에 귀의하여 생활하는 것을 소재로 한 작품들이 많다. 그리고 그 대부분은 사대부들이 창작하였다. 조선시대의 시가 문학은 자연을 예찬한 것들이 많은데, 이렇듯 자연을 예찬하고 자연과 더불어 살 것을 노래하는 시가 문학을 강호가도라 한다. 강호가도는 대부분 사대부들이 창작하였고, 특히 영남 출신의 문인들에게서 잘 드러난다. 대표적인 작품으로는 이현보(李賢輔)의 《농암가(聾巖歌)》와 같은 시조가 있다.

영남 가단	심성을 닦는 것을 우위로 내세움. 이현보, 주세붕, 이황, 권호문 등
호남 가단	풍류를 노래하는 쪽에 치우침. 송순, 김인후, 김성원, 정철 등

〈서사〉 제월봉의 산세와 면앙정의 모습.

无等山(무등산) 한 활기 뫼히 동 다히로 버더 이셔 멀리 쎄쳐 와 齊月峯(제월봉)이 되어거늘
　　└줄기(支脈)　　　└쪽, 편　　　　　　　　　　　└떼어버리고 나와

　　　　　　　　　　　　　　　　　　　　　　　　　┌우뚝우뚝(무더기무더기)
無邊大野(무변 대야)의 므슴 짐쟉 ᄒ노라 닐곱 구비 홈ᄃ 움쳐 므득므득 버럿ᄂ 듯.
　└끝없이 넓은 들판　　└생각　　　　　　　　　└움츠리어　　　　　└벌여 놓은 듯

가온대 구비ᄂ 굼긔 든 늘근 뇽이 선좀을 ᄀ 씨야 머리를 언쳐시니
　　　　　　　└제월봉　　　　　　　　　└얹어 놓은 듯 하며

너ᄅ바회 우히 松竹(송죽)을 헤혀고 亭子(정자)를 언쳐시니
　　　　　　　　└헤치고　　　　　　└앉혀 놓았으니

구름 튼 靑鶴(청학)이 千里(천리)를 가리라 두 ᄂ래 버렷 ᄂ 듯.
　　　└면앙정　　　　　　　　　　└'날개'　└벌린 듯하다
　　　　　　　　　　　　　　　　　　면앙정의 지붕

　　　　　　　　　　　　　　　　　　　　　　　⇨ 면앙정의 지붕

• 해석

무등산 한 줄기 산이 동쪽으로 뻗어 있어, (무등산을) 멀리 떼어 버리고 나와 제월봉이 되었거늘, 끝없는 넓은 들에 무슨 생각을 하느라고, 일곱 굽이가 한데 움츠리어 우뚝우뚝 벌여 놓은 듯. 그 가운데 굽이는 구멍에 든 늙은 용이 선잠을 막 깨어 머리를 얹어 놓은 듯 하며, 넓고 편편한 바위 위에 소나무와 대나무를 헤치고 정자를 앉혀 놓았으니, 마치 구름을 탄 푸른 학이 천 리를 가려고 두 날개를 벌린 듯하다.

〈본사 1〉 면앙정에서 바라보는 주위의 경치(공간적 구성).

玉泉山(옥천산) 龍泉山(용천산) ᄂ린 믈이　亭子(정자) 앞 너븐 들히
　　　　　　　┌펼쳐져 있으니　┌기디마나(기노라말고)
올올히 펴진 ᄃ시 넙쎠든 기노라 프르거든 희디마나 雙龍(쌍룡)이 뒤트ᄂ 듯
└끊임없이(원 – 부지런히 힘써 그치지 않는 모양)　　　　　　└시냇물

긴 깁을 치폇ᄂ 듯 어드러로 가노라 므슴 일 ᄇ얏바　듣ᄂ 듯 ᄯ로ᄂ 듯 밤낫즈로 흐르ᄂ 듯
　└비단→시냇물　└가득 펼쳐 놓은 듯　　　　　　└바빠　　　└달려 가는 듯

　　　　　　　　　　　　　　　　　　　　　　⇨ 면앙정의 앞을 흐르는 물

• 해석

옥천산 용천산에서 내려오는 물이 정자 앞 넓은 들에 끊임없이 (잇따라) 퍼져 있으니, 넓거든 길지나, 푸르거든 희지나 말거나(넓으면서도 길며, 푸르면서도 희다는 뜻), 쌍룡이 몸을 뒤트는 듯, 긴 비단을 가득 펼쳐 놓은 듯, 어디로 가려고 무슨 일이 바빠서 달려 가는 듯, 따라가는 듯 밤낮으로 흐르는 듯하다.

므조친 沙汀(사정)은 눈ス치 펴졋거든 어즈러온 기러기는 므스거슬 어르노라
  ↳물따라 벌여 있는 모래밭
                                                          ↳통정(通情)하려고(짝을 취하려고)

                                        ↳갈대꽃
안즈락 ㄴ리락 모드락 훗트락 盧花(노화)를 ㅅ이 두고 우러곰 좃니는뇨.
                    ↳앉았다 내려갔다 모였다 흩어졌다 하며

                                                          ⇨ 물가의 기러기

• 해석

물 따라 벌여 있는 물가의 모래밭은 눈같이 하얗게 퍼졌는데, 어지러운 기러기는 무엇을 통정(通情)하려
고 앉았다 내려갔다, 모였다 흩어졌다 하며 갈대꽃을 사이에 두고 울면서 서로 따라다니는고?

너븐 길 밧기오 긴 하늘 아릭 두르고 ㅼ준 거슨 뫼힌가 屛風(병풍)인가 그림가 아닌가.

노픈듯 ㄴ즌 듯 근는 듯 닛는 듯 숨거니 뵈거니 가거니 머믈거니 어즈러온 가온딕 일홈는 양ㅎ야
              ↳끊어지는 듯 이어지는 듯

하늘도 젓티 아녀 웃독이 셧는 거시 秋月山(추월산) 머리 짓고
  ↳유명한 체 뽐내며 하늘도 두려워하지 않고(하늘을 찌를 듯이 우뚝 솟아 있음)
   우뚝 선 것이 여러 산봉우리인데 그 중 추월산이 머리를 이루고

龍龜山(용구산) 夢仙山(몽선산) 佛臺山(불대산) 魚登山(어등산) 湧珍山(용진산) 錦城山(금성산)이

虛空(허공)에 버러거든 遠近(원근) 瘡崖(창애)의 머믄 것도 하도 할샤.
            ↳벌여 있거든   ↳푸른 언덕

                                                          ⇨ 병풍같은 산봉우리들

• 해석

넓은 길 밖, 긴 하늘 아래 두르고 꽂은 것은 산인가, 병풍인가, 그림인가, 아닌가, 높은 듯 낮은 듯, 끊어
지는 듯 잇는 듯, 숨기도 하고 보이기도 하며, 가기도 하고 머물기도 하며, 어지러운 가운데 유명한 체
하여 하늘도 두려워하지 않고 우뚝 선 것이 추월산 머리 삼고, 용구산, 몽선산, 불대산, 어등산, 용진산,
금성산이 허공에 벌어져 있는데, 멀리 가까이 푸른 언덕에 머문 것(펼쳐진 모양)도 많기도 많구나.

〈본사 2〉 면앙정의 사시 가경(시간적 구성).

흰구름 브흰 煙霞(연하) 프르니는 山嵐(산람)이라. 千庵(천암) 萬壑(만학)을 제 집을 삼아 두고
↘뿌연 안개와 놀   ↘산 아지랑이   ↗푸른 것은

나명셩 들명셩 일히도 구는지고. 오르거니 누리거니 長空(장공)의 쩌나거니
↘'ㅇ'은 운율을 살리기 위함(청산별곡 – 이링공 뎌링공흐야)   ↘먼 하늘

廣野(광야)로 거너거니 프르락 불그락 여트락 디트락 斜陽(사양)과 섯거디어 細雨(세우)조차 쓰리난다.
↘지는 해

⇨ 봄(계절감을 드러내는 시어 – 산람, 세우)

• 해석

흰 구름과 뿌연 안개와 놀, 푸른 것은 산아지랑이다. 수많은 바위와 골짜기를 제 집을 삼아두고, 나며 들며 아양도 떠는구나. 오르기도 하며 내리기도 하며 넓고 먼 하늘에 떠나기도 하고 넓은 들판으로 건너가기도 하여, 푸르락 붉으락, 옅으락 짙으락 석양에 지는 해와 섞이어 보슬비마저 뿌리는구나.

藍輿(남여)를 비야 투고 솔 아릭 구븐 길노 오며 가며
↗재촉해(용비어천가 – 말쓰물 솔븟리 하되 天命을 疑心흐실씨 쭈므로 뵈아시니)
↘관동별곡 – 남여 완보흐야 산영루의 올라흐니
: 사대부들의 생활상 → 비생산적, 실생활과는 거리가 먼 계층

흐는 적의 祿楊(녹양)의 우는 黃鶯(황앵) 嬌態(교태) 겨워 흐는고야.
↘노란 꾀꼬리   ↘아양을 떠는 모양(원 – 아리따운 모양)

나모 새 즈즈지어 綠陰(녹음)이 얼린 적의 百尺(백척) 欄干(난간)의 긴 조으름 내여 펴니
↘우거져, 가득하여   ↘엉긴   ↗강호한정(江湖閑情)
↘(좃다 – 없어지다(뱃셜이 즈즈진 골에~), 빈번하다)

水面(수면) 涼風(양풍)이야 긋칠 줄 모르는가.

⇨ 여름(계절감을 드러내는 시어 – 녹음, 양풍)

• 해석

뚜껑 없는 가마를 재촉해 타고 소나무 아래 굽은 길로 오며 가며 하는 때에, 푸른 버들에서 지저귀는 꾀꼬리는 흥에 겨워 아양을 떠는구나. 나무 사이가 가득하여(우거져) 녹음이 엉긴 때에 긴 난간에서 긴 졸음을 내어 펴니, 물 위의 서늘한 바람이야 그칠 줄 모르는구나.

즌 서리 싸딘 후의 산 빗치 錦繡(금수)로다. 黃雲(황운)은 또 엇디 萬頃(만경)의 펴겨 디오.
　　　↳ 걷힌　　　　　　　　　　　　　↳ 원관념 – 누렇게 익은 곡식

漁笛(어적)도 흥을 계워 둘를 쏴 브니는다.
　　　　　　　　　　　　　　　⇨ 가을(계절감을 드러내는 시어 – 즌 서리, 황운, 산빛)

• 해석

된서리 걷힌 후에 산빛이 수놓은 비단 물결 같구나. 누렇게 익은 곡식은 또 어찌 넓은 들에 퍼져 있는고? 고기잡이를 하며 부는 피리도 흥을 이기지 못하여 달을 따라 부는 것인가?

草木(초목) 다 진 후의 江山(강산)이 미몰커놀 造物(조물)리 헌ᄉᄒ야 氷雪(빙설)로 쑤며내니
　　　　　　　　　↳ 눈에 덮인 바다와 산

瓊宮瑤臺(경궁요대)와 玉海銀山(옥해은산)이 眼底(안저)의 버러셰라.
　↳ 아름다운 구슬로 꾸며놓은 궁궐과 대

　　　　　　　　　　↳ (대 – 흙이나 돌을 쌓아서 사방을 둘러볼 수 있게 만든 곳. 또는 그 위에 지은 집)
乾坤(건곤)도 가ᄋᆞ 열사 간 대마다 경이로다.
　　　　↳ 풍성하구나
　　　　　　　　　　　　　⇨ 겨울(계절감을 드러내는 시어 – 빙설, 경궁요대, 옥해은산)

• 해석

초목이 다 떨어진 후에 강과 산이 묻혀 있거늘 조물주가 야단스러워 얼음과 눈으로 자연을 꾸며내니, 경궁요대와 옥해은산 같은 눈에 덮인 아름다운 대자연이 눈 아래 펼쳐 있구나. 자연도 풍성하구나. 가는 곳마다 아름다운 경치로다.

➕ 참 고　　　'면앙정가'에 나타난 작가의 인생관

인간 세상을 떠나 자연에 묻혀 사는 자신을 '신선'이라고 표현한 것으로 볼 때, 자연을 즐기는 자연 친화적인 삶을 인생의 중요한 가치로 여기는 작가의 인생관을 알 수 있다. 또한 마지막 결구인 '이 몸이 이렁 굼도 역군은이샷다'를 통해 자연 친화적인 태도에 유교의 충의(忠義) 사상을 결합해 자연과 임금을 별개의 것이 아닌 동일한 대상으로 여기는 가치관도 보여 주고 있다. 이러한 경향은 조선 전기 사대부 문학의 일반적인 경향이기도 하다.

〈결사〉 작자의 풍류와 감군은.

人間(인간)을 써나와도 내 몸이 겨를 업다. 이것도 보려 ᄒᆞ고 져것도 드르려코
ᄇᆞ룸도 혀려 ᄒᆞ고 돌도 마즈려코 밤으란 언제 줍고 고기란 언제 낙고 柴扉(시비)란 뉘 다드며
딘 곳츠란 뉘 쓸려뇨. 아춤이 낫브거니 나조히라 슬흘소냐.
　　　　　↳ 부족한데
오ᄂᆞᆯ리 不足(부족)커니 來日(내일)리라 有餘(유여)ᄒᆞ랴.
이 뫼히 안자 보고 뎌 뫼히 거러 보니 煩勞(번로)ᄒᆞᆫ ᄆᆞᄋᆞᆷ의 ᄇᆞ릴 일이 아조 업다.
　　　　　　　　　　↳ 번거로운
쉴 사이 업거든 길히나 젼ᄒᆞ리야. 다만 ᄒᆞᆫ 靑藜杖(청려장)이 다 므ᄃᆡ여 가노ᄆᆡ라.
　　　↳ 아름다운 자연으로 오는 길　　　　　↳ 명아주 대로 만든 지팡이

⇨ 자연을 즐기는 작자의 풍류생활

• 해석

인간 세상을 떠나와도 내 몸이 한가로울 겨를이 없다. 이것도 보려 하고, 저것도 들으려 하고, 바람도 쏘이려 하고, 달도 맞이하려고 하니. 밤은 언제 줍고 고기는 언제 낚으며 사립문은 누가 닫으며 떨어진 꽃은 누가 쓸 것인가? 아침 나절 시간이 부족한데(자연을 완상하느라고) 저녁이라고 싫을소냐?(자연이 아름답지 아니하랴) 오늘도(완상할 시간이) 부족한데 내일이라고 넉넉하랴? 이 산에 앉아보고 저 산에 걸어 보니 번거로운 마음이면서도 아름다운 자연은 버릴 것이 전혀 없다. 쉴 사이가 없는데 (이 아름다운 자연을 구경하러 올) 길이나마 전할 틈이 있으랴. 다만 하나의 명아주 지팡이가 다 못쓰게 되어가는구나.

술이 닉어거니 벗지라 업슬소냐. 블ᄂᆡ며 ᄐᆞ이며 혀이며 이아며 온가짓 소ᄅᆡ로
醉興(취흥)을 빅야거니 근심이라 이시며 시름이라 브트시랴.
누으락 안즈락 구브락 져츠락 을프락 ᄑᆞ람ᄒᆞ락 노혜로 놀거니
天地(천지)도 넙고넙고 日月(일월)도 ᄒᆞᆫ가ᄒᆞ다.
羲皇(희황) 모ᄅᆞᆯ러니 이적이야 긔로고야 神仙(신선)이 엇더턴지 이 몸이야 긔로고야.
　↳ 복희 황제(의 시절) - 태평성대. 강구연월. 태평연하

⇨ 술과 노래로 태평성대를 구가하는 생활의 흥취

• 해석

술이 익었거니 벗이 없을 것인가. 노래를 부르게 하며, 악기를 타게 하며, 악기를 끌어당기게 하며, 방울을 흔들며 온갖 아름다운 소리로 취흥을 재촉하니, 근심이라 있으며 시름이라 붙었으랴. 누웠다가 앉았다가 구부렸다 젖혔다가, 시를 읊었다 휘파람을 불었다가 하며 마음놓고 노니, 천지도 넓고 넓으며 세월도 한가하다. 복희씨의 태평성대를 모르고 지내더니 이 때야말로 그것이로구나. 신선이 어떻던가 이 몸이야 말로 그것이로구나.

江山風月(강산 풍월) 거느리고 내 百年(백 년)을 다 누리면
↳ 주제의식(본사의 내용을 포괄할 수 있는 말) → 풍류 · 자연을 즐기는 자부심

岳陽樓(악양루) 상의 李太白(이태백)이 사라오다.

浩蕩(호탕) 情懷(정회)야 이에서 더홀소냐.

이 몸이 이렁굼도 亦君恩(역군은)이샷다.

⇨ 작자의 호탕한 정회와 군은

• 해석

> 강산풍월 거느리고(속에 묻혀) 내 평생을 다 누리면 악양루 위에 이백이 살아온다 한들 넓고 끝없는 정다운 회포야말로 이보다 더할 것인가.
> 이 몸이 이렇게 지내는 것도 역시 임금의 은혜이시도다.

Check 문제

01 이 작품에서 서술되고 있는 내용 중 작가의 신분을 나타내는 것으로 볼 수 있는 가장 적절한 것은?

[2010. 법원직]

① 사양(斜陽) 　　　　　② 남여(藍輿)
③ 황운(黃雲) 　　　　　④ 취흥(醉興)

[정답] ②

풀이 남여(藍輿)는 지붕 없는 가마를 뜻하는데, 이를 통해 양반이라는 작가의 신분을 짐작할 수 있다.

02 이 글에 대한 설명으로 잘못된 것은?

[2014. 소방직 복원]

① 4음보 율격이 드러나는 가사 문학이다.
② 내용상 여정이 드러나는 기행 가사이다.
③ 유교적인 충의사상이 드러나 있다.
④ 조선전기의 강호가도(江湖歌道)를 확립한 노래이다.

[정답] ②

풀이 이 작품은 작자가 41세 때 향리(鄕里)인 전남 담양의 제월봉 아래 면앙정(俛仰亭)이란 정자를 짓고, 그 아름다운 자연 속에 노니는 자신의 풍류 생활을 노래한 중종 때의 서정 가사이다. 자연을 즐기는 서정적 자아의 풍류 생활이 물씬 나타나 있는 작품이다. 이 작품은 여정이 드러나는 기행 가사가 아니다.

[오답] ① 가사는 4음보 연속체의 형식적 규칙을 지킨다.
③ 마지막에서 "이 몸이 이렁 굼도 亦君恩(역군은)이샷다."(이 몸이 이렇게 지내는 것도 역시 임금의 은혜이시도다.)에서 유교적인 충의사상을 확인할 수 있다.
④ 이 작품은 정극인의 〈상춘곡〉을 이어받고, 정철의 〈성산별곡〉에 영향을 주면서 강호가도를 확립한 노래로 평가받는다.

03 이 작품의 결사에 나타난 표현법이 아닌 것은?

[2014. 소방직 복원]

① 의인법 　　　　　② 열거법
③ 대구법 　　　　　④ 설의법

[정답] ①

풀이 이 작품의 결사에는 의인법이 나타나지 않았다. 그러나 서사의 '무등산 ᄒᆞᆫ 활기~므슴 짐쟉 ᄒᆞ노라'에는 의인법이 나타난다.

오답 ② '이것도 보려 ᄒᆞ고 져것도 드르려코 부롬도 혀려 ᄒᆞ고 돌도 마즈려코 밤으란 언제 줍고 고기란 언제 낙고'에서 열거법이 드러난다.

③ '羲皇(희황)을 모롤러니 이 적이야 긔로고야 / 神仙(신선)이 엇더턴지 이 몸이야 긔로고야.'에서 대구법을 확인할 수 있다.

④ '딘 곳츠란 뉘 쓸려뇨, 벗지라 업슬소냐.'에서 설의법을 확인할 수 있다.

04 이 시의 서사에서 다음 단어를 잘못 풀이한 것은? [2007. 국회직 8급]

① 동다히로: 동쪽으로
② 홈ᄃᆡ: 함께
③ 므득므득: 무더기무더기
④ 굼긔: 구멍에
⑤ 헤혀고: 헤치고

[정답] ②

풀이 '홈ᄃᆡ'는 '한 곳에'로 풀이된다.

05 다음 글에 나타난 시적 화자의 정서와 가장 유사한 것은? [2018. 지방직 7급]

> 흰 구름 뿌연 연하(煙霞) 푸른 것은 산람(山嵐)이라. 천암만학(千巖萬壑)을 제 집으로 삼아 두고 나명성 들명성 이래도 구는지고 오르거니 내리거니 장공(長空)에 떠나거니 광야(廣野)로 건너거니 푸르락 붉으락 옅으락 짙으락 사양(斜陽)과 섞어지어 세우(細雨)조차 뿌리는가.
> …(중략)…
> 초목 다 진 후의 강산(江山)이 매몰커늘 조물(造物)이 헌사하여 빙설(氷雪)로 꾸며 내니 경궁요대(瓊宮瑤臺)와 옥해은산(玉海銀山)이 안저(眼底)의 벌렸구나. 건곤(乾坤)도 가암열사* 간 데마다 경이로다. ―
>
> ― 송순, 〈면앙정가〉 ―
>
> * 가암열사: 풍성하다는 뜻.

① 종조추창(終朝惆悵)하여 먼 들을 바라보니 즐기는 농가(農歌)도 흥(興) 없어 들리나다.

② 모첨(茅簷) 찬 자리에 밤중만 돌아오니 반벽청등(半壁靑燈)은 눌 위하여 밝았는고.

③ 이 술 가져다가 사해(四海)에 고루 나누어 억만창생(億萬蒼生)을 다 취(醉)케 만든 후에 그제야 고쳐 만나 또 한 잔 하잤고야.

④ 수간모옥(數間茅屋)을 벽계수(碧溪水) 앞에 두고 송죽(松竹) 울울리(鬱鬱裏)에 풍월주인(風月主人) 되어셔라.

[정답] ④

풀이 ④는 정극인의 〈상춘곡〉의 일부이다. 〈면앙정가〉와 〈상춘곡〉 모두 자연의 아름다움을 즐기고 있으며 이에 대한 만족감을 드러내고 있다.

오답 ① 박인로의 〈누항사〉 중에서 시적 화자가 아침이 끝날 때까지 먼 들을 바라보며 즐거운 농가 노래도 흥 없이 들린다는 부분이다. 〈면앙정가〉의 시적 화자는 자연 속의 삶에 만족하고 있는데, ①의 시적 화자는 즐기는 농가도 흥 없이 들린다고 했으므로 〈면앙정가〉와 관련이 없다.

② 정철의 〈속미인곡〉이다. 선지는 〈속미인곡〉 중에서 '초가집 찬 자리에 밤중만 돌아오니 벽 가운데 걸려있는 등불은 누구를 위해 밝게 켜져 있나'는 부분이다. 화자는 밤중에 외로움을 느끼고 있으므로 자연 속에서 만족감을 느끼고 있는 〈면앙정가〉의 시적 화자와 정서가 다르다.

③ 정철의 〈관동별곡〉이다. 선지는 〈관동별곡〉 중에서 신선과 나누어 마신 술을 백성들과 나누고 싶다는 위정자로서 선정의 의지를 나타내고 있는 부분이다. 따라서 자연에서의 만족감을 드러낸다고 볼 수 없다.

규원가(閨怨歌)

주제

봉건사회 규방 아녀자의 원정(怨情): 소식 없는 남편을 원망하면서도, 그것을 운명으로 여기고 남편을 기다림)

특징

① 일명 '원부사(怨夫詞)'라고도 하며 조선조 봉건 사회에서 독수공방하며 겪는 부녀자의 고독한 심정을 노래한 규방가사(허난설헌은 15세 무렵 김성립과 결혼하였다)
② 당시 여성들은 '삼종지도(三從之道)', '여필종부(女必從夫)'라는 봉건 윤리 속에서 남성들에게 예속되어 있었다. 따라서 이 작품에 담겨 있는 슬픔은 여성인 작자 자신이 그러한 사회 속에서 겪어야 했던 외로움과 恨을 표출한 것이다.
③ '사미인곡'이나 '속미인곡'은 작자의 마음을 여자에다 의탁해서 나타내면서 버림받고 헤어지게 된 것이 모두 자기 탓이라고 했지만, 여기서는 그런 설정을 받아들이지 않았다. 일부러 지어낸 말이나 애써 꾸민 결과도 아니니, 한탄과 원망을 감출 필요가 없었다. 삶의 고난을 있는 그대로 나타내 조선 후기 문학으로 나아가는 길을 열었다고 볼 수 있다.

시가사적 의의

① 사대부들의 전유물이었던 가사에 여성이 작자층으로 등장하면서 규방에서 느끼는 감정을 표현했다.
② 후대의 규방가사에 미친 영향이 크다. 현전하는 최고(最古)의 내방가사

구성

기	서러운 회포
	• 서러운 회포를 적는 감회 • 젊은 시절 회상 • 늙고 외로운 신세 자탄
승	임에 대한 원망과 그리움
	• 남편의 외도와 무소식 • 사계절을 지내면서 느끼는 임에 대한 그리움과 애닮은 심정
전	외로움을 거문고로 달램
결	기구한 운명을 한탄하며 임을 기다림

조선조 양반 부녀자들이 주로 향유했던 갈래로서 속박된 여성 생활의 고민과 정서를 호소하는 내용으로 이루어져 있어서 신분상 양반 문학이나, 내용은 평민 가사와 근접한 것이 많다. 후대로 오면서 작자층이 확대되어 개화기를 거쳐 일제시대에도 활발하게 창작되었다. (여성은 가사로 하소연해야 할 사연을 더 많이 지니고 살았으며, 길쌈 같은 것을 하면서 흥얼거리는 민요에는 글로 적으면 바로 가사가 될 수 있는 것이 많아 가사의 저층을 이루었다.)

〈기〉 서러운 회포.

엇그제 저멋더니 ㅎ마 어이 다 늘거니, *少年行樂(소년행락)* 생각ㅎ니 일러도 속절업다.
　　　↳이미, 벌써　　　　　　　　　　↳어릴적 즐겁게 지냄

늘거야 서른 말슴 ㅎ자니 목이 멘다.
　↳늙어서야

　　　　　　　　　　　　　　　　　　　　　　⇨ 서러운 회포를 적는 감회

• 해석

엇그제 젊었더니 어찌 벌써 이렇게 다 늙어버렸는가? 어릴적 즐겁게 지내던 일을 생각하니 말해야 헛되구나. 이렇게 늙은 뒤에 서러운 사연을 말하자니 목이 멘다.

父生母育(부생모육) 辛苦(신고)ㅎ야 이 내 몸 길러 낼 제,
　　　　　　　↳몹시 고생하여

公侯配匹(공후배필)은 못 바라도 君子好逑(군자호구) 願ㅎ더니,
　↳높은 벼슬아치의 아내　　　　↳훌륭한 남자의 좋은 아내(시적 자아가 가장 원하던 바).

三生(삼생)의 怨業(원업)이오 月下(월하)의 緣分(연분)으로,
↳前生. 今生. 來生　　　　　　　　　↳중매인이 맺어준 인연(운명처럼 정해진 인연)
　　　　　　　　　　　　　　　　　　　月下老人=月下氷人 : 부부의 인연을 맺어준다는 전설상의 늙은이)

　　　　　　　↱서울 거리의 호탕한 풍류객
長安遊俠(장안유협) 경박자를 꿈 ᄀᆞ치 만나 잇서,
　↳경거망동하는 사람 – 남편의 사람됨
　　시경 – 요조숙녀 군자호구(窈窕淑女 君子好逑)

　　　　　　　↱여리박빙(如履薄氷) – 남편을 아주 조심스럽게 섬김
當時(당시)의 用心(용심)ㅎ기 살어름 디듸는 듯,
　↳성스러운 마음을 쓰기(딴 뜻 – 심술을 부려 남을 해치는 마음)

　　　　　　　　　　　　　　　　　　　　　⇨ 과거(젊은 시절) 회상

• 해석

부모님이 낳아 기르며 몹시 고생하여 이 내 몸 길러낼 때, 높은 벼슬아치의 배필은 바라지 못할지라도 군자의 좋은 짝이 되기를 바랬더니, 전생에 지은 원망스러운 업보요, 부부의 인연으로(불교의 윤회 사상) 장안의 호탕하면서도 경박한 사람을 꿈같이 만나, 시집간 뒤에 남편 시중들면서 조심하기를 마치 살얼음 디디는 듯 하였다.(결혼을 운명으로 여기고 힘든 시집살이를 견딤 → 당시 여성의 위상 짐작)

三五 二八 겨오 지나 天然麗質(천연여질) 절로 이니, 이 얼골 이 態度(태도)로
　　↳ 15, 16세　　　　↳ 타고난 고운 모습　↳ 나타나니

百年期約(백년기약)ᄒᆞ얏더니, 年光(연광)이 훌훌ᄒᆞ고 造物(조물)이 多猜(다시)ᄒᆞ야,
　　　　　　　　↳ 세월이 빨리 지나가고　　　　　　　↳ 시기함이 많아서

　　　　　　　　　　　　　　　　　　　↗ 얼굴 모습이 미움
봄바람 가을 믈이 뵈오리 북 지나듯 雪鬢花顔(설빈화안) 어듸 두고 面目可憎(면목가증) 되거고나.
　　↳ 베에 올이 감기는 북　　↳ 고운 머리채와 아름다운 얼굴, 젊고 아름다운 모습

내 얼골 내 보거니 어느 님이 날 괼소냐. 스스로 慙愧(참괴)ᄒᆞ니 누구를 怨望(원망)ᄒᆞ리.
　　　　　　　　　　↳ 사랑하겠느냐(설의법)

⇨ 늙고 외로운 신세 자탄

• 해석

열다섯 열여섯 살을 겨우 지나 타고난 아름다운 모습 저절로 나타나니, 이 얼굴 이 태도로 평생을 약속하였더니, 세월이 빨리 지나고 조물주마저 다 시기하여 봄바람 가을물, 곧 세월이 베틀의 베올 사이에 북이 지나가듯 빨리 지나가 꽃같이 아름다운 얼굴 어디 두고 모습이 밉게도 되었구나. 내 얼굴을 내가 보고 알거니와 어느 님이 사랑할 것인가? 스스로 부끄러워하니 누구를 원망할 것인가?

• '雪鬢花顔(설빈화안) 어듸 두고 面目可憎(면목가증) 되거고나'와 유사한 표현

시집살이 노래
배꽃 같던 요 내 얼굴 호박꽃이 다 되었네. 삼단 같던 요 내 머리 비사리춤이 다 되었네. 백옥 같던 요 내 손길 오리발이 다 되었네.

〈승〉 임에 대한 원망과 그리움.

三三五五 冶遊園(야유원)의 새 사람이 나단 말가. 곳 피고 날 저물 제 定處(정처) 업시 나가 잇어,
└ 난봉꾼이 노니는 곳 └ 시앗, 첩   └ 심리적 갈등

白馬金鞭(백마금편)으로 어듸어듸 머무는고. 遠近(원근)을 모르거니 消息(소식)이야 더욱 알랴.
└ 좋은 말과 좋은 채찍, 호사(호화스러운 사치)스러운 행장

⇨ 남편에 대한 원망

• 해석

여러 사람이 떼지어 다니는 술집에 새 기생이 나타났다는 말인가? 꽃 피고 날 저물 때 정처없이 나가서 호사스러운 행장을 하고 어디어디 머물러 노는고? 집안에만 있어서 원근 지리를 모르는데 님의 소식이야 더욱 알 수 있으랴.

因緣(인연)을 긋쳐신들 싱각이야 업슬소냐. 얼골을 못 보거든 그립기나 마르려믄,

열 두 째 김도 길샤 설흔 날 支離(지리)ᄒ다. 玉窓(옥창)에 심근 梅花(매화) 몇 번이나 픠여진고.
            └ 길기도 길구나   └ 여자가 거처하는 방

겨울밤 차고 찬 제 자최눈 섯거 치고, 여름날 길고 길 제 구즌 비는 므스 일고.
            └ 자국눈(겨우 발자국이 날만큼 조금 내린 눈)   └ '자최눈, 구즌비': 객관적 상관물

三春花柳(삼춘화류) 好時節(호시절)의 景物(경물)이 시름업다.
└ 온갖 꽃이 피고 새 잎이 돋는 봄   └ 경치

가을 둘 방에 들고 실솔이 床(상)에 울 제, 긴 한숨 디는 눈물 속절업시 혬만 만타.
            └ 귀뚜라미 └ 침상   └ 감정이입

아마도 모진 목숨 죽기도 어려울사.

⇨ 계절 변화에 따른 임에 대한 그리움

• 해석

겉으로는 인연을 끊었다지만 님에 대한 생각이야 없을 것인가? 님의 얼굴을 못 보거니 그립지나 말았으면 좋으련만. 하루가 길기도 길구나. 한 달 곧 서른 날이 지리하다. 규방 앞에 심은 매화 몇 번이나 피었다 졌는고? 겨울 밤 차고 찬 때 자국눈 섞어 내리고, 여름날 길고 긴 때 궂은 비는 무슨 일인고? 봄날 온갖 꽃 피고 버들잎이 돋아나는 좋은 시절에 아름다운 경치를 보아도 아무 생각이 없다. 가을 달 방에 들이 비추고 귀뚜라미 침상에서 울 때 긴 한숨 흘리는 눈물 헛되이 생각만 많다. 아마도 모진 목숨 죽기도 어렵구나.

〈전〉 외로움을 거문고로 달래 봄.

도로혀 풀쳐 혜니 이리 ᄒ여 어이ᄒ리, 靑燈(청등)을 돌라 노코 綠綺琴(녹기금) 빗기 안아,
　　↳임을 기다리고 신세 한탄을 하면서도, 그것을 이겨내려는 심정　　　　　↳화자의 외로움 심화, 객관적 상관물

碧蓮花(벽련화) 한 곡조를 시름 조ᄎ 섯거 타니, 瀟湘夜雨(소상야우)의 댓소리 섯도ᄂ 듯
　　　　　　　　　　　　　　　　　↳소상강 밤비 댓잎(竹葉) 소리 섞여 나는 듯

華表千年(화표천년)의 別鶴(별학)이 우니ᄂ 듯,
　　↳화표 – 무덤 앞의 망주석(望柱石: 무덤 앞 양쪽에 세우는 한 쌍의 돌기둥)
　　옛날 요동에 정영위(丁令威)라는 이가 영허산에 가서 도를 배워 학이 되어
　　천 년만에 돌아와 華表柱 위에 앉았다고 한다.
　　　　　↳여자의 아름다운 손으로 연주하는 솜씨

玉手(옥수)의 타는 手段(수단) 녯 소래 잇다마ᄂ, 芙蓉帳(부용장) 寂寞(적막)ᄒ니 뉘 귀에 들리소니.
　↳섬섬옥수　　　　　　　　　↳남편과 같이 즐기던 모습

肝腸(간장)이 九曲(구곡)되야 구븨구븨 ᄭᆫ쳐서라.
　↳굽이굽이 뒤틀린 마음 속(구곡간장 – 굽이굽이 서린 창자: 깊고깊은 마음속)

• 해석

돌이켜 여러가지 일을 하나하나 생각하니 이렇게 살아서 어찌할 것인가? 등불을 돌려 놓고 푸른 거문고를 비스듬히 안아 벽련화곡을 시름에 싸여 타니, 소상강 밤비에 댓잎 소리가 섞여 들리는 듯, 망주석에 천 년만에 찾아 온 학이 울고 있는 듯, 아름다운 손으로 타는 솜씨는 옛 가락이 아직 남아 있지마는 연꽃 무늬가 있는 휘장을 친 방이 텅 비었으니 누구의 귀에 들릴 것인가? 마음 속이 굽이굽이 끊어졌도다.

〈결〉 기구한 운명을 한탄하며 임을 기다림.

출ᄒ리 잠을 드러 ᄭ움의나 보려 ᄒ니 바람의 디ᄂ 닢과 풀 속에 우는 즘생,
　　　　　　　　　　　　　　↳닙, 즘생: 객관적 상관물　↳벌레

므스 일 원수로서 잠조차 쌔오ᄂ다. 천상의 牽牛織女(견우직녀) 銀河水(은하수) 막혀서도,

七月 七夕(칠월칠석) 一年一度(일년일도) 失期(실기)치 아니거든,
　　　　　　　　　　　　↳일 년에 한 번씩기약을 어기지 않는데

우리 님 가신 후는 무슨 弱水(약수) 가렷관듸, 오거나 가거나 消息(소식)조차 ᄭᅳ쳣ᄂ고.
　　　　　　　　　↳부력이 약해 기러기털조차 가라앉는다는 강.
　　　　　　　　　누구도 건너지 못한다는 전설상의 강

欄干(난간)의 비겨 셔서 님 가신 듸 바라 보니, 草露(초로)ᄂ 맷쳐 잇고
　　　　　　↳기대어 서서　　　　　　↳풀 끝에 맺힌 이슬 – 눈물

暮雲(모운)이 디나갈 제 竹林(죽림) 푸른 고듸 새 소리 더욱 설다.
　↳날 저물 무렵의 구름. 임에 대한 그리움　　　　　　↳감정이입

세상의 서룬 사람 수업 다 ᄒ려니와, 薄命(박명)ᄒ 紅顔(홍안)이야 날 가ᄐ니 또 이실가.
　　　　　　　　　　　↳기구한 운명　↳볼이 불그레한 젊은 얼굴. 흔히 '여자'의 뜻으로 쓰임

아마도 이 님의 지위로 살동말동 ᄒ여라.
　　　　↳탓으로, 까닭으로

• 해석

차라리 잠이 들어 꿈에나 님을 보려 하니 바람에 지는 잎과 풀 속에서 우는 벌레는 무슨 일이 원수가 되어 잠마저 깨우는고? 하늘의 견우성과 직녀성은 은하수가 막혔을지라도 칠월 칠석 일년에 한 번 씩 때를 어기지 않고 만나는데, 우리 님 가신 후는 무슨 장애물이 가리었기에 오고 가는 소식마저 그쳤는고? 난간에 기대어 서서 님 가신 데를 바라보니, 풀 이슬은 맺혀 있고 저녁 구름이 지나갈 때 대 수풀 우거진 푸른 곳에 새소리가 더욱 서럽다. 세상에 설운 사람 많다고 하려니와 운명이 기구한 여자야 나 같은 이가 또 있을까? 아마도 이 님의 탓으로 살동말동 하여라.

Check 문제

01 이 글의 화자에 대한 설명으로 알맞지 않은 것은? [2010. 법원직]

① 가부장제 사회를 살아가는 여인의 외로움과 한스러움을 드러내고 있다.
② 과거의 아름다운 모습과 현재의 추한 모습을 대비하며 자신의 신세를 한탄하고 있다.
③ 남편으로부터 버림받은 자신에 대한 심한 자괴감을 드러내고 있다.
④ 원망스러운 남편을 잊고 체념하면서 덧없는 세월을 보내고 있다.

[정답] ④

풀이 화자는 남편을 잊지 못하고 기다리는 자신의 슬픔을 하소연하고 있는 작품임을 고려하면, ④는 잘못된 진술이다.

02 다음 중에서 이 시의 '약수'와 같은 역할을 하는 어휘는? [2008. 서울시 9급]

① 청산은 내뜻이오 <u>녹수</u>는 님의 정이/ 녹수 흘러간들 청산이야 변할손가
② 놉픈 뫼헤 올라가니 <u>구룸</u>은ᄏ니와 <u>안개</u>는 므스일고.
③ 말 못해서 삼년이요 석 삼년을 살고 나니, <u>배꽃</u> 같던 요내 얼굴 <u>호박꽃</u>이 다되었네.
④ 져근덧 밤이 드러 풍낭이 뎡거ᄂᆞᆯ 부상지쳑의 <u>명월</u>을 기ᄃᆞ리니
⑤ 엊그제 겨을 지나 새 봄이 도라오니 <u>도화행화</u>는 석양리예 픠여 잇고

[정답] ②

풀이 '약수'는 중국의 전설속의 강을 의미하는데, 임과 자신 사이의 만남을 가로막는 장애물을 의미한다. ②는 정철의 〈속미인곡〉으로, 여기에서 '구름'은 임과 나 사이를 가로막는 장애물을 의미한다.

03 이 작품에 대한 설명으로 적절하지 않은 것은? [2016. 기상직 7급]

① 시간의 흐름을 비유적으로 표현하고 있다.
② 화자는 자신의 늙음에 대해 한탄하고 있다.
③ 자연물을 활용하여 독수공방의 외로움을 부각하고 있다.
④ 화자는 임(남편)과의 만남을 유교적인 시각에서 받아들이고 있다.

[정답] ④

풀이 화자(아내)는 남편의 소식을 기다리며 그리워하고 있다. 그러나 유교적인 시각이 드러나지는 않았다. 여성의 측면에서 유교적인 시각이라면 '열(烈)'의 가치관이다. 이 시에서 화자는 남편의 잘못된 행동을 꾸짖고 있다.

04 ⟨규원가⟩의 화자에 대한 설명으로 가장 적절한 것은?   [2020. 서울시 9급]

① 시간 변화를 통해 슬픔과 기쁨의 감정 변화를 나타내고 있다.
② 자신이 처한 상황과 그 심정을 자연물에 의탁해서 드러내고 있다.
③ 자신에게 가해지는 차별과 억압의 원인을 연인과의 이별에서 찾고 있다.
④ 운명에 순응하여 힘든 결혼 생활을 견뎌 온 것에 대해 자부심을 가지고 있다.

[정답] ②

풀이 '실솔'은 '귀뚜라미'이다. '실솔(蟋蟀)이 상(床)에 울 제'는 '귀뚜라미가 침상에서 울 때'로 해석할 수 있으며, 여기서 '실솔'은 감정 이입의 대상이다. 또한 '죽림(竹林) 푸른 고뒤 새 소리 더욱 설다.'는 '대나무 숲 푸른 곳에 새소리는 더욱 슬프게 들리는구나'로 해석할 수 있으며, 여기서 '새소리'는 화자의 외로운 심정을 의탁한 자연물로 볼 수 있다.

오답 ① 규방에 심은 매화가 몇 번이나 피고 졌다는 표현을 통해 시간 변화는 나타나지만 기쁨의 감정 변화는 나타나지 않았다. 화자의 슬픔만 제시되어 있다.
③ 이 작품에서 화자인 여인은 남편에게 버림받은 자신의 처지를 여성의 차별과 억압으로 표현하지 않았다. 봉건 사회에 처한 여인의 처지를 억압이라고 해석할 수는 있으나 해당 작품에는 이를 언급하지 않았다.
④ 화자는 '복이 없고 팔자 사나운 젊은 여자 나 같은 사람 또 있겠는가'라며 자신의 신세를 한탄하고 있다. 이 표현은 자부심과는 관련이 없다.

누항사(陋巷詞)

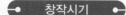
창작시기

광해군 3년(1611년)

개관

(1) **작자**: 박인로(1561－1642). 호는 노계(蘆溪). 조선 시대 무신. 임진왜란 때에는 수군에 종군하였고, 39세 때 무과에 급제하여 수군만호에 이르렀으나, 후에 벼슬을 그만두고 독서와 시작에 전념하였다. 그의 작품에는 안빈낙도하는 도학 사상, 우국지정이 넘치는 충효 사상, 산수 명승을 즐기는 자연애 사상 등이 잘 나타나 있다. 송강 정철과 함께 가사 문학의 양대 산맥으로 일컬어지며, 가사 7편과 '오륜가' 등 시조 72수가 '노계집'에 전한다.

(2) **주제**: 전원에서 빈이무원(貧而無怨)하며 살고자 함

(3) **갈래**: 정격 가사, 한정가

(4) **제재**: 貧而無怨의 삶, 안분지족의 생활

(5) **표현**: 대구, 설의, 과장, 열거

특징

① 이덕형이 작자의 생활상을 물었을 때 그 대답으로 지었다(安貧樂道). 사대부로서의 지위가 보장되어 있지 않고, 농민으로 살아가는 데 만족할 수 있는 여건도 갖추지 못하여 양쪽에서 소외되어 있는 괴로움을 절실하게 표현하였다. 정철에 이르러서 절정을 이룩한 미화된 표현을 버리는 대신 현실인식의 실감을 확보하는 길을 열어 사대부 가사의 한계를 탈피하고 가사가 시조보다 개방적일 수 있음을 입증하였고, 일상 생활의 언사를 대폭 받아들였다. → 조선 후기 가사의 새로운 방향을 제시하는 선구적 역할.

② 전기 사대부 시가에서 후기 서민 가사로 옮아가는 과도기적 상태에 놓여 있는 작품이다. 사대부 가사는 자연 속에 숨어 살며 도를 찾는 '江湖歌道'가 주를 이루고 있으나 이 작품은 자연에 은일하면서도 현실 생활의 어려움(임란 이후의 어려운 현실)을 직시하고 그것을 사실적으로 묘사하고 있다는 점에서 전기 가사와 다른 점을 보여 주고 있다.

기	누항(陋巷)	생애저어(길흉화복을 하늘에 맡기고 안빈일념으로 살고 싶음)		도입
서	농우(農牛)	회억병과(전쟁에 임하여 죽을 고비를 넘겼던 일을 회상)		전개
		궁경가색(전란 후 몸소 농사를 짓고자 하나 소가 없어 고심함)		
		궁경심려(가뭄에 언뜻 내리는 비를 보고 밭을 갈러 소를 빌리러 감)		
		인인수모(농우를 빌리러 갔다가 수모를 당하고 돌아옴)		
	강호(江湖)	종조추창(매정한 세태를 한탄하고 밭 갈기를 포기함)		전환
		첨피기욱(밝은 달·맑은 바람을 벗 삼아 임자 없는 자연 속에서 절로 늙겠다 다짐)		
결	단사표음	안빈낙도(빈이무원하고 충효, 화형제, 신붕우를 중히 여기고 살아가겠다고 다짐.		결말

정철의 가사와 박인로 가사의 차이

송강 정철	노계 박인로
서정적 아름답고 섬세한 우리말 구사	서사적, 사실적 묘사 관념적 한문어구(문학성이 떨어진다고 평가하는 이유)

가사 문학의 흐름은 관념적 표현에서 사실적인 표현으로 옮아가는 것이라 할 수 있다. 그런 점에서 이 작품이 지닌 과도기적 특성은 안빈낙도하는 이상적인 삶과 궁핍한 현실적 삶 사이의 갈등을 나타내고 있는 것이다.

〈서사〉 안빈일념의 생애가 저어함.

어리고 迂闊(우활)홀 산 이 닉 우히 더니 업다. 吉凶禍福(길흉화복)을 하날긔 부쳐 두고,
　　↳어리석고　　↳세상 물정에 어두움

　　　　　　　　　　　　　　　　　　　↳더한 사람이 아침 바람과 저녁비, 변화무쌍한 나날
陋巷(누항) 깁픈 곳의 草幕(초막)을 지어 두고, 風朝雨夕(풍조 우석)에 석은 딥히 섭히 되야,
　　↳누추한 곳(가난한 삶 가운데에서도 학문을 닦으며 도를 추구하는 즐거움을 누리는 공간)　　　　　↳섶(薪)-땔감

셔 홉 밥 닷 홉 粥(죽)에 煙氣(연기)도 하도 할샤. 설데인 熟冷(숙냉)애 뷘 비 쇡일 쑨이로다.
　　　　　　　　　　　　　　　　　↳숭늉-매우 궁핍한 삶

生涯(생애) 이러ᄒ다, 丈夫(장부) 쯧을 옴길넌가.

　　　　　　　　　　　　　　↳옳은 일을 좇음
安貧一念(안빈일념)을 젹을망졍 품고 이셔, 隨宜(수의)로 살려 ᄒ니 날로조차 齟齬(저어)ᄒ다.
　　↳가난 속에서도 편안하여 근심하지 않는 한결같은 마음　　　　　　　　　　　↳날이 갈수록 뜻대로 되지 않고
　　　　　　　　　　　　　　　　　　　　　　　　　　　　　　　　어긋나다-신념과 현실 사이의 괴리

• 해석

어리석고 세상 물정에 어두운 것은 나보다 더한 이가 없다. 길흉 화복(운명)을 하늘에 맡겨 두고, 누추한 깊은 곳에 초가집을 지어 두고, 아침 저녁 비바람에 썩은 짚이 섶이 되어, 세 홉 밥, 닷 홉 죽에 연기도 많기도 많구나. 설데운 숭늉에 빈 배 속일 뿐이로다. 생활이 이러하다고 장부가 품은 뜻을 바꿀 것인가. 가난 하지만 편안하여, 근심하지 않는 한결같은 마음을 적을망정 품고 있어, 옳은 일을 좇아 살려 하니 날이 갈수록 뜻대로 되지 않는다.

〈본사 1〉 회억병과(전쟁에서 죽을 고비를 넘겼던 일을 회상).

ᄀ을히 不足(부족)커든 봄이라 有餘(유여)ᄒ며 주머니 뷔엿거든 甁(병)이라 담겨시랴.
↳술병

貧困(빈곤)ᄒ 人生(인생)이 天地間(천지간)의 나뿐이라. 飢寒(기한)이 切身(절신)ᄒ다 一丹心(일단심)을
↳굶주리고 헐벗음 ↳더할 수 없음. 몸에 사무치게 절실함
이질는가.
↳충성심

奮義忘身(분의망신)ᄒ야 죽어야 말녀 너겨, 于槖(우탁) 于囊(우랑)의 줌줌이 모와 녀코,
↳의에 분발하여 제몸을 잊음   ↳그만두리라 생각하여 ↳전대와 망태 ↳넣고

兵戈(병과) 五載(오재)예 敢死心(감ᄉ심)을 가져 이셔,
↳임진왜란 5년   ↳죽고야 말리라는 마음가짐

履尸涉血(이시섭혈)ᄒ야 몃 百戰(백전)을 지닉연고.
↳주검을 밟고 피를 건너감

• 해석

가을이 부족하거든 봄이라고 넉넉하며, 주머니가 비었거든 술병이라고 술이 담겨 있겠느냐. 가난한 인생이 이 세상에 나 뿐이랴. 굶주리고 헐벗음이 절실하다고 한가닥 굳은 마음을 잊을 것인가. 의에 분발하여 제 몸을 잊고 죽어야 그만 두리라 생각한다. 전대와 망태에 줌줌이(한줌 한줌) 모아 넣고, 임진왜란 5년 동안에 죽고야 말리라는 마음을 가지고 있어, 주검을 밟고 피를 건너는 혈전을 몇 백전이나 지내었는가.

〈본사 2〉 궁경가색(전쟁 후 몸소 농사를 짓고자 하나 소가 없어 고심함).

一身(일신)이 餘暇(여가) 잇사 一家(일가)를 도라보랴.

一老長鬚(일노장수)는 奴主分(노주분)을 이졋거든, 告余春及(고여춘급)을 어닉 사이 싱각ᄒ리.
　　↳ 긴 수염이 난 종　　　↳ 종과 주인간의 분수　　　　　↳ 나에게 봄이 왔다고 일러줌

耕當問奴(경당문노)인둘 눌ᄃ려 물롤ᄂ고. 窮耕稼穡(궁경가색)이 닉 分(분)인 줄 알리로다.
　↳ 밭갈기를 종에게 물음　　　　　　　↳ 몸소 농사를 지음

　　　　　　　　　　　↳ 밭둑 위에서 밭갈던 늙은이, 진나라의 진승을 말함
莘野耕搜(신야경수)와 瓏上耕翁(농상경옹) 賤(천)타 ᄒ리 업건마ᄂ
　↳ 잡초 많은 들에서 밭갈던 늙은이.
　　밭을 갈다입신하여 은 탕왕의 재상이 된 伊尹을 말함
　　　　　　　　　　↳ 몸소 농사를 짓던 옛 현인들

아므려 갈고젼들 어닉 쇼로 갈로손고.
　　　　　　↳ 경심려가 두드러짐

• 해석

일신이 겨를이 있어서 일가를 돌보겠는가? 늙은 종은 종과 주인간의 분수를 잊었거든, 하물며 나에게 봄이 왔다고 일러 주기를 어느 사이에 생각할 것인가? 밭갈기를 종에게 묻고자 한들 누구에게 물을 것인가? 몸소 농사를 짓는 것이 나의 분수인 줄을 알겠도다. 세신초(細莘草: 잡초)가 많이 난 들에서 밭을 가는 늙은이와 밭두둑 위에서 밭 가는 늙은이를 천하다고 할 사람이 없건마는 아무리 갈고자 한들 어느 소로 갈 것인가?

〈본사 3〉 궁경심려(가뭄에 언뜻 내리는 비를 보고 밭을 갈려고 소를 빌리러 감).

　　　　　　　　　　　　　　↳ 서쪽 두둑
旱旣太甚(한기태심)ᄒ야 時節(시절)이 다 느즌 졔, 西疇(서주) 눕흔 논애 잠깐 긴 녈비예
　↳ 가뭄이 이미 크게 심함　　　　　　↳ 농사 적기를 놓침　　　　　↳ 지나가는 비

　　　　　　　↳ 반만큼
道上(도상) 無源水(무원수)를 반만깐 딕혀 두고, 쇼 ᄒ 젹 듀마 ᄒ고 엄섬이 ᄒᄂ 말삼,
　　　　↳ 길 위에 흘러내리는 근원없는 물　　　　↳ 한 번　　　　↳ 엉성히, 탐탁찮게

親切(친절)호라 너긴 집의 둘 업슨 黃昏(황혼)의 허위허위 다라가셔,

구디 다든 門(문) 밧긔 어득히 혼자 서셔 큰 기춤 아함이를 良久(양구)토록 ᄒ온 後(후)에,
　　　　　　　　　　　　　　↳ 에헴하고 인기척을 꽤 오래도록

어화 긔 뉘신고 廉恥(염치) 업산 늬옵노라. 初更(초경)도 거읜딕 긔 엇지 와 겨신고.

年年(연년)에 이러ᄒ기 苟且(구차)ᄒ 줄 알건마ᄂ 쇼 업슨 窮家(궁가)애 혜염 만하 왓삽노라.
　　　　　　　　　　　　　　　　　　↳ 걱정(봄갈이에 대한)

　　　　　　　　　　　▶ 화자와 소 주인의 대화

• 해석

가뭄이 이미 심하여 시절이 다 늦은 때에, 서쪽 두둑이 높은 논에 잠깐 지나가는 비에, 길 위에 흘러내리는 근원없는 물을 반만큼 대어 두고, 소 한 번 빌려 주겠다 하는 탐탁하지 않게 하는 말씀을 친절하다고 여긴 집에 달도 없는 황혼에 허둥지둥 달려가서 굳게 닫은 문 밖에 멀찍이 혼자 서서 큰 기침 에헴 소리를 꽤 오래도록 한 뒤에 "아, 그가 누구이신가?" 하고 묻는 말에 "염치없는 저올시다"하고 대답하니, "초경도 거의 지났는데 그대 어찌하여 와 계신가?" 하기에 "해마다 이러하기가 염치없는 줄 알건마는 소 없는 가난한 집에 걱정이 많아 왔삽노라."

〈본사 4〉 인인수모(소를 빌리러 갔다가 수모를 당하고 돌아옴).

공ᄒᆞ나 갑시나 주엄 즉도 ᄒᆞ다마ᄂᆞᆫ, 다만 어제 밤의 거넨 집 져 사ᄅᆞᆷ이,
　　↳공짜로나 또는 값을 쳐서나

목 불근 수기 稚(치)를 玉脂泣(옥지읍)게 ᄭᅮ어 ᄂᆡ고,
　　　　↳수꿩　　　　　↳구슬같은 기름이 끓어오르게

간 이근 三亥酒(삼해주)를 醉(취)토록 勸(권)ᄒᆞ거든 이러한 恩惠(은혜)를 어이 아니 갑흘넌고.
　　　　　↳갓 익은 좋은 술(정월 셋째 亥日에 빚은)

來日(내일)로 주마ᄒᆞ고 큰 言約(언약) ᄒᆞ야거든, 失約(실약)이 未便(미편)ᄒᆞ니 사셜이 어려왜라.
　　　　　　　　　　　　　　　　　　　　　↳평안하지 못함, 불편함　　↳말씀하기 어렵다

實爲(실위) 그러ᄒᆞ면 혈마 어이홀고. 헌 먼덕 수기 스고 측 업슨 집신에 설피설피 믈너오니
　↳사실이　　　　↳설마　　　↳짚으로 만든 모자　↳축　　↳맥없이

風彩(풍채) 저근 形容(형용)애 개 즈칠 ᄲᅮᆫ이로다.
　　　　　　↳짖을, 짖게 할

• 해석

"공짜로나 값을 치르거나 해서 줄 만도 하다마는, 다만 어젯밤에 건넛집 저 사람이 목 붉은 수꿩을 구슬 같은 기름이 끓어 오르게 구워내고, 갓 익은 삼해주를 취하도록 권하였거든, 이러한 고마움을 어찌 아니 갚겠는가? 내일 소를 빌려 주마 하고 큰 언약을 하였거든, 약속을 어김이 미안하니 말씀하기 어렵다."고 한다. 사실이 그렇다면 설마 어찌할까? 헌 갓을 숙여 쓰고, 축이 없는 짚신에 맥없이 물러나오니 풍채 작은 모습에 개가 짖을 뿐이로다.

〈본사 5〉 종조추창(매정한 세태를 한탄하고 밭갈기를 포기함).

蝸室(와실)에 드러간들 잠이 와사 누어시랴. 北窓(북창)을 비겨 안자 시비롤 기다리니,
　↳달팽이집 → 작고 누추한 집　　　　　　　↳의지하고　↳새벽

無情(무정)호 戴勝(대승)은 이 닉 恨(한)을 도우ᄂ다. 終朝惆悵(종조추창)ᄒ며 먼 들흘 바라보니,
　　　　　↳오디새(후투티)　　　　　　　　　↳아침이 끝날 때까지 슬퍼하며

즐기ᄂ 農歌(농가)도 興(흥) 업서 들리ᄂ다. 世情(세정) 모른 한숨은 그칠 줄을 모르ᄂ다.
　　　　　　　　　　　　　　　　　　↳세상 인심

　　　　　　　↳쟁기(보습)의 사투리
아시온 져 소뷔는 벗보님도 됴홀세고, 가시 엉귄 묵은 밧도 容易(용이)케 갈련마ᄂ,
　　　　　　　　　↳볏이 움직이지 않게 끼우는 일
　　　　　　　　　(볏 – 보습위에 비스듬하게 덧대어서 보습으로 갈아 넘기는 흙을 받아 한 쪽으로 떨어지게 하는 쇳조각)

虛堂半壁(허당반벽)에 슬듸업시 걸려고야. 春耕(춘경)도 거의거다 후리쳐 더뎌 두쟈.
　↳빈집 벽 가운데　　　　　　　　　　　　　↳팽개쳐

• 해석

작고 누추한 집에 들어간들 잠이 와서 누워 있으랴? 북쪽 창문에 기대어 앉아 새벽을 기다리니, 무정한 오디새는 이 내 원한을 재촉한다. 아침이 마칠 때까지 슬퍼하며 먼 들을 바라보니 즐기는 농부들의 노래도 흥이 없이 들린다. 세상 인정을 모르는 한숨은 그칠 줄을 모른다. 아까운 저 쟁기는 볏의 빔도 좋구나! 가시가 엉긴 묵은 밭도 쉽게 갈련마는, 텅 빈 집 벽 가운데 쓸데 없이 걸렸구나! 봄갈이도 거의 지났다. 팽개쳐 던져 두자.

〈본사 6〉 첨피기욱(밝은 달, 맑은 바람을 벗삼아 임자없는 자연 속에서 절로 늙겠다 다짐함).

江湖(강호) 호 꿈을 꾸언지도 오릭러니, 口腹(구복)이 爲累(위루)ᄒ야 어지버 이져써다.
　　　　　　　　　　　　　　　↳먹고 사는 일이 거리낌이 되어

瞻彼淇燠(첨피기욱)혼듸 綠竹(녹죽)도 하도 할샤. 有斐君子(유비군자)들아 낙듸 ᄒ나 빌려ᄉ라.
　↳저 기수의 물가를 보건대　　　　　　　　　↳빛나는 군자(교양있는 선비)들아

蘆花(노화) 깁픈 곳애 明月淸風(명월 청풍) 벗이 되야,

님지 업슨 風月江山(풍월강산)애 절로절로 늘그리라. 無心(무심)혼 白鷗(백구)야 오라 ᄒ며 말라 ᄒ랴.

다토리 업슬슨 다문 인가 너기로라.
　　　　　　　↳다만 이것뿐인가

• 해석

자연을 벗삼아 살겠다는 한 꿈을 꾼 지도 오래더니, 먹고 마시는 것이 거리낌이 되어, 아아! 슬프게도 잊었다. 저 기수의 물가를 보건대 푸른 대나무도 많기도 많구나! 교양있는 선비들아, 낚싯대 하나 빌려 다오. 갈대꽃 깊은 곳에 밝은 달과 맑은 바람이 벗이 되어, 임자 없는 자연 속 풍월강산에 절로절로 늙으리라. 무심한 갈매기야 나더러 오라고 하며 말라고 하겠느냐? 다툴 이가 없는 것은 다만 이것뿐인가 여기노라.

〈결사〉 안빈낙도(빈이무원하고 충효, 화형제, 신붕우를 중히 여기고 살아가겠다고 다짐함).

無狀(무상)흔 이 몸애 무슨 志趣(지취) 이스리마는 두세 이렁 밧논을 다 무겨 더뎌 두고,
↳보잘 것 없는   ↳의지와 취향 → 소원   ↳묵혀 던져두고

이시면 粥(죽)이오 업시면 굴물망졍 남의 집 남의 거슨 전혀 부러 말렷스라.
↳부러워

⇨ 안빈낙도, 안분지족

닉 貧賤(빈천)을 슬히 너겨 손을 헤다 믈너가며, 남으 富貴(부귀)를 불리 너겨 손을 치다 나아오랴.
↳헤친다고   ↳부럽게 여겨

人間(인간) 어닉 일이 命(명) 밧긔 삼겨시리. 貧而無怨(빈이무원)을 어렵다 ᄒ건마는
↳운명

닉 生涯(생애) 이러호ᄃᆡ 설온 뜻은 업노왜라. 簞食瓢飮(단사표음)을 이도 足(족)히 너기로라.
↳대나무로 만든 밥그릇에 담은 밥과 표주박에 든 물(소박함)

平生(평생) 흔 뜻이 溫飽(온포)애ᄂᆞ 업노왜라.
↳따뜻이 입고 배불리 먹음. 의식이 풍족함

太平天下(태평천하)애 忠孝(충효)를 일을 삼아 和兄弟(화형제) 信朋友(신붕우) 외다 ᄒ리 뉘 이시리.
└──유교적 도리──┘   ↳그르다 할 사람이

그 밧긔 남은 일이야 삼긴 ᄃᆡ로 살렷노라.

• **해석**

(이제는 소 빌리기를 맹세코 다시 말자) 보잘것없는 이 몸이 무슨 소원이 있으리요마는 두세 이랑 되는 밭과 논을 다 묵혀 던져두고, 있으면 죽이요 없으면 굶을망정 남의 집, 남의 것은 전혀 부러워하지 않겠노라. 나의 빈천함을 싫게 여겨 손을 헤친다고 물러가며, 남의 부귀를 부럽게 여겨 손을 친다고 나아오라? 인간 세상의 어느 일이 운명 밖에 생겼겠느냐? 가난하여도 원망하지 않음을 어렵다고 하건마는 내 생활이 이러하되 서러운 뜻은 없다. 한 도시락의 밥을 먹고, 한 표주박의 물을 마시는 어려운 생활도 만족하게 여긴다. 평생의 한 뜻이 따뜻이 입고, 배불리 먹는 데에는 없다. 태평스런 세상에 충성과 효도를 일로 삼아, 형제간에 화목하고 벗끼리 신의 있게 사귀는 일을 그르다고 할 사람이 누가 있겠느냐? 그 밖에 나머지 일이야 태어난 대로 살아가겠노라.

• **화자의 정서와 유사한 현대시**

서정주, 〈무등을 보며〉
가난이야 한낱 남루에 지나지 않는다.
저 눈부신 햇빛 속에 갈매빛의 등성이를 드러내고 서있는
여름 산 같은
우리들의 타고난 살결 타고난 마음까지야 다 가릴 수 있으랴.

01 이 작품에 대한 이해가 올바르지 않은 것은?   [2016. 기상직 9급]

① 안분지족(安分知足)적 삶의 자세가 드러나 있다.
② 양반의 지배적 이념을 추구하는 모습이 엿보인다.
③ 서로 대비되는 시어를 통해 주제를 부각하고 있다.
④ 주객이 전도된 표현을 통해 화자의 태도를 드러내고 있다.

[정답] ④

풀이 이 작품에 주객전도(主客顚倒) 표현은 드러나 있지 않다.

오답 ① 화자의 안분지족적 삶의 태도는 이 글에 나타나는 주제 의식이다.
② "태평천하(太平天下)에 충효(忠孝)를 일을 삼아 화형제(和兄弟) 신붕우(信朋友) 외다 흐리 뉘 이시
리"에서 양반의 지배적 이념인 유교의 덕목을 강조하는 모습이 나타난다.
③ '빈천'과 '부귀', '단사표음'과 '온포' 등의 시어를 대비하여 가난하지만 만족하며 살겠다는 화자의
의지를 부각하고 있다.

02 이 작품에 대한 설명으로 가장 적절하지 않은 것은?

① 설의법과 대구법이 쓰이고 있다.
② 시선의 이동에 따른 전개방식을 사용하고 있다.
③ 의태어를 사용하여 화자의 심리를 드러내고 있다.
④ 농촌의 일상 어휘와 어려운 한자어가 함께 쓰였다.

[정답] ②

풀이 시선의 이동은 나타나지 않고, '집 → 농가 → 집'의 공간의 이동에 따른 전개방식을 사용하고 있다.

오답 ① '늬 빈천(貧賤) 슬히 너겨 손을 헤다 물너가며, 남의 부귀(富貴) 불리 너겨 손을 치다 나아오랴.'
등에서 설의법, 대구법이 쓰였다.
③ '허위허위'에서 기대감을, '설피설피'에서 실망감을 드러내고 있다.

03 위 글의 내용과 일치하는 것은?

① 화자의 이웃은 이전에 나에게 소를 빌려준다고 말을 했었다.
② 화자는 소를 빌리기 위해 수꿩과 술을 들고 이웃집에 찾아갔다.
③ 화자는 들려오는 농가(農歌)를 들으며 마음에 위로를 받고 있다.
④ 화자는 소를 빌리지 못했지만 농사를 짓고자 결심하고 있다.

[정답] ①

풀이 서사의 첫 문장에 나오는 '소 한 번 빌려 주마 하고 탐탁지 않게 하는 말'을 통해 ①을 알 수 있다

오답 ② 수꿩과 술을 들고 이웃집에 찾아간 것은 화자가 아니라 건넛집 사람이다.
③ 화자는 들려오는 농가(農歌)를 들으며 참담함을 느낀다.
④ 화자는 소를 빌리지 못하고 농사를 포기한다.

㉠과 ㉡에 대한 설명으로 적절한 것은?

> 헌 먼덕[1] 숙여 쓰고 축 없는 짚신에 설피설피 물러오니
> 풍채 적은 형용에 ㉠개 짖을 뿐이로다
> 와실(蝸室)에 들어간들 잠이 와서 누웠으랴
> 북창(北窓)을 비겨 앉아 새벽을 기다리니
> 무정한 ㉡대승(戴勝)[2]은 이내 한을 돋우도다
> 종조(終朝) 추창(惆悵)[3]하며 먼 들을 바라보니
> 즐기는 농가(農歌)도 흥 없이 들리나다
> 세정(世情) 모르는 한숨은 그칠 줄을 모르도다
>
> — 박인로, 〈누항사(陋巷詞)〉에서 —
>
> * 1) 먼덕: 짚으로 만든 모자
>   2) 대승(戴勝): 오디새
>   3) 추창(惆悵): 슬퍼하는 모습

① ㉠은 화자의 초라함을 부각시키고, ㉡은 화자의 수심을 깊게 한다.
② ㉠은 화자의 내면을 상징하고, ㉡은 화자의 외양을 상징한다.
③ ㉠은 화자의 절망을 나타내고, ㉡은 화자의 희망을 나타낸다.
④ ㉠은 실재하는 존재물이고, ㉡은 상상적 허구물이다.

[정답] ①

풀이 제시된 부분은 화자가 이웃에게 소를 빌리러 갔다가 주인에게 거절을 당하고 힘없이 돌아오는 부분이다. 화자 자신의 '풍채 적은 형용'을 보고 '개(㉠)'가 짖는다고 하였으니, 여기는 화자의 초라함이 잘 부각된다고 볼 수 있다. '무정한 대승(㉡)'은 '이내 한을 돋우도다'라는 표현을 통해 소가 없어 봄 농사를 놓친 화자의 수심을 더 깊게 한다는 것을 알 수 있다.

오답 ② ㉠과 ㉡은 화자의 외부에 존재하는 대상이고, 화자의 감정을 유발하거나 심화하는 역할을 한다.
③ ㉠은 화자의 절망감을 드러내는 대상이라 볼 수 있으나, ㉡은 희망과 관련이 없다.
④ ㉠과 ㉡은 모두 실재하는 존재물이다.

선상탄(船上歎)

창작 배경과 내용

이 작품을 창작한 1605년(선조 38)은 임진왜란이 끝난 지 7년밖에 지나지 않은 때로서, 악화된 대일 감정이 지속되고 있던 때이다. 즉, 반일과 극일은 당시 우리 민족의 일반적 정서였고, 직접 전쟁에 참여했던 박인로의 기본적인 정서이기도 했다. 그런 상황에서 작자가 '통주사'로서 나라 수비의 임무를 맡게 됨에 따라, 임진왜란의 참상과 굴욕을 견딘 후에 이를 이상적으로 초극하려는 의지와 민족의 염원을 표현하려는 의도에서 지은 것이라 하겠다. 그리하여 이 작품에는 반일과 극일의 정서, 나아가 우리의 자신감과 우월감을 바탕으로 하는 평화 애호의 정서가 뚜렷이 나타나 있다.

작자

박인로

주제

전쟁의 비애를 극복하고 태평 성대를 누리고 싶어 함.

의의

• 임진왜란의 체험이 반영된 전쟁 가사
• '태평사'와 함께 전쟁 가사의 대표작

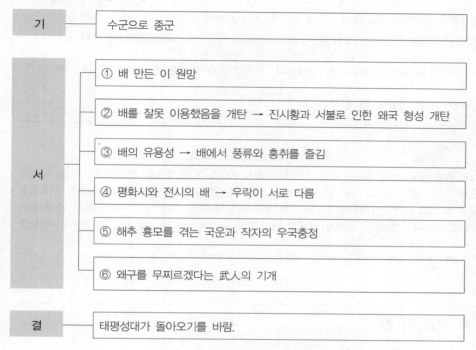

배의 이중성

① 전쟁을 일으키는 수단(침략자를 만든 계기): 현재의 배
② 평화의 상징: 과거의 배

➕ 참고	인용된 고사(古事)에 나타난 화자의 태도 ❶	
사제갈(死諸葛)도 생중달(生中達)을 멀리 좇고,	제갈공명을 두려워했던 사마중달이 제갈공명이 죽었다는 말을 듣고 쳐들어갔으나, 제갈공명이 죽기 전에 세운 묘책에 따라 의젓하게 가마에 앉아 있는 모습을 보고 도망쳤다는 고사
발 없손 손빈(孫臏)도 방연(龐涓)을 잡아거든,	손빈이 비록 방연의 배신으로 발이 잘렸으나, 후에 뛰어난 지략으로 방연을 잡아 죽였다는 고사
칠종칠금(七縱七擒)을 우린들 못 홇 것가	제갈공명이 남만왕 맹획을 일곱 번 잡았다가 일곱 번 놓아주었다는 고사

〈서사〉 수군으로 종군.

늘고 病(병)든 몸을 舟師(주사)로 보니실시 乙巳三夏(을사삼하)애 鎭東營(진동영) 느려오니,

關防重地(관방중지)예 病이 깁다 안자실랴? 一長劍(일장검) 비기 추고 兵船(병선)에 구테 올나,
　　↳국경의 요새지. 변방의 중요한 땅　　↳위국충절

勵氣瞋目(여기진목)ᄒ야 對馬島(대마도)을 구어보니, 브람조친 黃雲(황운)은 遠近(원근)에 사혀 잇고,
　　↳기운을 떨치고 눈을 부릅뜸　　　　　　　　↳戰雲(전운)

아득ᄒ 滄波(창파)는 긴 하늘과 한 빗칠쇠.

• 해석

(임금께서) 늙고 병든 몸을 수군 통주사로 보내시므로, 을사년(선조 38년, 1605) 여름에 부산진에 내려오니, 국경의 요새지에서 병이 깊다고 앉아만 있겠는가? 한 자루 긴 칼을 비스듬히 차고 병선에 구태여(감히) 올라 기운을 떨치고 눈을 부릅떠 대마도를 굽어보니, 바람을 따라 이동하는 누런 구름은 멀리 또는 가까이에 쌓여 있고(아직도 전쟁의 상처가 아물지 않고 있음을 나타냄), 아득한 푸른 바다는 긴 하늘과 한 빛이로다.

〈본사 1〉 배 만든 이 원망.

船上(선상)에 徘徊(배회)ᄒ며 古今(고금)을 思憶(사억)ᄒ고 어리미친 懷抱(회포)애
　　　　　　　　　　　　　　　↳생각

軒轅氏(헌원씨)를 애ᄃ노라. 大洋(대양)이 茫茫(망망)ᄒ야 天地(천지)예 둘려시니,
　↳黃帝(황제). 처음으로 배와 수레를 만들었다고 함.

진실로 빈 아니면 風波萬里(풍파만리) 밧긔, 어ᄂᆡ 四夷(사이) 엿볼넌고.
　　　　　　　　　　　　　　　　　　↳사방의 오랑캐

무슴 일 ᄒ려 ᄒ야 빈 못기를 비롯ᄒ고 萬世千秋(만세천추)에 ᄀ업슨 큰 弊(폐) 되야,
　　　　　↳만들기를

　　　　　　　　　　　　↗조장하다
普天之下(보천지하)애 萬民怨(만민원) 길우ᄂ다.
　　↳넓은 하늘 아래 온 세상에　↳임진왜란을 가리킴

• 해석

배 위를 왔다 갔다 서성거리며 예와 오늘을 생각하며 어리석고 미친 듯한 마음에 배를 처음 만들었다는 헌원씨(중국의 전설상의 황제로 배와 수레를 처음 만들었다 함)를 원망하노라. 큰 바다가 아득하고 넓어서 천지에 둘려 있으니, 진실로 배가 없었다면 풍파가 이는 바다 만 리 밖에서 어느 사방의 오랑캐가 (우리 나라를) 넘볼 것인가?(황제가 배를 만들었기 때문에 왜적들이 그걸 타고 침공했다는 말) 무슨 일을 하려고 배 만들기를 비롯(시작)하였던가? 오랜 세월에 무한한 큰 폐단이 되어, 온 세상 만백성의 원한을 조장한다.

〈본사 2〉 진시황과 서불로 인한 왜국 형성 개탄.

어즈버 씨드리니 秦始皇(진시황)의 타시로다. 비 비록 잇다 ᄒᆞ나 倭(왜)를 아니 삼기던들,
　　　　　　　　　　　　　　　　　　　　　　　　　　　　　　└ 만들었더라면

日本(일본) 對馬島(대마도)로부터 뷘 빈 졀로 나올넌가? 뉘말을 미더 듯고,

童男童女(동남동녀)를 그딕도록 드려다가, 海中(해중) 모든 셤에 難當賊(난당적)을 기쳐 두고,
　└ 총각과 처녀　　　　　　　　　　　　　　　　　　　　　　　　　└ 감당하기 어려운 도적

　　　　　　　　　└ 임진왜란
痛憤(통분)ᄒᆞᆫ 羞辱(수욕)이 華夏(화하)애 다 밋ᄂᆞ다. 長生不死藥(장생불사약)을 얼미나 어더 닉여,
　└ 부끄러움과 욕됨　　└ 중국인이 자기 나라를 높여 부르는 말

萬里長城(만리장성) 놉히 사고 몃 萬年(만년)을 사도썬고?

ᄂᆞᆷ디로 죽어가니 有益(유익)ᄒᆞᆫ 줄 모ᄅᆞ로다. 어즈버 싱각ᄒᆞ니 徐市 等(서불 등)이 已甚(이심)ᄒᆞ다
　　　　　　　　　　　　　　　　　　　　　　　　　　　　　　└ 매우 심하다

人臣(인신)이 되야셔 亡命(망명)도 ᄒᆞᄂᆞᆫ 것가?

神仙(신선)을 못 보거든 수이나 도라오면, 舟師(주사) 이 시름은 전혀 업게 삼길럿다.

• 해석

아, 깨달으니 진시황의 탓이로다. 배가 비록 있다 하나 왜국을 만들지 않았던들, 일본 대마도로부터 빈 배가 저절로 나올 것인가? 누구 말을 믿어 듣고 사람들을 그토록 많이 들어가게 하여 바다 가운데 모든 섬에 감당하기 어려운 도적(왜적)을 남기어 두어서, 통분한 수치와 모욕이 중국에까지 미치게 하는구나. 장생불사한다는 약을 얼마나 얻어내어 만리장성 높이 쌓고 몇 만 년이나 살았던가? 그러나 진시황도 남과 같이 죽어가니, 사람들을 보낸 일이 유익한 줄을 모르겠다. 아, 돌이켜 생각하니 서불의 무리들이 매우 심하다. 신하가 되어서 남의 나라로 도망을 하는 것인가. 신선을 못만났거든 쉬 돌아왔더라면, 수군인 나의 근심은 생기지 않았을 것이다.

• 서불: 진시황이 동해 삼신산에 불로초가 있다는 말을 듣고 서불과 수천명의 동남동녀를 배에 태워 보냈으나 돌아오지 않았다고 한다. 이들의 후손이 왜족의 선조가 되었다고 한다.

➕ 참고	인용된 고사(古事)에 나타난 화자의 태도 ❷
헌원씨에 대한 원망	고대 중국에서 문명을 일으켜 발전시킨 헌원씨가 배를 만든 것을 원망함.
진시황에 대한 원망	불로초를 구하기 위해 왜에 동남동녀(童男童女) 삼천 명을 보냄으로써 왜적이 생겨나게 만든 진시황을 원망함.
서불에 대한 원망	불로초를 구하지 못하자 군신(君臣) 간의 의리를 저버리고 일본 땅에 머물러 왜적이 생겨나게 한 서불을 원망함.

↓

왜적에 대한 강한 분노와 전쟁에 대한 안타까운 심정을 드러냄.

〈본사 3〉 배에서의 풍류와 흥취(배의 유용성).

헌원씨, 진시황·서불 원망

두어라, 旣往不咎(기왕불구)라 일너 무엇ㅎ로소니, 속졀업슨 是非(시비)를 후리쳐 더뎌 두쟈.
↳ 이미 지난 일을 탓하지 않음   ↳ 소용없는

潛思覺悟(잠사각오)ㅎ니 내 뜻도 固執(고집)고야. 皇帝(황제) 作舟車(작주거)는 왼 줄도 모ᄅ로다.
↳ 깊이 생각하고 깨달음   ↳ 고집스럽구나   ↳ 그릇된 줄

張翰(장한) 江東(강동)애 秋風(추풍)을 만나신들, 扁舟(편주)곳 아니 타면 天淸海闊(천청해활)ㅎ다.
↳ 하늘은 맑고 바다는 넓음

어닌 興(흥)이 졀로 나며, 三公(삼공)도 아니밧골 第一江山(제일강산)애 浮萍(부평) ᄀᆺᄒ
↳ 개구리밥

漁父生涯(어부생애)을, 一葉舟(일엽주) 아니면 어듸 부쳐 ᄃᆞᆫ힐ᄂᆞᆫ고

• 해석

> 그만두어라 이미 지난 일을 탓해서 무엇하겠는가? 공연한 시비는 팽개쳐 던져두자. 곰곰히 생각하여 깨달으니 내 뜻도 지나친 고집이다. 황제가 배와 수레를 만든 것은 잘못이 아니다. 장한이 강동에서 가을 바람을 만났다고 해도, 만일 작은 배를 타지 않았다면, 하늘 넓고 바다 넓다 한들, 무슨 흥이 저절로 났을 것이며, 정승 자리와도 바꾸지 않을 경치 좋은 강산에 부평같이 물에 떠 다니는 어부의 생활이 한 조각의 작은 배가 아니면 무엇에 의탁하여 다닐 것인가?

• 장한: 중국 진나라 사람. 재주가 있고 글을 잘해서 齊(제)왕이 大司馬(대사마)를 삼았더니, 가을바람이 불자 고향의 농어회가 먹고 싶어 벼슬을 그만 두고 고향으로 돌아갔다 한다.

〈본사 4〉 평화시와 전시의 배(우락이 서로 다름).

일언 닐 보건ᄃᆡ 빈 삼긴 制度(제도)야 至妙(지묘)ᄒᆞᆫ 덧ᄒᆞ다마ᄂᆞᆫ 엇디ᄒᆞ 우리 물은 ᄂᆞᄂᆞᆫ 듯ᄒᆞᆫ
↳ 배가 풍류의 수단으로 쓰이는 일   ↳ 배의 유용성   ↳ 무리

板屋船(판옥선)을 晝夜(주야)로 빗기 ᄐᆞ고, 臨風口永月(임풍영월) 호ᄃᆡ 興(흥)이 전혀 업ᄂᆞᆫ게오
↳ 맑은 바람과 밝은 달을 대하여 시를 짓고 즐겁게 놂

昔日(석일) 舟中(주중)에ᄂᆞᆫ 杯盤(배반)이 狼藉(낭자)터니,
↳ 옛날(소동파 뱃놀이 하던 때)   ↳ 술상   ↳ 어지럽더니

今日(금일) 舟中(주중)에ᄂᆞᆫ 大劍長鎗(대검장창) ᄲᅮᆫ이로다. ᄒᆞᆫ 가지 빅언마ᄂᆞᆫ 가진 빅 다ᄅᆞ니,

期間(기간) 憂樂(우락)이 서로 ᄀᆺ지 못ᄒᆞ도다.
↳ 大劍長鎗(대검장창), 杯盤狼藉(배반 낭자)

• 해석

> 이런 일을 보면, 배를 만든 제도야 지극히 묘하지만, 어찌하여 우리 무리들은 나는 듯한 板屋船(판옥선)을 밤낮으로 비스듬히 타고, 풍월을 읊되 흥이 전혀 없는 것인가? 옛날 (소동파가 적벽강 위에 띄운) 배에는 술상이 어지럽게 흩어졌더니 오늘 우리가 탄 배에는 큰 칼과 긴 창 뿐이다. 같은 배이건만 가진 바가 다르니, 그 사이 근심과 즐거움이 서로 같지 못하다.

〈본사 5〉 해추흉모를 겪는 국운과 시적자아의 우국충정.

時時(시시)로 멀이 드러 北辰(북신)을 브라보며 傷時(상시) 老淚(노루)를 天一方(천일방)의 디이누다.
↳북극성, 임금 계신 곳 　　　　　　　　　↗하늘 한 모퉁이
↳때를 근심하는 늙은이의 눈물(우국충절)

吾東方(오동방) 文物(문물)이 漢唐宋(한당송)애 디랴무눈 國運(국운)이 不幸(불행)ᄒ야
↳우리나라

海醜(해추) 兇謀(흉모)애 萬古羞(만고수)을 안고 이셔, 百分(백분)에 흔 가지도 못 시셔 브려거든,
↳해적, 곧 왜적　↳용계

이몸이 無狀(무상)흔둘 臣子(신자) ㅣ 되야 이셔다가,

窮達(궁달)이 길이 달라 몬 뫼옵고 늘거신둘, 憂國丹心(우국단심)이야 어닉 刻(각)애 이즐넌고

• 해석

때때로 머리 들어 임금님 계신 곳을 바라보며, 때를 근심하는 늙은이의 눈물을 하늘 한 모퉁이에 떨어뜨린다. 우리 나라의 문물이 한나라 · 당나라 · 송나라에 뒤지랴마는, 나라의 운수가 불행하여 왜적들의 흉악한 꾀에 빠져 만고에 씻을 수 없는 부끄러움을 안고 있어, 백분의 일이라도 못 씻어 버렸거든, 이 몸이 변변하지 못하지만 신하가 되어 있다가, 신하와 임금의 신분(곤궁과 영달)이 서로 달라, 못 모시고 늙은들 나라를 걱정하고 임금을 향한 충성스러운 마음이야 어느 때라고 잊을 수 있겠는가?

〈본사 6〉 왜구를 무찌르고 말겠다는 무인의 기개.

慷慨(강개) 계운 壯氣(장기)는 老當益壯(노당익장)ᄒ다마는 됴고마는 이 몸이 病中(병중)에 드러시니

雪憤伸寃(설분신원)이 어려울 둧 ᄒ건마는 그러나 死諸葛(사제갈)도 生仲達(생중달)을 멀리 좃고,
↳분함을 씻고 가슴에 맺힌 원한을 풀어버림

발업슨 孫臏(손빈)도 龐涓(방연)을 잡아거든, ᄒ믈며 이몸은 手足(수족)이 ᄀ자 잇고

命脈(명맥)이 이어시니 鼠竊狗偸(서절구투)을 저그나 저흘소냐?

飛船(비선)에 돌려드러 先鋒(선봉)을 거치면, 九十月(구시월) 霜風(상풍)에 落葉(낙엽)가치 헤치리라.

七縱七禽(칠종칠금)을 우린들 못 홀 것가?
↳제갈량이 맹획을 잡았다 놓아줌(마음대로 함)

• 해석

근심하고 분하게 여기는 마음을 이기지 못한 씩씩한 기운은 늙어가면서 더욱 씩씩하다마는 조그마한 이 몸이 병중에 있어서, 분함을 씻고 가슴에 맺힌 원한을 푸는 것이 어려울 듯 하건마는, 그러나 죽은 제갈도 살아있는 중달을 멀리 쫓고, 발이 없는 손빈도 그 발을 자른 방연을 잡았는데, 하물며 이 몸은 손과 발이 갖추어 있고 목숨이 붙어 있으니 쥐나 개같은 도적(왜구)을 조금이라도 두려워 하겠느냐? 나는 듯이 달리는 배에 달려들어 선봉을 거치면, 구시월 서릿바람에 떨어지는 낙엽처럼 헤치리라. 칠종칠금을 우린들 못할 것인가?

〈결사〉 태평성대가 돌아오기를 바람.

蠢彼島夷(준피도이)들아 수이 乞降(걸항)ᄒ야ᄉ라. 降者不殺(항자불살)이니 너를 구티 殲滅(섬멸)ᄒ랴
　　↳ 꾸물거리는 섬나라 오랑캐
吾王成德(오왕성덕)이 欲竝生(욕병생)ᄒ시니라. 太平天下(태평천하)애 堯舜(요순) 君民(군민) 되야 이셔
　　　　　↳ 함께 살고자 함　　　　　　　　　　　　　　　↳ 태평성대의 임금과 백성
日月光華(일월광화)ᄂᆞᆫ 朝復朝(조부조) ᄒ얏거든, 戰船(전선) 트던 우리 몸도 漁舟(어주)에 唱晚(창만)ᄒ고
　　↳ 아침이요 또 아침. 태평세월이 계속됨　　　　　　　　　　　　　　↳ 저녁 무렵을 노래함
　　임금의 성덕=吾王成德(오왕성덕)
秋月春風(추월춘풍)에 놉히 베고 누어 이셔, 聖代(성대) 海不揚波(해불양파)를 다시 보려 ᄒ노라.
　　　　　　　　　　　　　　　　　　　↳ 성군의 정치로 나라가 태평함

• 해석

> 꾸물거리는 섬나라 오랑캐들아 빨리 항복하려무나. 항복하는 자는 죽이지 않으니 너희를 구태여 섬멸하겠는가? 나의 왕(선조) 선조의 성덕이 같이 살기를 원하시니라. 태평천하에 요순의 군민처럼 되어 해와 달의 빛에 아침이 거듭되거든(성왕의 덕이 계속되는 태평 세월이 되거든), 전투 배에 타던 우리 몸도 고기잡이 배에서 늦도록 노래하고, 가을달 봄바람에 배게를 높이 베고 누워 있어, 성군 치하의 태평 성대를 다시 보려 하노라.

• 日月光華(일월광화)ᄂᆞᆫ 朝復朝(조부조): 낮이면 햇빛으로, 밤이면 달빛으로 항상 아침임. 여기서는 임금의 성덕
• 추월춘풍: 태평성대

Check✔ 문제

01 이 작품의 외재적 의미 중 반영론에 주목한 비판은?
　① 한문투의 수식을 많이 사용하고 있다.
　② 무인으로서의 기개가 잘 나타나 있다.
　③ 평화를 기원하는 성숙함을 보이고 있다.
　④ 민족의 수난을 뼈저리게 체험한 사람의 글이므로 진실성이 느껴진다.

　[정답] ④
　풀이 〈선상탄〉은 임진왜란을 겪은 시인의 비분강개를 담은 작품이다. ④는 외재적 의미 중 반영론적 측면에서 민족의 수난을 언급했다.

02 이 작품에 대한 설명으로 적절하지 않은 것은?
　① 비장한 각오와 함께 평화에 대한 희구가 나타나 있다.
　② 형식은 운문이나 내용은 산문에 가깝다.
　③ 민족의 정기와 무부(武夫)의 기개를 토로하고 있다.
　④ 우리말은 한자어를 보조하기 위해서만 사용하고 있다.

[정답] ④
풀이 한자어를 많이 사용하고 있으나 우리말이 한자어를 보조하기 위해 사용되지는 않았다. 한자어는 그 단어나 고유명사를 위해 사용되었으며, 우리말은 나름대로 내용을 전달하고 있다.

03 이 글을 통해 알 수 있는 내용으로 옳지 않은 것은?

① 화자는 전쟁의 근본적인 원인이 중국에 있다고 보고, 중국에 대해 적개심을 드러내고 있다.
② 왜적의 화(禍)가 중국에까지 미치고 있다.
③ 동남 동녀와 서불 등이 왜(倭)의 조상이 되었다.
④ 진시황은 불사약을 구하기 위해 동남 동녀를 보냈다.
⑤ 서불은 영약을 구한다고 떠난 후 다시 돌아오지 않았다.

[정답] ①

풀이 전쟁의 원인을 헌원씨나 서불 등 중국으로 보고 있으나, 이는 일본에 대한 적개심을 드러내기 위한 표현적 특징일 뿐이다. 적개심의 대상은 왜적이다.

04 〈서사〉에서 이 가사가 전쟁 가사임을 나타내는 어휘로 알맞지 않은 것은?

① 鎭東營(진동영)　　　　　　② 關防重地(관방중지)
③ 一長劍(일장검)　　　　　　④ 兵船(병선)
⑤ 勵氣瞋目(여기진목)

[정답] ⑤

풀이 '여기진목(勵氣瞋目)'은 '기운을 돋우고 눈을 부릅 뜸'이다.

05 ㉠~㉣에 대한 설명으로 적절하지 않은 것은?　　　　　　[2017. 국가직 7급]

時時로 멀이 드러 北辰을 ᄇᆞ라보며
㉠傷時 老淚를 天一方의 디이ᄂᆞ다.
㉡吾東方 文物이 漢唐宋애 디랴마ᄂᆞᆫ
… (중략) …
吾王 聖德이 欲并生ᄒᆞ시니라.
㉢太平天下애 堯舜君民 되야 이셔
日月光華ᄂᆞ 朝復朝ᄒᆞ얏거든
㉣戰船 ᄐᆞ던 우리 몸도 漁舟에 唱晩ᄒᆞ고
秋月春風에 놉히 베고 누어 이셔
聖代 海不揚波를 다시 보려 ᄒᆞ노라.

---

① ㉠: 나라의 운명을 염려하는 화자의 충정을 볼 수 있다.
② ㉡: 우리나라의 문물에 대한 화자의 자부심을 볼 수 있다.
③ ㉢: 평안하고 조화로운 세상을 향한 화자의 바람을 볼 수 있다.
④ ㉣: 안빈낙도보다 부국강병을 희망하는 화자의 태도를 볼 수 있다.

[정답] ④

풀이 '전선타던 우리 몸도 고깃배에서 노래부르고' 전쟁이 끝난 후에 배를 타면서 노래 부르는 풍류의 태도를 보이고 있다.

오답 ① 북신(임금)을 바라보며 늙은이의 눈물을 흘리는 것은 충정의 마음이다.
② '우리나라 문물이 한·당나라에 지겠느냐'는 문화적 자부심을 보여 주고 있다.
③ 태평천하를 갈구하는 마음을 보이고 있다.

일동장유가(日東壯遊歌)

개관

(1) 작자: 김인겸(1707~1772). 57세 때(1763년, 영조 39)에 일본 통신사의 삼방서기(三房書記)로 수행
(2) 주제: 일본의 풍속과 제도, 인정 등 일본 여행에서 얻은 견문과 여정
(3) 성격: 형식은 가사이지만 내용은 광의의 수필 문학인 기행문에 속한다.
(4) 구성: 추보식

특징

일본의 관백(關白) 원가중이 물러나고 그 아들인 원가치가 관백의 자리를 계승하고 수교를 요청하였다. 조정에서 이를 허락하여 영조 39년 8월에 통신사를 차출하였다. 이때 통신사 조엄을 수행하면서 쓴 글이 8천 여구에 달하는 장편 기행 가사인 이 작품이다.

의의

정확한 노정과 일시 기록, 상세한 기상 보고와 자연 환경의 묘사 등은 물론, 여행 중의 생활, 일본과의 외교 관계, 문물, 제도, 인물, 풍속 등을 개인적인 판단을 삽입하면서 실감나게 묘사하고 있다는 점에서 기행문으로서의 요건을 훌륭히 갖추었다. 이와 같은 성격의 작품으로는 홍순학이 청나라 연경에 다녀와서 지은 〈연행가〉가 있다. 또한, 우리말로 기록되어 있다는 점에서 중요한 의의를 지닌다.

노정

영조 39년 8월 3일 서울을 출발하여 부산항, 대마도를 거쳐 일본 본토를 가로 질러 이듬해 1월 20일 오사카에 도착, 목적지인 에도(지금의 동경)에는 2월 16일에 도착하였다. 돌아오는 길도 이와 같아 7월 8일에 도착하였으니, 11개월에 걸친 수륙 만여 리의 장거리 여행이었다.

(가)

댱풍(壯風)의 돗츨 두라 뉵션(六船)이 홈끠 써나, 삼현(三絃)과 군악(軍樂) 소리 산히(山海)를 진동ᄒᆞ니,
↳거센(세찬) 바람   ↳기선(騎船) 셋과 복선(卜船) 셋   ↳거문고, 가야금, 당비파

믈 속의 어룡(魚龍)들이 응당이 놀라도다. 히구(海口)를 얼픗 나셔 오뉵도(五六島) 뒤지우고,
↳바다의 후미진 곳으로 들어간 어귀. 여기서는 부산항

고국을 도라보니 야쇡(夜色)이 창망(滄茫)ᄒᆞ야, 아모것도 아니 뵈고,
↳밤경치   ↳멀고 아득함

연히 변진(沿海邊津) 각 포(浦)의 불빗 두어덤이 구름 밧긔 뵐 만ᄒᆞ니,
↳육지 가까운 바다   ↳변경을 지키는 군영

⇨ 부산항 출발 정경

• 해석

거센 바람에 돛을 달아 여섯 배가 함께 떠나게 되고, 환송하는 풍악 소리가 굉장히 울려 퍼지니, 물 속의 고기와 용들이 마땅히 놀람직하구나. 부산항을 얼른 지나 오륙도를 뒤로 하고 고국을 돌아 보니 밤경치가 아득하여 아무 것도 아니 보이고 가까운 바닷가에 있는 각 항구의 불빛 두어 점이 구름 밖에서 보일 만 하다.

(나)

빈방의 누어 이셔 내 신셰를 싱각ᄒᆞ니, ᄀᆞᆺ득이 심난흔ᄃᆡ 대풍이 니러나니,
↳선실   ↳가뜩이나

태산 ᄀᆞᆺ튼 셩낸 믈결 텬디의 ᄌᆞ옥ᄒᆞ니, 큰나큰 만곡쥐(萬斛舟ㅣ)가 나모닙 브치이듯,
↳과장법   ↳만 석을 실을만한 큰 배가

하늘의 올라다가 디함(地陷)의 ᄂᆞ려지니, 열두 발 쌍돗대ᄂᆞᆫ 지이(紙衣)텨로 구버 잇고,
↳땅 밑에   ↳'지이'는 '종이로 만든 옷', 또는 '차아(叉椏): 줄기에서 뻗어나간 곁가지')

쉰두 폭 초셕(草席) 돗츤 반들쳐로 비블럿ᄂᆡ. 굵은 우레 준 별악은 등 아래셔 딘동ᄒᆞ고,
↳짚으로 돗자리처럼 만든 돛은

셩낸 고래 동(動)흔 농은 믈 속의셔 희롱ᄒᆞ니. 방 속의 요강(尿堈) 타고(唾具) 쟛바지고 업더지고,
↳험한 파도   ↳가래침 뱉는 그릇

샹하좌우 비방 널은 납납히 우ᄂᆞᆫ구나.
↳조각조각, 낱낱이

⇨ 풍랑으로 고생함

• 해석

선실에 누워 있으면서 내 신세를 생각해 보니 가뜩이나 심란한데 큰 바람이 일어나서 태산같이 성난 물결이 천지에 자욱하니, 만석을 실을 만한 큰 배가 마치 나뭇잎이 떠 있듯이, 물결따라 하늘 높이 떠올랐다가 땅 밑으로 떨어지니, 열두 발이나 되는 쌍돛대는 종이옷처럼(척척 굽어진 나뭇가지처럼) 굽어 있고, 쉰 두 폭짚으로 엮어 만든 돛은 반달처럼 배가 불렀네. 큰 우레 소리와 작은 벼락은 바로 등 뒤에서 떨어지는 것 같고, 성난 물결과 파도는 한층 험해지고 있네(성난 고래와 용이 물 속에서 희롱하는 듯 하다). 선실 속에서는 넘어지고 엎어지고 하며 상하 좌우 모든 널빤지는 파도에 휩쓸릴 때마다 낱낱이 소리를 내는구나.

(다)

이윽고 히 돗거늘 장관(壯觀)을 ᄒ여 보시. 니러나 빅문 열고 문설쥬 잡고 셔셔,
  ↳ 시간의 경과   ↳ 훌륭한 광경

ᄉ면을 ᄇ라보니 어와 장흘시고, 인싱 텬디간의 이런 구경 ᄯ 어ᄃ 이실고

구만 니 우듀 속의 큰 믈결분이로시. 등 뒤흐로 도라보니 동닉(東萊) 뫼이 눈섭 ᄀᆺ고,
  ↳ 우주(宇宙)   ↳ 가물가물하게 보이고

동남을 도라보니 바다히 ᄀ이 업닉, 우아릭 프른 빗치 하늘 밧긔 다하 잇다.

슬프다 우리 길이 어딕로 가ᄂᆞᆫ쟉고 홈긔 쩌난 다삿 빅ᄂᆞᆫ 간 딕룰 모롤로다.
  ↳ 조국의 운명과 현실을 걱정   ↳ 가는 것일고

ᄉ면을 두로 보니 잇다감 물결 속의 부체만 쟈근 돗치 들낙날낙ᄒᄂᆞᆫ구나.
  ↳ 이따금   ↳ 부채만한

션듕(船中)을 도라보니 저마다 슈질(水疾)ᄒ야 똥물을 다 토ᄒ고 혼졀(昏絕)하야
  ↳ 배멀미

죽게 알닉 다힝홀샤 죵ᄉ상(從使相)은 태연이 안ᄌ시구나.
  ↳ 통신사의 우두머리

빅 방의 도로 드러 눈곰고 누엇더니 대마도(對馬島) 갓갑다고

샤공이 니ᄅ거늘 고텨 니러 나와 보니 십 니ᄂᆞᆫ 남앗고나.

왜션(倭船) 십여 척이 예션(曳船)ᄎ로 모다 왓닉.
  ↳ 배를 끌려고

⇨ 풍랑 뒤의 장관과 항해 중의 모습

• 해석

이윽고 해가 돋으니 훌륭한 경관을 구경하여 보세. 일어나 배 문을 열고 문설주를 잡고 서서 사면을 바라보니, 아아, 굉장하구나. 인생 천지 사이에 이런 굉장한 구경이 또 있을까? 넓고 넓은 우주 속에 다만 큰 물결 뿐이로다. 등뒤를 돌아보니 동래의 산이 눈썹만큼이나 작게 보이고, 동남을 돌아보니 바다가 끝이 없어 위아래 푸른빛이 하늘밖에 닿아 있다. 슬프다 우리가 가는 길이 어디인가? 함께 떠난 다섯 척은 간 곳을 모르겠도다. 사면을 두루 살펴보니 가끔 물결 속에 부채만한 작은 돛이 들락날락 하는구나. 배 속을 돌아보니 저마다 배멀미를 하여 똥물을 다 토하고 까무러쳐 죽게 앓네. 다행하구나. 종사상은 태연히 앉았구나. 선실로 다시 들어와 눈을 감고 누웠더니, 대마도가 가깝다고 사공이 외치거늘, 다시 일어나 선실 밖으로 나와보니 대마도가 아직 십리는 남았구나. 왜선 십여 척이 배를 끌려고 마중 나왔네.

(라)

굿 보는 왜인들이 뫼히 안자 구버본다. 그 듕의 스나히는 머리를 깟가시 듸 쏙뒤만 죠금 남겨
　　　　　　　　　　　　　　　　↳남자를　　　　　　　　　　　　　　　↳뒤통수의 한복판

고쵸샹토 ᄒ여시며 발 벗고 바디 벗고 칼 ᄒ나식 ᄎ 이시며
　↳고추같이 작은 상투

왜녀(倭女)의 치장들은 머리를 아니 깍고 밀기름 듬북 발라 뒤흐로 잡아 미야

족두리 모양쳐로 둥글게 ᄭ여 잇고 긋츤 두로 트러 빈혀를 질러시며
　　　　　　　　　　　↳둘로　　↳비녀

무론(無論) 노쇼 귀쳔(老少貴賤)ᄒ고 어레빗슬 쏘잣구나.
　　　　　　　　　　　　↳얼레빗. 빗살이 굵고 성긴 큰 빗

　　　　　　　　　　　　　↱웃옷의 소매자락이나 소매. 가랑이 등의 끝을 안으로 접어 붙이거나 감친 부분
의복을 보와ᄒ니 무 업슨 두루막이 흔 동 단 막은 스매 남녀 업시 흔가지요
　　　　　　↳웃옷의 양겨드랑이 아래에 댄 딴 폭

넙고 큰 졉은 씌를 느즉히 둘러 씌고 일용 범빅(日用凡百) 온갓 거슨 가슴 속의 다 품엇다.
　　　　　　　　　　　　　　　↳날마다 쓰는 온갖 것

남진 잇는 겨집들은 감아ᄒ게 니(齒)를 칠ᄒ고 뒤흐로 씌를 미고
　　　　　　　↳겨게

과부 쳐녀 간나히는 압흐로 씌를 미고 니를 칠티 아낫구나.
　↳계집아이　　　　　　　　　　↳칠하지

⇨ 대마도의 풍속

• 해석

굿을 보는 왜인들이 산에 앉아 굽어본다. 그 가운데 사나이들은 머리를 깎았으되 뒤통수 한복판을 조금 남겨 고추같이 작은 상투를 하였으며, 발 벗고 바지 벗고 칼을 하나씩 차고 있으며, 여자들은 머리를 깎지 않고 밀기름을 듬뿍 발라 뒤로 잡아매어, 족두리 모양처럼 둥글게 꾸려 있고, 끝은 두 갈래로 틀어 비녀를 찔렀으며, 노인과 어린이, 부자와 가난한 사람을 막론하고 얼레빗을 꽂았구나. 의복을 보아하니, 무 없는 두루마기, 옷단 없는 소매는 남녀 없이 한 가지요, 넓고 큰 접은 띠를 둘러 띠고 날마다 사용하는 온갖 것을 가슴 속에 다 품었다. 남편 있는 계집들은 이를 검게 칠하고 뒤로 띠를 매었으며, 과부, 처녀들은 앞으로 띠를 매고 이는 칠하지 않았구나.

➕ 참고　　사행 가사(使行歌辭)의 특징

이 작품은 형식상 사행 가사(使行歌辭)의 범주에 드는 대표적인 작품이다. 사행 가사는 기행 가사의 한 갈래로, 국가나 임금으로부터 부여받은 공식적인 외교 임무를 띠고 파견된 사신이나 그 일행으로 동반했던 작가가 외국의 풍물이나 문물을 경험하고 이를 기록한 가사를 말한다. 대표작으로는 김인겸의 '일동장유가(日東壯遊歌)'를 비롯하여 작자 미상의 '연행별곡(燕行別曲)', 홍순학의 '연행가(燕行歌)', 박권의 '서정별곡(西征別曲)', 이태직의 '유일록(遊日綠)' 등이 있다.

(마)

졈심 먹고 길 써나셔 이십 니는 겨요 가셔 날 져물고
↳겨우

대우(大雨)ᄒ니 길이 즐기 참혹ᄒ야 밋그럽고 쉬는디라.
↳끔찍하여   ↳자주 쉬는지라

가마 멘 다ᄉᆺ 놈이 셔로 가며 쳬번(遞番)ᄒ디 갈 길이 바히 업셔 두던에 가마 노코
↳번을 바꾸어(교대)   ↳전혀, 아주   ↳둔덕

이윽이 쥬뎌(躊躇)ᄒ고 갈 ᄯᅳᆺ이 업는지라.
↳머뭇거리고

ᄉ면을 도라보니 텬디(天地)가 어득ᄒ고 일ᄒᆼ들은 간 디 업고 등불은 ᄭ며디니
↳왜놈

지쳑(咫尺)은 불분(不分)ᄒ고 망망(茫茫)ᄒ 대야듕의 말 못ᄒᄂ 예놈들만 의지ᄒ고 안자시니
↳분간하기 힘들고   ↳넓고 멀어 아득한 큰 들 한 가운데(大野)

오늘밤 이 경상(景狀)은 고단코 위틱ᄒ다. 교군(轎軍)이 ᄃ라나면 낭픽(狼狽)가 오죽 홀가.
↳정경, 상황   ↳가마 메는 사람   ↳일이 실패로 돌아가 매우 딱하게 됨

그놈들의 오ᄉᆯ 잡아 흔드러 ᄯᅳ줄 뵈고 가마 속의 잇던 음식 갓갓지로 내여 주니
↳뜻을

지져괴며 먹은 후의 그졔야 가마 메고 촌촌 젼진ᄒ야 곳곳이 가 이러ᄒ니
↳떠들며   ↳조금씩

만일 음식이 업듯더면 필연코 도주홀씨 삼경냥은 겨요ᄒ야
↳삼경쯤

대원셩을 드러가니 두통하고 구토ᄒ야 밤새도록 대통ᄒ다.
↳몹시 앓다.

⇨ 대원성에 이르기까지의 여정

• 해석

점심 먹고 길 떠나서 이십 리는 겨우 가서 날이 저물고 큰 비가 내리니 길이 질기가 이루 말할 수 없이 미끄러워 자주 쉬는지라. 가마 멘 다섯 놈이 서로 가며 교대하되, 갈 길이(도리가) 아주 없어 둔덕에 가마를 놓고 이윽토록 주저하며 갈 뜻이 없는지라. 사면을 돌아보니 천지가 어둑하고 일행들은 간 곳이 없고, 등불은 꺼졌으니, 아주 가까운 거리도 분별이 안 되고, 망망한 들 가운데 말을 알지 못하는 왜놈들만 의지하고 앉았으니 오늘밤 이 정경은 고단하고 위태하다. 가마 메는 사람들이 달아나면 낭패됨이 오죽할까. 그 놈들의 옷을 잡아 흔들어 뜻을 보이고, 가마 속에 있던 음식을 갖가지로 내어 주니 떠들며 먹은 후에 그제야 가마 메고 조금씩 나아가되 곳곳에 가서 이러하니 만일 음식이 없었더라면 필연코 도주했을 것이다. 삼경 쯤은 겨우 되어 대원성에 들어가니 두통하고 구토하며 밤새도록 크게 앓았다.

01 전기 가사와 비교해 볼 때 이 글의 특징이 아닌 것은?

① 분량이 길어짐
② 분절 형식을 갖추게 됨
③ 운율의 효과는 형식적임
④ 실생활과 긴밀한 내용을 읊음
⑤ 실학 사상의 등장에 영향을 받음

[정답] ②

풀이 가사는 4음보 연속체의 시가 문학이며 수필과 같은 교술 장르이다. 절을 나누는 분절을 형식을 취하지 않고 하나의 글로 구성된다.

02 (가)의 중심 내용은?

① 배 떠나는 광경   ② 도착 광경
③ 폭풍우를 만나는 광경   ④ 바다의 장관

[정답] ①

풀이 (가)는 이 작품의 서사이다. 부산항을 떠나는 시인의 감회를 적었다.

03 (다)의 내용으로 보아 앞에서 어떤 일이 일어났겠는가?

① 밤새 거친 풍랑에 시달렸다.
② 고향 생각에 잠을 이루지 못했다.
③ 바다의 장관을 구경하느라 잠을 설쳤다.
④ 성대한 환송식 때문에 심신이 지쳐 있었다.

[정답] ①

풀이 "물결 속의 부체만 쟈근 돗치 들낙날낙ㅎㄴ구나. 션듕(船中)을 도라보니 저마다 슈질(水疾)ㅎ야 똥물을 다 토ㅎ고 혼졀(昏絕)하야"를 통해 앞으로 거친 풍랑에 시달릴 수 있음을 알 수 있다.

04 다음 작품들을 시대 순서대로 바르게 나열한 것은?   [2010. 서울시 9급]

① 서동요 – 청산별곡 – 사미인곡 – 어부사시사 – 일동장유가
② 서동요 – 사미인곡 – 청산별곡 – 어부사시사 – 일동장유가
③ 서동요 – 어부사시사 – 청산별곡 – 사미인곡 – 일동장유가
④ 청산별곡 – 서동요 – 사미인곡 – 어부사시사 – 일동장유가
⑤ 청산별곡 – 서동요 – 찬기파랑가 – 어부사시사 – 일동장유가

[정답] ①

풀이 ① 서동요 – 청산별곡 – 사미인곡 – 어부사시사 – 일동장유가
• 서동요(향가): 신라 진평왕 때의 향가.
• 청산별곡(고려속요): 고려 시대의 속요.
• 사미인곡(조선전기 가사): 조선 선조(1585). 송강 정철이 지은 가사.
• 어부사시사(연시조): 조선 효종(1651). 고산 윤선도가 지은 연시조.
• 일동장유가(조선후기 가사): 조선 영조 때에, 김인겸이 지은 장편 기행 가사.

농가월령가(農家月令歌)

개관

(1) 작자: 정학유(1786~1855). 조선 후기 문인, 실학자. 정약용의 둘째 아들이며 일생을 문인이자 농사꾼으로 살았다.

(2) 주제: 달과 절후에 따른 농가의 일과 풍속을 노래함.

(3) 의의
  ① 농촌 생활과 관련된 구체적 어휘가 풍부하게 나타남.
  ② 농촌 생활의 부지런한 활동을 실감있게 제시
  ③ 세시 풍속을 적은 월령체 가운데 가장 규모가 크고 짜임새가 있음.
  ④ 우리말 노래로서 농업 기술의 보급을 처음 시도한 작품

(4) 구성
  ① 전체 13장으로 된 월령체. 각 장의 구성 형식이 같다.
  ② 절기 소개 – 그 달에 대한 작가의 정서(그 달의 정경 묘사) – 농사일 – 세시 풍속

특징

① 한 해 동안 힘써야 할 농사일과 철마다 알아 두어야 할 풍속 및 예의 범절 등을 월령체로 기록한 작품. 다양한 농사 내용과 세시 풍속 등이 광범위하게 포함되어 있다. 그리고 농업 기술을 음률에 맞추어 흥겹게 노래로 부를 수 있도록 하였다는 점에서 농업 기술의 보급상 중요한 의미를 지니고 민속학 연구에도 많은 도움을 주고 있다. 또한 조선 후기 농사의 중요성을 강조하는 실학의 태도를 짐작할 수 있다.

② 그러나 농민이 그 스스로의 생활을 노래한 것이 아니라는 점과 너무도 교훈적인 것이 많다는 점이 아쉽다. 즉, 농촌 현실을 사실적으로 드러내기보다 지켜야 할 예의 범절이나 풍속을 중심으로 노래하고 있다는 것이다. 서술자는 지시와 교훈을 내리는 입장에 서 있는 인물이다.

③ 절기 소개는 감탄형 종결어미 '–로다'를 사용하고, 농사일은 명령형 종결 어미 '–하라, –하소'를 사용하고 있다.

'동동'과 '농가월령가'

형식면에서 월령체로 되어 있다는 점이 유사하나, 내용면에서 동동은 임에 대한 연모의 정을 표현하고, '농가월령가'는 농가의 실생활을 노래했다는 점에서 차이가 난다.

이 작품에서 자연은 노동의 현장이자 생활의 현장이다. 즉, 생산의 공간이지 완상(玩賞)의 대상이 아니라는 점에서 조선 전기 사대부들의 노래에 나오는 자연과는 다른 새로운 의미를 가진다.

(가)

天地(천지) 肇判(조판)하매
↳ 만들어지매

日月(일월)은 度數(도수)있고
↳ 차례

一年(일년) 三百(삼백) 六十日(육십일)에

冬至(동지) 夏至(하지) 春秋分(춘추분)은

上弦(상현) 下弦(하현) 望晦朔(망회삭)은
↳ 보름, 그믐, 초승

大地上(대지상)東西南北(동서남북)

北極(북극)을 보람하여
↳ 기준으로

二十四(이십사) 節候(절후)를

每朔(매삭)에 두 節候(절후)가

日月星辰(일월성신) 비최거다
↳ 해, 달 별

星辰(성신)은 輾次(전차)있어
↳ 순서

제 度數(도수) 돌아오매

日行(일행)을 推測(추측)하고
↳ 해의 움직임을 추측할 수 있고

月輪(월륜)의 盈虧(영휴)로다
↳ 달의 차고 기욺이로다

곳을 따라 틀리기로

遠近(원근)을 마련하니
↳ 멀고 가까움

十二朔(십이삭)에 分別(분별)하여

一望(일망)이 사이로다
↳ 보름

⇨ 24절후가 마련됨

정월령

(나)

正月(정월)은 孟春(맹춘)이라
↳ 1월, 초봄

산중간학(山中澗壑) 氷雪(빙설)은 남았으나
↳ 골짜기에 흐르는 시내

어와! 우리 聖上(성상)
↳ 임금

懇惻(간측)하신 勸農綸音(권농윤음)
↳ 지극히 간절하신   ↳ 간절하게 농사일을 권하는 임금님의 말씀

슬프다! 農夫(농부)들아!

네 몸 利害(이해) 姑捨(고사)하고
↳ 고집하고

입춘(立春) 우수(雨水) 절후(節侯)로다.

平郊(평교) 廣野(광야)에 雲物(운물)이 變(변)하도다
↳ 평평한 들판   ↳ 경치

愛民中農(애민중농) 하오시니
↳ 백성을 사랑하고 농사를 중히 여기시니

坊曲(방곡)에 頒布(반포)하니
↳ 방방곡곡에 널리 펴시니

아무리 無知(무지)한들

聖意(성의)를 어길소냐
↳ 임금의 뜻(권농윤음)

山田 水畓(산전 수답) 相半(상반)하여
↳ 밭과 논을 서로 나누어

一年 豊凶(풍흉)은
↳ 1년의 풍년과 흉년

人力이 極盡(극진)하면

제 각각 勸勉(권면)하여
↳ 부지런히 권하여

힘대로 하오리라.

測量(측량)하지 못하여도
↳ 헤아리지

天災(천재)를 免(면)하나니

게을리 굴지 마라.

⇨ 농사일 권면

(다)

一年之計(일년지계) 在春(재춘)하니
↳ 일년의 계획은 봄에 함

봄에 만일 失時(실시)하면
↳ 해를 마치는 일이

農地(농지)를 다사리고

재거름 재워 놓고

麥田(맥전)에 오줌듀기
↳ 보리밭

늙으니 근력(勤力) 업고

낫이면 이영 녁고
↳ 지붕을 이기 위해 엮은 짚

때 맛쳐 집 니우니

實果(실과) 나모 벗꼿 따고
↳ 버곳. 보굿의 사투리
  나무의 겉껍질에 비늘같이 생긴 것으로 이른 봄에 이것을 벗겨 줌으로써 병충해를 막을 수 있음

正朝(정조)날 未明時(미명시)의
↳ 정월 초하룻날 새벽

며나리 닛디 말고

三春百花時(삼춘백화시)에
↳ 봄에 온갖 꽃이 필 때

上元(상원)날 달을 보아

老農(노농)의 徵驗(징험)이라
↳ 경험에 비추어 안다

凡事(범사)를 미리 하라.

終年(종년) 일이 낭패되네.

農牛(농우)를 살펴 먹여,

一邊(일변)으로 실어내어,

歲前(세전)보다 힘써 하소.
↳ 새해가 되기 전

힘든 일은 못하여도,

밤의는 색기 꼬아

큰 근심 더럿도다.

가지 사이 돌 끼우기,

試驗(시험)조로 하여 보소.

小麴酒(소국주) 밋하여라.
↳ 찹쌀 막걸리. 밑은 밑술로 술을 담글 때 넣는 묵은 술.

花前一醉(화전일취)하여 보자.
↳ 꽃 앞에서 한 번 취함. 즉, 꽃놀이하면서 술을 마심.

水旱(수한)을 안다 하니,
↳ 장마와 가뭄.
  동국세시기에 따르면, 정월 보름날 달이 붉게 보이면
  그 해는 가물고, 희게 보이면 장마가 든다고 함.

대강은 짐작나니.

⇨ 정월의 농사일

(라)

正朝(정조)에 歲拜(세배)함은

새 衣服(의복) 떨쳐 입고

老少 男女 兒童까지

敦厚(돈후)한 風俗(풍속)이다.
↳ 두터운

親戚(친척) 隣里(인리) 서로 찾아
↳ 이웃

三三 五五 다닐 적에
↳ 무리지어 다니는 모양

와삭 버석 울긋 불긋

物色(물색)이 繁華(번화)하다.
　　　↳ 섬빔(색동옷)

사내아이 연 띄우고
윷놀아 내기하기
祠堂(사당)에 歲謁(세알)하니
　　　　　↳ 세배

계집아이 널 뛰기요
少年(소년)들 놀이로다
餠湯(병탕)에 酒果(주과)로다
　　↳ 떡국　　　↳ 술과 안주

⇨ 설날의 풍속

(마)
보름날 약밥 制度(제도)
묵은 山菜(산채) 삶아내니
귀 밝히는 약술이며

新羅(신라)적 風俗(풍속)이라.
肉味(육미)를 바꿀소냐.
부름 삭는 生栗(생율)이라
　↳ 부럼. 음력 정월 보름날 새벽에 까서 먹는 밤, 잣, 호두, 땅콩
　　따위. 이런 것을 까서 먹고 깍지를 버리면 부스럼이 생기지
　　않는다고 한

먼저 불러 더위 팔기 달맞이 홰불혀기
흘러오는 風俗(풍속)이요 아이들 놀이로다

⇨ 정월 대보름날의 풍속

사월령

四月(사월)이라 孟夏(맹하) 되니
　　　　↳ 초여름
비 온 끝에 볕이 나니

　　　　　　↳ 양력 5월21일경
立夏(입하) 小滿(소만) 節氣(절기)로다.
　↳ 24절기의 일곱 째,양력 5월6일경
日氣(일기)도 청화(淸和)하다.

⇨ 4월의 절기 소개

떡갈잎 퍼질 때에
보리 이삭 패어나니
農事(농사)도 한창이요,

뻐꾹새 자로 울고,
꾀꼬리 소리한다.
蠶農(잠농)도 方長(방장)이라.
　　　　↳ 이제 막 한창

男女老少(남녀노소) 汨沒(골몰)하여
寂寞(적막)한 대사립을
棉花(면화)를 많이 가소

집에 있을 틈이 없어,
綠陰(녹음)에 닫았도다.
紡績(방적)의 根本(근본)이라.
　　　↳ 길쌈

수수 동부 녹두 참깨

갈 꺾어 거름할 제

부룩을 적게 하소.
　↳ 사이 사이에 다른 농작물을 심는 일(間作).
풀 베어 섞어 하소.

무논을 써을이고
↳ 써래질하고(모를 내기 위하여 논바닥을 곤죽같이 만들고)

農糧(농량)이 부족하니

한 잠 자고 이는 누에
↳ 한 번 자고 일어난 누에.
　누에가 알에서 부화해서 고치를 만들 때까지 다섯 번 잠을 잠

밤낮을 쉬지 말고

뽕 따는 아이들아

古木(고목)은 가지 찍고

찔레꽃 滿發(만발)하니

이 때를 乘時(승시)하여
↳ 때를 탐

도랑 쳐 水道(수도) 내고

陰雨(음우)를 防備(방비)하면
↳ 몹시 음산하게 오는 비

봄낳이 필무명을

베 모시 形勢(형세)대로

벌통에 새끼 나니

千萬(천만)이 一心(일심)하여

꿀 먹기도 하려니와

이른 모내어 보세.

환자(還子) 타 보태리라.
↳ 가을에 갚기로 하고 봄에 관청에서 꾸어가는 곡식

하루도 열두 밥을,

부지런히 먹이리라.

홋그루 보아 하여,
↳ 나중에 딸 생각을 해서

햇잎은 제쳐 따소.

적은 가물 없을소냐.

나 할 일 생각하소.

우루처(雨漏處) 개와(改瓦)하여
↳ 비 새는 곳   ↳ 지붕을 고치는 일

홋근심 더 없나니.

이 때에 마전하고
↳ 표백

여름 옷 지어 두소.

새 통에 받으리라.

蜂王(봉왕)을 擁衛(옹위)하니,
↳ 부축하여 좌우로 호위함

군신 분의(君臣分義) 깨닫도다.
↳ 임금과 신하가 지켜야 할 도리.

⇨ 4월의 농사

파일(八日)에 懸燈(현등)함은
↳ 석가여래 탄신일에 등불을 켜 놓는 일

느티떡 콩찌니는
↳ 쌀가루에 느티나무 연한 잎을 섞어 찐 떡

앞 내에 물이 주니

해 길고 潺風(잔풍)하니
↳ 바람이 잔잔함

碧溪水(벽계수) 白沙場(백사장)을

수단화 늦은 꽃은

촉고(數罟)를 둘러치고
↳ 눈이 촘촘한 작은 그물

盤石(반석)에 노구 걸고

八珍味(팔진미) 오후청(五侯鯖)을
↳ 아주 맛있는 음식을 일컬음. 前漢의 성제때 누로라는 제후가 다른 네 제후와 함께 즐겼다는 음식
↳ 중국에서 성대한 잔치상에 갖춘다고 하는 여덟가지의 맛좋은 진기한 음식

山村(산촌)에 不緊(불긴)하나

제 때의 別味(별미)로다.

川獵(천렵)을 하여 보세.

오늘 놀이 잘 되겠다.

굽이굽이 찾아가니,

봄빛이 남았구나.

은린옥척(銀鱗玉尺) 후려 내어
↳ 은빛으로 빛나는 싱싱한 물고기

솟구쳐 끓여 내니

이 맛과 바꿀소냐.

⇨ 4월의 풍속

팔월령

팔월이라 중츄(仲秋)되니
↳ 맹추=초추(초가을), 성추=중추(한가을), 만추=계추(늦가을)
ᄇᆡᆨ로(白露) 츄분 졀긔로다.
↱ 24절기의 15번 째, 9월 8일경(이슬 내리는 날)
↳ 9월 20일경 밤낮 길이가 같게 되는 날

북두셩(北斗星) 자로 도라
↳ 북두칠성의 자루부분이 돌아서
셔편(西便)을 가ᄅᆞ치ᄂᆡ,

선선ᄒᆞᆫ 죠셕 긔운
츄의(秋意)가 완연ᄒᆞ다.
↳ 가을뜻이, 가을다운 서늘한 기분이 뚜렷하다.

귀ᄯᅩ람이말근 쇼ᄅᆡ
벽간(壁間)에 들거고나.
아참에 안ᄀᆡ ᄭᅵ고
밤이면 이슬 ᄂᆞ려,
↳ 이슬은 백로 절기와 관련됨

ᄇᆡᆨ곡(百穀)을 셩실ᄒᆞ고
↳ 여물게 하고
만물을 ᄌᆡ촉하니,

들구경 돌나보니
힘드린 일 공생(共生)ᄒᆞ다.
↳ 공이 나타나다

ᄇᆡᆨ곡(百穀)의 이삭 ᄑᆡ고
↳ 알이 차
여믈 드러 고ᄀᆡ 숙어,
↳ '물알'의 사투리. 물알은 아직 여물지 아니하여 물기가 많고 말랑말랑한 곡식의 알.

셔풍(西風)에 익ᄂᆞᆫ 빗ᄎᆞᆫ
황운(黃雲)이 이러ᄂᆞᆫ다.
↳ 누렇게 익은 곡식

⇨ 8월의 절기와 들판 풍경

ᄇᆡᆨ셜 갓튼 면화송이
산호 갓튼 고초 다ᄅᆡ
↳ 고추 열매

쳠아에 너러시니
↳ 처마
가을볏 명낭ᄒᆞ다.
↳ 밝고 환하다

안팟 마당 닥가 노코
발ᄎᆡ 망구 작만ᄒᆞ쇼.
↱ 준비하소
물건을 옮길 때 쓰는 농기구 ↲ ↳ 곡물을 담는 그릇

면화 ᄯᆞᄂᆞᆫ 다락키에
↳ 다래끼, 망태기
수수 이삭, 콩가지오.

나무꾼 도라올 졔
머루 다ᄅᆡ 산과(山果)로다.
뒤동산 밤ᄃᆡ츄ᄂᆞᆫ
아이들 셰샹이라.
알암 모화 말이어라
↳ 알밤
쳘 ᄃᆡ여 쓰게 ᄒᆞ쇼.
↳ 제사 때

명지를 ᄭᆞᆫ허 내여
↳ 명주
추양(秋陽)에 마젼ᄒᆞ고
↳ 가을볕 ↳ 표백

ᄧᅩᆨ 드리고 잇 드리니
↳ 남빛(藍) ↳ 붉은 빛(紅.잇은 붉은 물감을 들이는 원료로 쓰이는 紅花)
청홍(靑紅)이 ᄉᆡᆨᄉᆡᆨ이라.

부모님 연만(年晩)ᄒᆞ니
↳ 연세가 많으니
슈의(襚衣)ᄅᆞᆯ 유의ᄒᆞ고,
↳ 시체에 입히는 옷을 유의하여 준비하고

그 남아 마루ᄌᆡ아
↳ 그 나머지는 재단하여
ᄌᆞ녀의 혼슈(婚需)ᄒᆞ셰.

⇨ 면화와 곡식과 과실

집 우희 굿은 박은

딥스리 뷔롤 미아
↳잡사리　↳만들어
↱비를

참씨 들씨 거둔 후의

담비 줄 녹두 말을
↳담배 한줄과 녹두 말을 팔아

장 구경도 ᄒ려니와

북어쾌 졋죠긔롤
↳북어 20마리와 조기젓으로

신도쥬(新稻酒) 오려숑편
↳햅쌀로 빚은 술
↱올벼 송편.

션산(先山)의 졔물ᄒ고
↳제사하고

며ᄂ리 말믜 바다
↳휴가

기 잡아 살마 건겨
↳개고기

쵸록 쟝옷 반믈 치마
↳남빛 치마

여름지어 지친 얼골
↳농사지어

즁츄야 붉은 달에
↳한가을

금년 홀 일 못 다ᄒ나

밀지 뷔여 더운가리
↳풀이름　↳소낙비에 논을 갈아
↱베어

싯스치 못 닉어도

인공(人功)만 그러홀가
↳사람의 일

반각(半刻)도 쉴 씩 업시
↳잠시

요긴흔 긔명(器皿)이라.
↳중요한 그릇이라

마당질의 쓰오리라.
↱타작

즁오려 타작ᄒ고,
↳생종 벼

아쇠야 쟉젼(作錢)ᄒ랴.
↳아쉬운 대로 돈을 준비한다

홍졍홀 것 잊지 마쇼.

츄셕 명일 쇠아 보세.
↱명절

박나믈 토란국을,

이웃집 눈화 먹시.
↳음복

⇨ 가을걷이와 추석쇠기(세시 풍속)

본집에 근친(近親) 갈 졔,
↳친정 부모를 뵈러 감

썩거리와 슐병이라.
↳떡상자와 술병

쟝속(裝束)ᄒ고 다시 보니,
↳차려입고

쇼복(蘇復)이 되얏ᄂ냐.
↳원기가 회복되었구나

지긔(志氣) 펴고 놀고 오쇼.
↳마음놓고

⇨ 며느리의 친정근친

망년 계교(計較) ᄒ오리라.
↳내년 계획하오리라

모믹(牟麥)울 츄경(秋耕)ᄒ식.
↳가세
↱밀고 보리를

급흔 대로 것고 갈쇼.

텬시(天時)도 이러ᄒ니,
↳하늘의 때도

맛츠며 시작ᄂ니.
↳마치면 새로 시작한다

⇨ 밀과 보리 추경

01 이 노래의 창작 의도를 바르게 말한 것은?

① 농민의 비탄을 노래하였다.
② 농민들을 깨우치고자 했다.
③ 농사를 권하여 생활을 안정시키고자 했다.
④ 잘못된 사회 구조를 혁파하고자 했다.

[정답] ③

풀이 〈농가월령가〉는 교훈적이고 계몽적인 가사 문학이다. 달과 절기에 따른 농가의 일과 풍속을 소개하는 노래이다.

02 ㉠에 들어갈 시구로 가장 적절한 것은?   [2016. 기상직 9급]

> 四月(사월)이라 孟夏(맹하) 되니
> (㉠   )
> 비 온 끝에 볕이 나니
> 日氣(일기)도 청화(淸和)하다.

① 입춘 우수 절기로다
② 경칩 춘분 절기로다
③ 청명 곡우 절기로다
④ 입하 소만 절기로다

[정답] ④

풀이 〈농가월령가〉 중 4월령의 일부이다. 따라서 음력 4월에 해당하는 절기가 들어가야 하므로 ④ '입하 소만 절기로다'가 적절하다.

봄	입춘(立春) → 우수(雨水) → 경칩(驚蟄) → 춘분(春分) → 청명(淸明) → 곡우(穀雨)
여름	입하(立夏) → 소만(小滿) → 망종(芒種) → 하지(夏至) → 소서(小暑) → 대서(大暑)
가을	입추(立秋) → 처서(處暑) → 백로(白露) → 추분(秋分) → 한로(寒露) → 상강(霜降)
겨울	입동(立冬) → 소설(小雪) → 대설(大雪) → 동지(冬至) → 소한(小寒) → 대한(大寒)

03 이 작품에 대한 설명이 잘못된 것은?

① 월령체 가사로 교술 장르이다.
② 고려가요 〈동동〉과 내용이 비슷하다.
③ 조선 시대 풍속을 엿볼 수 있다.
④ 일종의 월중 행사표이다.

[정답] ②

풀이 〈동동〉과 〈농가월령가〉는 모두 월령체 양식의 시가 문학으로 시상 전개 방식이 같다. 그러나 〈동동〉은 임을 송축하는 내용이어서 〈농가월령가〉와 다르다.

04 이 글에 나타난 화자의 태도와 가장 가까운 것은?

① 농사일이 힘들다는 것은 농민들의 경지 면적이 너무 넓은 반면에 노력이 모자라는 것이거나, 좋은 종자를 선택하지 않기 때문이다.

② 농사가 다른 일보다 못한 것은 그 대우가 선비보다 못하고, 이익이 상업만 못하고, 편안하기가 공업만 못하기 때문이다.

③ 무릇 농가의 일은 시기를 일찍 서두른 자가 또한 이르다. 그러므로 농정(農政)에서 중요한 것은 오직 때를 어기지 않는 데 있다.

④ 나라는 백성을 근본으로 하고 백성은 먹는 것을 근본으로 하는데, 농사는 의식의 근원이니 국정에 있어 무엇보다도 먼저 하여야 할 일이다.

[정답] ③

풀이 〈농가월령가〉는 농사일을 권면(勸勉)하고 풍속을 소개하였다.

05 아래 시는 농가월령가의 일부이다. 아래에 나온 내용은 음력 몇 월을 노래한 것인가?

[2014. 서울시 7급]

> 인가(人家)의 요긴한 일 장 담는 정사로다. 소금을 미리 받아 법대로 담그리라. 고추장 두부장도 맛맛으로 갖추하소. 전산에 비가 개니 살진 향채 캐오리라. 삽주 두릅 고사리며 고비 도랏 어아리를 일분은 엮어 달고 이분은 묻혀 먹세. 낙화를 쓸고 앉아 병술로 즐길 적에 산처의 준비함이 가효가 이뿐이라.

① 2월   ② 3월

③ 4월   ④ 5월

⑤ 6월

[정답] ②

풀이 장 담는 날로 보아 음력 3월 3일 삼짇날과 관련이 있다.

Memo

Part 8
민요

시집살이 노래
베틀 노래
논매기 노래

민중 속에서 자연적으로 발생하여 오랫동안 전해 구전 가요이다. 주로 노동이나 의식(儀式), 놀이 등을 위해 불렸다. 민요는 문학이면서 음악이며, 서민들의 소박한 생활 감정과 삶의 모습이 함축되어 있다.

조선 후기의 민요는 근대 개화기로 이어지면서 명맥을 이어 나갔다. 주로 삶의 고달픔을 탄식하고 이를 나름대로 견뎌 나가는 삶의 긍정적 자세가 드러난다. 이는 시대적 현실을 수용하는 평민들의 의식과 밀접한 관련이 있다.

(1) 내용

노동의 고달픔이나 보람, 삶의 애환, 남녀의 애틋한 사랑, 윤리 의식, 놀이의 표현 등 다양하다.

(2) 형식

연속체의 긴 노래로, 대개 후렴이 붙기도 한다. 3음보 혹은 4음보의 노래가 주류를 이루며 4음절, 4음보의 노래가 많다.

(3) 특징

① 서민들의 생활 감정과 삶이 함축되어 있고, 노동이나 의식, 놀이를 위해 불렀다.

> 예 논매기 노래, 타작 노래(노동요), 상여 노래(의식요), 강강술래(유희요), 아리랑, 시집살이 노래(하소연) 등

② 3음보와 4음보의 연속체의 긴 노래가 많고 대개 후렴구가 붙었다.

> 예 아리랑 아리랑 아라리요 아리랑 고개로 넘어간다. 나를 버리고 가시는 님은 십 리도 못 가서 발병난다.('아리랑')

③ 다양한 가창 방식으로 불렀다.

> 예 선후창, 교환창, 독창, 제창 등

④ 스스로 완결성을 지니기도 하나 다른 양식(갈래)에 이용되거나 결합하여 독특한 양식을 창출하기도 하였다.

Check 문제

01 글의 (   ) 안에 알맞은 단어는? [2002. 서울시 9급]

> 구비 문학(口碑文學)의 여러 영역 중에서 오랫동안 (   )만 홀로 우대를 받았다. 중세적인 지배 체제를 다지는 예악(禮樂)을 이룩하면서 (   )을/를 받아들여 향악(鄕樂) 또는 속악(俗樂)을 편성하는 것이 오랜 관례였으며, 고려 후기에는 (   )에서 새롭게 상승한 속악이 새삼스럽게 커다란 구실을 하였다.

① 설화 ② 신화 ③ 민담
④ 시조 ⑤ 민요

[정답] ⑤

> 풀이 속악은 고려가요를 일컫는 말로, 민요적 성격을 지니므로 빈칸에는 '민요'가 들어가는 것이 적합하다.
> ① 설화, ② 신화는 모두 ③ 민담에 해당하며, ④ 시조는 기록 문학이다.

시집살이 노래

 **주제**

고된 시집살이의 한과 체념

특징

'시집살이'는 예나 지금이나 우리나라 여성들의 다양한 삶의 체험 중에서도 가장 힘들고 어려운 것이기 때문에 '시집살이의 어려움과 괴로움'은 여성 문학의 중요한 주제가 되었으며, 시집살이 노래도 헤아릴 수 없이 많다. 자연히 '시집살이요'는 여성들이 부르던 민요, 즉 부요(婦謠) 중에서 대표적인 것이 되었다. 이 노래에는 봉건적 가족 관계 속에서 겪는 여성의 한스러운 삶과 체념이 잘 표현되어 있다.

① 시집살이 노래는 여성들이 부르던 민요, 즉 부요(婦謠)이다. 봉건적 가족 관계 속에서 겪는 서민 여성의 고통과 좌절, 허무와 애환 등 한스러운 삶이 적나라하게 반영된 민요이며, 한국민요의 정화라 할만큼 삶의 진솔함과 소박함이 잘 드러나 있다.

② 이런 시집살이 노래는 전국 각 지방에 분포되어 있으며, 내용은 조금씩 다르다. 경상북도 경산 일대에서 채록한 이 노래는, 평범한 일상어로 되어 있으면서도 언어의 묘미를 잘 살리고 있으며, 짙은 한(恨)과 함께 해학성이 응축되어 있는 등 높은 문학성을 지니고 있는 작품이다.

③ 이 작품에는 민요에 쓰이는 여러 가지 표현법이 다양하게 나타나고 있다. 사촌 자매가 대화하는 방식으로 시작하여 각 행마다 대구와 대조, 반복과 열거 등 다양한 표현 방법을 풍부하게 사용하고 있다. 이 노래에서 취한 4음보의 율격 형태는 3, 4음절 정도 크기의 소리마디 넷이 모여 한 행을 이루어, 매우 안정되고 균형 잡힌 호흡을 가지기 때문에 느릿한 가락으로 길게 이어지는 민요와 가사에 매우 적합하다.

④ 특히 여러 시댁 식구와 자기 자신을 새에 비유하고, 자식들을 오리, 거위에 비유해서 해학적으로 표현한 것이 흥미롭다. 이런 다양한 표현은 이 민요가 구전되는 과정에서 자연스럽게 다듬어진 것이다.

성격

부요(婦謠) – 당대 여성들의 보편적 삶의 체험, 혹은 정서의 표현

형식

4음보 가사체, 대화체

(1) 구성

기, 서, 결

(2) 내방 가사와 시집살이 노래

구 분	내방 가사	시집살이 노래
향유 계층	사대부집 부녀자	서민 계층
작자의 태도	순종과 체념	고발과 항거

(3) 이 노래에 나타난 삶의 모습

시집살이의 고뇌와 그로 인한 항거가 사실적으로, 숨김없이 드러나 호소력을 가진다. 그러면서도, 결말에 가서는 해학적 언어로 처리하여 노동의 피로를 풀고, 화해로 풀어나가는 삶의 지혜를 나타내고 있다.

(4) 리듬과 표현

전체적으로 4 · 4조의 리듬을 그 기본으로 하고 있다. 또한 '형님 형님 사촌 형님, 이애 이애 그 말 마라, 둥글둥글 수박 식기, 도리도리 도리 소반' 등 일상어의 반복을 통하여 묘한 리듬감을 살리고 있다. 그리고 배꽃과 호박꽃, 삼단과 비사리춤, 백옥과 오리발 등의 대조를 통하여 표현의 묘(妙)를 얻고 있다.

(5) 작중 인물의 태도

대화 형식으로 되어 있는 이 작품에서 두 작중 인물은 결혼생활에 대해 서로 다른 태도를 보인다. 시집 안 간 사촌 동생은 시집살이에 대한 호기심과 기대감을 가지고 있다. 이에 반해, 사촌 언니는 '이애 이애 그 말 마라'라 하여 시집살이의 고됨을 토로하고 있다.

〈기〉 형님의 근친.

(가)

"형님 온다 형님 온다 보고저즌 형님 온다.
▶ 시집갔던 형님(언니)이 친정 부모를 뵈러 온다. 근친(近親)온다. ⇒ 반복법

형님 마중 누가 갈까 형님 동생 내가 가지.

형님 형님 사촌 형님 시집살이 어뗍데까?"
↳ 대화형식   ↳ 동생은 시집살이 동경. 형님은 시집살이 한탄

〈서〉 고된 시집살이.

(나)

"이애 이애 그 말 마라 시집살이 개집살이.
▶ 여자가 겪어야 하는 시집살이를 개집살이라고 표현했다. 이는 시집살이가 맵고 고되다는 뜻과 시집에
  대한 개집은 언어 유희적 기교를 통해 해학적 표현 효과를 노린 것이다.

앞밭에는 당추 심고 뒷밭에는 고추 심어,
▶ 고추와 당추는 같은 것이나 음의 조화로운 배치를 노린 표현임.

고추 당추 맵다 해도 시집살이 더 맵더라.

둥글둥글 수박 식기 밥 담기도 어렵더라.
↳ 식기의 모양

도리도리 도리 소반(小盤) 수저 놓기 더 어렵더라.
↳ 밥상의 일종으로 둥근 소반.
                              ▶ 식구가 많기 때문에 부엌일이 고된 시집살이란 것을 엿볼 수 있다.

오 리(五里) 물을 길어다가, 십 리(十里) 방아 찧어다가
↳ 오리나 떨어진 곳에서 물을 길어다가.

아홉 솥에 불을 때고 열두 방에 자리 걷고,
↳ 대가족임을 알 수 있다.
                        ▶ 시집살이의 일상사를 구체적으로 열거하여 강조하는 효과를 내고 있다. 열거법.

외나무다리 어렵대야 시아버님같이 어려우랴?
↳ 시아버지 앞에서의 행동이 외나무다리를 건너기보다 더 조심스럽고 어렵다는 뜻.

나뭇잎이 푸르대야 시어머니보다 더 푸르랴
▶ (나뭇잎이 푸르다고 하는데) 시어머니보다 더푸르겠느냐는 뜻의 설의적 표현이다. '푸르다'는 것은
  '서슬이 퍼렇다'는 뜻으로, 시어머니의 서슬 푸른 모습이 푸른 나뭇잎보다 더하다는 말.

시아버니 호랑새요 시어머니 꾸중새요,
↳ 호랑이 같이 무서운 새   ↳ 호되게 꾸중하는 새
                      ↳ 성 잘 내는 새.
동세 하나 할림새요 시누 하나 뾰족새요,
↳ 동서   ↳ 남의 허물을 잘 고해 바치는 새
                    ▶ '때리는 시어미보다 말리는 시누이가 더 밉다'는 속담처럼 시누는 며느리에게
                      성 잘 내는 새, 곧 뾰족새로 묘사되어 있다.

시아지비 뽀중새요 남편 하나 미련새요,

└ 어리석고 둔한 새.

└ 퉁명스럽게 꾸중하며 한편으로 마음에 차지 않아 성을 잘 내는 새.

▶ 가부장적 사회에서 남편의 미련함에 대한 원망의 뜻이 내포되어 있는 말이다.
남편을 어리석고 둔한 새로 묘사하여 시집살이의 고통을 간접적으로 표현하였다.

자식 하난 우는 새요 나 하나만 썩는 샐세.

└ 나 혼자만 썩고 있네.

귀먹어서 삼 년이요 눈 어두워 삼 년이요,

말 못하여 삼 년이요 석 삼 년을 살고 나니,

배꽃 같던 요 내 얼굴 호박꽃이 다 되었네.

삼단 같던 요 내 머리 비사리춤이 다 되었네.

싸리 껍질 모양으로 거칠어졌네.
'비사리'는 미투리 바닥을 삼는 데에 쓰이는 싸리껍질.
└ '춤'은 가늘고 기름한 물건의 한 손으로 쥘 만한 분량

└ 삼(麻) 묶음   └ 숱이 많고 길게 늘어졌던
                   내 머리카락 → 숱이 많고 길던 머리

백옥 같던 요 내 손길 오리발이 다 되었네.

열새 무명 반물치마 눈물 씻기 다 젖었네.

아주 고운 무명. 반물빛의 치마. 검은 남색 치마.

두 푹 붙이 행주치마 콧물 받기 다 젖었네.

〈결〉 해학적인 체념.

(다)

울었던가 말았던가 베개 머리 소(沼) 이겼네.

└ (눈물이) 소를 이루겠네.

그것도 소(沼)이라고 거위 한 쌍 오리 한 쌍

└ '어린 자식들'을 비유함

쌍쌍이 때 들어오네."

└ 1) 어머니 품을 파고드는 자식들의 모습
2) 슬픔을 해학적으로 승화(화자가 슬픔으로 함몰되는 것을 극복하게 해 줌)

01 이 노래에 대한 설명으로 적절하지 않은 것을 모두 고르면?

① 언어 유희와 과장적 기교가 두드러진다.
② 자신이 겪은 삶의 감정을 직접적으로 솔직하게 표현하고 있다.
③ 대가족 제도에서 시집살이의 고달픔을 노래하고 있다.
④ 고통과 불행을 거부하고 저항하고 있다.
⑤ 두 여인의 대화 형식으로 되어 있다.
⑥ 여성 탄압에 대한 적극적 대응 자세가 보인다.

[정답] ④, ⑥

풀이 화자는 마지막에서 시집살이의 고충을 체념하고 있다(④). 형님과 사촌 동생의 대화는 시집 살이의 고충을 토로하는 것이다. 적극적인 대응 자세를 보이지는 않는다.

02 이 노래에 대한 설명과 그에 대한 평가로 적절하지 않은 것은?

	설명	설명에 대한 평가
①	계급 문학이다.	그럴 수 있다. 양반 가문에 출가한 서민 여성의 시집에 대한 적대감을 나타낸 노래이므로 계급 문학이라 할 수 있다.
②	부요(婦謠)이다.	그렇다. 전근대 사회에서의 여성의 한을 절실하게 표현한 여성들만의 노래이다.
③	박해받은 자의 정신적인 보복일 수도 있다.	그럴 수 있다. 시집 식구들이 한결같이 못된 인물로 묘사되어 있는 것으로 보아 그러한 짐작을 해 볼 수도 있다.
④	사회상이 반영되어 있다.	그렇다. 이러한 시집살이 노래가 비슷한 내용으로 각 지방에 널리 분포되어 있는 것으로 보아 당시 여성들의 고된 삶을 짐작할 수 있다.
⑤	서민들의 노래이다.	그렇다. 서민들이 지은 노래는 내용에 가식이 없고 시어가 투박한 것이 특징인데, 이 노래는 그러한 특징을 지니고 있다.

[정답] ①

풀이 민요인 '시집살이 노래'는 계급문학과는 관련이 없다. 참고로 계급문학은 계급 간의 갈등이나 계급 의식을 다룬 문학을 이르는 말이다.

03 이 작품에 등장하는 시집 식구들의 성격으로 알맞지 않은 것은?

① 시아버지: 호랑이처럼 무섭고 엄격하다.
② 시어머니: 권세가 대단하고 매사를 불만스러워 한다.
③ 동서: 남의 허물을 잘 고해바치는 고자질쟁이다.
④ 시아주버니: 표정은 부드러우나 매사를 못마땅해 한다.

[정답] ④

풀이 시아주버니를 비유한 '뾰중새'는 매사에 못마땅하여 표정이나 모습이 무뚝뚝하고 정답거나 상냥함이 나타나지 않는 사람을 비유한 것이다.

04 이 노래에 대한 설명으로 가장 적절하지 않은 것은?

[2021. 경찰직 2차]

① 후렴이 없는 4음보 연속체 민요이다.
② 고된 시집살이를 익살과 해학으로 표현했다.
③ 과장, 대구, 은유, 언어유희의 표현기법이 쓰였다.
④ 상황을 풍자적으로 그려 자기 반성적 태도가 나타난다.

[정답] ④

풀이 시집살이하는 며느리의 힘든 상황을 표현하기 위해 가족들을 비유적으로 표현하며 해학적인 내용을 담고 있따. 과거 여인의 힘든 시집살이를 풍자했다고 볼 수는 있으나 자기 반성적 태도가 나타나지는 않았다. 화자는 자신의 힘든 상황을 한탄하고 있다.

오답 ① 해당 노래는 후렴구가 없다. '형님 온다 / 형님 온다 / 분고개로 / 형님 온다'로 끊어 읽는 4음보 율격이 나타난다. 4음보로 계속 노래를 부르기 때문에 연속체이다.
② 시집살이를 '개집살이'에 비유하고, 시집살이를 고추보다 맵다는 등 익살과 해학이 드러난다.
③ '오 리 물을 길어다가 십 리 방아 찧어다가'는 과장, '형님 마중 누가 갈까 / 형님 동생 내가 가지'는 대구, '시집살이 개집살이'는 은유와 언어유희.

05 이 노래를 연극으로 각색할 때 가장 적절하지 않은 것은?

[2021. 경찰직 2차]

① 시집간 형님을 반갑게 맞이하는 동생의 모습
② 둥글게 생긴 작은 밥상에 어렵게 상차림을 하는 모습
③ 울고 있는 여인 뒤에서 몰래 다독여 주는 남편의 모습
④ 뻣뻣한 머리칼을 만지며 결혼 전 자신을 상상하는 모습

[정답] ③

풀이 이 노래에서 남편은 '미련새'로 비유되었다. 남편은 아내의 고된 시집살이를 위로해 주기 보다는 상황을 이해하지 못하는 어리석은 대상으로 보아야 한다.

오답 ① '형님 마중 누가 갈까 형님 동생 내가 가지'는 시집간 형님을 반갑게 맞이하는 동생의 모습이다.
② '둥그둥글 수박 식기 밥 담기도 어렵더라'
④ '삼단 같던 요내 머리 비사리춤이 다 되었네'

베틀 노래

민요

내용

이 노래는 강원도 통천 지방에서 전해지는 민요이다. 옛날에 여인들이 베짜기의 고달픔과 지루함을 덜기 위해 부르던 노동요의 하나이다. 4·4조, 4음보의 연속체로 되어 있으며, 전체적인 구성은 베짜기와 관련된 노동을 시간 순서에 따라 나열하고 있는데, 뽕잎을 따서 누에를 키우고, 누에고치에서 물레로 실을 뽑고, 그 실로 베틀에서 명주를 짜서, 이를 햇볕에 바래게 하고 올을 고르고, 완성된 명주로 버선과 옷을 짓는 과정이 그것이다. 이를 표현하는 과정에서 1, 2행에서는 '칼'과 '올'을 의도적으로 반복시킨 언어 유희로써 웃음을 자아내고, 5행에는 자신이 베를 짜는 선녀라고 상상하여 지루함을 덜어 보려는 낭만적인 환상이 나타나며, 9행과 10행에서는 베짜기의 결과로 얻을 보람을 상기하며 고달픔을 잊어 보고자 했다.

주제

베짜기의 고달픔을 덜기 위한 노래

특징

'베틀 노래'는 부녀자들이 베를 짜면서 그 과정을 노래한 대표적인 부요(婦謠)이다. 봉건 시대의 여인들이 베를 짜면서 그 고달픔을 잊기 위해 베틀에 앉아 부른 것으로, 영남 지방에서 비롯되어 전국에 널리 퍼졌다. 지방마다 내용이 조금씩 다르나 근본 뜻은 거의 비슷하다. 내용은 베틀 기구들을 여러 가지로 의인화(擬人化)하고, 혹은 고사(故事)에 비겨 익살스럽게 노래한 것이다. 영남 지방의 베틀 노래를 보면, 먼저 베를 짜는 과정을 노래하고, 다음에 그 베로 임이 입을 도포(道袍)를 지어 지었더니 뜻밖에도 임이 죽어서 돌아와 맺힌 한을 풀 길이 없다고 되어 있다.

성격

노동요(勞動謠)

형식

4·4조, 4음보

추보식 구성. 뽕잎을 따는 데서 옷을 짓기까지의 과정을 시간 순서대로 노래함.

1～2행	김 매러 오가며 뽕을 땀
3～8행	실을 뽑아 비단을 짬
9～10행	비단으로 가족의 옷을 지어 줌

표현

언어 유희, 대구법, 반복법

> 기심 매러 갈 적에는 갈뽕을 따 가지고
> 기심 매고 올 적에는 올뽕을 따 가지고
> 삼간방에 누어 놓고 청실 홍실 뽑아 내서
> 강릉 가서 날아다가 서울 가서 매어다가
> 하늘에다 베틀 놓고 구름 속에 이매 걸어
> 함경나무 바디집에 오리나무 북게다가
> 짜궁짜궁 짜아 내어 가지잎과 뭅거워라.
> 배꽃같이 바래워서 참외같이 올 짓고
> 외씨 같은 보선 지어 오빠님께 드리고
> 겹옷 짓고 솜옷 지어 우리 부모 드리겠네.
>
> ▶ 기심 매러: 김 매러
> ▶ 누어: 누에
> ▶ 날아다가: (명주, 베, 무명 따위를) 길게 늘여서 실을 만들어
> ▶ 매어다가: 옷감을 짜기 위해 날아 놓은 날실에 풀을 먹이고 고루 다듬어 말리어 감아다가
> ▶ 이매: 잉아. 베틀의 날실을 한 칸씩 걸러서 끌어 올리도록 맨 굵은 실
> ▶ 바디집: 바디(베틀에 달린 기구)를 끼우는 데
> ▶ 짜궁짜궁: 의성어
> ▶ 잎: 명주실의 한 바람을 세는 단위
> ▶ 바래워서: 빛이 바래게 하여. 표백해서
> ▶ 올: 실이나 줄의 가닥
> ▶ 보선: 버선

• 기심 매러 갈 적에는~올뽕을 따 가지고: '갈 적'과 '갈뽕', '올 적'과 '올뽕'은 웃음을 자아내기 위해 의도
적으로 '갈'과 '올'을 반복시킨 언어 유희에 해당할 뿐, 아무런 의미도 가지지 않는다. '올뽕'이라는 표
현 자체에는 비교적 이른 시기에 난 뽕잎을 뜻하는 말이므로 의미가 있다고 할 수도 있지만, '갈뽕'은

언어 유희로 사용된, 아무런 의미가 없는 말이다. 나아가 1행과 2행은 대구와 반복을 이용하여 운율의 효과를 살리고 있다.

- **강릉 가서 날아다가~구름 속에 이매 걸어:** 베짜기의 과정을 환상적으로 표현한 부분이다. 일상적인 노동의 지루함과 고달픔을 덜기 위해 강릉과 서울이라는 먼 거리, 하늘과 구름이라는 환상적인 이미지를 끌어들인 것이다. 특히 하늘과 구름을 끌어들인 표현은 화자 자신이 베를 짜는 선녀, 즉 '견우와 직녀' 설화 속의 직녀(織女)라고 생각하는 즐거운 상상을 나타내 준다. 1,2행과 마찬가지로 대구법을 사용하여 리듬감을 조성하고 있다.

- **외씨 같은 보선 지어~우리 부모 드리겠네.:** 부모에 대한 효도와 형제 간의 우애가 나타나 있는 부분이다. 노동요에는 이와 같이 그 노동의 결과물로 무엇을 하겠다는 내용이 들어가 있는 경우가 많은데, 이는 노동의 고달픔을 그 보람으로써 덜어 보려는 데 이유가 있다.

Check 문제

01 이 노래에 대한 설명으로 적절하지 않은 것은?
① 4 · 4조의 연속체이다.
② 베 짜는 모습을 묘사하였다.
③ 우애와 효친을 강조하고 있다.
④ 현실의 모순에 대해 비판하고 있다.

[정답] ④

[풀이] 베를 짜면서 그 과정을 드러낸 구전 가요로, 비판적 시각을 드러내지 않는다.

02 이 노래에 사용된 표현 기법과 거리가 먼 것은?
① 봄이 혈관 속에 시내처럼 흘러.
② 사랑을 사랑이라 하면 이미 사랑이 아니다.
③ 여시는 여시끼리, 까마귀는 까마귀끼리.
④ 흰머리가 삼천 장이나 길어 버렸네.

[정답] ②

[풀이] ②는 역설법이다. 이 노래에는 역설법이 사용되지 않았다.

[오답] ① 직유법, ③ 대구법, ④ 과장법

03 이 노래에 드러나는 화자의 태도로 적절한 것은?
① 베를 짜는 일을 천직(天職)으로 생각하며 자부심을 가지고 있다.
② 베를 짜는 노동을 하면서 느끼는 고단함 심정을 하소연하고 있다.
③ 베를 짜는 고되고 지루한 노동 속에서도 꿈과 희망을 잃지 않고 있다.
④ 베를 짜는 일을 하 수밖에 없는 자신의 가난한 처지를 비관하고 있다.

[정답] ③

[풀이] '하늘에다 베틀 놓고~가지잎과 뭅거워라.'에서 힘든 노동의 과정에서도 꿈을 잃지 않고 낭만을 지닌 화자의 태도를 짐작할 수 있다.

04 다음 작품에 대한 설명으로 적절하지 않은 것은?

[2019. 소방직]

> 기심 매러 갈 적에는 갈뽕을 따 가지고
> 기심 매고 올 적에는 올뽕을 따 가지고
> 삼간방에 누어 놓고 청실홍실 뽑아내서
> 강릉 가서 날아다가 서울 가서 매어다가
> 하늘에다 베틀 놓고 구름 속에 이매 걸어
> 함경나무 바디집에 오리나무 북게다가
> 짜궁짜궁 짜아 내어 가지잎과 몹거워라
> 배꽃같이 바래워서 참외같이 올 짓고
> 외씨 같은 보선 지어 오빠님께 드리고
> 겹옷 짓고 솜옷 지어 우리 부모 드리겠네
>
> ─ 작자 미상, 〈베틀 노래〉 ─

① 노동 현실에 대한 한과 비판이 드러나 있다.
② 대구법과 직유법 등의 표현 기법을 사용하고 있다.
③ 4 · 4조의 운율과 언어 유희로 리듬감을 형성하고 있다.
④ 화자의 상상력을 바탕으로 과장되게 표현한 부분이 나타나 있다.

[정답] ①

풀이 〈베틀 노래〉는 베 짜는 노동의 고달픔을 덜고 삶의 애환을 드러내고자 하는 민요이자 노동요이다. 또한 이 노래는 가족들에 대한 애정을 드러내면서 삶에 대한 애정을 표현하였다. 노동 현실에 대한 한과 비판은 이 노래와 관련이 없다.

오답 ② '기심 매러 갈 적에는 갈뽕을 따 가지고 / 기심 매고 올 적에는 올뽕을 따 가지고'에서 대구법을 확인할 수 있다. '배꽃같이 바래워서 참외같이 올 짓고'에서 직유법을 확인할 수 있다.

③ 4 · 4조, 4음보의 민요적 율격이 드러난다. '갈뽕', '올뽕' 등에서 언어유희와 리듬감을 확인할 수 있다.

④ '강릉 가서 날아다가 서울 가서 매어다가 / 하늘에다 베틀 놓고 구름 속에 이매 걸어'의 과장된 표현으로 화자의 상상력을 드러내고 있다.

논매기 노래

주제

농사일의 기쁨과 보람. 농민들의 애환과 희망. 노동의 피로를 덜기 위한 노래

특징

이 노래는 충북 영동 지방에서 채록한 민요로, 농민들이 논매기, 즉 논의 김을 맬 때 부르는 노래로 흥겹게 일을 하기 위한 노동요이다. 민중의 생활 감정을 소박하게 반영하는 민요의 일반적 성격이 잘 드러나 있으며, 이를 통해 힘들고 고된 농사일을 즐거움으로 승화시켰던 선인들의 슬기를 엿볼 수 있는 작품이다. 아울러 이 노래에는 농사일을 천직으로 생각하는 민중들의 낙관적인 정서가 그들의 일에 대한 긍지와 자부심과 함께 잘 반영되어 있다. 이 노래는 먼저 선소리꾼이 2장단이나 4장단의 앞소리를 부르면 나머지 일꾼들이 후렴격인 뒷소리를 불러 준다. 또 노래의 속도는 일의 진행에 따라 변하는데, 처음에는 늘게 시작하여 차차 빨라진다.

성격

농업 노동요. 선후창요(先後唱謠). 돌림노래
① 선소리꾼이 2장단이나 4장단의 앞소리를 부르면 나머지 일꾼들이 후렴격인 뒷소리를 부름.
② 노래의 속도는 일의 진행에 따라 변하는데, 처음에는 느리게 시작하여 차차 빨라짐.

형식

3 · 4조, 4음보

표현

반복법, 열거법

㉠ 잘하고 자로 하네 에히요 산이가 자로 하네. (후렴)

이봐라 농부야 내 말 듣소 이봐라 일꾼들 내 말 듣소.
잘하고 자로 하네 에히요 산이가 자로 하네.

㉡ 하늘님이 주신 보배 편편옥토(片片沃土)가 이 아닌가.
잘하고 자로 하네 에히요 산이가 자로 하네.

물꼬 찰랑 돋아 놓고 쥔네 영감 어디 갔나.
잘하고 자로 하네 에히요 산이가 자로 하네.

잘한다 소리를 퍽 잘하면 질 가던 행인이 질 못 간다.
잘하고 자로 하네 에히요 산이가 자로 하네.

잘하고 자로 하네 우리야 일꾼들 자로 한다.
잘하고 자로 하네 에히요 산이가 자로 하네.

이 논배미를 얼른 매고 저 논배미로 건너가세.
잘하고 자로 하네 에히요 산이가 자로 하네.

담송담송 닷 마지기 반달만치만 남았구나.
잘하고 자로 하네 에히요 산이가 자로 하네.

일락서산(日落西山)에 해는 지고 월출동령(月出東嶺)에 달 돋는다.
잘하고 자로 하네 에히요 산이가 자로 하네.

잘하고 자로 하네 에히요 산이가 자로 한다.
잘하고 자로 하네 에히요 산이가 자로 하네.

잘하고 못하는 건 우리야 일꾼들 솜씨로다.

▶ 산이: 광대와 재주꾼을 이르는 말이나 여기서는 농부나 일꾼들을 통틀어 이르는 말인 듯함.
▶ 편편옥토: 어느 논밭이나 모두 비옥함. 비옥한 토지
▶ 물코: 논배미에 물이 넘어 흐르게 만들어 놓은 어귀
▶ 질: '길'의 사투리
▶ 논배미: 논과 논 사이을 구분하여 놓은 곳
▶ 담송담송: 좀 성기거나 드문드문한 모양. '듬성듬성'의 사투리
▶ 마지기: 논밭의 넓이를 나타내는 단위
▶ 일락서산(日落西山): 해가 서산에 넘어감
▶ 월출동령(月出東嶺): 달이 동쪽 고개로부터 솟아오름
▶ 물꼬 찰랑 돋아 놓고: 물꼬를 터서 논에 물이 넘칠 정도로 가득 담아 놓고
▶ 잘한다 소리를 퍽 잘하면 질 가던 행인이 질 못 간다.: 일을 부지런히 하지 않고 잘한다 소리만 하면 길 가던 행인이 발걸음을 떼어 놓지 못한다. 말로 하기보다 행동으로 열심히 하라는 말이다.
▶ 담송담송 닷 마지기 반달만치만 남았구나.: 논 다섯 마지기가 반달만큼 남았다는 뜻으로 일이 얼마 남지 않았으니 빨리 하자는 독려의 뜻도 내포되어 있다.

01 이 노래에 대한 설명으로 적절하지 않은 것은?

① 주로 앞소리는 합창으로, 뒷소리는 독창으로 불렀다.
② 규칙적인 운율을 반복하여 음악적인 효과를 거두고 있다.
③ 힘든 농사일의 피로를 잊고 일의 능률을 높이기 위해 불렀다.
④ 선소리꾼과 일꾼들이 서로 주고받는 방식으로 노래하고 있다.

[정답] ①

풀이 앞소리는 선소리꾼의 독창으로, 뒷소리는 일꾼들의 합창으로 부른다.

02 이 노래에 나타난 후렴구의 기능을 바르게 설명한 것은?

① 여러 사람이 함께 부름으로써 흥을 돋우는 구실을 한다.
② 선명한 이미지를 제시하여 주제를 강조하는 구실을 한다.
③ 특별한 의미를 지니면서 노래의 시작과 끝을 알리는 구실을 한다.
④ 일반 민중들의 고달픈 삶을 진솔하게 드러내는 구실을 한다.

[정답] ①

풀이 소리를 잘하는 선창자가 먼저 소리를 메기면 여러 사람의 후창자가 후렴구를 같이 부름으로써 흥을 돋우게 된다.

03 이 노래에 대한 설명으로 적절하지 않은 것은?

[2010 법원직 9급]

① 4음보를 기본으로 3·4조 또는 4·4조의 음수율이 구사되었다.
② 논에 모를 내면서 노동의 능률을 높이기 위해 부른 민요이다.
③ ㉠은 모든 사람들이 함께 부르는 부분으로 흥을 돋우어 피로를 잊게 한다.
④ ㉡은 농부들의 자부심이 가장 잘 드러나 있는 부분으로 낙천성을 잘 드러낸다.

[정답] ②

풀이 이 작품의 내용은 '모내기'가 아니라 '김매기'이다. 한편 이 노래는 노동요이므로, '노동의 능률을 높이기 위해 부른 민요'라는 점은 옳다.

Memo

Part 9
잡가

유산가(遊山歌)

(1) 개념과 발생 배경

조선 후기 하층 계급의 전문 소리꾼에 의해 불리던 긴 노래이다. 양반 계층의 가사와 대비되어 잡가라는 명칭이 붙었다. 잡가는 조선 후기에 정격 가사가 정형성을 잃어버리면서 대중들이 부르는 가요의 혼합 형태로 나타났다. 즉 가사, 민요, 시조, 판소리 등 기존의 여러 양식들이 혼합되어 형성된 변형 장르라고 할 수 있다.

(2) 내용

남녀 간의 애정, 자연의 아름다움과 풍류, 삶의 애환, 해학과 익살 등의 다양한 내용이 담겨 있다. 대체적으로 유흥적, 쾌락적, 세속적인 성격이 강하다.

(3) 특징

상층 문화에 대한 모방 심리가 강하게 반영되어 현학적인 한자어구와 중국 고사 등이 나열되는 부분이 많다. 잡가의 특성인 문체의 이중성, 즉 상층 언어(한자어)와 하층 언어(판소리 문체를 비롯한 우리말의 구사)의 이중적인 성격은 여기서 연유한다.

(4) 형식

4·4조, 4음보의 가사의 율격을 기본으로 하나 파격이 심하다.

(5) 잡가의 종류

① **경기 잡가**: 서울·경기 지방에서 유행한 잡가. 맑고 깨끗한 느낌을 준다.
  ㉠ **휘몰이 잡가**: 빠른 율동에 따라 말을 계속 열거한다. 사설시조와 유사하다.
    예 맹꽁이 타령, 바위 타령
  ㉡ **십이잡가**: 서울을 중심으로 한 서민층의 노래. 긴 잡가라고도 하며, 대개 판소리에서 유래했다.
    예 유산가, 적벽가, 선유가, 소춘향가, 평양가, 십장가, 형장가, 집장가, 제비가, 월령가, 방물가, 출인가 등
② **서도 잡가**: 평안도, 황해도 지방에서 유행한 잡가. 애절하고 탄식하는 느낌을 준다.
    예 변가, 수심가 등
③ **남도 잡가**: 주로 전라도 지방에서 유행한 잡가. 억양이 분명하다는 특성을 지닌다.
    예 육자배기, 새타령 등

Check 문제

01 다음 중 이야기, 노래, 몸짓으로 표현되지 않는 것은? [2002. 서울시 9급]

① 잡가 ② 판소리
③ 무가 ④ 꼭두각시 놀음
⑤ 탈춤

[정답] ①

풀이 잡가는 하층 전문 소리꾼(사계축, 삼패 기생 등)의 유흥적인 노래이다.
반면 ②, ③, ④, ⑤는 모두 연희성이 강한 공연 예술의 장르이다

유산가(遊山歌)

내용

이 작품은 화창한 봄날의 아름다운 경치를 노래한 것이다. 그런데 자연에 대한 예찬적 묘사로 일관하고 있는 점으로 보아, 이 노래가 삶의 한 면인 유흥적 태도에 중점을 두고 있다는 사실을 알 수 있다.

출전

《증보신구시행잡가》

주제

봄날 자연의 경치 완상과 흥취

특징

① 이 노래는 조선 후기에 형성되어 서울을 중심으로 널리 불렸던 12잡가(雜歌) 중의 하나이며 대표적인 작품이다. 음악적으로 조금 지체가 떨어지는 사계(四契)축[현재 서울 청파동 일대의 소리패들]이나 삼패(三牌) 기생들에 의해 불렸던 것이다. 따라서, 이 노래는 하층 계급의 노래라고 할 수 있다. 따라서 누가 언제 지었다고 하기보다 오랫동안 널리 불리워지면서 보태지고 빼고 와전되고 바뀌고 하는 동안 지금의 것으로 정착되었다. 잡가도 넓은 의미로는 민요의 하나이다. 구태여 구별하자면 이 노래는 우선 양반 가사의 영향을 깊이 받았다는 것이 중요한 차이점이라고 할 수 있다. 민요와는 달리 고사성어나 한시 표현을 많이 원용하고 있다는 점에서 하층 문화이면서도 상층 문화를 모방하려 했다는 특색을 지니고 있다는 것이다. 또한 창자(唱者)가 비록 지체는 낮더라도 전문인이라는 점에서 판소리 광대와 성격이 비슷하다는 점도 특징으로 꼽을 수 있다.

② 이 노래를 이루고 있는 표현은 두 가지 색다른 경향을 보이고 있음을 주목할 필요가 있다. '죽장망혜 단표자'로부터 시작되는 한시문의 구절과 고사성어가 한자 문화의 영향 아래에서 이루어졌던 상층 문화의 표현이라고 한다면, 폭포수의 묘사에서 등장하는, 의성어를 중심으로 한 순 우리말 표현은 쏟아져 내리는 물의 흔쾌함과 생동감을 두드러지게 하고 있다.

잡가. 평민가사 계통의 잡가

감각적, 서경적, 자연 예찬적, 묘사적, 유흥적, 향락적

4 · 4조, 4음보격을 기조로 함

'서사, 본사, 결사'의 3단 구성

의성어와 의태어를 적절하게 구사하여 순수 국어의 묘미를 잘 살렸다. 상투적 한자어와 중국 고사, 한시 구절을 남용하였다. 시각적, 청각적 심상어을 통해 생동감 넘치게 표현하였다. 대구법, 은유법, 의태법을 효과적으로 사용하였다.

산수를 유람하며 봄 경치를 즐기는 사람

서민층이 주된 대상이나, 노래 가사로 보아 사대부들도 포함되었으리라고 본다.

화란 춘성(花爛春城)하고 만화 방창(萬化方暢)이라. 때 좋다, 벗님네야, 산천 경개(山川景槪)를 구경을 가세.

죽장 망혜(竹杖芒鞋) 단표자(單瓢子)로 천리 강산을 들어를 가니, 만산 홍록(滿山紅綠)들은 일년 일도(一年一度) 다시 피어 춘색(春色)을 자랑노라 색색이 붉었는데, 창송 취죽(蒼松翠竹)은 창창 울울(蒼蒼鬱鬱)한데, 기화 요초(琪花瑤草) 난만 중(爛漫中)에 꽃 속에 잠든 나비 자취 없이 날아난다.

유상 앵비(柳上鶯飛)는 편편금(片片金)이요, 화간 접무(花間蝶舞)는 분분설(紛紛雪)이라. 삼춘 가절(三春佳節)이 좋을씨고. 도화만발 점점홍(桃花滿發點點紅)이로구나. 어주축수 애삼춘(漁舟逐水愛三春)이어든 무릉 도원(武陵桃源)이 예 아니냐. 양류세지 사사록(楊柳細枝絲絲綠)하니 황산곡리 당춘절(黃山谷裏當春節)에 연명 오류(淵明五柳)가 예 아니냐.

제비는 물을 차고, 기러기 무리져서 거지 중천(居之中天)에 높이 떠서 두 나래 훨씬 펴고, 펄펄펄 백운 간(白雲間)에 높이 떠서 천리 강산 머나먼 길을 어이 갈꼬 슬피 운다.

원산(遠山)은 첩첩(疊疊), 태산(泰山)은 주춤하여, 기암(奇巖)은 층층(層層), 장송(長松)은 낙락(落落), 에이구부러져 광풍(狂風)에 흥을 겨워 우줄우줄 춤을 춘다.

층암 절벽상(層巖絕壁上)의 폭포수(瀑布水)는 콸콸, 수정렴(水晶簾) 드리운 듯, 이골 물이 주루루룩, 저 골 물이 쏼쏼, 열에 열 골 물이 한데 합수(合水)하여 천방져 지방져 소쿠라지고 펑퍼져, 넌출지고 방울져, 저 건너 병풍석(屏風石)으로 으르렁 콸콸 흐르는 물결이 은옥(銀玉)같이 흩어지니, 소부 허유(巢父許由) 문답하던 기산 영수(箕山潁水)가 예 아니냐.

주곡제금(奏穀啼禽)은 천고절(千古節)이요, 적다정조(積多鼎鳥)는 일년풍(一年豊)이라. 일출 낙조(日出落照)가 눈 앞에 벌여나 경개 무궁(景槪無窮) 좋을씨고.

▶ 화란 춘성(花爛春城): 꽃이 봄 성(城)에 화려하게 만발함
▶ 만화 방창(萬化方暢): 온갖 생물이 바야흐로 한창 기를 펴고 자라남
▶ 산천 경개(山川景槪): 산천[자연]의 경치
▶ 죽장 망혜(竹杖芒鞋): 대 지팡이와 짚신. 곧 먼 길을 떠날 때의 아주 간편한 차림새
▶ 단표자(單瓢子): 한 개의 표주박. 공자의 〈논어〉에 나오는 '일단사일표음(一簞食一瓢飮)'의 준말로 보아 '簞瓢子'로 표기한 책도 있음
▶ 만산 홍록(滿山紅綠): 산에 그득한 붉은 색과 녹색. 붉은 색은 꽃이고 푸른 색은 초목을 가리킴
▶ 창송 취죽(蒼松翠竹): 푸른 소나무와 푸른 대나무
▶ 기화 요초(琪花瑤草): 옥같이 빽빽하게 우거져 있는 숲
▶ 난만 중(爛漫中): 꽃이 만발하여 한창 흐드러진 가운데
▶ 유상 앵비(柳上鶯飛): 버드나무 위로 꾀꼬리가 낢
▶ 편편금(片片金): 조각조각의 금덩이
▶ 화간 접무(花間蝶舞): 꽃 사이로 춤추는 나비
▶ 분분설(紛紛雪): 어지럽게 날리는 눈발
▶ 삼춘 가절(三春佳節): 아름다운 계절인 봄 석 달. 아름다운 봄
▶ 도화 만발(桃花滿發): 많은 복숭아꽃이 한꺼번에 활짝 핌
▶ 점점홍(點點紅): 점점이 붉음. 여기저기 울긋불긋 꽃이 핀 모양
▶ 어주축수(魚舟逐水): 고깃배를 타고 물을 따라감
▶ 애삼춘(愛三春): 봄철을 즐김

- 무릉도원(武陵桃源): 도연명(陶淵明)의 〈도화원기(桃花源記)〉에 나오는 곳으로 경치가 아름답고 뛰어난 별천지(別天地)를 말함. 선경(仙境)이나 이상향(理想鄕)이라는 뜻으로 쓰임
- 양류세지(楊柳細枝): 버드나무의 가느다란 가지
- 사사록(絲絲綠): 실처럼 늘어져 파릇파릇하게 푸른 모양
- 황산곡리(黃山谷裏): 황산의 골짜기 속
- 당춘절(當春節): 봄철을 만남
- 연명 오류(淵明五柳): '도연명의 다섯 버드나무'라는 뜻. 도연명은 진나라가 망하려 할 때 고향에 은거하며 그 문 앞에 버드나무 다섯 그루를 심고 스스로 자신의 호를 '오류(五柳)'라 하였으며, 진나라가 망하자 '잠(潛)'으로 개명(改名)하였음
- 거지 중천(居之中天): 허공을 가리킴
- 주춤하여: ①달리다가 문득 멈추어 서서 ②(산이) 우뚝 솟아. 여기서는 ②의 뜻으로 쓰임
- 태산(泰山): 원래는 중국 산동성에 있는 산. 여기서는 '높고 큰 산'이라는 뜻임
- 낙락(落落): 가지가 아래로 축 늘어짐
- 에이구부러져: '애굽다'라는 말을 어감을 살려 늘여 표현한 말. '애굽다'는 '조금 히어져 뒤로 굽다'의 뜻임
- 수정렴(水晶簾): 수정으로 만든 발[簾]
- 소부 허유(巢父許由): 중국 요나라 때의 고매한 선비 두 사람으로서 요 임금이 천하를 물려 주려 하자, 받지 않고 기산 영수(箕山領水)에 숨어 살았다 함
- 기산영수(箕山領水): 중국 허난성[河南省(하남성)]에 있는 산과 물. 기산은 소부와 허유가 숨었던 산이고, 영수는 허유가 왕위를 물려 주겠다는 더러운 소리를 들었다 하여 귀를 씻었다는 물. 즉 세속을 떠난 별세계를 이름.
- 일출 낙조(日出落照): (아침에) 해가 뜬 것이 낙조가 됨
- 경개 무궁(景槪無窮): 끝없이 아름다운 경치

• 전문 해석

꽃이 봄 성(城)에 울긋불긋 만발하고 만물이 바야흐로 한창 피어난다. 때가 좋구나, 벗들아, 산천의 경치를 구경가세.

⇨ 〈서사〉 산천경개 구경을 권유함

대 지팡이 짚고 짚신 신고, 표주박 하나 든 아주 간단한 차림으로 천리 강산에 들어가니, 온 산에 가득한 붉은 꽃과 푸른 잎은 일 년에 한 번씩 다시 피어 봄빛을 자랑하느라고 가지 각색으로 붉어 있는데, 푸른 소나무와 대나무는 아주 울창하게 무성하고, 아름다운 꽃과 풀이 화려하게 피어 있는 가운데 꽃 속에서 자던 나비는 자취도 없이 날아가 버린다. 버드나무 위에 나는 꾀꼬리는 금이 조각조각 나는 듯하고, 꽃 사이에서 춤추는 나비들은 눈처럼 어지럽다. 아름다운 봄 석 달이 참으로 좋구나. 복숭아꽃이 만발하여 점점이 붉었구나. 고깃배를 타고 물을 거슬러 올라가며 봄철을 사랑한다던 (도연명이 말한) 무릉도원이 여기가 아니겠는가? 버드나무 가는 가지는 실처럼 늘어져 푸르르니, 황산곡(黃山谷) 속에서 봄을 당한 격이요, 도연명이 다섯 그루 버드나무를 심었다는 곳[오류촌(五柳村)]이 여기가 아니겠는가?

⇨ 〈본사 1〉 봄 경치 완상(산)

제비는 물을 차고, 기러기는 무리를 지어 허공에 높이 떠 두 날개를 활짝 펴고, 펄펄펄 구름 사이에 높이 떠서 천 리나 되는 강산 머나먼 길을 어찌 갈까 슬피 운다. 먼 산은 겹겹이 포개어져 있고 큰 산은 우뚝 솟아 있으며, 기이한 바위는 층층이 쌓여 있고, 큰 소나무는 가지가 축축 늘어져 한 쪽으로 치우쳐 구부러져서 미친 듯이 사나운 바람에 흥을 못 이기어 우줄우줄 춤을 춘다. 층층의 바위 절벽 위에 폭포수는 콸콸, 열의 열 골짜기 물이 함께 모여서 일정한 방향도 없이 흘러, 혹은 위로 솟아 부풀어오르고, 또는 편편하게 흘러, 넝쿨과 같은 물줄기를 이루기도 하고, 또는 물방울을 이루기도 하고, 저 건너 병풍처럼 둘러친 석벽으로 으르렁 콸콸 소리를 내며 흐르는 물결이 백옥같이 흩어지니, 옛날 소부가 (소를 몰고 가다가 귀를 씻는) 허유를 보고 서로 문답하던 기산과 영수가 여기 아니냐? 두견새 울음소리는 영원히 변치 않는

절개를 알리고(주걱주걱 울어 대는 주걱새는 예나 다름이 없고), 소쩍새 울음소리는 한 해의 풍년 들 징조를 알리는구나.

⇨ 〈본사 2〉 봄 경치 완상(물)

아침에 뜬 해가 낙조가 되어 눈앞에 벌어지니, 경치가 한없이 좋구나.

⇨ 〈결사〉 낙조의 장관

Check 문제

01 이 글에 대한 설명으로 잘못된 것은? [2001. 경기도 교육청]

① 경기 12잡가 중 하나이다.
② 조선 전기에 유행했다.
③ 상투적 한자어를 사용했다.
④ 직업적 소리꾼에 의해 가창되었다.

[정답] ②

[풀이] 〈유산가〉는 잡가에 해당하며 조선 후기에 유행하였다.

02 이 글의 표현상 특징에 관한 설명으로 적절하지 않은 것은?

① 동일한 시어를 반복함으로써 의미를 강조하고 있다.
② 4음보를 바탕으로 한 율격을 구사함으로써 리듬감을 살리고 있다.
③ 비유와 대구법, 열거법 등을 구사하여 대상을 생동감 있게 묘사하고 있다.
④ 중국 고사나 한시를 많이 인용하여 관습적이고 상투적인 느낌이 들게 한다.

[정답] ①

[풀이] 4음보를 바탕으로 한 율격이 구사되어 있으나 동일하거나 유사한 시어가 반복적으로 사용되지는 않았다.

03 이 시의 전개 방향에 대한 설명으로 적절하지 않은 것은? [2004년 수능 기출]

① 비애의 정서에서 유흥의 정서로 나아가고 있다.
② 후반부로 가면서 3 · 4조의 율격이 파괴되고 있다.
③ 화자의 시선이 원경에서 근경으로 옮아가고 있다.
④ 후반부에서는 대상에 대한 묘사가 보다 구체적으로 드러난다.
⑤ 후반부로 갈수록 시각적 이미지와 청각적 이미지가 두드러진다.

[정답] ①

[풀이] 이 시는 봄산의 경치를 즐기는 시적 화자의 흥겨움이 잘 드러난 작품으로 자연 속에서 즐거움을 누리는 선인들의 삶에 대한 낙천적인 태도와 유흥적 삶의 자세를 엿볼 수 있다. '기러기가 슬피 운다'는 표현은 전체 분위기와 어울리지 않기는 하지만 시적 화자의 비애의 정서라 볼 수 없기 때문에 ①의 설명은 적절하지 않다.

04 이 시에 대한 설명으로 옳지 않은 것은? [2002. 국가직 9급]

① 전문적인 소리꾼에 의해 가창되었다.

② 4·4조의 4음보 율조이다.

③ 절기가 좋을 때 경승을 찾아 놀던 노래이다.

④ 경상, 전라 등 남도 12잡가 중 대표적 노래이다.

[정답] ④

풀이 〈유산가〉는 서울을 중심으로 하여 널리 불려졌던 경기 12잡가의 하나로 작가와 연대가 미상인 작품이다.

Part 10
한시

(1) 전개 양상

우리나라에 한문화(漢文化)가 수입된 것은 기원전 2세기경으로 본다. 이러한 한문화는 4세기경에 지배 계층에 보편화되었던 것으로 보인다. 삼국 시대가 전개되면서 국가 체계가 정비되고, 한자의 보급으로 공동 문어 문학인 한문학이 발전하기 시작하여, 7세기경에는 한시문(漢詩文)이 본격적으로 창작되었다. 특히 신라의 최치원이 중국의 과거 제도인 빈공과(賓貢科)에 급제하여 벼슬을 했다는 사실을 미루어 볼 때, 당시의 한문학 수준이 상당했음을 알 수 있다.

(2) 한시의 규칙

① 음수율(音數律): 각 구(句)는 일정한 낱말 수를 갖추어야 한다.
② 음위율(音位律): 정해진 구의 끝 글자는 같은 운(韻)에 해당하는 글자를 넣어야 한다.
③ 음성률(音聲律): 구 속의 각 글자는 평측에 맞게 배정되어야 한다.
④ 시행률(詩行律): 한 수(首)의 시는 일정한 구수를 따라야 한다.

(3) 한시의 종류

한시는 그 음률(音律)의 아름다움을 특히 중요하게 여겨 일정한 형식과 규칙에 따라 짓게 되어 있다. 대표적인 것이 고체시와 근체시이다.

① 고체시
  ㉠ 고시(古詩): 사언 고시, 오언 고시, 칠언 고시
  ㉡ 악부(樂府): 장구(長句)
② 근체시
  ㉠ 절구(絶句) – 4행시: 오언 절구, 칠언 절구
  ㉡ 율시(律詩) – 8행시: 오언 율시, 칠언 율시
  ㉢ 배율(排律) – 12행 이상: 오언 배율, 칠언 배율

(4) 대표 작품

작품	작자	연대	형식	내용	출전
여수장우 중문시 (與隋將于 仲文詩)	을지문덕 (乙支文德)	고구려 영양왕 (612)	한시 (오언 고시)	고구려 영양왕 23년, 평양성까지 쳐들어온 수나라 군사가 굶주리고 피로한 기색을 보이자 을지문덕이 적장인 우중문에게 퇴각을 종용하며 조롱조로 지어 보낸 시이다. 반어법으로 자신의 의도를 담아 적장을 야유하는 을지문덕의 여유와 기개를 엿볼 수 있다.	삼국 사기
추야우중 (秋夜雨中)	최치원 (崔致遠)	신라 말기	한시 (오언 절구)	깊어 가는 가을 밤에 당나라에서 고향을 그리면서 지은 것으로 알려진 시이다. 자신을 알아주지 않는 세상에 대한 괴로움을 창 밖에 내리는 쓸쓸한 비에 기대어 표현하였다.	동문선
제가야산 독서당 (題伽倻山 讀書堂)	최치원 (崔致遠)	신라 말기	한시 (칠언 절구)	당나라에 유학한 후 귀국한 최치원은 정치를 개혁하기 위해 노력을 기울였지만, 신분의 한계와 당시의 정치적 상황 때문에 뜻을 이루지 못했다. 난세에 그가 택할 수 있는 방법은 세상에서 물러나 은거하는 길뿐이었다. 이 시는 그와 같은 만년의 작품 세계를 가장 잘 보여 주고 있다.	동문선
송인 (送人)	정지상 (鄭知常)	고려 인종 (1122~ 1146)	한시 (칠언 절구)	이 시는 이별을 제재로 한 한시 중에서 가장 뛰어나다는 평을 받는다. 자연의 싱그러움과 시적 화자의 슬픈 이별을 대조시켜 이별의 한을 더하고, 그 한을 대동강 물에 비유하여 슬픔을 증폭시키고 있다.	동문선, 파한집

추야우중(秋夜雨中)

최치원

秋風唯苦吟	가을 바람에 괴로이 읊조리나,
世路少知音	세상에 알아 주는 이 없네.
窓外三更雨	창 밖엔 밤 깊도록 비만 내리는데,
燈前萬里心	등불 앞에 마음은 만리 밖을 내닫네.

▶ 秋風(추풍): 가을 바람
▶ 唯(유): 오직
▶ 苦吟(고음): 괴로이 시를 읊조림
▶ 世路(세로): 세상살이, 세상 살아가는 길, 처세의 방법
▶ 知音(지음): 자기의 마음 속을 알아 주는 사람. 백아(伯牙)가 거문고 소리를 친구인 종자기(鐘子期)가 잘 알아 주었다는 중국의 고사에서 나온 말
▶ 三更(삼경): 한밤중, 밤 11시에서 새벽 1시 사이, 자시(子時), 병야(丙夜)
▶ 萬里心(만리심): 이 작품을 귀국 전의 작품으로 본다면, 먼 고향을 그리는 마음이라고 보아야 함. 귀국 후의 작품으로 본다면, 마음과 일이 서로 어긋나서 이 세상과는 이미 천리 만리 떠나 있는 작자의 심회를 호소한 것으로 보아야 함

핵심정리

① **지은이**: 최치원(崔致遠). 자는 고운(孤雲). 857~미상. 중국 당나라에서 '토황소격문'이 알려져 문장가로 이름을 떨쳤다.
② **갈래**: 오언절구(五言絕句)
③ **연대**: 신라 말기
④ **성격**: 서정시
⑤ **표현**: 대구법
⑥ **구성**: 기승전결의 4단 구성
⑦ **제재**: 가을 밤비
⑧ **주제**: 뜻을 이루지 못한 지성인의 고뇌. 향수(鄕愁)
⑨ **출전**: 《동문선》 제19권
⑩ **의의**: 육두품이라는 신분적 한계 때문에 좌절한 최치원의 심경이 표현되어 있다고 보기도 함

이 한시는 오언 절구(五言絕句)로서 비 내리는 가을밤에 자신을 알아 줄 지기(知己)가 없는 외로움을 읊은 시이다. 이 작품은 '가을 바람/세상', '삼경(三更)/만리(萬里)'의 대구로 짜임새를 잘 갖추었다. 기구 (起句)에서는 서정적 자아가 자신의 외로움을 달래는 수단으로 시를 읊게 되었다는 시적 동기를 밝히고 승구(承句)에서는 작자의 처지와 심회를 호소하고 있으며, 전구(轉句)에서는 점층·심화된 서정적 자아의 고독한 심회를 비에 감정 이입시켜 형상화하고 있다. 결구(結句)는 등불 앞에서 잠 못 이루며 자신의 외로움이 절실하게 나타난 주제구이다.

결구(結句)의 '만리심(萬里心)'은 그대로 만리 타국에 있는 작자의 심경이라기보다는, 마음과 일이 서로 어긋나서 이 세상과는 이미 천리 만리 떠나 있는 작자의 심회를 호소한 것으로 보아야 할 것이다.

Check✔ 문제

01 다음 각 시어의 풀이가 잘못된 것은?

[2008. 선관위 7급]

> 秋風唯苦吟 / 世路少知音 / 窓外三更雨 / 燈前萬里心
>
> ─ 최치원, 〈秋夜雨中〉 ─

① 苦吟: 뒤척이는 소리
② 知音: 내 마음을 알아주는 벗
③ 三更雨: 한밤중에 내리는 비
④ 萬里心: 먼곳을 향하는 마음

[정답] ①

풀이 '苦吟'은 괴로운 마음으로 시를 읊는 것을 의미한다.

송인(送人)

정지상(鄭知常)

雨歇長堤草色多	비 개인 긴 둑에 풀빛이 진한데,
送君南浦動悲歌	남포에 임 보내니 노랫가락 구슬퍼라.
大同江水何時盡	대동강 물은 어느 때나 마를 건가?
別淚年年添綠波	해마다 이별의 눈물만 푸른 물결 더하거니.

- ▶ 送人(송인): 사람을 떠나 보냄
- ▶ 雨歇(우헐): 비가 그치다
- ▶ 長堤(장제): 긴 둑
- ▶ 草色多(초색다): 풀빛이 짙다. '풀빛이 선명함'의 뜻으로 여기서 '多'는 '짙다, 푸르다, 선하다'로 풀이됨
- ▶ 送君(송군): 친구를 보냄
- ▶ 南浦(남포): 대동강 하구에 진남포. 이별의 장소
- ▶ 動悲歌(동비가): 슬픈 이별의 노래가 울리다
- ▶ 何時盡(하시진): 어느 때 다하리(마르리)
- ▶ 別淚(별루): 이별의 눈물
- ▶ 添綠波(첨록파): 푸른 물결에 보태다

핵심정리

① 지은이: 정지상(鄭知常 ?~1135) 고려 시대의 문인. 호는 남호(南湖). 좌사간(左司諫) 등의 벼슬을 지냈고, 서경(西京) 천도(遷都)와 금(金)나라의 정벌을 주장했다. 묘청의 난이 일어나자 김부식에게 참살되었다. 시에 뛰어나 고려 시대를 대표하는 시인의 한 사람으로 꼽혔다. 저서에 《정사간집(鄭司諫集)》이 있다.

② 갈래: 한시. 7언 절구

③ 압운: 多, 歌, 波

④ 성격: 서정적, 송별시(送別詩)

⑤ 표현: 대조법, 도치법, 과장법

⑥ 구성: 각 행은 도치되어 있으며 이를 바로잡으면 '1행－2행－4행－3행'이 된다.

기	강변의 서경	희망의 봄빛		전	이별의 한	대동강 물의 원망
승	이별의 전경	이별의 슬픔		결	이별의 정한	이별의 눈물

⑦ 제재: 임(벗)과의 이별

⑧ 주제: 이별의 슬픔

⑨ 의의: 별리(別離)를 주제로 한 한시의 걸작이며, 당나라의 왕유(王維)의 시 〈송원이사안서(送元二使安西)〉와 함께 이별시의 대표작이라 칭송한다.

⑩ 출전: 《파한집(破閑集)》

◆─ 작품 해설 ─◆

이 시는 널리 애송되고 있는 고려 시대의 대표적인 한시이다. 표현 기교가 우수하고 격조 높은 가락으로 말미암아 오랜 세월 동안 민족의 보편적 정서를 절절하게 담은 이별시의 백미로 평가받고 있다. 이 시는 한시의 전통적인 형식에 따라 서경과 서정의 세계를 함께 보여 주고 있는 작품이다. 시적인 이미지를 선명하게 제시하고 언어를 함축적으로 사용하고 있으며, 특히 작품에 담겨 있는 풍부한 서정성이 뛰어나다고 평가된다. 1, 3구에서는 자연을 묘사하고 있고, 2, 4구에서는 인간, 즉 화자의 정서를 표현하고 있다. 대동강 강둑의 푸른 색채와 강물의 푸른 색채가 아름다운 배경을 이루지만, 이 푸른 공간이 결국 이별의 장소임이 나타나는 순간, 자연의 이와 같은 아름다움은 인간의 슬픔과 대조를 이루어 그 슬픔을 더욱 부각시키게 된다. 특히 이 작품은 도치, 과장법에 이어 대동강변의 남포라는 지명은 이 시의 구체성과 함께 향토적인 정서를 환기시켜 준다. 그리고 이 작품에서는 특히 이별의 눈물을 보태니 대동강 물이 마를 수 있겠느냐는 발상을 통해, 이별에서 오는 슬픔의 크기를 강물의 도도한 흐름으로 나타낸 점이 특징이다.

Check 문제

01 이 시의 정서로 가장 적절한 것은? [2015. 경찰직(3차) 9급]

① 心心相印

② 敎外別傳

③ 麥秀之嘆

④ 戀戀不忘

[정답] ④

풀이 한시 〈송인〉은 임과의 이별을 슬퍼하는 내용을 주제로 한다. 따라서 이 작품의 정서는 '그리워서 잊지 못한다'는 '연연불망(戀戀不忘)'이 적절하다.

오답 ① 심심상인(心心相印), ② 교외별전(敎外別傳), ③ 맥수지탄(麥秀之嘆)

02 이 시의 시어에 대한 잘못된 것은? [2006. 경기도 9급]

① 雨歇 – 비가 내리다.

② 送君 – 님을 떠나보내다.

③ 何時盡 – 물이 마르지 않는다.

④ 添綠波 – 푸른 물결에 보태다.

[정답] ①

풀이 ㉠은 '비가 갠'의 뜻이다.

03 이 시의 형식적 갈래로 적절한 것은?

[2018. 소방직]

① 5언 절구   ② 5언 율시

③ 7언 절구   ④ 7언 율시

[정답] ③

> **풀이** 한시의 종류는 율시, 절구, 고시가 있다. 한 행이 다섯 자이면 '오언'이고 일곱 자이면 '칠언'이다. 총 8행의 시는 '율시'라고 하고, 4행으로 된 시는 '절구'라고 하며, 이와 상관없이 한시의 규칙인 각운, 글자 수 등을 지키지 않은 시는 '고시'라고 한다. 즉, 오언 절구는 한 행이 다섯 글자이고 총 4행인 시이며, 오언 고시는 한 행이 다섯 글자인 점에서 오언 절구와 같지만, 한시의 규칙을 지키지 않은 시이다.

> **오답** ① 5언 절구: 한 구의 글자 수가 5자이며 4구(기승전결)로 이루어진 한시.
> ② 5언 율시: 한 구의 글자 수가 5자이며 8구(수함경미)로 이루어진 한시.
> ④ 7언 율시: 한 구의 글자 수가 7자이며 8구(수함경미)로 이루어진 한시.

04 이 시에 대한 설명으로 잘못된 것은?

[2017. 소방직]

① 자연과 인간을 대비하여 주제를 드러내고 있다.

② 임과 이별한 후 현실을 잊으려는 의지가 드러나 있다.

③ 과장된 표현으로 이별의 슬픔을 강조하고 있다.

④ 이별의 정한(情恨)이 강물의 흐름과 어우러진다.

[정답] ②

> **풀이** 마지막 구절에서 대동강 물결이 이별의 눈물과 동일시되면서 슬픔의 깊이가 확대되고 있다. 화자는 이별의 슬픔을 애절하게 드러내고 있을 뿐, 현실을 잊으려는 의지는 드러나 있지 않다.

05 이 작품의 정서와 가장 유사한 것은?

[2021. 지역인재 9급]

① 청산(靑山)는 엇뎨ㅎ야 만고(萬古)애 프르르며
유수(流水)는 엇뎨ㅎ야 주야(晝夜)애 긋디 아니는고
우리도 그치디 마라 만고상청(萬古常靑) 호리라.

② 백구(白鷗) ㅣ야 말 무러보쟈 놀라지 마라스라
명구승지(名區勝地)를 어듸 어듸 ㅂ렷두니
날두려 자세(仔細)히 닐러든 네와 게 가 놀리라.

③ 어져 내 일이야 그릴 줄을 모로두냐
이시라 ㅎ더면 가랴마는 제 구틱야
보내고 그리는 정(情)은 나도 몰라 ㅎ노라.

④ 강호(江湖)에 녀름이 드니 초당(草堂)에 일이 업다
유신(有信)훈 강파(江波)는 보내느니 ㅂ람 이로다
이 몸이 서늘ㅎ옴도 역군은(亦君恩)이샷다.

[정답] ③

> **풀이** 이 시는 널리 애송되고 있는 고려 시대의 대표적인 한시이다. 표현 기교가 우수하고 격조 높은 가락으로 말미암아 오랜 세월 동안 민족의 보편적 정서를 절절하게 담은 이별시의 작품으로 평가받고 있다. 이별의 슬픔과 한(恨)의 정서를 다양한 수사법으로 표현하였다. ③은 황진이의 시조이며 〈송인〉과 같이 이별의 슬픔과 한을 다루고 있다.

> **오답** ① 이황의 연시조 〈도산십이곡〉 중에서 11곡이다. 학문을 대하는 영원히 변하지 않는 의지와 끊임없는 학문 수행으로 덕행을 닦으리라는 다짐과 결의가 나타나 있는 부분이다.
> ② 김천택의 시조이다. 갈매기는 제가 가고 싶은 곳이면 어디든 갈 수 있다. '명구승지를 어디 어디 보았는다.'는 이 세상의 명승지를 다 관람하고 싶은 심정을 말한 것이다. '너와 게 가 놀리라.'에서 자연에 동화되고 싶은 시적 자아의 정서를 알 수 있다.
> ④ 맹사성의 연시조 〈강호사시가〉 중에서 2수이다. 한가로운 초당 생활을 그리고 있다.

보리타작(打麥行)

정약용(丁若鏞)

새로 거른 막걸리 젖빛처럼 뿌옇고	新蒭獨酒如湩白
큰 사발에 보리밥, 높기가 한 자로세.	大碗麥飯高一尺
밥 먹자 도리깨 잡고 마당에 나서니	飯罷取耞登場立
검게 탄 두 어깨 햇볕 받아 번쩍이네.	雙肩漆澤翻日赤
응헤야 소리 내며 발 맞추어 두드리니	呼邪作聲擧趾齊
삽시간에 보리 낟알 온 마당에 가득하네.	須臾麥穗都狼藉
주고받는 노랫가락 점점 높아지는데	雜歌互答聲轉高
보이느니 지붕 위에 보리티끌뿐이로다.	但見屋角紛飛麥
그 기색 살펴보니 즐겁기 짝이 없어	觀其氣色樂莫樂
마음이 몸의 노예 되지 않았네.	了不以心爲形役
낙원이 먼 곳에 있는 게 아닌데	樂園樂郊不遠有
무엇하러 벼슬길에 헤매고 있으리요.	何苦去作風塵客

▶ 한 자: 일 척(一尺). 약 30센티미터 가량. 보리밥 높이가 한 자인 것은 과장법이 사용됨.
▶ 도리깨: 곡식의 알을 떠는 농구의 하나
▶ 검게 탄: 햇빛 아래에서 노동을 한 어깨의 빛깔
▶ 응헤야: 민요의 후창 부분의 감탄사
▶ 보이느니: 보이는 것이
▶ 기색: 희로애락의 감정의 작용으로 얼굴에 나타나는 기분과 얼굴색
▶ 새로 거른~햇볕 받아 번쩍이네: 농민의 노동하는 건강한 삶에 화자가 감탄하고 있다. 화자는 직접 노동에 참여하지는 않는 사람으로 시적 대상이 노동하려는 모습을 관찰하고 이에 감동을 받고 있다.
▶ 응헤야 소리 내며~보리티끌뿐이로다: 노동요를 부르면서 흥겹게 도리깨질을 하는 농민이 보리 낟알이 온 마당에 날릴 정도로 적극적으로 일을 하는 모습을 묘사하고 있다. 화자는 건강한 농민의 노동력에 감탄하고 있다.
▶ 그 기색~되지 않았네: 농민의 즐거운 노동 행위에서 건강하고 생동하는 삶을 발견하고 그로 말미암아 육신과 정신이 조화로운 통일을 이루고 있다는 깨달음을 얻었다.
▶ 낙원이 먼 곳에~헤매고 있으리요: 대상의 행위에서 깨달은 삶의 본질은 그것으로 멈추지 않고 화자의 내면에 변화를 가져오고 있다. 즉 화자가 벼슬길에 나서 정치적 억압을 받고 힘든 삶을 살아온 과정이 모두 부질없는 행위였다는 생각을 하고 있다. 화자는 대상을 보기 전과는 다른 새로운 삶의 진리를 깨닫고 있다.

① **지은이**: 정약용. 조선 정조 때의 실학자. 호는 다산(茶山). 또는 여유당(與猶堂). 정조 13년에 남인 (南人)의 불리한 처지를 극복하고 대과에 급제하여 정조의 총애를 받기도 한 실학자이다. 저서에 〈목민심서(牧民心書)〉, 〈경세유표(經世遺表)〉, 〈흠흠신서(欽欽新書)〉 등 아주 많다.

② **갈래**: 한시의 일종인 행(行)

③ **연대**: 1801년

④ **배경 사상**: 실사구시의 실학사상

⑤ **성격**: 사실적. 반성적

⑥ **구성**: 기, 승, 전, 결의 4단 구성. 선경후정(先景後情)의 시상 전개

　　㉠ 기(1~4행): 노동하는 농민의 건강한 삶의 모습

　　㉡ 승(5~8행): 보리 타작하는 마당의 정경

　　㉢ 전(9~10행): 정신과 육체가 합일된 노동의 기쁨

　　㉣ 결(11~12행): 관직에 몸담은 자신의 삶에 대한 반성

⑦ **주제**: 농민의 보리타작 노동과 거기에서 얻는 삶의 즐거운 모습

⑧ **의의**: 사실성과 현장성이 평민적인 시어의 구사와 함께 잘 어울리는 조선 후기 한시의 전형이다. 다산(茶山)의 중농(重農) 사상과 현실주의 시 정신을 잘 나타내는 작품이다.

Check 문제

01 이 시에서 서정적 자아의 정서 변화를 가장 잘 나타낸 것은?　　　　[2008. 서울시 9급]

　① 장소를 옮겨가며 장면을 묘사

　② 낮에서 밤으로 시간이 바뀜

　③ 먼 곳에서 가까운 곳으로 시선이동

　④ 계절의 순번에 따른 분위기의 변화를 노래

　⑤ 외적 상황을 먼저 제시한 후 내면세계 드러냄.

[정답] ⑤

풀이 보리를 타작하는 농민들의 모습을 사실적으로 묘사한 뒤, 노동하는 삶 속에 낙원이 있음을 밝히며 벼슬길을 헤맸던 자신의 삶을 반성하고 있는 한시이다. ⑤ 외적 상황을 먼저 제시한 후 내면세계를 드러내고 있다

02 이 작품에서 화자가 궁극적으로 추구하는 삶의 모습은?　　　　[2012. 국가직 7급]

　① 농촌에서 노동하는 삶

　② 벼슬을 하는 지식인의 삶

　③ 육체와 정신이 조화를 이룬 삶

　④ 모두가 하나 되는 공동체적인 삶

[정답] ③

풀이 "마음이 몸의 노예 되지 않았네/ 낙원이 먼 곳에 있는 게 아닌데/ 무엇하러 벼슬길에 헤매고 있으리오."
라는 표현을 통해 육체와 정신의 조화를 이룬 삶을 지향하고 있음을 알 수 있다. 이 시는 선경후정의
시상전개를 취하고 있는 시로, 앞에서는 농민들의 노동 현장을 생생하게 묘사하고, 뒤에서는 이를 본
뒤의 심정을 읊고 있다. 특히 '그 기색 살펴보니 즐겁기 짝이 없어 마음이 몸의 노예 되지 않았네'라는
구절을 볼 때, 화자가 궁극적으로 추구하는 삶의 자세는 ③이라 할 수 있다.

03 이 시에 대한 설명이 잘못된 것은?

[2016. 소방직]

① 외부 대상으로부터 진정한 삶의 가치를 깨닫고 있다.
② 정적인 이미지로 대상을 묘사하고 있다.
③ 일상적인 시어를 사용하여 사실감을 드러내고 있다.
④ 선경후정의 구성으로 시상이 전개되었다.

[정답] ②

풀이 "밥 먹자 도리깨 잡고 마당에 나서니 / 검게 탄 두 어깨 햇볕 받아 번쩍이네 / 옹헤야 소리 내며 발
맞추어 두드리니 / 삽시간에 보리 낟알 온 마당에 가득하네"의 부분을 통해 농민의 모습이 매우 동적(動
的)으로 묘사되어 있음을 알 수 있다.

오답 ① 외부 대상인 농부들의 모습을 통해, 벼슬에 집착했던 자신의 지난 삶을 반성하고 있다.
③ '사발, 도리깨, 낟알' 등 농부들을 묘사하며 사용된 시어는 모두 일상적인 시어이다.
④ 선경후정(先景後情)은 시에서, 앞부분에 자연 경관이나 사물에 대한 묘사를 먼저하고 뒷부분에 자
기의 감정이나 정서를 그려내는 구성 방식을 말한다. 먼저 농부들의 모습을 묘사하였고 뒤에서
자신의 삶을 성찰했으므로 선경후정에 해당된다.

고시(古詩) 8

정약용(丁若鏞)

제비 한 마리 처음 날아와
지지배배 그 소리 그치지 않네
말하는 뜻 분명히 알 수 없지만
집 없는 서러움을 호소하는 듯
"느릅나무 홰나무 묵어 구멍 많은데
어찌하여 그 곳에 깃들지 않니?"
제비 다시 지저귀며
사람에게 말하듯
"느릅나무 구멍은 황새가 쪼고
홰나무 구멍은 뱀이 와서 뒤진다오."

燕子初來時　喃喃語不休
語意雖未明　似訴無家愁
榆槐老多宂　何不此淹留
燕子復喃喃　似與人語酬
榆宂款來啄　槐宂蛇來搜

핵심정리

① 지은이: 정약용
② 정서, 태도: 현실 비판적, 고발적, 연민
③ 관련 한자성어: 가렴주구(苛斂誅求)
④ 주제: 지배층의 횡포를 고발하고, 피지배층의 고통에 연민을 느낌.

작품 해설

이 시는 다산 정약용의 고시(古詩) 27수 중의 하나이다. 지배층의 횡포와 피지배층의 서러움을 우화적
으로 노래한 한시이다. 황새와 제비, 뱀과 제비를 대립시킴으로, 황새나 뱀에 비유한 지배층의 횡포와
제비에 가탁된 일반 민중의 서러움을 나타내고 있다. 이 시의 구성은, 첫째 연에서는 그치지 않는 제비
의 울음 소리, 둘째 연에서는 제비의 소리가 가난한 서러움을 호소하는 것으로, 셋째 연에서는 제비가

느릅나무·홰나무 구멍에 들지 않은 모습, 넷째 연에서는 사람에게 말하는 듯한 제비의 소리, 다섯째 연에서는 느릅나무·홰나무 구멍을 뱀이 뒤진다는 내용으로 되어 있다.

Check 문제

[01~02] 다음 시를 읽고 물음에 답하시오.

[2008. 대구 교행]

(가) 새로 짜낸 무명이 눈결같이 고왔는데
　　㉠이방 줄 돈이라고 ㉡황두가 뺏어가네
　　누전 세금 독촉이 성화같이 급하구나.
　　삼월 중순 세곡선(稅穀船)이 서울로 떠난다고.

－ 정약용, 〈탐진촌요〉 －

(나) ㉢제비 한 마리 처음 날아와
　　지지배배 그 소리 그치지 않네
　　말하는 뜻 분명히 알 수 없지만
　　집 없는 서러움을 호소하는 듯
　　느릅나무 홰나무 묵어 구멍 많은데
　　어찌하여 그곳에 깃들지 않니?
　　제비 다시 지저귀며
　　사람에게 말하듯
　　느릅나무 구멍은 ㉣황새가 쪼고
　　홰나무 구멍은 ㉤뱀이 와서 뒤진다오.

－ 정약용, 〈고시 8〉 －

01 (가)와 (나)의 공통적인 설명으로 옳은 것은?

① 사물을 의인화하여 표현하였다.
② 우의적 표현을 쓰고 있다.
③ 당대 현실에 대한 비판적인 시각이 드러난다.
④ 실사구시의 성격을 띠고 있다.
⑤ 주어진 문제에 초월하고 삶의 고고한 정신을 나타냈다.

[정답] ③

풀이 (가)에서는 사물을 의인화하여 표현하지 않았으며, 우의적인 표현도 아니다. '이방 줄 돈이라고 황두가 뺏어 간다./ 세금 독촉이 급하다.' 등의 표현은 직설적인 표현이다. '누전'은 토지대장(장부)에 누락되어 세금 매길 것을 근거가 없는 토지를 재결(災結: 가뭄, 홍수, 태풍 따위의 자연재해를 입은 논밭)로 거짓 보고하여 세금을 앗아가는 지방관의 횡포를 보여 주고 있다. (가)와 (나) 모두 백성을 수탈하는 관리(이방, 황두)의 횡포를 비판하는 내용이다.

02 위의 작품에서 다음 시의 밑줄 친 '참새'와 의미가 다른 것은?

黃雀何方來去飛	<u>참새</u>야 어디서 오가며 나느냐,
一年農事不曾知	일 년 농사는 아랑곳하지 않고,
鰥翁獨自耕耘了	늙은 홀아비 홀로 갈고 맸는데,
耗盡田中禾黍爲	밭의 벼며 기장을 다 없애다니

① ㉠: 이방　　　　　　　　　② ㉡: 황두

③ ㉢: 제비　　　　　　　　　④ ㉣: 황새

⑤ ㉤: 뱀

[정답] ③

[풀이] 권력 있는 자들의 횡포와 수탈을 참새가 일 년 동안 애써 지은 농사를 다 빼앗아 가는 것에 비유하여 비판하고 있다. '참새'는 '수탈자(탐관오리)', '홀아비'는 '힘없는 농민·백성'을 의미한다. (나)의 '제비'도 백성을 의미하는 시어이며, '이방, 황두, 황새, 뱀'은 모두 수탈자를 의미하는 시어이다.

참고

이 작품은 고려시대 문인인 익재 이제현의 문집 《익재난고》의 '소악부'에 실려 있는 한역시가이다. 당시에 백성들 사이에서 우리말로 불리던 고려속요를 모아서 한자로 번역하여 실어놓은 것 중의 하나이다. 제목은 '사리화(沙里花)'이다.

Memo

Part 11
언해(諺解)

강촌(江村)
절구(絶句)

(1) 전개 양상

훈민정음 창제를 계기로 한문으로만 전해 오던 수많은 문헌을 국가에서 직접 관리하여 번역 사업을 시작한다. 이렇게 한문이나 백화문으로 된 원전을 한글로 번역하는 일 또는 번역한 작품을 '언해(諺解: 언문으로 해석함)'라 한다. 언해는 운서(韻書), 불경(佛經), 경서(經書), 문학서(文學書) 등을 번역했는데, 문학으로는 특히 《두시언해(杜詩諺解)》가 중요하다.

(2) 의의

우리말 문학을 발전시키는 중요한 계기가 되었다. 중국 문학의 소개는 물론 우리 문학과의 비교, 연구 등에 크게 이바지하였으며, 세조 때의 《월인석보(月印釋譜)》, 성종 때의 《두시언해(杜詩諺解)》 초간본, 인조 때의 《두시언해(杜詩諺解)》 중간본 등은 근세 전기 국어 연구에 귀중한 자료가 되고 있다.

(3) 두시언해

원명은 《분류두공부시언해(分類杜工部詩諺解)》이다. 당나라 시인 두보(杜甫, 712~770)의 시를 언해한 책이다. 원(元)나라 때 편찬된 《찬주분류두시(纂註分類杜詩)》를 원본으로 삼아 두보의 시 1,647편 전부와 다른 사람의 시 16편에 주석을 달고 풀이한 책으로, 초간본(初刊本)과 중간본(重刊本)이 있다.

(4) 작품 소개

제목	내용
강남봉이구년 (江南逢李龜年)	방랑하던 도중 옛 친구인 이구년을 만났다. 그런데 강남의 이 좋은 풍경 속에서 풍류객들이 만났건만 지는 꽃처럼 둘 다 옛날 화려했던 시절은 지나고 늙어서 유락한 신세이다. 인생무상.
江村(강촌)	여름날 강촌의 한가하고 정겨운 풍경을 통해 지족(知足)의 삶
歸鴈(귀안)	고향을 그리워 하는 마음. 수구초심(首邱初心).
등고(登高)	싸늘한 가을 바람에 낙엽이 우수수 떨어지는 높은 언덕에 앉아, 늙고 병든 몸으로 슬픔을 한 잔 술로 풀어 보는 작자의 독백.
등악양루 (登岳陽樓)	악양루의 압도적인 경관을 보며, 자연과 인간, 기쁨과 슬픔의 대비가 선명히 이루어져 있다.
절구(絕句)	봄날의 아름다운 풍경을 바라보며 느끼는 고향에 대한 절실한 그리움을 노래하고 있다.
추흥(秋興)	두보가 안녹산의 난을 피해 떠돌면서, 시국에 대한 근심과 고향을 그리워하는 마음을 표현한 작품이다.
춘망(春望)	안녹산의 난(亂)으로 함락된 장안(長安)에서 지은 작품이다. 원시는 오언율시(五言律詩)로 각 2행씩이 모여서 하나의 연을 이룬다. 전란의 비애.

01 150년의 시차로 3번 간행되어 우리 국어 역사 연구에 도움이 된 번역 시집은? [2005. 전남]

① 훈몽자회　　　　　　　　　　　② 월인천강지곡
③ 석보상절　　　　　　　　　　　④ 두시언해

[정답] ④

풀이 《두시언해》의 원래의 이름은 《분류두공부시언해(分類杜工部詩諺解)》이다. 25권 17책. 초간본과 중간본이 있는데 을해자(乙亥字)로 발간된 초간본(初刊本)은 성종(成宗)의 왕명으로 1481년(성종12)에 간행하였다. 중간본은 목판본으로 초간본 발간 이후 150여 년이 지난 1632년(인조10)에 간행되었다

02 다음 작품과 정서가 유사한 작품은? [2009. 법원직]

> 나라히 파망ᄒᆞ니 뫼콰 ᄀᆞ름ᄲᅳᆫ 잇고
> 잣 안 플과 나모ᄲᅮᆫ 기펫도다.
> 시절을 감탄ᄒᆞ니 고지 눈믈를 ᄲᅳ리게코
> 여희여슈믈 슬호니 새 ᄆᆞᅀᆞ믈 놀래노라
> 봉화ㅣ 석 ᄃᆞᆯ 니어시니
> 지빗 음서 만금이 ᄉᆞ도다.
> 셴 머리 글구니 ᄯᅩ 뎌르니
> 다 빈혀 이긔디 몯 ᄒᆞᆯ 듯ᄒᆞ도다.

① 남으로 창을 내겠소. / 밭이 한참갈이 / 괭이로 파고 / 호미론 김을 매지요 // 구름이 꼬인다 갈 리 있소. / 새 노래는 공으로 들으랴오.

② 강나루 건너서 / 밀밭 길을 // 구름에 달 가듯이 / 가는 나그네 // 길은 외줄기 / 남도 삼백 리 // 술 익는 마을마다 / 타는 저녁놀 // 구름이 달 가듯이 / 가는 나그네.

③ 새와 짐승들도 슬피 울고 강산도 찡그리니, / 무궁화 이 나라가 이제 사라졌구나. / 가을 등불 아래 책을 덮고 지난날을 생각하니, / 글 배운 사람 구실하기 이처럼 어렵구나.

④ 누고셔 삼공도곤 낫다하더니 만승이 이만하랴. / 이제로 헤어든 소부허유 약돗더라. / 아마도 임천한흥을 비길 곳이 업세라.

[정답] ③

풀이 《두시언해》 중 〈춘망〉이다. 전쟁으로 인해 나라가 망하고 가족의 소식을 듣지 못하는 슬픔을 노래하였다. 이와 유사한 작품은, 나라가 망하여 지식인으로서 책임을 다하지 못한 죄의식 때문에 목숨을 끊으며 지은 황현의 〈절명시〉이다.

오답 ① 김상용 〈남으로 창을 내겠소〉 ② 박목월 〈나그네〉 ④ 윤선도 〈만흥〉

강촌(江村)

두보(杜甫)

묽근 ᄀᆞ룺 ᄒᆞᆫ 고비 ᄆᆞᅀᆞᆯ흘 아나 흐르ᄂᆞ니,
긴 녀롮 江村(강촌)애 일마다 幽深(유심)ᄒᆞ도다.
절로 가며 절로 오ᄂᆞᆫ 집우횟 져비오,
서르 親(친)ᄒᆞ며 서르 갓갑ᄂᆞᆫ 믌 가온딧 ᄀᆞᆯ며기로다.
늘근 겨지븐 죠희롤 그려 쟝긔파ᄂᆞᆯ 밍ᄀᆞ러늘,
져믄 아ᄃᆞᄅᆞᆫ 바ᄂᆞ롤 두드려 고기 낫글 낙술 밍ᄀᆞᄂᆞ다.
한 病(병)에 얻고져 ᄒᆞ논 바ᄂᆞᆫ 오직 藥物(약물)이니,
져구맛 모미 이 밧긔 다시 므스글 求(구)ᄒᆞ리오.

淸江一曲抱村流(청강일곡포촌류)
長夏江村事事幽(장하강촌사사유)
自去自來堂上燕(자거자래당상연)
相親相近水中鷗(상친상근수중구)
老妻畵紙爲碁局(노처화지위기국)
稚子敲針作釣鉤(치자고침작조구)
多病所須唯藥物(다병소수유약물)
微軀此外更何求(미구차외경하구)

▶ 고비: 굽이
▶ 유심(幽深)ᄒᆞ도다: 고요하고 한가하도다
▶ 겨지븐: 아내[妻]는
▶ 죠희롤: 종이를
▶ 밍ᄀᆞᄂᆞ다: 만든다
▶ 져구맛: 조그만
▶ 므스글: 무엇을

맑은 강의 한 굽이 마을을 안아 흐르니
긴 여름 강촌의 일마다 그윽하도다.
절로 가며 오는 것은 집 위의 제비요
서로 친하며 서로 가까운 것은 물 가운데의 갈매기로다.
늙은 아내는 종이를 그려 장기판을 만들거늘
어린 아들은 바늘을 두드려 고기 낚을 낚시를 만든다.
많은 병에 얻고자 하는 것은 오직 약물이니
이 천한 몸이 이것 밖에 다시 무엇을 구하리오?

핵심 정리

① 갈래: 칠언율시(七言律詩)
② 표현: 대구법, 대조법, 풍자법, 상징법, 선경후정(先景後情), 원근법(遠近法) 구성, 세태 풍자
③ 제재: 강촌(江村)
④ 주제: 긴 여름 강촌의 삶, 지족(知足)의 삶

작품 해설

한적하고 평화로운 강촌의 여름 정경과 그 속에서 욕심 없이 살아가는 화자의 모습이 조화를 이루고 있다. 화자는 세속적 부귀를 추구하는 것이 아니라 건강을 돌볼 수 있는 약물만 있다면 더 바랄 것이 없다고 토로한다. 이를 통해 현재의 소박한 삶에 스스로 만족하는 안분지족(安分知足)의 삶의 자세를 엿볼 수 있다.

Check 문제

01 ㉠~㉣의 의미 중 옳은 것은? [2015. 경찰직]

> 물근 ᄀᆞ룺 ᄒᆞᆫ 고비 ㉠<u>ᄆᆞ을홀</u> 아나 흐르ᄂᆞ니
> 긴 녀릆 江村애 일마다 ㉡<u>幽深ᄒᆞ도다</u>
> 절로 가며 절로 오ᄂᆞᆫ 집 우흿 져비오
> 서르 親ᄒᆞ며 서르 갓갑ᄂᆞᆫ 믌 가온딧 ᄀᆞᆯ며기로다
> 늘근 겨지븐 죠희ᄅᆞᆯ 그려 쟝긔판ᄋᆞᆯ 밍ᄀᆞᆯ어늘
> 져믄 아ᄃᆞᆯᄅᆞᆫ 바ᄂᆞᆯ을 두드려 고기 낫골 낙술 밍ᄀᆞᄂᆞ다
> ㉢<u>한 病</u>에 엇고져 ᄒᆞᄂᆞᆫ 바ᄂᆞᆫ 오직 藥物이니
> ㉣<u>져구맛</u> 모미 이 밧긔 다시 므스글 求ᄒᆞ리오

① ㉠ 마음을   ② ㉡ 깊이 스며드는구나
③ ㉢ 한 서린 병   ④ ㉣ 조그만

[정답] ④

[풀이] '저구맛'은 '조그만'이며, 문맥적으로는 '미천한'으로 해석한다.

[오답] ① 마을을, ② 깊고 그윽하도다(=고요하고 한가하도다), ③ 많은 병

02 이 시에 나타난 시적 자아의 심정을 표현한 말로 적절한 것은? [2003. 충북]

① 風樹之歎   ② 勞心焦思
③ 安分知足   ④ 麥秀之歎

[정답] ③

[풀이] 제시문은 《두시언해》에 수록된 '강촌(江村)'의 번역문으로, 강촌 생활의 한가로운 정취를 주제로 안분지족(安分知足: 편한 마음으로 제 분수를 지키며 만족을 앎.)의 정서를 잘 표출하고 있다. 안록산의 난리에 휩싸여 유랑했던 작가의 삶이 '강촌(江村)'에 와서 비로소 심리적 안정을 찾은 것으로 해석한다.

03 〈보기〉를 참조할 때 화자의 생활 모습과 내면세계에 가장 가까운 것은? [2001. 수능 기출]

┌─ 보기 ───┐

두보는 처자를 데리고 난리를 피해 굶주림 속에 곡강(油江)에 이르렀다. 거기서 그는 집을 짓고 살았는데 그때의 심경을 그린 작품이 바로 '강촌(江村)'이다. 세상은 그에게 다시는 기회를 주지 않았고 그는 거기서 너무도 가난한 생활을 했다. 그러나 그의 뜻과 시는 끝까지 임금에게 충성을 다했고 백성을 아꼈다.

└──┘

① 바람 맑고 달 밝은 밤에 거문고를 곁에 놓고
   사계절 흥취를 많은 꽃에 부쳤으니
   이 몸도 태평시절 성은(聖恩)에 젖었는가 하노라.   - 송타 -
② 가노라 삼각산아 다시 보자 한강수야.
   고국산천(故國山川)을 떠나고자 하랴마는
   시절이 하 수상하니 올동 말동 하여라.   - 김상헌 -
③ 수양산 바라보며 이제(夷齋)를 한하노라.
   주려 죽을진들 채미(採薇)도 하는 것가.
   아무리 푸새엣것인들 긔 뉘 땅에 났더니   - 성삼문 -
④ 이 몸이 쓸 데 없어 세상이 버리오매
   서호(西湖) 옛집을 다시 쓸고 누웠으니
   일신(一身)이 한가할지나 님 못 뵈어 하노라   - 이총 -

[정답] ④

[풀이] 〈보기〉에 의하면 이 시를 지를 당시 두보는 세상으로부터 기회를 얻지 못하고 가난한 생활을 했으나, 그는 임금에게 충성과 백성을 사랑하는 마음이 가득했다고 한다. 이러한 내용을 담고 있는 작품을 찾으면 되는데, ④의 작품이 이와 가장 유사하다. ④의 작품은 초장에는 세상으로부터 기회를 얻지 못한 화자의 모습이, 중장에서는 가난한 화자의 모습이, 종장에서는 님(임금)에 대한 충성이 담겨 있다.

절구(絕句)

두보(杜甫)

ㄱㄹ미 프르니 새 더욱 히오, / 뫼히 퍼러ㅎ니 곳 비치 블 븓ㄴ 둣도다.
옰 보미 본딘 ㅆ 디나가ㄴ니, / 어느 나리 이 도라갈 히오.

江碧鳥逾白(강벽조유백) / 山靑花欲然(산청화욕연)
今春看又過(금춘간우과) / 何日是歸年(하일시귀년)

▶ 히오: 희고   ▶ 뫼히: 산이
▶ 곳: 꽃   ▶ 블 븓ㄴ: 불 붙는. 불타는
▶ 둣도다: 듯하도다   ▶ 옰 보미: 금년 봄이
▶ 본딘: 보건대는   ▶ 히오: 해[年(년)]인가

해석

강물이 푸르니 새가 더욱 희게 보이고, / 산이 푸르니 꽃빛이 불타는 것 같구나.
금년 봄이 보건대는 또 (속절없이) 지나가나니, / 어느 날이 바로 (고향에) 돌아갈 해인가?

핵심 정리

① 갈래: 오언절구(五言絕句)
② 표현: 선경후정(先景後情)

1구	강과 산의 색채 대비	아름다운 자연의 모습[선경(先景)]
2구	산과 꽃의 색채 대비	
3구	봄이 헛되이 지나감	작가의 한스러운 마음[후경(後情)]
4구	고향에 대한 그리움	

③ 주제: 향수(鄕愁)

지은이가 53살 때(764년) 안녹산의 난을 피해 성도에 머물 때 지은 시로, 봄날의 아름다운 풍경을 바라보며 느끼는 고향에 대한 절실한 그리움을 노래하고 있다. 화려한 봄의 정경에서 애틋한 그리움으로 시상을 발전시킨 선경후정의 구성을 보이며, 기구와 승구에서는 푸른색과 흰색 그리고 붉은색의 선명한 대조로써 봄의 현란한 풍경을 잘 그려 내고 있다. 이 노래는 향수를 노래한 실제작(失題作) 두 수 중의 하나로서, "절구(絕句)"라는 제목은 이 시의 형태인 '오언절구'에서 취한 것이다.

Check 문제

[01~02] 다음 시를 읽고 물음에 답하시오.

江碧鳥逾白	ㄱ랏미 프릇니 새 더욱 ㉠희오,
山靑花欲然	뫼히 퍼러ᄒ니 곳 비치 블 븓는 ᄃᆞᆺ도다.
今春看又過	옰보미 본틴 ᄯᅩ 디나가ᄂᆞ니,
何日是歸年	어느 나리 이 도라갈 ㉡희오.

01 두보의 두시언해 중 '절구'에 대한 설명으로 적절하지 않은 것은? [2007. 서울시 9급]

① 두보의 시를 번역한 것이다.
② 주된 정서는 애상이다.
③ 제재는 봄 경치다.
④ 주제는 자연의 아름다움 예찬이다.
⑤ 밑줄 친 ㉠은 현대국어로 '희고'이며 밑줄 친 ㉡은 현대국어로 '해인가'이다.

[정답] ④

[풀이] 이 작품의 주제는 향수(鄕愁)이며 수구초심(首邱初心)이다.

[오답] ⑤ ㉠은 '희고(白)'이며 '희-(형용사 어간)+-고(대등적 연결어미, 'ㅣ'모음 아래서 'ㄱ'탈락)'이다. ㉡은 '해(年)인가?'이며 '희(명사)+고(의문 조사)'이다.

02 위의 시에 제목을 붙인다면? [2001. 경기 지방직 9급]

① 강산(江山) ② 조화(調和)
③ 춘망(春望) ④ 귀안(歸安)

[정답]

[풀이] 두보가 53세 때 피난지 성도에서 지은 시로, 봄철의 가경(佳景)과 사향(思鄕)의 정을 노래하였다. 제시된 시는 《두시언해》 중 〈절구〉이지만 내용과 가장 어울리는 제목은 '춘망'이다.